Joachim Dobers
Imme Freundner-Huneke
Siegfried Schulz
Annely Zeeb

Ein Lehr- und Arbeitsbuch

Schroedel

Herausgeber
Joachim Dobers
Imme Freundner-Huneke
Siegfried Schulz
Annely Zeeb

Autoren
Gerd-Peter Becker
Hans-Günther Beuck
Heike Claßen
Joachim Dobers
Eva Döhring
Imme Freundner-Huneke
Dr. Helmut Gaßmann
Dr. Andreas Heinrich
Marietta und Dieter Keller
Fritz Klöckner
Hauke Kruse
Ralph Möllers
Ulrike Preuß
Siegfried Schulz
Dorothee Tietge
Sabine Vogt
Michael Walory
Annely Zeeb

unter Mitarbeit der Verlagsredaktion

Illustrationen:
Dr. Peter Güttler
Theiss Heidolph
Brigitte Karnath
Joachim Knappe
Langner & Partner
Liselotte Lüddecke
Karin Mall
Tom Menzel
Heike Möller
Kerstin Ploß
Thilo Pustlauk
Barbara Schneider
Ingrid Schobel
Susanne Thater
Werner Wildermuth

Grundlayout:
Atelier *tiger*color Tom Menzel

Umschlaggestaltung:
SINNSALON

© 2011 Bildungshaus Schulbuchverlage
Westermann Schroedel Diesterweg Schöningh Winklers GmbH, Braunschweig
www.schroedel.de

Das Werk und seine Teile sind urheberrechtlich geschützt. Jede Nutzung in anderen als den gesetzlich zugelassenen Fällen bedarf der vorherigen schriftlichen Einwilligung des Verlages. Hinweis zu §52a UrhG: Weder das Werk noch seine Teile dürfen ohne eine solche Einwilligung gescannt und in ein Netzwerk eingestellt werden. Dies gilt auch für Intranets von Schulen und sonstigen Bildungseinrichtungen.
Auf verschiedenen Seiten dieses Buches befinden sich Verweise (Links) auf Internet-Adressen. Haftungshinweis: Trotz sorgfältiger inhaltlicher Kontrolle wird die Haftung für die Inhalte der externen Seiten ausgeschlossen. Für den Inhalt dieser externen Seiten sind ausschließlich deren Betreiber verantwortlich. Sollten Sie bei dem angegebenen Inhalt des Anbieters auf kostenpflichtige, illegale oder anstößige Inhalte treffen, so bedauern wir dies ausdrücklich und bitten Sie, uns umgehend per E-Mail davon in Kenntnis zu setzen, damit beim Nachdruck der Verweis gelöscht wird.

Druck A [1] / Jahr 2011
Alle Drucke der Serie A sind im Unterricht parallel verwendbar.

Satz: media service schmidt, Hildesheim
Druck und Bindung: westermann druck GmbH, Braunschweig

ISBN 978-3-507-**77267**-0

Inhaltsverzeichnis

Lebensräume im Schulumfeld

Lebensräume im Schulumfeld.	10
Wir erkunden Lebensräume im Umfeld der Schule.	12
Was gibt es auf unserem Schulgelände?.	14
Streifzug: Messgeräte und Messtechnik	17
Methode: Tiere beobachten und bestimmen wie die Profis.	18
Die Hecke als Lebensraum	20
Der Maulwurf – ein Spezialist unter Tage	22
Wirbellose Tiere in unserem Umfeld	24
Honigbienen sind Staaten bildende Insekten . .	26
Wir betrachten und untersuchen Pflanzen	30
Pinnwand: Worin unterscheiden sich Tulpe, Rosskastanie und Haselstrauch?.	31
Untersuchungen an Blüten.	32
Pinnwand: Aus dem Geschlechtsleben der Pflanzen	34
Pinnwand: Blüten und Insekten	35
Von der Blüte zur Frucht	36
Aus Samen entwickeln sich Pflanzen	38
Methode: Ein Informationsplakat entsteht	39
Methode: Eine Sachzeichnung anfertigen	40
Pinnwand: Ungeschlechtliche Vermehrung . . .	41
Wie verbreiten sich Pflanzen?	42
Vögel im Umfeld der Schule.	44
Wie sich Vögel fortpflanzen	46
Vögel – Wirbeltiere in Leichtbauweise	48
Wie Vögel fliegen	50
Lernen im Team: Fliegen	52
Basiskonzept System.	54
Auf einen Blick	56
Zeig, was du kannst	57

Lebensraum Wald

Lebensraum Wald	58
Unterwegs im Wald.	60
Der Baum als Lebensraum	62
Methode: Wie Baumdetektive vorgehen	64
Pinnwand: Bäume und Sträucher.	66
Nahrungsbeziehungen im Wald	68
Mit Lupen die Welt des Kleinen entdecken. . . .	70
Jäger in der Nacht	72
Kriechtiere – mal mit, mal ohne Beine	74
Pinnwand: Einheimische Kriechtiere.	77
Auf einen Blick	78
Zeig, was du kannst	79

Lebensraum Teich

Lebensraum Teich	80
Der Teich als Lebensraum.	82
Beziehungen zwischen Lebewesen in einem Teich	84
Pinnwand: Pflanzen im und am Teich.	86
Pinnwand: Tiere im und am Teich	87
Lurche lieben es feucht	88
Pinnwand: Einheimische Lurche	91
Methode: Tiere bestimmen	92
Pinnwand: Die Lebensräume der Lurche sind gefährdet.	93
Fische – angepasst an das Leben im Wasser . . .	94
Fische atmen unter Wasser	96
Wie Fische sich fortpflanzen.	97
Basiskonzept Entwicklung	98
Auf einen Blick	100
Zeig, was du kannst	101

Naturschutz bei uns und anderswo

Naturschutz bei uns und anderswo	102
Natur- und Umweltschutz im Alltag	104
Naturschutz fängt vor der Haustür an	106
Menschen verändern, gefährden und schützen ihre Umwelt	108
Pinnwand: Geschützte Tiere	110
Pinnwand: Geschützte Pflanzen	111
Lernen im Team: Wir schützen Lurche	112
Lernen im Team: Wir schützen Insekten in unserer Umgebung	113
Naturschutz im Urlaub	114
Pinnwand: Artenschutz	115
Auf einen Blick	116
Zeig, was du kannst	117

Der Mensch nutzt Tiere und Pflanzen

Der Mensch nutzt Tiere und Pflanzen	118
Ich wünsche mir ein Haustier	120
Pinnwand: Artgerechte Tierhaltung?	122
Methode: Einen Steckbrief erstellen	123
Der Hund – Freund, Partner, Helfer	124
Pinnwand: Mischlinge und Rassehunde	128
Methode: Im Internet nach Informationen suchen	129
Die Katze – ein „Stubentiger"?	130
Mit scharfen Sinnen auf Beutejagd	132
Besuch auf einem Bauernhof	134
Pferde leben in Herden	136
Pinnwand: Herden- und Rudeltiere	139
Rund um das Rind	140
Das Rind als Nutztier	142
Methode: Einen Sachtext lesen und verstehen	144
Methode: Eine Ausstellung gestalten	145
Tiere haben Rechte	146
Die Kartoffel – eine vielseitige Knolle	148
Methode: Versuche planen, durchführen und protokollieren	150
Methode: Einen kurzen Vortrag halten	151
Getreide – Grundlage für viele Lebensmittel	152
Pinnwand: Einheimische Nutzpflanzen	154
Pinnwand: Fremdländische Nutzpflanzen	155
Methode: Eine Sachmappe erstellen	156
Methode: Eine Mindmap erstellen	157
Züchtung von Pflanzen	158
Auf einen Blick	160
Zeig, was du kannst	161

Inhaltsverzeichnis

Gesundheitsbewusstes Leben

Gesundheitsbewusstes Leben	162
Das Skelett gibt dem Körper Halt	164
Die Wirbelsäule – Hauptstütze des Skeletts	166
Methode: Arbeiten mit Modellen	167
Gelenke machen uns beweglich	168
Muskeln brauchen Training	170
Pinnwand: Bewegte Schule	172
Die Luft zum Atmen	173
Methode: Mit Tabellen und Diagrammen arbeiten	176
Rund ums Blut	178
Streifzug: Blutende Verletzungen	179
Unser Blut ist immer in Bewegung	180
Vom Acker auf den Tisch	182
Lebensmittel – Mittel zum Leben	184
Immer gut drauf	188
Lernen im Team: Gesund und lecker	191
Gut gekaut ist halb verdaut	192
Der Weg der Nahrung durch den Körper	194
Schönheit und Fitness – kritisch betrachtet	196
Lernen im Team: Rauchen	198
Über tausend Gifte	200
Methode: Eine Umfrage planen, durchführen und auswerten	201
Auf einen Blick	202
Zeig, was du kannst	203

Tiere und Pflanzen im Jahreslauf

Tiere und Pflanzen im Jahreslauf	204
Pflanzen bilden die Grundlage des Lebens	206
Pflanzen verhungern ohne Sonnenlicht	208
Das Laubblatt – ein Organ	210
Methode: Arbeiten mit dem Mikroskop	212
Methode: Präparieren und Färben	214
Methode: eine mikroskopische Zeichnung anfertigen	215
Die Zelle – Grundbaustein aller Lebewesen	216
Die ersten Blüten im Frühling	218
Ein Laubwald im Jahresverlauf	220
Bäume im Herbst und Winter	222
Herbst – die Tage werden kürzer und kälter	224
Aktiv durch den Winter	226
Überleben auf Sparflamme	228
Spezialisten im Eis	230
Wie leben Pflanzen und Tiere in der Wüste?	232
Methode: Lernen im Team	234
Die Tiefsee – ein extremer Lebensraum	235
Auf einen Blick	236
Zeig, was du kannst	237

Sinne und Wahrnehmung	238
Sinne erschließen die Welt	240
Wie wir sehen	242
Wie ein Bild entsteht	244
Das Gehirn sieht mit	246
Pinnwand: Optische Täuschungen	247
Wie wir hören	248
Das Ohr hört nicht nur	250
Lärm stört und schadet	252
Pinnwand: Augen und Ohren schützen	253
Die Haut – mehr als ein Sinnesorgan	254
Besondere Sinnesleistungen bei Tieren	256
Vom Reiz zur Reaktion	258
Basiskonzept Struktur und Funktion	260
Auf einen Blick	262
Zeig, was du kannst	263

Erwachsen werden	264
Wir entwickeln uns	266
Jungen werden zu Männern	268
Mädchen werden zu Frauen	270
Tag X – die erste Periode	272
Schwangerschaft und Geburt	274
Pinnwand: Gesundheit für Mutter und Kind	276
Streifzug: Opa war auch mal ein Baby	277
Pinnwand: Typisch Junge – typisch Mädchen?	278
Pinnwand: Verhütungsmittel	279
Dein Körper gehört dir	280
Methode: Gesprächsrunde	282
Auf einen Blick	283
Zeig, was du kannst	283

Register	284
Bildquellenverzeichnis	288

Inhaltsverzeichnis

Methode — Hier findest du Methoden, die dir helfen, naturwissenschaftliche Themen zu verstehen und zu bearbeiten.

Pinnwand — Hier findest du zusätzlich Bilder und Informationen zum jeweiligen Thema und Aufgaben, die du selbstständig bearbeiten und lösen kannst.

Streifzug — Hier findest du weitere Informationen zu Themen, die in anderen Bereichen von großer Bedeutung sind.

Lernen im Team — Hier findest du Themenvorschläge für die Arbeit in Gruppen. Eine Gruppe bearbeitet jeweils einen Vorschlag. Am Ende stellt jede Gruppe ihre Ergebnisse vor.

Auf einen Blick — Hier findest du die Inhalte des Kapitels in kurzer und übersichtlicher Form dargestellt.

Zeig, was du kannst — Hier findest du vielfältige Aufgaben zum Wiederholen und Vertiefen der Inhalte des Kapitels.

Basiskonzept — Hier wird dir erklärt, wie Basiskonzepte dir helfen, biologische Inhalte zu verstehen und zu strukturieren.

Weitere Informationen über das Wort, das mit ▶ gekennzeichnet ist, erhältst du über das Stichwortverzeichnis am Ende dieses Buches.

Kennzeichnung der Aufgaben:

 Diese Aufgabe kannst du mit deinem Vorwissen oder mit den Informationen aus dem Buch beantworten.

 Dieses Symbol kennzeichnet eine Aufgabe, bei der du beobachten, untersuchen oder experimentieren musst.

 Um diese Aufgabe zu lösen, nutze weitere Informationsquellen wie Fachbücher, Lexika oder das Internet. Manchmal beinhalten diese Aufgaben auch Arbeitsaufträge, die außerhalb des Klassenzimmers zu erfüllen sind.

 Diese Kennzeichnung gilt für anspruchsvollere Aufgaben oder Teilaufgaben, bei denen du vorhandenes mit neuem Wissen vernetzen musst, oder die einen besonders hohen organisatorischen Aufwand erfordern.

Struktur und Funktion

Wie verhindern die Federn eines Pinguins, dass Wasser an seine Haut gelangt?

Entv

Welche besond
Verhaltensweis
der Pinguinjung

Was sind überhaupt Basiskonzepte?

Biologen stellen Fragen an die Natur. Dabei sind immer wieder ähnliche Fragen sinnvoll. Basiskonzepte sind sozusagen die verschiedenen Blickwinkel, aus denen diese sinnvollen Fragen gestellt werden. Auch bei sehr unterschiedlichen Untersuchungsgegenständen findet man dabei immer wieder ähnliche Antworten. Man findet also wiederkehrende Prinzipien oder Zusammenhänge, die für (fast) alle naturwissenschaftlichen Gegenstände gelten.

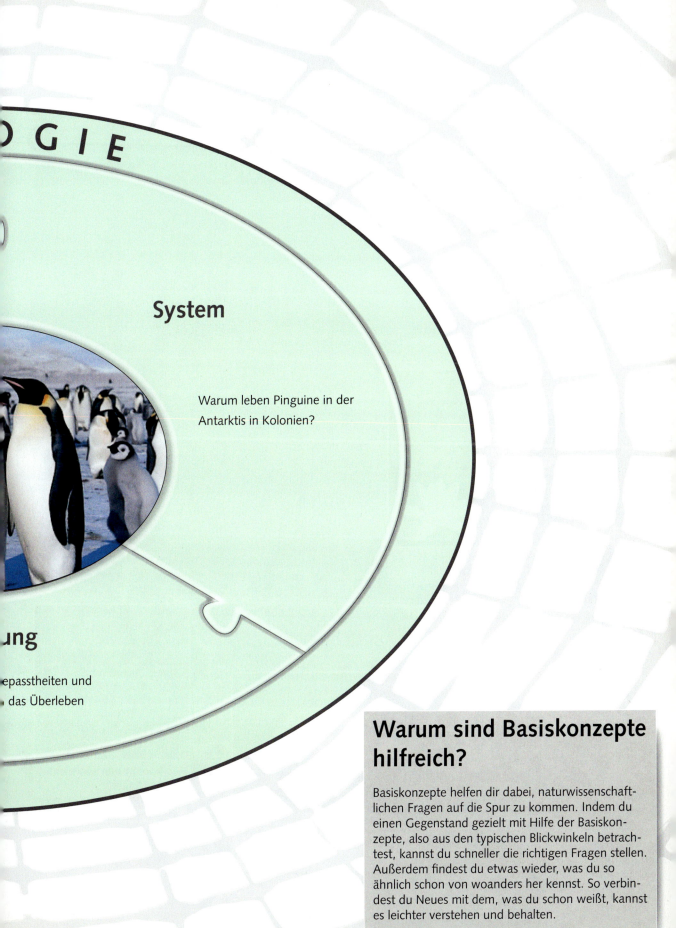

Warum sind Basiskonzepte hilfreich?

Basiskonzepte helfen dir dabei, naturwissenschaftlichen Fragen auf die Spur zu kommen. Indem du einen Gegenstand gezielt mit Hilfe der Basiskonzepte, also aus den typischen Blickwinkeln betrachtest, kannst du schneller die richtigen Fragen stellen. Außerdem findest du etwas wieder, was du so ähnlich schon von woanders her kennst. So verbindest du Neues mit dem, was du schon weißt, kannst es leichter verstehen und behalten.

Lebensräume im Schulumfeld

Welche Pflanzen und Tiere gibt es an und in unserem Schulteich?

Wovon lebt der Maulwurf in der Erde?

Wie kommt der Löwenzahn auf die Mauer?

Wie fliegen Vögel, ohne vom Himmel zu fallen?

Imker stellen oft ihre Bienenkästen an blühende Rapsfelder. Warum tun sie das?

Weshalb sind Hecken als „Zäune in der Landschaft" so wichtig?

Wir erkunden Lebensräume im Umfeld der Schule

1. a) Das Luftbild auf den beiden vorherigen Seiten zeigt verschiedene Lebensräume. Welche erkennst du? Schreibe diese auf.
b) Abbildung 1 zeigt einen Ausschnitt einer Luftaufnahme von einer Schule im Grünen. Welche Lebensräume erkennst du im Umfeld der Schule?

2. Erkunde verschiedene Lebensräume für Pflanzen und Tiere, die im näheren Umfeld der Schule vorkommen. Beschreibe diese Lebensräume kurz und nenne jeweils ein Tier und eine Pflanze, die du dort beobachtet oder gefunden hast.

3. Erkundet in Gruppen einen kleinen Ausschnitt von 1 x 1 m einer blühenden Wiese. Bittet den Eigentümer vorher um Erlaubnis. Achtet darauf, keine Schäden anzurichten. Wie viele verschiedene Pflanzen und Kleintiere stellt ihr fest? Wenn ihr die Namen kennt, so schreibt diese auf.
Vergleicht nach der Untersuchung die Ergebnisse der verschiedenen Gruppen.

Stell dir vor, du schwebst mit einem Heißluftballon über dem Gebiet, in dem du lebst und die Schule besuchst. Dann erkennst du einiges wieder, was du vom Schulweg, von Wanderungen und Fahrradtouren her kennst. Du siehst nicht nur Wohnsiedlungen und die Gebäude der Schule, sondern auch Gärten und Alleen, vielleicht einen Teich oder einen Park. Der Ort ist von Wiesen, Feldern sowie einem Waldstück umgeben. Dazwischen sieht man Hecken, die einzelne Felder und Wiesen voneinander trennen.
Die Landschaft bietet also kein einheitliches Bild. Sie besteht aus verschiedenen **Lebensräumen,** die sich durch ihre Eigenschaften unterscheiden. Zu diesen Eigenschaften gehören zum Beispiel Temperatur, Licht, Feuchtigkeit und Art des Bodens. Von solchen **Umweltfaktoren** hängt es ab, welche Pflanzen und Tierarten hier vorkommen.

Lebensraum Wiese
Die Wiese erhält in der Regel das ganze Jahr über das volle Sonnenlicht. Von Monat zu Monat verändert sich ihr Aussehen. Im Frühjahr bestimmen die hell violetten Blüten des Wiesenschaumkrautes das Bild.

1 Schule im Grünen

2 Wiese

Basiskonzept System → S. 54

Lebensräume im Schulumfeld

Danach breitet sich ein Teppich des gelb blühenden Löwenzahns aus. Es folgen die weißen Blütenkörbe der Margeriten und die blühenden Gräser. Blüten und Blätter bieten Nahrung für viele Insekten wie Hummeln, Bienen, Schmetterlinge und Blattläuse.

3 Park

Lebensraum Park

Zu jeder Jahreszeit gibt es im Park etwas zu erkunden und beobachten. Viele verschiedene Sträucher wie Forsythien, Rhododendren, Weigelien, Heckenrosen und Flieder umgeben den Lebensraum wie einen undurchdringlichen Zaun. Fast das ganze Jahr über blühen Blumen auf angelegten Beeten oder auf einer wild wachsenden Parkwiese.

Der Park ist aber auch Lebensraum für viele Tiere. Allein die verschiedenen Bäume wie Eichen, Buchen und Linden bieten verschiedenen Arten Nahrung, Unterschlupf und Wohnraum. Dort leben Amseln, Singdrosseln, Buchfinken und Laubsänger. Eichhörnchen lassen sich beim Klettern und Springen von Baum zu Baum beobachten. Tausende von Käfern, Schmetterlingen und deren Raupen, Ameisen, Blattläusen und Blattwespen verteilen sich zum Beispiel über die Wurzeln, den Stamm, die Äste und die Blätter einer einzigen alten Eiche. Hättest du geahnt, dass man auf einem solchen Baum über 250 verschiedene Insektenarten nachgewiesen hat?

Lebensraum Feldrand

Es lohnt sich auch, einen Feldrand zwischen einem Feld und einem Weg oder einer Straße zu erkunden. Wenn dieser erst im Spätsommer gemäht wird, blühen neben verschiedenen Gräsern auch Wegrandpflanzen wie Rainfarn, Schafgarbe, Wilde Möhre und Hirtentäschelkraut. Bei diesen Pflanzen finden viele Insektenarten ausreichend Nahrung. Erdhügel weisen auf Maulwürfe hin, die in der Erde leben und sich von Kleintieren wie Insektenlarven, Käfern und Regenwürmern ernähren.

Lebensraum Bach

Bäche ziehen Jugendliche besonders an, vor allem wenn sie fließen und sich durch die Gegend schlängeln. Dort lassen sie Schiffchen schwimmen oder sie bauen Staudämme. Bäche mit deren Ufern sind aber auch besondere Lebensräume für eine dort typische Pflanzen- und Tierwelt. Pflanzen, die viel Feuchtigkeit vertragen, säumen die Ufer. An schattigen Abschnitten wachsen Bäume und Sträucher wie Erle, Esche, Weide und Hasel. Die Uferwände bedecken Moose, Farne, Sumpfdotterblume, Milzkraut, Bach-Ehrenpreis, Bach-Nelkenwurz, Sumpf-Vergissmeinnicht, Wiesenschaumkraut, Scharbockskraut und das Pfennigkraut. Im fließenden Wasser hält sich das Bach-Quellkraut.

4 Feldrand

Im Wasser leben die Larven verschiedener Insektenarten, die sich dort zu flugfähigen Insekten entwickeln. Die Larven besitzen Saugnäpfe, Haken oder Borsten, mit denen sie sich an den unter Wasser liegenden Steinen festhalten. Dadurch werden sie vom Wasser nicht fortgespült. Es sind die Larven von Steinfliegen, Köcherfliegen und Eintagsfliegen.

5 Bach

Was gibt es auf unserem Schulgelände?

📖 **1. a)** Die Fotos links zeigen Lebensräume, die auf dem Schulgelände oft zu finden sind. Benennt sie.
b) Überlegt, welche Lebensbedingungen an den unterschiedlichen Standorten herrschen. Nennt Unterschiede.
c) Findet heraus, über welche Lebensräume euer eigenes Schulgelände verfügt.

🔍 **2.** Bildet Gruppen und untersucht einzelne Lebensräume genauer: Wie viel Licht erhalten die Pflanzen? Ist der Boden ausreichend feucht oder eher trocken? Gibt es einen Schutz vor zu starkem Wind? Legt eine Tabelle an und tragt die Ergebnisse ein.
Tipp: Nutzt – wenn an der Schule vorhanden – auch ▶ Messgeräte (Licht-, Wind- und Feuchtigkeitsmessgeräte). Lasst euch die Bedienung durch eure Lehrkraft zeigen.

Lebensraum	Licht	Temperatur	Feuchtigkeit	Boden
Rasen	sonnig/halbschattig	warm/heiß	gering	…
Teich	…	…	…	
Pflaster				
…				

📝 **3.** Tragt in eine Zeichnung des Schulgeländes ein, wo sich Grünflächen (Rasen, Wiesen) befinden. Wo wachsen Kletterpflanzen die Wände empor? Wo wachsen Laub- und Nadelbäume? Benutzt für die Kartierung Symbole wie in der Abbildung unten. Erfindet bei Bedarf eigene Symbole.

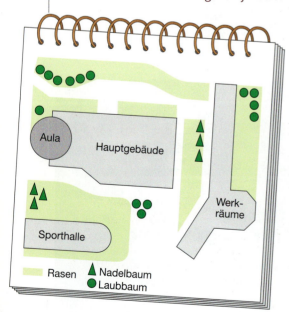

🔍 **4.** Einen Regenmesser könnt ihr leicht selbst bauen:
a) Schneidet das obere Drittel einer Plastikflasche mit der Schere waagerecht ab. Steckt es umgekehrt als Trichter in den unteren Teil. Klebt beide Teile mit Klebeband zusammen.
b) Füllt einige Glasmurmeln oder Steine hinein, damit die Flasche nicht umfällt. Markiert in 5 cm Höhe mit wasserfestem Stift einen Nullpunkt. Füllt bis zu dieser Höhe Wasser in den Regenmesser.
c) Die Niederschlagsmenge messt ihr mit dem Lineal vom Nullpunkt aus. Ein Millimeter Höhe entspricht einem Liter Niederschlag pro Quadratmeter Fläche.

Lebensräume im Schulumfeld

5. Erklärt, wie „Trittpflanzen" zu ihrem Namen gekommen sind. An welche Lebensbedingungen sind sie gut angepasst?

6. a) Sammelt typische Trittpflanzen wie Breitwegerich und Löwenzahn. Nennt gemeinsame Merkmale.
b) Versucht, einen Löwenzahn samt Wurzel aus der Erde zu ziehen. Warum gelingt dies nur selten?

7. a) Messt die Temperatur auf beiden Seiten einer Mauer und in unterschiedlicher Höhe. Vergleicht auch die Feuchtigkeit des Bodens. Hängen die Unterschiede mit der Himmelsrichtung zusammen?
b) Ist der Bewuchs auf beiden Seiten der Mauer gleich? Legt eine Tabelle an. Begründet die Unterschiede.
c) Betrachtet die Blätter der Mauerpflanzen. Warum sind einige von ihnen dick und fleischig?

8. a) Wie gelangen Kletterpflanzen ans Licht, ohne selbst einen dicken Stamm auszubilden? Betrachtet Sprosse und Blätter verschiedener Kletterpflanzen ganz genau. Zeichnet die „Kletterhilfen".
b) Kletterpflanzen verschönern nicht nur kahle Wände, sie sind auch sehr nützlich. Benennt die Vorteile „grüner Wände" mithilfe der unten abgebildeten Grafiken.

 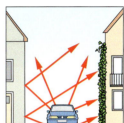

 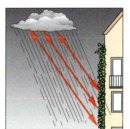

9. Rankhilfen kann man aus Holzleisten, Schraubösen und Drahtseilen leicht selbst herstellen. Vielleicht kann auch an eurer Schule noch eine Wand oder ein Zaun begrünt werden?

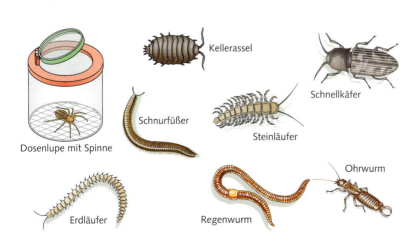

10. Viele Tiere auf dem Schulgelände führen ein verborgenes Leben. Sie leben in Ritzen und Spalten, ja sogar unter Steinen.
a) Hebt Steine oder Gehwegplatten vorsichtig an. Welche der Tiere aus der Abbildung links könnt ihr entdecken?
b) Fertigt ▶ Steckbriefe an. Unter welchen Bedingungen fühlen sich diese Tiere wohl? Denkt an Feuchtigkeit, Temperatur und Helligkeit.

Basiskonzept Struktur und Funktion → S. 260

1 „Lebloses" Schulgelände?

Grüne Wände

Kletterpflanzen nutzen verschiedene Strategien, um ans Licht zu gelangen. Kletternde Pflanzen wie der immergrüne Efeu befestigen sich als „Selbstklimmer" mit Haftwurzeln an Wänden und Baumstämmen, der Wilde Wein mit seinen Haftscheiben an den Hausfassaden. Im Herbst erfreuen wir uns beim Wilden Wein an den sich rot verfärbenden Blättern, ehe sie zum Winter abfallen.

Schlingpflanzen wie Hopfen und Geißblatt winden sich mit der ganzen Sprossachse um ihre Stütze. Rankgewächse wie die Waldrebe halten sich mit umgebildeten Blättern oder Blattstielen fest.

Begrünte Fassaden werden von verschiedenen Tierarten als Lebensraum genutzt. Amseln und Rotkehlchen finden hier einen Schlaf- und Nistplatz. Wildbienen nutzen den Nektar der Kletterpflanzen als Nahrungsquelle, räuberische Spinnen das Gewirr der Blätter als Jagdrevier.

Was gibt es auf dem Schulgelände?

Auch wenn auf einem Schulgelände Beton, Steine und Asphalt das Bild bestimmen, finden wir erstaunlich viele kleine **Lebensräume**. Dort gibt es unter anderem Pflasterritzen, Trockenmauern, begrünte Fassaden, Strauchgruppen oder einzeln stehende Bäume. Hier kommen Pflanzen und Tiere vor, die den besonderen Standorten angepasst sind. Hierzu gehören die dort herrschenden Umwelteigenschaften wie Feuchtigkeit, Licht, Temperatur und Art des Bodens. In jedem dieser unterschiedlichen Lebensräume sind die dort lebenden Pflanzen und Tiere in vielerlei Hinsicht aufeinander angewiesen.

Pflasterritzen

Manche Pflanzen, zu denen auch die **Trittpflanzen** zählen, wachsen dort, wo andere Pflanzen kaum überleben könnten. Ihnen reichen die mit Sand gefüllten Ritzen zwischen Pflastersteinen als Lebensraum. Hier, wo viele Schüler und Lehrkräfte unterwegs sind, müssen sie so manchen „Fußtritt" ertragen. Auch extreme Hitze und Trockenheit machen ihnen zu schaffen. Regenwasser kann im sandigen Boden schnell versickern.

Spezialisten, wie die Trittpflanzen, können hier überleben. Dicht am Boden liegende Blattrosetten und harte Stängel schützen sie vor Beschädigungen durch Fußgänger. Eine tief in die Erde reichende Pfahlwurzel versorgt die Pflanzen mit Wasser auch aus tieferen Bodenschichten.

Trittpflanzen:
1: Löwenzahn
2: Hirtentäschelkraut
3: Breitwegerich

2 Efeu

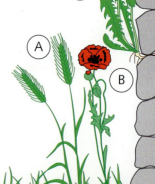

Tiere, die manchmal im Bereich der Pflasterritze zu beobachten sind, scheuen allesamt das Licht und verkriechen sich tagsüber unter den Steinen. Asseln und Schnurfüßer fressen Pflanzenreste, Erdläufer und Steinkriecher erbeuten Insekten und Regenwürmer.

Trockenmauern

Trockenmauern bestehen aus übereinander geschichteten Natursteinen mit vielen Fugen und Ritzen. Da die Steine viel Sonnenwärme speichern, wachsen hier besonders Wärme liebende Pflanzenarten. Oben auf der Mauerkrone und in den seitlichen Mauerfugen müssen sich Pflanzen wie der Mauerpfeffer oder die ▶ Hauswurz mit wenig Wasser, Erde und Nährstoffen begnügen. Anders sieht es am Mauerfuß aus: Hier lässt der feuchte und mineralstoffreiche Boden auch anspruchsvolle Pflanzen wie Brennnessel und Giersch gedeihen. Dies gilt besonders für die von der Sonne abgewandte feuchtere Mauerseite.

Die warme Oberfläche der Mauer zieht Zauneidechsen an. Ohrwürmer und Spinnen finden in den Spalten zahlreiche Verstecke. Steinhummeln bauen in den Hohlräumen der Mauer ihr Nest.

Pflanzen an Mauern:
A: Mauergerste
B: Klatschmohn
C: Löwenzahn
D: Zimbelkraut
E: Weiße Fetthenne
F: Mauerpfeffer
G: Rispengras
H: Hauswurz
I: Mauerraute
J: Schöllkraut
K: Spitzwegerich
L: Giersch
M: Efeu
N: Brennnessel
O: Kamille

3 Trittpflanzen und Pflanzen an Mauern

Lebensräume im Schulumfeld

Messgeräte und Messtechnik

Streifzug

Für Untersuchungen im Gelände benutzt man verschiedene Messgeräte.

- An **Regenmessern** kann man die Menge des Niederschlags in Millimetern ablesen.

- **Thermometer** dienen zum Messen der Luft-, Boden- oder Wassertemperatur. Moderne elektronische Geräte messen auf ein Zehntel Grad Celsius genau. Mit **Temperaturfühlern** kann man die Temperatur von Oberflächen ermitteln, etwa die von Mauer- und Pflastersteinen.

- Mit **Lichtmessgeräten** (Luxmetern) kommt man Helligkeitsunterschieden auf die Spur, etwa auf der Licht- und Schattenseite einer Mauer.

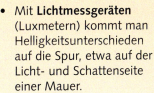

- **Windmessgeräte** (Anemometer) sind unverzichtbar zur Messung der Windgeschwindigkeit. Die heute übliche Einheit ist Meter pro Sekunde.

- An **Feuchtigkeitsmessern** (Hygrometern) lässt sich die Luftfeuchtigkeit in Prozent ablesen.

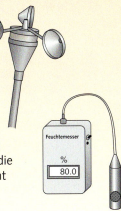

1. Fragt eure Lehrkraft nach den an eurer Schule vorhandenen Messgeräten. Lasst euch erläutern, wozu und wie sie benutzt werden.

2. Erprobt die Bedienung an verschiedenen Standorten auf dem Schulgelände.

Methode

Tiere beobachten und bestimmen wie die Profis

Vorbereitung
Zur Beobachtung von Tieren müsst ihr euch gut vorbereiten. Drei Dinge solltet ihr vor der Beobachtung klären:

1. Welche Tiere sollen beobachtet werden und wo finde ich sie?
2. Wann ist die beste Beobachtungszeit (Tages- und Jahreszeit)?
3. Welche Kleidung brauche ich (zum Beispiel feste Schuhe oder Regenkleidung)?
4. Welche Ausrüstung brauche ich?

Verhalten beim Beobachten
Tiere in der freien Natur sind häufig sehr scheu. Deshalb solltet ihr darauf achten, dass ihr sie nicht verscheucht. Wenn ihr euch ruhig verhaltet und keine hastigen Bewegungen macht, habt ihr gute Chancen, Tiere über einen längeren Zeitraum beobachten zu können.

Ausrüstung
Vögel und Säugetiere sind häufig nur auf größere Entfernung zu beobachten. Mit einem **Fernglas** kann man sie „näher" heranholen und so ungestört betrachten. Kleinere Tiere lassen sich mit einer Lupe bestens beobachten. Eine **Leselupe** ① erfüllt häufig schon diesen Zweck. Da viele Tiere wie Insekten oder Spinnen zu entkommen versuchen, eignen sich **Dosenlupen** ② hierzu besonders gut. Wenn ihr spezielle Einzelheiten wie Insektenaugen oder Spinnenhaare erkennen wollt, benötigt ihr eine ▶ **Stereolupe** ③ , die eine starke Vergrößerung ermöglicht. Dieses Instrument ist sehr empfindlich und schwer zu transportieren. Deshalb sollte es besser im Unterrichtsraum verwendet werden.
Geräusche oder Tierstimmen wie den Gesang verschiedener Vögel könnt ihr mit einem **Kassettenrekorder** oder **MP3-Aufnahmegerät** aufzeichnen und später auswerten.

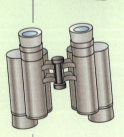

Beobachtungsbogen
von:
Datum: Uhrzeit:
Wetter:
Tierart:
Lebensraum:

Verhalten/Tätigkeit:

Besondere Beobachtung:

Dokumentation
Kurze, aber exakte Notizen helfen euch, die in der Natur gemachten Beobachtungen zu dokumentieren. Praktisch ist ein **Beobachtungsbogen.**
Bei der Auswertung tragt ihr eure Ergebnisse zusammen und überlegt, wie ihr sie euren Mitschülern mitteilen wollt. Ihr könnt einen ▶ **Steckbrief** von Tieren erstellen und Zeichnungen oder Fotos hinzufügen. Ihr könntet auch ▶ **Plakate** gestalten, die informativ sind und zugleich das Klassenzimmer verschönern. Zusätzliche Informationen aus Bestimmungsbüchern oder dem ▶ Internet können eure Forschungsergebnisse ergänzen.

Lebensräume im Schulumfeld

Im Umfeld eurer Schule begegnen euch viele Tiere. Je genauer ihr hinschaut, desto mehr Arten werdet ihr entdecken. Aber wie bekommt ihr heraus, wie sie heißen? Das ist ein Fall für Tierdetektive. Wichtig ist, dass ihr die Tiere möglichst genau betrachtet.
Dabei ermittelt ihr, ob es sich um ein **Wirbeltier** oder ein wirbelloses Tier handelt. Alle Wirbeltiere besitzen ein gegliedertes **Skelett** aus Knochen oder Knorpeln, das sie stützt. Als Hauptstütze dient ihnen eine Wirbelsäule. Alle Fische, Lurche, Kriechtiere, Vögel und Säugetiere sind Wirbeltiere.

1 Verschiedene Wirbeltiere. A *Grasfrosch;* B *Kleiber;* C *Maulwurf;* D *Bachforelle;* E *Ringelnatter*

Tiere, die keine Wirbelsäule besitzen, heißen **Wirbellose.** Bei ihnen werden die weichen Körperteile oft durch eine äußere Hülle geschützt und in einer stabilen Form gehalten. So eine Außenhülle kann ein Panzer (z. B. Käfer), eine Schale (z. B. Schnecken) beziehungsweise eine mehr oder weniger feste Haut (z. B. Regenwürmer) sein.
Ein wichtiges Merkmal, auf das Tierforscher bei der Bestimmung wirbelloser Tiere zurückgreifen, ist die Anzahl der Beine.

Beispielsweise haben alle Insekten drei Beinpaare und Spinnentiere vier. Ermittelt also zunächst die Anzahl der Beinpaare, um euer Tier zu bestimmen. Der untenstehende **Bestimmungsschlüssel** hilft euch dabei. Um eure Detektivarbeit fortzuführen, benötigt ihr weitere Informationen, die ihr aus bebilderten **Bestimmungsbüchern** oder im ▶ Internet beziehen könnt (z. B. www.natur-lexikon.com).

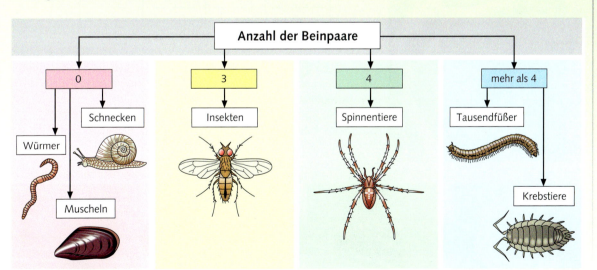

2 Einfacher Bestimmungsschlüssel für Wirbellose.

Die Hecke als Lebensraum

📖 **1. a)** Welche Farben besitzen die Früchte der meisten Heckensträucher? Welche Vorteile haben diese Farben?
b) Woher hat der Vogelbeerbaum seinen Namen?

📖 **2.** Abbildung 1 zeigt eine Auswahl typischer Heckenbewohner. Ordnet den Tieren die Namen aus der Liste richtig zu.

✏️ **3.** Findet heraus, wie die gezeigten Tiere die Hecke nutzen (Nahrungsquelle, Unterschlupf, Brut- oder Jagdrevier ...).

✏️ **4.** Zur Untersuchung von Insekten und anderen Kleintieren eignet sich folgende Fangmethode: Hängt einen Regenschirm kopfüber an einen Ast und schüttelt vorsichtig die Zweige.
Tipp: ▸ Dosenlupe!

🔍 **5.** Markiert an einer Hecke mit Pflöcken und Maßband Abschnitte von 10 m Länge. Bestimmt in Kleingruppen, welche Bäume, Sträucher, Kletterpflanzen und Kräuter dort wachsen. Dokumentiert eure Ergebnisse in einer Skizze, ähnlich wie im Beispiel unten (jedoch im Maßstab 1:50, d. h. 2 cm auf dem Papier entsprechen 1 m). Vergleicht die verschiedenen Heckenabschnitte.

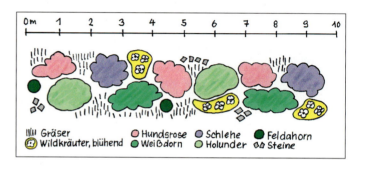

🔍 **6.** Messt mithilfe geeigneter ▸ Messgeräte Temperatur, Lichtstärke und Windgeschwindigkeit in unterschiedlichen Abständen zur Hecke (0, 1, 5, 10, 20 m). Übertragt die Werte in einen Protokollbogen wie unten abgebildet.

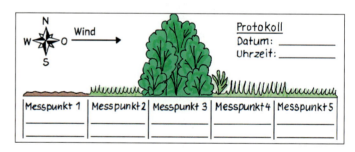

📖 **7.** Stelle Nahrungsbeziehungen zwischen Lebewesen des Lebensraumes Hecke als mehrgliedrige Nahrungskette in folgender Form dar. Beispiel:
Heckenrose ⟶ Käfer ⟶ Rotkehlchen ⟶ Sperber
(⟶ bedeutet: wird gefressen von)

Basiskonzept System → S. 54

Lebensräume im Schulumfeld

Hecken sind „lebende Zäune"

Grundstücke werden oft durch Holz- oder Drahtzäune voneinander abgegrenzt. Biologisch sinnvoller als ein Zaun ist allerdings das Anpflanzen einer **Hecke.** Hecken, die sich aus vielen verschiedenen Straucharten zusammensetzen, bieten zahlreichen Tier- und Pflanzenarten einen geeigneten Lebensraum. In naturnahen Hecken hat man bis zu 100 Pflanzen- und 1000 Tierarten gezählt!

Hecken sind vielfältige Lebensräume

Heckenpflanzen dienen vielen Tieren als **Nahrungsquelle.** Wildbienen, Hummeln und Schmetterlinge leben vom Nektar und Pollen der Blüten. Die zum Herbst reifenden, leuchtend rot oder blau-schwarz gefärbten Früchte von Schneeball, Weißdorn oder Felsenbirne werden besonders von Vögeln gern gefressen. Sie verbreiten dabei die Samen der Sträucher. Eichhörnchen und Rötelmaus können mit ihren scharfen Nagezähnen auch die harten Schalen der Haselnüsse öffnen.

In den dichten Zweigen der Hecke finden Sing- und Wacholderdrossel, Goldammer und Zaunkönig gut geschützte **Nistplätze.** Igel, Kröten und Blindschleichen suchen die Hecke auf, wenn sie einen sicheren **Unterschlupf,** ein Versteck vor Fressfeinden oder ein Winterquartier benötigen. Der seltene Neuntöter, das Hermelin und räuberische Laufkäfer hingegen nutzen die Hecke gerade als **Jagdrevier.**

Die Pflanzen- und Tierarten im Lebensraum Hecke leben nicht ungestört nebeneinander, sondern es bestehen zwischen ihnen vielfältige Nahrungsbeziehungen. Sehen wir uns das an einem Beispiel an. Um uns fliegen kleine Käfer, die sich auf Blüten der *Heckenrose* niederlassen und von den Kronblättern fressen. Ein *Rotkehlchen* landet im Strauch, pickt einen *Käfer* auf, bearbeitet ihn mit seinem Schnabel und verzehrt Teile von ihm. In einem Überraschungsangriff scheucht ein *Sperber* das Rotkehlchen auf, ergreift es mit seinen bekrallten Fängen, fliegt auf einen nahe gelegenen Baum, rupft sein Opfer und verzehrt es.

Solche Nahrungsbeziehungen lassen sich als Kette mit verschiedenen Gliedern darstellen. Eine solche **Nahrungskette** beginnt mit Pflanzen. Diese bauen durch ▶ Fotosynthese „Pflanzenmasse" auf. Man nennt sie Produzenten. Das folgende Glied in der Kette sind Pflanzen fressende Tiere, sogenannte Konsumenten. Die folgenden Glieder bestehen aus Fleisch fressenden Tieren.

Tiere der Wildhecke:
Igel, Neuntöter, Erdkröte, Hermelin, Schnirkelschnecke, Zaunkönig, Laufkäfer, Kleiner Fuchs, Goldammer, Rötelmaus

Aktionsradius: Hermelin 300 m, Igel 250 m, Erdkröte 150 m, Laufkäfer 20 m

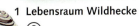

1 Lebensraum Wildhecke

Der Maulwurf – ein Spezialist unter Tage

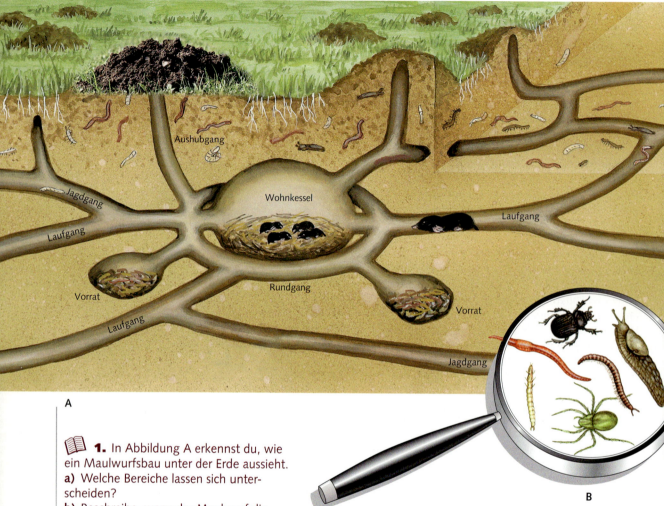

A

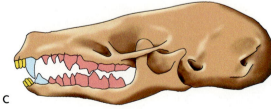

B

C

📖 **1.** In Abbildung A erkennst du, wie ein Maulwurfsbau unter der Erde aussieht.
a) Welche Bereiche lassen sich unterscheiden?
b) Beschreibe, wozu der Maulwurf die verschiedenen Bereiche nutzt.

📖 **2.** Schreibe auf, wie der Körper des Maulwurfs gut an die unterirdische Lebensweise angepasst ist. Berücksichtige dabei die Körperform, den Kopf, die Körperöffnungen, die Beine, das Fell und die verschiedenen Sinnesorgane.

📖 **3.** Manche Gartenbesitzer sehen den Maulwurf nicht gern in ihrem Garten, andere weisen auf die Nützlichkeit der Tiere hin. Finde Begründungen für die eine und für die andere Meinung.

📖 **4. a)** Nenne einige Beutetiere des Maulwurfs. Die Abbildung B hilft dir dabei.
b) Erkläre, warum das Gebiss des Maulwurfs gut zum Fressen dieser Nahrung geeignet ist.

📖 **5.** Vergleiche das Insektenfressergebiss (C) des Maulwurfs mit dem ▶ Raubtiergebiss eines Hundes.

Basiskonzept Struktur und Funktion → S. 260

Lebensräume im Schulumfeld

1 Maulwurf

Ein Leben unter Tage
Du hast sicherlich schon Maulwurfshaufen in Gärten, Parks oder auf Wiesen gesehen. Sie sind der Beweis für die Anwesenheit eines Maulwurfs. Sehen kann man ihn allerdings nur selten, weil er hauptsächlich unter der Erde lebt. In diesem unterirdischen Lebensraum liegt auch sein Wohnkessel. Er ist mit Gras, Moos und anderen Pflanzenteilen ausgepolstert und wird zum Schlafen benutzt. Auch die Jungen werden hier geboren und aufgezogen. Um den Wohnkessel verläuft ein Rundgang, von dem die verschiedenen Laufgänge abzweigen. Die Wände der Gänge sind fest und glatt, sodass sich der Maulwurf schnell in ihnen bewegen kann. Die Laufgänge führen in das Jagdrevier des Maulwurfs. Hier gräbt er lockere, dicht unter der Erdoberfläche verlaufende Jagdgänge. Die losgescharrte Erde wird über besondere Aushubgänge an die Erdoberfläche geschoben. So entstehen die typischen **Maulwurfshügel**.

Jagd auf Bodentiere
Mehrmals am Tag läuft der Maulwurf sein Gangsystem ab und sucht nach eingedrungenen Beutetieren. Seine Nahrung besteht aus Insektenlarven, Käfern, Regenwürmern, Schnecken und manchmal Jungmäusen. Die harten Panzer der Insekten kann er mit den nadelspitzen Zähnen seines **Insektenfressergebisses** leicht knacken. Da er an einem Tag etwa so viel fressen muss wie er selbst wiegt, geht er alle drei bis vier Stunden auf Beutejagd. Maulwürfe sind das ganze Jahr über aktiv.
Im Winter verlegen sie ihr Jagdrevier in tiefere Bodenschichten. Dorthin ziehen sich auch ihre Beutetiere zurück.

In Maulwurfsrevieren hat man Ansammlungen von „angebissenen" Regenwürmern gefunden. Dabei handelt es sich um Vorratsspeicher, mit denen der Maulwurf Zeiten überbrückt, in denen die Nahrung knapp ist. Die Regenwürmer werden durch den Biss gelähmt, sind aber nicht tot und bleiben so noch für einige Zeit frisch.

Ein unterirdischer Spezialist
Der Maulwurf ist an das Leben in der Erde gut angepasst. Der kurze, walzenförmige Körper geht ohne erkennbaren Hals in den Kopf über. Dieser endet vorne in einer durch Knorpel verstärkten Rüsselspitze. Er ist bis auf die Pfoten und die Rüsselspitze von einem schwarzen, samtartigen und sehr dichten Fell bedeckt, das ihn warm hält und vor Nässe schützt. Das Fell hat keine Strichrichtung. So kann sich der Maulwurf in seinen Gängen vorwärts und rückwärts gleichermaßen gut bewegen.

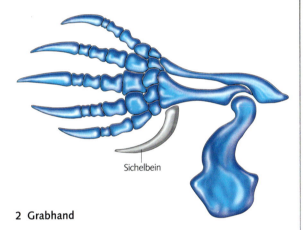

2 Grabhand

Auffällig sind die seitlich am Körper befindlichen **Grabhände.** Die Handflächen zeigen nach hinten. Die fünf kurzen Finger sind teilweise durch Häute miteinander verbunden. Neben den Fingern hat der Maulwurf außerdem noch einen sichelförmigen Knochen. Dieses Sichelbein verbreitert die Hand zusätzlich. Alle Finger haben kräftige und scharfe Krallen. Sie sind für die Wühlarbeit bestens geeignet. Die kurzen Hinterbeine dienen dagegen vorwiegend der Fortbewegung.
Zum Aufspüren der Beutetiere helfen dem Maulwurf sein guter Geruchssinn, sein feines Gehör und sein ausgezeichneter Tastsinn. Die Sehfähigkeit ist dagegen nicht besonders gut.
Die Augen sind klein und im Fell verborgen. Ohrmuscheln fehlen ganz. Mund- und Nasenöffnung sind nach unten gerichtet. Beim Graben werden die Ohren, Mund und Nase durch besondere Hautfalten verschlossen, damit Sand und Erde nicht eindringen können.

Wirbellose Tiere in unserem Umfeld

📖 **1.** Auf dieser Doppelseite sind zahlreiche wirbellose Tiere abgebildet. Die einzelnen Tierarten sind nummeriert. Ordne den im Text genannten Wirbellosen die richtigen Nummern zu.

📝 **2.** Erstelle zu einigen auf dieser Seite vorgestellten Arten jeweils einen ▶ Steckbrief. Nutze dazu z. B. auch das Internet.

🔍 **3. a)** Bildet Teams zum Kennenlernen von wirbellosen Tieren. Stellt zusammen, welches Untersuchungsmaterial ihr benötigt. Sucht euch einen Lebensraum in eurer Umgebung aus und ermittelt die dort vorkommenden wirbellosen Tiere.
b) Erstellt zu einigen Arten jeweils einen ▶ Steckbrief. Nutzt das Internet.
c) Tragt eure Ergebnisse der Klasse vor.

📖 **4.** Ermittelt, wie viele Beine
a) ein Steinläufer,
b) ein Sandschnurläufer haben kann.

Lebensräume im Schulumfeld

Bei einer Wanderung kann man oft Vögel, manchmal Frösche, Wildkaninchen, Eichhörnchen und vielleicht auch mal eine Eidechse beobachten. Diese Tiere sind Wirbeltiere, denn sie besitzen ein Innenskelett mit einer Wirbelsäule. Viele Menschen denken immer zuerst an Wirbeltiere, wenn sie nach Tieren gefragt werden. Es sind aber nur 5 Tierarten von 100 Tierarten Wirbeltiere. 95 Tierarten von 100 Tierarten sind dagegen **wirbellose Tiere** ohne ein Innenskelett.

Mit drei Beinpaaren

Manche Wirbellose wie beispielsweise **Insekten** besitzen statt eines Innenskeletts ein den Körper stützendes Außenskelett aus Chitin. Dieser Gerüststoff umgibt den Körper wie ein Panzer. Einige von ihnen fallen durch ihr Verhalten und ihr Aussehen auf. Wir beobachten Schmetterlinge, die über die Wiese gaukeln oder sich auf Blüten niederlassen. Auch ▶ Honigbienen und Hummeln fliegen von Blüte zu Blüte. Schwebfliegen, die wie kleine Wespen aussehen, „stehen" wie Hubschrauber über den Pflanzen und landen plötzlich auf einer Blüte. Eine Libelle mit großen Augen und schlankem Hinterleib fliegt schnell an uns vorbei und schnappt sich ein Insekt als Beute. Marienkäfer haben Blattläuse aufgespürt und vertilgen diese. Eine Streifenwanze saugt Pflanzensäfte aus einem Pflanzenstängel. Vor uns stößt sich ein Grünes Heupferd mit seinen kräftigen Sprungbeinen und ausgebreiteten Flügeln ab und landet ein paar Meter weiter in der Wiese. Unterhalb einer Weide entdecken wir einen metallisch grünblau gefärbten Moschusbock. So verschieden wie diese Wirbellosen auch aussehen, sie alle sind Insekten. Weltweit kennt man mehr als 1,5 Millionen Arten und täglich werden neue entdeckt. Auffällige Merkmale dieser Tiergruppe sind die drei Beinpaare am mittleren der drei Körperabschnitte sowie die beiden Fühler am Kopf.

Mit vier Beinpaaren

Am Wegrand springt ein kleines Tier fort, das zunächst wie ein Insekt aussieht. Bei genauem Hinsehen entdecken wir jedoch vier Beinpaare. Dies ist ein Kennzeichen für **Spinnentiere.** Es handelt sich bei unserer Spinne um eine Springspinne, die kein Fangnetz baut, sondern ihre Opfer im Sprung erbeutet. Auch der Weberknecht mit seinen langen, zerbrechlich wirkenden Beinen ist ein Spinnentier.

Mit mehr als vier Beinpaaren

Unter Steinen oder feuchtem Falllaub stoßen wir auf lichtscheue 5–15 mm kleine Asseln. Diese vom Rücken zum Bauch hin abgeplatteten Tiere leben vorwiegend von Pflanzenresten. Ihr Körper passt selbst durch kleinste Spalten und Ritzen. Der ursprüngliche Lebensraum dieser **Krebstiere** dürfte vor vielen Millionen Jahren das Wasser gewesen sein. Als Landasseln haben sie die Kiemenatmung wie bei Fischen beibehalten. Ihnen genügt ein feuchter Ort zum Atmen.

Heben wir einen größeren Stein auf, kommen darunter Steinläufer zum Vorschein. Im Gegensatz zum dreigeteilten Körper der Insekten bestehen diese **Tausendfüßer** aus 2 Teilen: Dem Kopf und dem aus gleichartigen Ringen bestehenden Rumpf. Jeder der 15 Körperringe besitzt ein aus mehreren Gliedern bestehendes Beinpaar. Steinläufer sind Räuber, die Asseln und Spinnentiere erbeuten. – Der Sandschnurfüßer dagegen hat etwa 50 Körperringe mit jeweils vier Beinen. Er ernährt sich von Pflanzen- und Tierresten.

Ohne Beinpaare

Wir beobachten eine Bänderschnecke, wie sie an einem Pflanzenstängel hochkriecht. Die weiche Unterseite des Körpers scheidet einen Schleim aus, mit dem sie an ihrer Unterlage haftet. Durch wellenförmige Muskelbewegungen ihrer Kriechsohle schiebt sie ihrem Körper vorwärts.

Die Teichmuschel besitzt ein aus zwei Kalkschalen bestehendes Außenskelett, das die inneren Organe umschließt. Mit dem größten Teil ihres Körpers steckt sie im Boden des Gewässers. Will sie sich fortbewegen, tritt der weiche, muskulöse Fuß zwischen den Schalen hervor, drückt ihn in den Boden und zieht den Körper nach.

Auch ohne Gliedmaßen bewegen sich Regenwürmer durch Bewegung ihrer Muskeln fort. Ziehen sich die vorderen Muskeln zusammen, wird dieser Teil des Wurm dünn und lang. Der Regenwurm streckt sich und sein Vorderende wird vorgeschoben. Ziehen sich anschließend die Muskeln zusammen, wird das Vorderende kurz und dick und das Körperende wird nachgezogen.

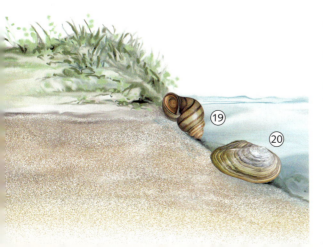

Honigbienen sind Staaten bildende Insekten

1. a) Plant einen ▶ Lerngang zu einem Imker oder ladet einen zu euch ein.
Welche Fragen wollt ihr stellen? Wer macht Fotos? Wer stellt die Fragen? Wer notiert die Ergebnisse?
b) Bereitet eine ▶ Ausstellung „Besuch bei einem Imker" vor.

2. a) Nenne die typischen äußeren Merkmale eines Insekts.
b) Nenne die besonderen Baumerkmale der Bienen und deren Aufgaben. Nimm die Abbildung und den Informationstext zu Hilfe und erstelle eine Tabelle.

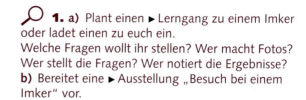

3. Besorge dir bei einem Imker tote Bienen. Untersuche diese mit einer Lupe und vergleiche sie mit nebenstehender Abbildung. Fertige eine Skizze an. Beschrifte.

4. a) Die Produktion von Rapsöl würde ohne die Bienen stark zurückgehen. Erkläre dies.
b) Nenne Produkte (z. B. Lebensmittel, Arzneien, Kosmetika), die von Honigbienen stammen oder von Honigbienen hergestellte Materialien enthalten. Recherchiere.

5. Beschreibe den Lebenslauf einer Arbeitsbiene. Nimm den Informationstext und die Abbildung 6 zu Hilfe.

6. Vergleiche Königin, Drohne und Arbeitsbiene. Stelle in einer Tabelle die jeweiligen Aufgaben und die Körpermerkmale der Bienenwesen zusammen.

7. Nenne die besonderen Merkmale eines Insektenstaates am Beispiel der Honigbiene.

8. Nenne weitere Insektenarten, die ähnlich wie Bienen Staaten bilden. Erstelle zu jeder Art einen Steckbrief.

Drohne	Königin	Arbeiterin
(bis 18 mm)	(bis 20 mm)	(bis 14 mm)

Lebensräume im Schulumfeld

Honigbienen besuchen Blüten

Bei schönem Wetter fliegen tagsüber pausenlos Honigbienen vom Bienenstock auf Nahrungssuche. Beladen mit **Pollen** und **Nektar** kehren sie wieder in den Stock zurück. Der Nektar dient der Pflanze dazu, Insekten anzulocken, die ihre Blüten bestäuben. Dem gleichen Zweck dienen die leuchtenden **Blütenfarben**.

Wissenschaftler haben festgestellt, dass die Bienen mit ihren Augen sehr gut Blütenfarben unterscheiden können. Gleichzeitig nehmen Bienen das für den Menschen unsichtbare ultraviolette Licht der Sonne wahr. Bienen können auch bei bedecktem Himmel den Sonnenstand feststellen.

2 Sammelbein mit Pollen

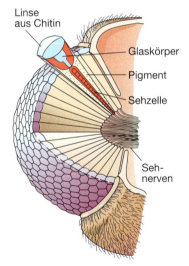

1 Facettenauge

Honigbienen sind Insekten

Betrachtet man mit einer Lupe den Kopf einer Biene, fallen die großen, halbkugeligen Augen auf. Auf ihrer Oberfläche ist ein regelmäßiges Sechseckmuster zu erkennen. Jedes Sechseck ist die Linse eines Einzelauges. Solche aus vielen Einzelaugen zusammengesetzten Augen nennt man **Facettenaugen** oder Netzaugen. In jedem Einzelauge entsteht ein winziger Bildpunkt. Jedes Einzelauge ist über Nervenzellen mit dem Gehirn verbunden. Wie bei einem Puzzle wird dort aus den einzelnen Bildpunkten ein Gesamtbild zusammengesetzt. Mit den beiden beweglichen **Fühlern** kann die Biene tasten und riechen.

Um an den Nektar am Grund der Blüten zu gelangen, benutzen Bienen ihren **Saugrüssel**. Der zusammengelegte Saugrüssel wird ausgeklappt und der Nektar mit der Spitze, dem so genannten Löffelchen, aufgeleckt und durch den Rüssel aufgesaugt.

Bei fast jedem Blütenbesuch bleiben klebrige Pollenkörner im Pelz der Biene haften. Während des Fluges kämmt sie mit den Vorderbeinen den **Pollen** ab und schiebt ihn in eine von Borsten umgebene Vertiefung, das Körbchen, an der Außenseite der Hinterbeine. An diesen **Sammelbeinen** transportiert die Biene den Pollen in den Bienenstock. Dort wird dieser Pollen in die Vorratszellen der Waben gefüllt und später an die Larven verfüttert.

An der Brust der Bienen sitzen die vier dünnhäutigen Flügel. Beim Flug werden die Vorderflügel mit den Hinterflügeln verhakt, so dass sie gemeinsam schlagen. Die Brust ist durch eine bewegliche Verbindung mit dem Hinterleib verbunden. Hier liegen der Honigmagen, in dem der Nektar gesammelt wird und der Darm.

A
B
C
leere Zelle
offene und gedeckelte Vorratszelle
offene und gedeckelte Arbeiterinnenzelle
offene und gedeckelte Drohnenzelle
offene und gedeckelte Weiselzelle

3 Im Bienenstock. A *Blick auf Bienenwaben;* **B** *Königin mit Arbeiterinnen;* **C** *Brutwabe*

Bienen „tanzen" auf Waben

Haben Honigbienen eine lohnende Futterquelle entdeckt, geben sie diese Information an ihre Stockgenossinnen weiter. Dazu verwenden sie eine Art Zeichensprache, den **Bienentanz.** Der Tanz findet in der Dunkelheit des Stockes im dichten Gedränge des Bienenvolkes auf den senkrecht hängenden Waben statt. Beim ihrem Tanz bewegen die Bienen ihren Hinterleib und „verrechnen" Sonnenstand, Lage des Bienenstocks und der Futterquelle. Bienen im Stock ertasten die Bewegungen mit den Fühlern. Außerdem riecht eine tanzende Biene nach der Futterpflanze und gibt Kostproben aus ihrem Honigmagen ab.

Die Geschwindigkeit des Tanzes enthält Informationen über die Entfernung zur Futterquelle. Je geringer die Intensität des Tanzes ist, desto weiter ist die Futterquelle entfernt.

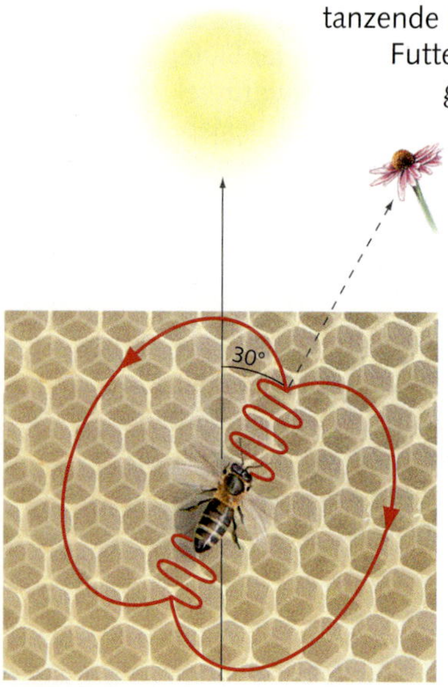
30°

4 Bienentanz

Die Königin und ihr Volk

Bei einem Blick in einen Bienenstock sieht man mehrere nebeneinander hängende, senkrechte Holzrahmen. In diese Rahmen haben Bienen ihre **Waben** aus Wachs gebaut. Die Waben bestehen aus einigen tausend sechseckigen Zellen. Auf ihnen drängen sich Bienen dicht an dicht.
Meistens sind es **Arbeiterinnen,** die kleinsten Mitglieder des Bienenvolkes. Bis zu 50 000 können es im Sommer sein. Sie sind Weibchen, haben aber zurückgebildete Eierstöcke und sind daher unfruchtbar.
Nur in den Sommermonaten findet man noch einige hundert männliche Tiere im Bienenstock, die **Drohnen.** Man erkennt sie an den auffallend großen Augen und dem plumpen Körper. Sie tragen zur Fortpflanzung bei, indem sie junge Königinnen begatten. Nach der Begattung sterben die Drohnen. Entdeckt man eine einzelne große Biene mit langem, schlankem Hinterleib, ist es die **Königin.** Sie ist meist von einer Schar Arbeiterinnen umgeben. Die Königin wird von diesem Hofstaat umsorgt. Alle Nachkommen eines Bienenvolkes stammen von einer Königin ab. Sie legt von Mai bis Juni täglich etwa 1500 bis 2000 Eier, etwa jede Minute ein Ei. Königinnen können bis zu fünf Jahre alt werden.

Alle Mitglieder des Bienenvolkes erkennen sich an ihrem gemeinsamen „Stockgeruch". Die unterschiedlichen Aufgaben aller Bienen des Volkes sind aufeinander abgestimmt. Eine solche Gemeinschaft von Insekten wird als **Insektenstaat** bezeichnet.

Basiskonzept System → S. 54 und Entwicklung → S. 98

Lebensräume im Schulumfeld

Honigbienen entwickeln sich in Zellen

Neben Waben mit Vorratszellen für Honig oder Pollen sieht man in anderen Zellen kleine weiße Stifte. Dies sind die Eier, die von der Königin in die Zellen der Brutwaben abgelegt wurden.
Nach drei Tagen schlüpfen aus den Eiern **Larven**. Diese werden von Arbeiterinnen gefüttert. Junge Larven haben weder Augen noch Beine. Sie erhalten eiweißreichen Futtersaft als Nahrung. Ältere Larven dagegen werden mit Pollen und Honig gefüttert. Nach einigen Tagen werden die Zellen von Arbeitsbienen mit Wachs verschlossen. Die Larve entwickelt sich jetzt zur Puppe. Am 21. Tag nach der Eiablage schlüpft eine fertige Arbeiterin und nagt sich durch den Wabendeckel.

Entwicklung (22 Tage)

Aus dem Leben einer Arbeitsbiene

Im Verlauf ihres Lebens verrichtet die Arbeitsbiene mehrere Tätigkeiten. Nach dem Schlüpfen beginnt sie sofort, leere Zellen zu reinigen, in die die Königin jeweils ein Ei legt. Nach zwei Tagen füttert sie die älteren Larven. Nach dem Heranreifen einer besonderen Kopfdrüse, der Futtersaftdrüse, versorgt sie vom 5. Lebenstag an junge Larven und Königinnenlarven mit eiweißreichem Futtersaft. Wenn die Futtersaftdrüse ihre Arbeit eingestellt hat, reifen die Wachsdrüsen. Am Hinterleib werden Wachsplättchen ausgeschieden. Die Arbeitsbiene baut nun Wachszellen oder verschließt Zellen mit Wachsdeckeln. Danach verarbeitet sie den aufgenommenen Nektar durch Drüsensäfte in ihrem Honigmagen zu Honig und füllt diesen in die Vorratszellen. Dies ist der Nahrungsvorrat für den Winter.
Weitere Tätigkeiten folgen. Dazu zählen der Abtransport toter Bienen und der Wächterdienst am Einflugloch. Den letzten und längsten Lebensabschnitt verbringt die Arbeitsbiene als Sammelbiene.

Bienen schwärmen aus

Im Juni teilt sich das immer größer werdende Volk. Ungefähr die Hälfte der Arbeitsbienen verlässt mit der Königin den Stock. Die Bienen schwärmen. Im alten Stock schlüpft eine neue Königin. Sie ist in einer besonderen Zelle, der Weiselzelle, herangewachsen. Dort wurde sie in der gesamten Larvenzeit ausschließlich mit einem besonderen Futtersaft ernährt. Auf ihrem **Hochzeitsflug** wird die junge Königin von mehreren Drohnen begattet. Der Spermavorrat reicht der Königin für ihr ganzes Leben. Nachdem die Drohnen diese Aufgabe erfüllt haben, werden sie von den Arbeitsbienen aus dem Bienenstock gezerrt und sterben. Die vom Hochzeitsflug zurückgekehrte junge Königin ersetzt nun im Stock die alte Königin.

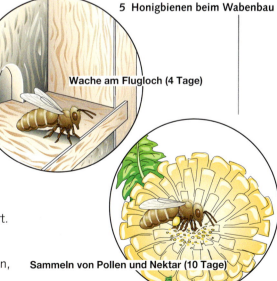

5 Honigbienen beim Wabenbau

6 Lebenslauf einer Arbeitsbiene (Dauer)

Wir betrachten und untersuchen Pflanzen

🔍 **1.** Grabt zwei kleine, häufig vorkommende Pflanzen aus der Umgebung der Schule vorsichtig aus. Nehmt sie mit ins Klassenzimmer und vergleicht sie miteinander. Welche Teile haben alle Pflanzen gemeinsam?

📖 **2.** Zeichnet eure Pflanzen oder den Klatschmohn sorgfältig ab und beschriftet die einzelnen Teile. Der Text hilft euch, die passenden Begriffe zu finden.

📝 **3.** Stellt eure Pflanzen in der Klasse vor. Wenn ihr den Namen nicht wisst, könnt ihr in einem Bestimmungsbuch nachschlagen. Dort findet ihr noch weitere interessante Informationen über eure Pflanzen.

🔍 **4.** Überlegt euch einen Versuch, mit dem ihr zeigen könnt, dass die Pflanze in ihrem Stängel Wasser nach oben zu den Blättern und Blüten leitet.
Tipp: Verwendet für euren Versuch weiß blühende Pflanzen wie z. B. ein Fleißiges Lieschen. – Wasser kann man mit Tinte färben.

🔍 **5.** Ihr seht hier einen Versuchsaufbau, mit dem die Verdunstung von Wasser bei einer Pflanze nachgewiesen werden kann. Baut den Versuch nach und stellt den Aufbau an einen hellen Standplatz im Klassenzimmer. Beobachtet den Versuch einige Tage und haltet fest, was sich verändert hat. Erklärt eure Beobachtungen.

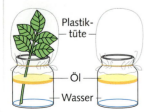

1 Klatschmohn

Alle Teile der Pflanzen, die über dem Boden zu sehen sind, bilden den **Spross.** Er besteht aus der Sprossachse, den Blättern und den Blüten in der Blütezeit.

Aus den **Blüten** entwickeln sich ▶ Früchte und ▶ Samen.

Beim Klatschmohn nennt man die Sprossachse **Stängel.** Er ist grün wie bei allen **krautigen Pflanzen.** Hier verlaufen die Leitungsbahnen, in denen Wasser, Mineralstoffe und Nährstoffe transportiert werden.

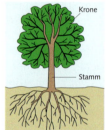

Bei **Sträuchern** verzweigt sich die Sprossachse kurz über dem Boden in mehrere verholzte Seitenstämme.

Bei **Bäumen** bezeichnet man die verholzte Sprossachse als Stamm. Oben befindet sich die Baumkrone mit Ästen und Zweigen.

In den **Blättern** verzweigen sich die Leitungsbahnen. Man kann sie als Blattadern meist deutlich sehen. An den Blattunterseiten befinden sich winzige Öffnungen, die Spaltöffnungen. Durch sie verdunstet die Pflanze Wasser.
Mithilfe von Sonnenlicht, Wasser und Kohlenstoffdioxid aus der Luft stellt die Pflanze in den grünen Blättern Nährstoffe her, die sie zum Wachsen benötigt. Außerdem bildet sie Sauerstoff, den alle Lebewesen zum Atmen brauchen. Diesen Vorgang bezeichnet man als ▶ Fotosynthese.

Die **Wurzel** besteht häufig aus einer Hauptwurzel und vielen Nebenwurzeln mit feinen Wurzelhaaren. Sie verankert die Pflanze im Boden und nimmt Wasser und Mineralstoffe aus dem Boden auf.

Alle Pflanzen, die diesen Grundbauplan zeigen, sind **Blütenpflanzen.**

Basiskonzept Struktur und Funktion → S. 260

Lebensräume im Schulumfeld

Worin unterscheiden sich Tulpe, Rosskastanie und Haselstrauch?

Pinnwand

Tulpe

Rosskastanie

Haselstrauch

1. Eine Tulpe, eine Rosskastanie und ein Haselstrauch unterscheiden sich voneinander. Nennt einige Merkmale. Lest dazu den Text auf der nebenstehenden Seite.

2. Ordnet die Pflanzen auf dieser Seite in unterschiedliche Gruppen. Nennt weitere Pflanzen, die eurer Meinung nach zu den einzelnen Gruppen gehören. Begründet eure Zuordnungen.

3. a) Sucht im Umfeld eurer Schule nach Pflanzen, die zu einer der von euch gefundenen Gruppen gehören. Große Pflanzen könnt ihr fotografieren, kleine Pflanzen könnt ihr sammeln und pressen (▶ **Herbarium**).
b) Findet die Namen eurer Pflanzen mithilfe eines **Bestimmungsbuches** heraus. Dort gibt es auch zusätzliche Informationen. Gestaltet Plakate zu den Pflanzengruppen.

Margerite

Holunder

junger Apfelbaum

Untersuchungen an Blüten

📖 **1.** Fertige von dem abgebildeten Längsschnitt der Kirschblüte eine Zeichnung an und beschrifte diese.

🔍 **2.** Betrachte eine Kirschblüte mit der Lupe. Suche die einzelnen Blütenteile und notiere ihre Anzahl. Die Ergebnisse lassen sich übersichtlich in einer Tabelle darstellen.

Anzahl	Kirsche	Raps
Kelchblätter		
Kronblätter		
Staubblätter		
Stempel		

🔍 **3.** Untersuche die Blüten anderer Pflanzen. Beginne mit einer Apfelblüte, einer Rapsblüte oder einer Blüte des Wiesenschaumkrauts. Notiere ebenfalls die Anzahl der gefundenen Blütenteile und vergleiche sie mit deinen Aufzeichnungen über die Kirschblüte. Beschreibe Ähnlichkeiten und Unterschiede.

🔍 **4.** Von Blüten kann man Legebilder anfertigen. Du brauchst dazu
- eine Lupe
- eine Pinzette
- ein Stück durchsichtige Klebefolie (8 cm x 8 cm)
- schwarzen Zeichenkarton

Lege die Folie mit der Klebeseite nach oben auf den Tisch. Nimm die Pinzette und zupfe von deiner Blüte nach und nach die einzelnen Bestandteile der Blüte ab und ordne sie auf der Folie so wie in der Abbildung dargestellt. Drücke sie leicht an.

Drehe nun die Klebefolie mit den daran haftenden Blütenteilen um und klebe sie auf den Zeichenkarton. Stellt man die Anordnung der Blütenteile zeichnerisch vereinfacht dar, erhält man einen **Blütengrundriss** oder ein Blütendiagramm. Im Blütengrundriss sind die einzelnen Blütenteile farblich gekennzeichnet.

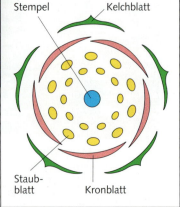

Basiskonzept Struktur und Funktion → S. 260

Lebensräume im Schulumfeld

Im Mai stehen die Kirschbäume in voller Blüte. Wenn man einzelne Kirschblüten genauer betrachtet, kann man gut erkennen, wie sie gebaut sind.

Die äußere Hülle besteht aus fünf grünen **Kelchblättern.** Sie sitzen am Rand des kelchförmigen Blütenbodens. Bei Knospen und geschlossenen Blüten schützen sie das Blüteninnere.

Wenn die Blüten geöffnet sind, sieht man die fünf weißen **Kronblätter.** Sie locken Bienen und andere Insekten an.

Im Blüteninneren befinden sich etwa 30 fadenförmige **Staubblätter.** Jedes Staubblatt besteht aus einem Staubfaden und einem Staubbeutel an der Spitze. Im Staubbeutel wird der Blütenstaub oder Pollen gebildet. Er besteht aus winzig kleinen
▶ Pollenkörnern, in denen sich die männlichen Geschlechtszellen entwickeln. Staubblätter sind daher die männlichen Blütenorgane.

Aus der Mitte der Blüte ragt der **Stempel** heraus. Deutlich lassen sich die klebrige Narbe, der Griffel und der verdickte Fruchtknoten unterscheiden. Wenn man den Stempel längs aufschneidet, kann man die Samenanlage erkennen. Sie enthält eine Eizelle. Der Stempel ist also das weibliche Blütenorgan. Aus ihm entwickelt sich später die Kirsche.

Viele Blüten scheiden am Blütenboden eine zuckerhaltige Flüssigkeit, den **Nektar,** aus. Er lockt Insekten an. Nektar und Pollen sind wichtige Nahrungsquellen für Insekten.

Obwohl Blüten unterschiedlicher Pflanzenarten sehr verschieden aussehen, findet man bei fast allen Blütenformen die gleichen Bestandteile.

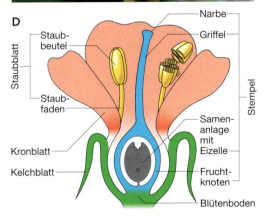

1 Kirschblüte. A *Blütenzweig;* B *Knospe;* C *Blüte;* D *Schema der Kirschblüte*

Aus dem Geschlechtsleben der Pflanzen

Zwitterblüten

Bei den meisten Pflanzen befinden sich die männlichen und weiblichen Blütenorgane zusammen, direkt nebeneinander in einer Blüte. So auch bei der Kirschblüte. In solchen Blüten werden die Narben von jüngeren Blüten mit Pollen von älteren Blüten bestäubt.

Getrenntgeschlechtliche einhäusige Pflanzen

Bei manchen Pflanzen wie etwa Haselsträuchern sind die weiblichen und männlichen Blüten voneinander getrennt. Die gelblichen Kätzchen bestehen aus männlichen Pollenblüten. Die weiblichen Stempelblüten erkennt man an den roten pinselartigen Narben. An jedem Haselstrauch findet man jedoch männliche und weibliche Blüten. Solche Pflanzen nennt man einhäusig, da sich die beiden Blütenarten sozusagen „im gleichen Haus" befinden.

Getrenntgeschlechtliche zweihäusige Pflanzen

Bei der Salweide entwickeln sich die weiblichen und männlichen Blüten an unterschiedlichen Pflanzen. Sie befinden sich sozusagen „in zwei Häusern". Solche Pflanzen nennt man deshalb zweihäusig. Bekannt sind die leuchtend gelben Kätzchen, die man schon bald im Frühjahr sieht. Dies sind die männlichen Pollenblüten. Sie produzieren nur Nektar und Pollen. Weniger auffällig sind die weiblichen Pflanzen. Die Kätzchen sind graugrün und bestehen aus vielen einzelnen Stempelblüten. Auch sie locken mit Nektar Insekten an.

1. Erläutere, warum die Staubblätter in jungen, geöffneten Kirschblüten meist noch keinen Pollen abgeben.

2. Die Kiwipflanze gehört zu den zweihäusigen Nutzpflanzen.
a) Worauf muss ein Bauer achten, wenn er eine Kiwiplantage anlegen will?
b) Um was für eine Blüte handelt es sich bei der abgebildeten Kiwipflanze? Begründe.

Kiwi

Lebensräume im Schulumfeld

Blüten und Insekten

Pinnwand

Die Sprache der Pflanzen

Pflanzen können sich mit anderen Lebewesen verständigen. Sie senden optische Signale sowie Gerüche aus, die eine ganz bestimmte Bedeutung haben. Während der Blütezeit locken Pflanzen durch Farben, Düfte und besondere Blütenformen Insekten an. Ihre Botschaft lautet: In meinen Blüten ist Nahrung in Form von Pollen oder Nektar zu finden. Als Gegenleistung übertragen die Insekten den Pollen auf andere Blüten und bestäuben diese. Einige Pflanzen und Insekten haben sich besonders gut aneinander angepasst.

Die **Taubnessel** hat Blüten mit einem langen, röhrenförmigen Kelch. Der Nektar wird am Blütenboden abgesondert. Mit ihren langen Rüsseln können Hummeln den Nektar aufsaugen. Dabei wird ihr Rücken mit Pollen beladen.

Die Blütenröhre der **Roten Lichtnelke** ist sehr tief und eng. Schmetterlinge sind auf solche Blüten spezialisiert. Mit ihren besonders langen Rüsseln saugen sie Nektar vom Blütenboden und fliegen zur nächsten Blüte. Dabei übertragen sie Pollen.

1. Was versteht man unter der Sprache der Pflanzen?

2. Beschreibe, wie Taubnessel und Lichtnelke bestäubt werden. Welchen Vorteil hat diese enge Beziehung zwischen einzelnen Arten? Welcher Nachteil kann sich daraus ergeben?

Von der Blüte zur Frucht

🔍 **1.** Beobachtet die Entwicklung der Kirschen an einem Baum. Erstellt ein Naturtagebuch.

📖 **2.** Beschreibe den Vorgang der Bestäubung bei einer Kirschblüte. Was muss als nächstes geschehen, damit sich nach einigen Wochen eine reife Kirsche entwickelt?

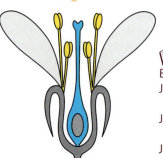

📖 **3.** In welchem Jahr gibt es wohl die beste Kirschernte? Begründe deine Meinung.
Jahr 1: Der Frühling ist warm, aber sehr regnerisch und windig.
Jahr 2: Der Frühling ist warm. In der Zeit der Kirschblüte gibt es mehrere Nächte mit starkem Frost.
Jahr 3: Der Frühling ist warm und der Wind weht nur schwach.

📖 **4.** Es gibt Pflanzen, die durch den Wind bestäubt werden. Zu ihnen gehört zum Beispiel der ▶ Haselstrauch, der bereits im Februar blüht. Die Laubblätter entwickeln sich erst später.
a) Begründe, warum diese zeitliche Abfolge für die Pflanze sinnvoll ist.
b) Nenne andere Pflanzen, die durch den Wind bestäubt werden.

🔍 **5.** Untersucht verschiedene Früchte wie Äpfel, Birnen, Aprikosen, Kirschen oder Stachelbeeren. Ihr könnt sie dazu aufschneiden, den Längsschnitt mit der Lupe betrachten und zeichnen.
Ordnet sie in drei Gruppen und begründet eure Zuordnung.
Tipp: Verwendet die folgenden Begriffe:

Beere   Steinfrucht   Kernfrucht

Basiskonzept System → S. 54 und Entwicklung → S. 98

Lebensräume im Schulumfeld

Eine Kirsche entwickelt sich
Bei der Nahrungssuche fliegen Bienen von Blüte zu Blüte. Dabei besuchen sie über einen längeren Zeitraum hinweg nur Blüten einer Pflanzenart. An ihren behaarten Körpern bleiben viele **Pollenkörner** haften. Bei weiteren Blütenbesuchen tragen sie die Pollenkörner auf die klebrige Narbe anderer Blüten der gleichen Art. Diesen Vorgang nennt man **Bestäubung.**
Zu den Pflanzen, die durch Insekten wie die Biene bestäubt werden, gehören viele Obstbäume, Sträucher und Wildkräuter.

1 Bestäubung und Befruchtung

Nach der Bestäubung keimen die Pollenkörner auf der Narbe. Mithilfe des Mikroskops kann man erkennen, dass sich aus jedem Pollenkorn ein Pollenschlauch entwickelt. Dieser wächst durch den Griffel bis ins Innere des Fruchtknotens. Der Pollenschlauch, der am schnellsten wächst, dringt in die Samenanlage ein. Hier öffnet er sich und setzt eine männliche Geschlechtszelle frei. Sie verschmilzt mit der Eizelle. Das Verschmelzen des männlichen Zellkerns mit dem Zellkern der weiblichen Eizelle nennt man **Befruchtung.**

2 Entwicklung der Früchte

In den Wochen nach der Befruchtung entwickelt sich aus der Blüte die **Frucht,** zum Beispiel eine Kirsche. Zuerst werden die Kronblätter der Blüte braun und fallen ab. Der Griffel und die Narbe vertrocknen. Der Fruchtknoten wird immer dicker und man erkennt mit der Zeit die Kirsche. Am Anfang ist sie noch grün. Aus der Wand des Fruchtknotens entwickelt sich die glatte Außenhaut, das rote Fruchtfleisch und die steinharte innere Fruchtwand um den Kirschkern. Daher werden Kirschen als Steinfrüchte bezeichnet. Im Inneren des Kirschkerns hat sich aus der Samenanlage mit der befruchteten Eizelle der **Samen** gebildet.

Gelangt ein Kirschkern in den Boden, kann daraus ein neuer Kirschbaum heranwachsen.

3 reife Kirschen

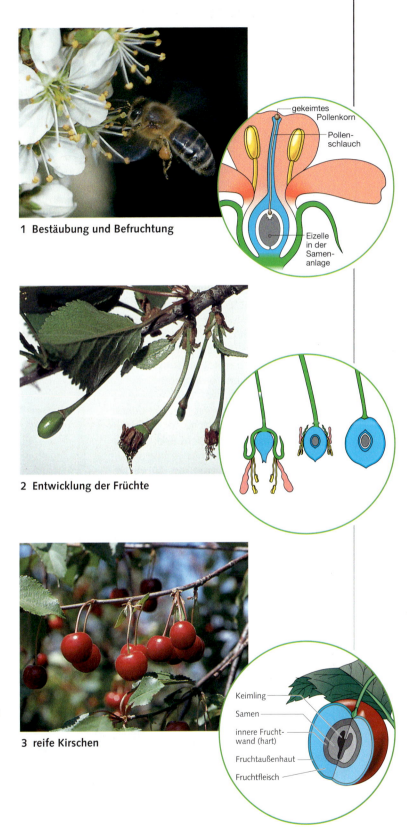

Aus Samen entwickeln sich Pflanzen

📖 **1.** Beschreibe, wie sich aus einem Samen eine Pflanze entwickelt.

🔍 **2.** Besorgt euch Samen der Feuerbohne, einen großen Eimer und ein Marmeladenglas mit Deckel. Füllt das Marmeladenglas randvoll mit trockenen Bohnen. Gebt dann ebenfalls bis zum Rand Wasser hinzu. Verschließt das Glas mit dem Deckel und stellt es in den Eimer. Beschreibt eure Beobachtungen nach einem Tag und erklärt das Versuchsergebnis.

🔍 **3.** Wie ist der Samen einer Feuerbohne aufgebaut? Legt dazu Samen der Feuerbohne etwa 2 Tage lang ins Wasser. Untersucht die gequollenen Samen mit der Lupe. Entfernt die Samenschale vorsichtig mit einem Küchenmesser. Klappt dann die beiden Hälften auseinander und betrachtet die Innenseiten. Beschreibt, zeichnet und beschriftet.

🔍 **4.** Überlegt euch Versuche, mit denen ihr herausfinden könnt, welche der Bedingungen Wasser, Wärme, Erde, Licht und Luft für die Keimung eines Samens notwendig sind. Begründet eure Vorgehensweisen. Führt die Versuche durch und beschreibt die Ergebnisse.

🔍 **5.** Wenn ihr wissen möchtet, wie eine Feuerbohne wächst, braucht ihr
- Samen der Feuerbohne
- Blumenerde
- Marmeladengläser
- Wasser
- Papier, Bleistift und Lineal

Legt die Bohnen zwei Tage lang ins Wasser. Füllt Erde in eure Marmeladengläser. Drückt die Bohnensamen ganz am Rand etwa vier Zentimeter in die Erde, sodass ihr die Samen von außen sehen könnt. Beschriftet die Gläser mit euren Namen und stellt sie hell und warm auf. Denkt daran, eure Pflanzen feucht zu halten.
a) Messt vier Wochen lang jeden zweiten Tag die Länge des Keimstängels und schreibt die Werte auf.
b) Fertigt ein ▶ Verlaufsdiagramm über das Wachstum eurer Pflanze an.

Bau eines Samens

Aus den Blüten von Feuerbohnen entwickeln sich Früchte mit Samen, die Bohnen. Lässt man eine Bohne einige Zeit im Wasser quellen und klappt dann die Hälften auseinander, sieht man im Inneren ein kleines Pflänzchen, den **Embryo.**
Er besteht aus zwei winzigen Laubblättern, der Keimwurzel und dem Keimstängel. Die beiden weißlichen Hälften der Bohne werden **Keimblätter** genannt. Sie speichern die Nährstoffe, die zur Keimung nötig sind. Der Keimling benötigt daher zum Keimen kein Licht.
In trockenem Zustand kann ein Samen lange Trockenzeiten oder Frost ohne Schaden überstehen. Wenn er aber in Wasser oder feuchte Erde gelegt wird, nimmt er Wasser auf und quillt. Bei der **Quellung** wird der Samen größer und schwerer. Dadurch entsteht ein starker Druck, der die Erde um den Samen herum lockert. So kann das kleine Pflänzchen den Boden leichter durchdringen.

Der Samen keimt

Die Keimung vollzieht sich ohne Licht in der feuchten Erde. Nach einigen Tagen platzt die Samenschale auf und die **Keimwurzel** bricht durch. Sie dringt senkrecht in die Erde ein und bald bilden sich Seitenwurzeln.
Erst jetzt streckt sich der **Keimstängel** und wächst aus der Samenschale heraus nach oben. Nach einigen Tagen durchbricht der Keimstängel mit den Laubblättern die Erdoberfläche.

Die Pflanze wächst

Nach der Keimung beginnt die Bohnenpflanze zu wachsen. Sie bildet grüne Blätter und nutzt jetzt das Sonnenlicht zur ▶ Fotosynthese. Bei Trockenheit muss die Pflanze gegossen werden. Über ihre ▶ Wurzeln leitet sie das Wasser und die Mineralstoffe in die Zellen der grünen ▶ Blätter.
Licht, Wasser, Mineralstoffe sowie Temperatur haben damit Einfluss darauf, ob und wie eine Pflanze wächst.
Blütenpflanzen wie die Feuerbohne haben zwei Keimblätter. Deshalb nennt man sie auch zweikeimblättrige Pflanzen. Die Samen anderer Pflanzen, zum Beispiel der Gräser, haben nur ein Keimblatt. Sie sind einkeimblättrig.

1 Feuerbohne

Basiskonzept Entwicklung → S. 98

Lebensräume im Schulumfeld

Ein Informationsplakat entsteht

Plakate begegnen uns ständig. Mit großen auffallenden Bildern oder Schriften werben viele für Produkte, Firmen, Vereine oder auch politische Parteien. Manche informieren auch nur zu bestimmten Themen. Alle haben etwas gemeinsam: Sie fallen sofort auf. Und wir erkennen schnell, worum es geht.

Hast du Informationen zu einem bestimmten Thema gesammelt, kannst du sie auf einem **Plakat** zeigen.

Was du beim Erstellen eines Plakates beachten musst und wie du vorgehst:
- Erstelle eine Skizze, die zeigt, wie dein Plakat gestaltet werden soll.
- Ordne die Inhalte, die du zeigen möchtest, nach der Wichtigkeit.
- Bedenke: Der Platz ist begrenzt!

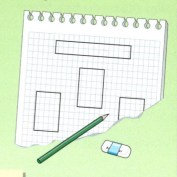

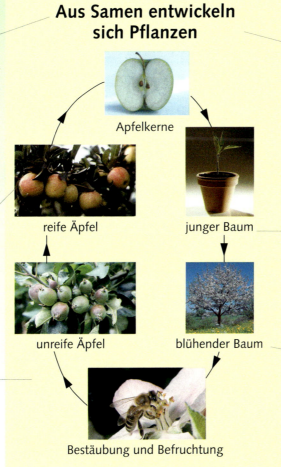

Finde eine passende Überschrift. Schreibe diese groß und deutlich auf das Plakat. Sie sollte auch aus einem Abstand von drei bis vier Metern gut lesbar sein.

Verwende nur einige ausgewählte Bilder. Diese sollten einfach gestaltet sein.

Für den Hintergrund des Plakats eignen sich viele Farben. Die Schrift muss sich vom Hintergrund jedoch gut abheben.

Plane nur so viel Text ein, wie unbedingt nötig ist.

Schreibe den Text möglichst mit dem Computer oder handschriftlich ordentlich mit einem dickem Stift.

Verwende für die Beschriftung nicht zu viele unterschiedliche Farben.

Methode

Methode

Eine Sachzeichnung anfertigen

Manchmal ist es sinnvoll, Dinge, die du in der Natur beobachtest, zu zeichnen. Zeichnungen schaffen Klarheit, wenn Beschreibungen allein nicht ausreichen und helfen dir, diese Beobachtungen einzuprägen.

Was musst du beachten?
- Betrachte einen Gegenstand oder Vorgang genau, bevor du ihn zeichnest.
- Achte auf das Wesentliche, unterscheide Wichtiges von Unwichtigem.
- Arbeite bei der Zeichnung genau und ordentlich.
- Eine gute biologische Zeichnung stellt komplizierte Zusammenhänge klar und vereinfacht dar.

Was benötigst du?
Einen spitzen Bleistift, Buntstifte, ein Lineal, unliniertes Papier.

So wird es gemacht:
1. Gib deiner Zeichnung eine passende Überschrift und beschrifte sie mit deinem Namen, deiner Klasse und dem Datum.
2. Deine Zeichnung darf nicht zu klein werden.
3. Zeichne erst die Umrisslinien und Flächen, dann die Feinheiten. Achte auf die Form und die Lage der Teile sowie die Größenverhältnisse.
4. Benutze Buntstifte, um Wichtiges zu kennzeichnen.
5. Beschrifte die Einzelheiten. Schreibe die Begriffe neben die Zeichnung. Verbinde beides mit geraden Linien.

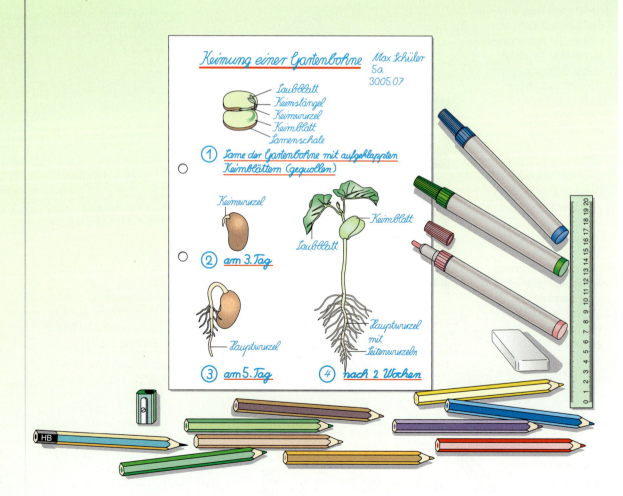

Lebensräume im Schulumfeld

Ungeschlechtliche Vermehrung

Ausläufer

Die Erdbeere bildet lange Ausläufer. Das sind oberirdische Seitensprosse, die von der Mutterpflanze wegwachsen. Die an den Ausläufern heranwachsenden Tochterpflanzen werden zunächst durch die Ausläufer mit Nährstoffen versorgt. Haben die Tochterpflanzen Blätter und Wurzeln ausgebildet, können sie sich selbst versorgen. Die Ausläufer, also die Verbindungen zur Mutterpflanze, vertrocknen.

Vermehrung durch Sprossknollen

Die Sprosse einiger für uns wichtiger Nutzpflanzen bilden unterirdische Sprossknollen. Ein Beispiel dafür ist die Kartoffel. Nutzt der Mensch die Kartoffel nicht für seine Ernährung oder als Viehfutter, dient sie als „Saatgut". Aus jeder Knolle wächst im folgenden Jahr eine neue Pflanze heran.

Ungeschlechtliche Vermehrung

Blütenpflanzen vermehren sich durch Samen. Manche sind jedoch in der Lage, sich zusätzlich ohne Ausbildung von Samen zu vermehren. Diese ungeschlechtliche Vermehrung erfolgt zum Beispiel durch Ausläufer wie bei der Erdbeere. Kartoffelpflanzen bilden Sprossknollen und Tulpen bilden Brutzwiebeln. Viele Zimmerpflanzen kann man über Blattstecklinge vermehren. Da nur eine Elternpflanze existiert, entstehen Nachkommen mit identischen Erbeigenschaften der Elternpflanzen.

1. Erklärt an Beispielen, was man unter „ungeschlechtlicher Vermehrung" versteht.

2. Nennt andere Pflanzen, die sich ungeschlechtlich vermehren. Beschreibt, wie dies geschieht.

Vermehrung durch Blattstecklinge

Gärtnereien für Zimmerpflanzen vermehren einige Pflanzen wie Dickblattgewächse oder Usambaraveilchen über Blattstecklinge. Dazu werden Blätter oder Blattteile von voll entwickelten Pflanzen abgeschnitten und in feuchte Erde gedrückt. Die Pflanzenteile bilden schnell Wurzeln und kleine Blättchen und können anschließend verpflanzt werden.

Vermehrung durch Zwiebeln

Wenn man im Frühjahr blühende Tulpen haben möchte, muss man im Herbst Tulpenzwiebeln in die Erde stecken. Aus ihnen treiben die Tulpen aus und verbrauchen die in den ▶ Zwiebeln gespeicherten Nährstoffe. Während der Wachstumsphase im Sommer bildet jede Tulpe mit Hilfe ihrer grünen Blätter Nährstoffe. Einen Teil davon verbraucht sie selbst. Was übrig bleibt, wird in einer neuen Zwiebel, der Ersatzzwiebel, gespeichert. Aus ihr treibt dann im nächsten Jahr wieder eine neue Tulpe aus. Gleichzeitig können auch noch Brutzwiebeln zwischen den Zwiebelschalen entstehen, aus denen ebenfalls weitere Tulpen heranwachsen. So blühen im Frühling immer wieder Tulpen, obwohl man nur wenige einmal gesteckt hat.

Ersatzzwiebel

Brutzwiebel

Wie verbreiten sich Pflanzen?

📖 **1.** Betrachte die beiden Abbildungen.
a) Beschreibe, was du siehst und stelle einen Zusammenhang zwischen den beiden Fotos her.
b) Warum sieht man an Straßenrändern oder auf Mauern oft einzelne Löwenzahnpflanzen?

🔍 **2. a)** Betrachte eine Löwenzahnfrucht mit der Lupe und zeichne. Wozu dienen die einzelnen Teile der Frucht?
b) Betrachte den unteren Teil der Frucht vom Löwenzahn ohne das Schirmchen mit einer ▶ Stereolupe.
Überlege dir einen Versuch, mit dem du die Bedeutung deiner Entdeckung demonstrieren kannst.
Tipp: Benutze mehrere Löwenzahnfrüchte ohne Schirmchen, ein Blatt Papier und ein Wolltuch.

🔍 **3.** Viele Früchte werden durch den Wind verbreitet. Sammelt Flugfrüchte von Bäumen und führt Flugversuche durch. Welche Einrichtungen haben die Flugfrüchte, damit sie möglichst lange in der Luft bleiben können?

📖 **4.** Überlegt euch Modelle, mit denen ihr die Funktion von Flugfrüchten wie die von Ahorn und Löwenzahn zeigen könnt. Die abgebildeten Gegenstände können euch dabei helfen.

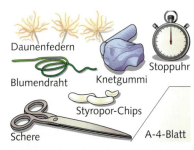

✏️ **5.** Benennt die abgebildeten Arten. Benutzt dazu ein Bestimmungsbuch.

📖 **6.** Unten siehst du Früchte von Klette (A), Eberesche (B) und Hasel (C). Diese werden durch Tiere verbreitet. Wie geschieht die Verbreitung der gezeigten Früchte, und welche Tiere kommen dafür in Frage?

A

B

C

Basiskonzept Struktur und Funktion → S. 260

Lebensräume im Schulumfeld

Überlegt euch einmal, was passieren würde, wenn alle Samen von Pflanzen senkrecht zu Boden fielen und dort keimen würden.
Die kleinen Pflanzen stünden so dicht, dass sie weder ausreichend Licht noch Wasser oder ▶ Mineralstoffe bekämen. Deshalb sind die Samen oder Früchte von Pflanzen mit den unterschiedlichsten Einrichtungen ausgestattet, die den Transport und das Keimen in einiger Entfernung von der Mutterpflanze ermöglichen.

Verbreitung durch den Wind
Die Samen von Pflanzen wie dem Löwenzahn oder vieler Bäume werden durch den Wind verbreitet. Ihre Früchte besitzen fallschirmartige oder flügelartige Fortsätze. Nach der Landung verhaken sie sich auf dem Untergrund, keimen und wachsen zu einer neuen Pflanze heran.

Selbstverbreitung
Pflanzen wie Ginster, Springkraut oder Bohnen verbreiten sich von selbst. Wenn ihre Früchte reif sind, trocknen sie aus und brechen auf. Die Hüllen der Früchte verdrehen sich dabei und schleudern die Samen heraus.

1 Selbstverbreitung beim Springkraut

2 Veilchensamen werden von Ameisen verbreitet

Verbreitung durch Tiere
Manche Früchte wie beispielsweise die Kletten haben kleine Widerhaken, mit denen sie sich am Fell von Tieren verhaken. Andere Früchte locken Vögel und andere Tiere mit leuchtenden Farben und zuckerhaltigem Fruchtfleisch an. Die Tiere fressen dann die Früchte. Die in den Früchten liegenden Samen haben unverdauliche Schalen und werden mit dem Kot der Tiere an anderer Stelle ausgeschieden.
Auch Ameisen tragen zur Samenverbreitung bei. Veilchensamen haben beispielsweise nahrhafte Anhängsel. Wenn die Ameisen die Samen zu ihrem Bau schleppen, fressen sie unterwegs das Anhängsel und lassen den Samen liegen. Andere Tiere wie Eichhörnchen oder Eichelhäher, die im Herbst Nüsse als Wintervorrat vergraben und sie dann später nicht mehr wiederfinden, tragen ebenfalls zur Samenverbreitung bei.

Verbreitung durch Wasser
Wasserpflanzen wie der Wasserhahnenfuß haben Schwimmfrüchte. Sie enthalten Luft und können mit der Strömung weit fortgetrieben werden.
Auch Kokosnüsse mit ihrer harten, wasserfesten Schale werden über das Wasser verbreitet.

3 Verbreitung durch Wasser bei Kokospalmen

Vögel im Umfeld der Schule

📖 **1.** Wo können Vögel brüten? Fertige eine Zeichnung wie in dieser Abbildung an. Zeichne Vogelnester und Nistmöglichkeiten ein. Der Informationstext hilft dir dabei.

📖 **2.** Betrachtet die Abbildungen auf diesen Seiten. Beschreibt, was die Vögel jeweils tun. In welcher Jahreszeit finden die Tätigkeiten statt?

📖 **3.** Während der Brutzeit dürft ihr nicht in die Nistkästen schauen. Beschreibt an Hand der unteren Abbildung, was im Innern des Nistkastens vor sich geht.

🔍 **4.** Sucht im Herbst ein verlassenes Amselnest. Ihr findet es in Gebüschen etwa einen Meter über dem Erdboden. Benutzt bei diesen Arbeiten Schutzhandschuhe.
a) Betrachtet und zeichnet das vollständige Nest von außen. Achtet besonders auf die Auspolsterung.
b) Rupft das Nest vorsichtig mit einer Pinzette auseinander und sortiert die Bestandteile. Findet heraus, um welches Material es sich handelt.
c) Könnt ihr danach das Nest wieder zusammenbauen? Zu welchem Ergebnis kommt ihr? Begründet.

✏️ **5. a)** Fertigt gemäß der Abbildung einen Nistkasten für Höhlenbrüter an.
b) Sucht einen geeigneten Platz zum Aufhängen des Nistkastens. Bedenkt dabei die Gefährdungen durch natürliche Feinde der Vögel wie Katzen und durch Witterungseinflüsse wie Wind, Regen oder Schnee.

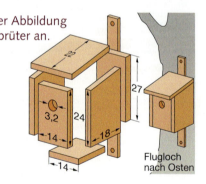

Flugloch nach Osten

✏️ **6.** Zahlreiche Vögel überwintern bei uns (Standvögel). Richtet für diese Vögel einen Futterplatz ein. **Hinweis:** Nur bei Eis und Schnee füttern.

Herstellung eines Futtergemisches für Vögel:
- 300 g ungesalzenes Schweineschmalz
- 300 g einer Mischung aus Sonnenblumenkernen, kleinen Samen, Haselnussschrot, Weizenkleie, Haferflocken, getrockneten Vogelbeeren
- Nehmt das zimmerwarme Schmalz und knetet die Futtermischung unter, sodass ein Futterbrei entsteht und füllt diesen in einen kleinen Blumentopf. Lagert ihn im Kühlschrank.
- Bietet das Futtergemisch an einem sicheren Platz an. Dazu eignet sich eine Futterglocke, wie ihr sie in der Abbildung seht. Gebt an, welche Vorteile die Futterglocke für die Vogelfütterung bietet.

Lebensräume im Schulumfeld

Wie Vögel nisten

Die verschiedenen Vogelarten bevorzugen unterschiedliche Plätze, wo sie ihre typischen Nester bauen.

- Buchfinken legen ihr Nest meist hoch in Astgabeln von Bäumen an. Man bezeichnet solche Vögel deshalb als **Baumbrüter**.
- Andere Vogelarten suchen Büsche, Hecken und Sträucher als Nistplatz auf. Dazu zählen die Amseln. Sie werden **Buschbrüter** genannt.
- Vögel, die ihre Nester direkt auf dem Boden oder in Bodennähe einrichten, heißen **Bodenbrüter**. Dazu gehören die Hühnervögel, wie die Fasane, denen eine Mulde im Boden genügt.
- Spechte, Meisen und Kleiber nisten in Höhlen oder Nischen. Man nennt sie deshalb **Höhlenbrüter**.

1 Spechte nisten in Höhlen

Im Revier der Amsel

Amseln kannst du das ganze Jahr über beobachten. Sie sind häufig in Gärten, Parkanlagen und auf dem Schulgelände anzutreffen.

Das Männchen erkennst du an seinem schwarzen Gefieder und dem gelben Schnabel. Das Weibchen ist dunkelbraun mit dunklem Schnabel. Wie bei allen **Singvögeln** singen nur die Männchen. Sie locken durch ihren Gesang die Weibchen an und markieren damit gleichzeitig ihr Revier.

Dringt ein Konkurrent in das Revier ein, wird er mit einem aufgeregten „tschik-tschik-tschik" empfangen. Mit gespreiztem Gefieder und vorgestrecktem Schnabel gehen die beiden Widersacher aufeinander los. Die Verfolgungsjagd dauert so lange, bis der Rivale vertrieben ist.

Nestbau und Brutpflege

Innerhalb seines Reviers baut das Amselpaar ein Nest. In einer Hecke formt das Weibchen aus dünnen Zweigen, Grashalmen und feuchter Erde eine Nestmulde, die mit Moos und Laub ausgepolstert wird. In das fertige Nest legt die Amsel vier bis fünf grüne, braun gefleckte Eier. Nach zwei Wochen Brutzeit schlüpfen die nackten, blinden und hilflosen Jungvögel. Es sind **Nesthocker**. Sie müssen von den Eltern gefüttert werden. Von morgens bis abends bringen die Altvögel Nahrung herbei: Insekten, Würmer, Spinnen und Raupen. Schon bei der kleinsten Erschütterung des Nestes reißen die Jungvögel die Schnäbel auf, sie **sperren**. Dabei wird ihr gelber Rachen sichtbar. In diesen Sperrrachen stopfen die Eltern die Nahrung. Nach zwei Wochen verlassen die Jungen das Nest. Sie sind **flügge** und beginnen mit den ersten Flugversuchen.

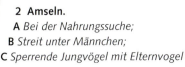

2 Amseln.
A *Bei der Nahrungssuche;*
B *Streit unter Männchen;*
C *Sperrende Jungvögel mit Elternvogel*

Wie sich Vögel fortpflanzen

🔍 **1.** Untersucht ein Hühnerei.
Dazu benötigt ihr ein rohes Hühnerei, einen Eierkarton, einen Teelöffel, eine spitze Schere, eine Pinzette, eine flache Schale oder Untertasse und eine Lupe.

a) Legt das rohe Ei in die Mulde eines Eierkartons. Klopft mit dem Teelöffel vorsichtig auf die Oberseite des Eies, so dass in der Kalkschale Risse entstehen und die darunter liegende Haut möglichst nicht beschädigt wird.
Löst nun mit der Pinzette die Kalkschale Stückchen für Stückchen ab, bis eine Öffnung wie in der Abbildung entsteht. Schneidet die Schalenhäute vorsichtig mit der Schere auf.

b) Benennt die Bestandteile des Eies, die ihr durch die Öffnung erkennen könnt. Die Abbildung unten hilft euch dabei.

c) Zeichnet die Lage der Eibestandteile und beschriftet sie.

d) Dreht das offene Ei leicht hin und her und achtet auf die Lage des Dotters. Beschreibt eure Beobachtung.

e) Gießt den Inhalt des Eies vorsichtig in die Schale oder die Untertasse. Sucht die Keimscheibe auf der Dotterkugel.
Zieht vorsichtig mit der Pinzette an den Eischnüren. Was beobachtet ihr?

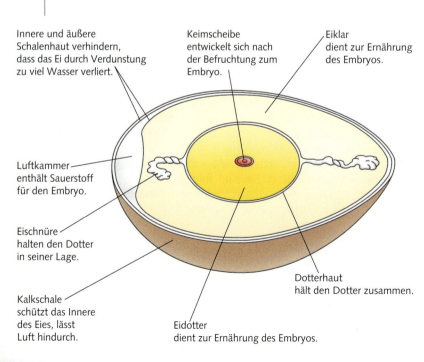

Innere und äußere Schalenhaut verhindern, dass das Ei durch Verdunstung zu viel Wasser verliert.

Keimscheibe entwickelt sich nach der Befruchtung zum Embryo.

Eiklar dient zur Ernährung des Embryos.

Luftkammer enthält Sauerstoff für den Embryo.

Eischnüre halten den Dotter in seiner Lage.

Kalkschale schützt das Innere des Eies, lässt Luft hindurch.

Dotterhaut hält den Dotter zusammen.

Eidotter dient zur Ernährung des Embryos.

🔍 **2.** Haltet ein größeres Stück von der Eischale und von den Schalenhäuten gegen das Licht. Welche Beobachtung macht ihr? Überlegt die Bedeutung für den Vogelembryo.

📖 **3.** Auf der rechten Seite ist die Entwicklung vom Ei bis zum neugeborenen Vogel dargestellt. Schreibe zu jedem Entwicklungsstadium einen kurzen Text.

📖 **4.** Vergleiche in Form einer Tabelle den Weg der männlichen Geschlechtszelle von der Übertragung zum weiblichen Geschlechtsorgan bis zur Befruchtung bei ▶ Kirsche und Huhn. Nenne Gemeinsamkeiten und Unterschiede.

Basiskonzept Entwicklung → S. 98 und Struktur und Funktion → S. 260

Lebensräume im Schulumfeld

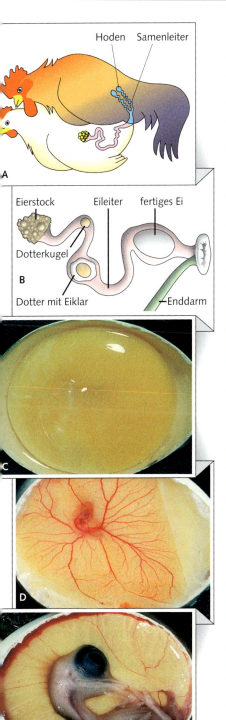

Alle Vögel entwickeln sich im Ei. Das lässt sich am einfachsten an unseren Haushühnern und im Hühnerei beobachten.

Die Entwicklung eines Eies beginnt im **Eierstock** der Henne. Dort wachsen winzige **Eizellen** zu Dotterkugeln heran. An deren Oberfläche befindet sich die **Keimscheibe** mit dem Kern der Eizelle. Die Dotterkugeln wandern nun einzeln durch den Eileiter und entwickeln sich zu einem vollständigen Ei. Nacheinander kommen das Eiklar, die Schalenhäute und die Kalkschale dazu. Kurze Zeit später legt die Henne das Ei.

Ein Küken entsteht nur dann, wenn das Ei vorher **befruchtet** wurde. Dies geschieht bei der Paarung. Der Hahn hockt auf einer Henne und beide pressen ihre Geschlechtsöffnungen aufeinander. So gelangen zahlreiche männliche Geschlechtszellen, die **Spermien**, in den Eileiter und wandern Richtung Eierstock zu einer Dotterkugel. Die Befruchtung ist erfolgt, wenn der Zellkern eines Spermiums mit dem Zellkern einer Eizelle verschmilzt.

Zum Heranwachsen des Embryos ist eine gleichmäßige Temperatur von 38 °C bis 40 °C notwendig. Dazu hockt die Henne auf den Eiern und wärmt sie mit ihrem Körper. Mit dem Schnabel wendet sie die Eier öfter, damit sie gleichmäßig durchwärmt werden. Dabei halten die **Eischnüre** den Dotter so, dass die Keimscheibe immer oben, also in der Nähe der Wärmequelle, bleibt. Aus der Keimscheibe entwickelt sich in etwa drei Wochen das Junge. In dieser Zeit liefern **Dotter** und **Eiklar** alle Nährstoffe, die es zu seinem Wachstum braucht. Am 21. Bruttag drückt das Küken von innen die Kalkschale mit dem **Eizahn**, einem Höcker auf dem Schnabel, auf und schlüpft aus dem Ei.

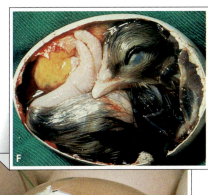

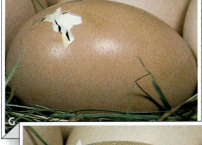

Vom Ei zum Küken. A *Paarung;* *Eientstehung;* **C** *Dotter mit Keimscheibe;* *Embryo am 6. Bebrütungstag;* *Embryo am 12. Bebrütungstag;*

F *Embryo am 19. Bebrütungstag;*
G *Aufbrechen der Kalkschale;*
H *und* I *Küken schlüpft;*
J *der Federflaum trocknet*

Vögel – Wirbeltiere in Leichtbauweise

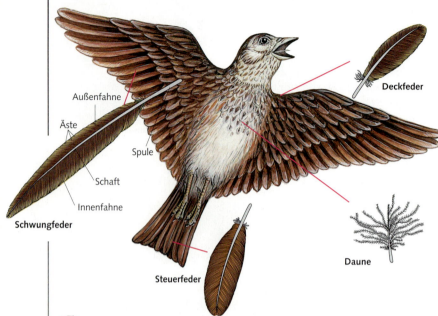

Federkleid
Der Vogelkörper ist ideal an das Leben in der Luft angepasst. Er ist **stromlinienförmig** gebaut und fast ganz von einem **Federkleid** bedeckt, nur Schnabel und Füße sind ohne Gefieder. Durch die dachziegelartige Anordnung der Federn werden Unebenheiten ausgeglichen. So kann die Luft ohne großen Widerstand vorbeiströmen. Unter den **Deckfedern** bilden die **Daunenfedern** eine wärmende Schutzschicht. Sie schließen viel Luft ein und bewahren den Vogel vor Wärmeverlust. Die Schwanzfedern dienen der Steuerung im Flug. Man bezeichnet sie daher auch als **Steuerfedern**. Die Flügel besitzen große, zum Fliegen notwendige **Schwungfedern**. An ihnen kann man besonders gut den Aufbau einer Feder erkennen. Von einem hohlen Schaft zweigen nach beiden Seiten viele Federäste ab. Sie bilden die Fahnen. Von jedem Federast zweigen wiederum Strahlen ab. Sie sind, wie bei einem Klettverschluss, miteinander verzahnt.

Skelett
Eine weitere Anpassung an den Lebensraum Luft ist das geringe Körpergewicht. Vögel haben ein Knochenskelett wie alle anderen Wirbeltiere. Trotzdem ist ein Vogel wesentlich leichter als ein Säugetier gleicher Größe. In den großen Röhrenknochen befindet sich Luft. Dadurch sind sie erheblich leichter als die mit Mark gefüllten Säugetierknochen. Ein Netzwerk aus knöchernen Verstrebungen verleiht ihnen Stabilität.

Die Wirbelsäule ist starr, da alle Wirbel von der Brust bis zum Schwanz miteinander verwachsen sind. Dadurch können Vögel während des Fluges die richtige

1. In der Abbildung sind die unterschiedlichen Federn eines Vogels dargestellt. Welche Aufgaben haben sie? Lies im Informationstext nach.

2. Beschafft euch möglichst viele unterschiedliche Vogelfedern. Benutzt dabei Schutzhandschuhe. Betrachtet die Federn genau und sortiert sie nach gemeinsamen Merkmalen. Begründet eure Zuordnung.

3. Untersucht das Skelett eines Brathähnchens.
a) Vergleicht die Knochen mit der Abbildung des Vogelskelettes.
b) Versucht einen Oberarmknochen des Hähnchens zu zerbrechen. Benutzt dabei Arbeitshandschuhe und Schutzbrille.
c) Durchtrennt verschiedene Knochen des Flügel- und Beinskelettes mit einer Laubsäge. Beschreibt und zeichnet den Knochenaufbau.
d) Vergleicht den durchtrennten Knochen des Hähnchens mit nebenstehender Abbildung von Säugetierknochen, die quer aufgeschnitten sind.
e) Welchen Vorteil bringt der Knochenbau der Vögel?

4. Beschreibt die Anpassung der Vögel an das Leben in der Luft. Berücksichtigt dabei den Körperbau, die Ernährungsweise und die Fortpflanzung.

Basiskonzept Struktur und Funktion → S. 260

Lebensräume im Schulumfeld

Körperhaltung bewahren. Auch die Rippen und das Brustbein sind fest miteinander verbunden. An dem kielförmig gebauten Brustbein sitzen die starken Brustmuskeln, mit denen die Flügel bewegt werden.

Luftsäcke

Eine besondere Einrichtung bei Vögeln sind die **Luftsäcke.** Sie zweigen von der Lunge ab und liegen zwischen den Muskeln und Organen des Rumpfes. Einige reichen bis in die Knochen. In den Luftsäcken kann der Vogel zusätzlich Luft aufnehmen. Dies macht ihn in Bezug auf sein Körpervolumen leichter als ein Säugetier.

Ernährungsweise

Auch die Ernährungsweise der Vögel ist dem Fliegen angepasst. Vögel fressen häufig. Dabei nehmen sie aber immer nur kleine Mengen an Nahrung zu sich. Die Nahrung wird rasch verdaut. Unverdauliche Reste werden schnell ausgeschieden. So wird der Körper nicht durch zusätzliches Gewicht belastet.

Fortpflanzung

Sogar die Art der Fortpflanzung dient der Gewichtsverminderung. Vögel pflanzen sich mithilfe von Eiern fort. Diese reifen nicht gleichzeitig, sondern nacheinander. Sie werden mit zeitlichem Abstand gelegt. So spart der Vogel Gewicht. Außerdem entwickeln sich die Jungen außerhalb des Vogelkörpers. Auch das bringt im Vergleich zu den Säugetieren eine Gewichtseinsparung.

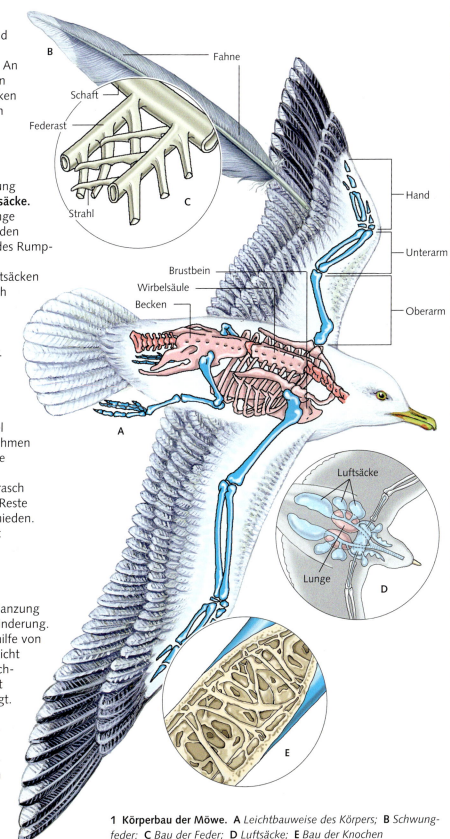

1 Körperbau der Möwe. A *Leichtbauweise des Körpers;* **B** *Schwungfeder;* **C** *Bau der Feder;* **D** *Luftsäcke;* **E** *Bau der Knochen*

Wie Vögel fliegen

📖 **1.** Beschreibt anhand der Abbildung die Flugtechnik der Blaumeise. Achtet dabei auf den Einsatz der Flügel und die Stellung der Schwungfedern.

📖 **2.** Ihr seht auf der Abbildung das Fluggelände eines Mäusebussards. Wie nutzt er unterschiedliche Geländeformationen als Flughilfe? Beschreibt sein Flugverhalten.

📖 **3.** Erklärt die Begriffe „Ruderflug", „Segelflug", „Rüttelflug" und „Schwirrflug". Ordnet sie unterschiedlichen Vogelarten zu. Benutzt dazu den Informationstext.

Flugtechnik

Die Flugtechnik der Vögel ist beim Höckerschwan gut zu beobachten. Bevor der Schwan von einer Wasserfläche auffliegen kann, nimmt er Wasser tretend einen langen Anlauf. Dabei bewegt er die Flügel auf und ab, um die Erdanziehungskraft zu überwinden und den nötigen Auftrieb zu erzeugen.

Beim Abwärtsschlag werden die Flügel schräg nach unten geführt. Die Federn bilden eine geschlossene, luftundurchlässige Fläche. So kann sich der Schwan in der Luft halten und gleichzeitig einen Vorwärtsschub entwickeln.

2 Ruderflug des Höckerschwans

1 Auffliegender Höckerschwan

Basiskonzept Struktur und Funktion → S. 260

Lebensräume im Schulumfeld

3 Segelflug des Mäusebussards

5 Schwirrflug des Kolibris

Beim Aufwärtsschlag werden die Federn so gedreht, dass die Fahnen der Federn senkrecht stehen und die Luft zwischen ihnen hindurch strömen kann. Die Flügel werden angewinkelt nach oben gezogen, so dass der Flug durch den Luftwiderstand nicht abgebremst wird und der Schwan so wenig wie möglich an Höhe verliert. Diese Art des Fliegens nennt man **Ruderflug.** Er ist die häufigste Art des Vogelflugs. Die Landung erfolgt im **Gleitflug.** Dabei werden die Flügel nicht mehr bewegt, sondern ausgebreitet in der Luft gehalten. Die Anziehungskraft der Erde sorgt dafür, dass der Vogel langsam zu Boden gleitet. Die Flügel bremsen wie ein Fallschirm und der Schwanz wird als Steuer eingesetzt.

Größere Vögel wie der Mäusebussard können sich auch während des Fluges lange Zeit ohne Flügelschlag in der Luft halten. Sie nutzen bei ihrem **Segelflug** aufsteigende warme Luftströmungen oder Aufwinde aus, wie das auch Segelflieger tun.

Eine ganz besondere Flugtechnik beherrschen die Kolibris. Sie bewegen ihre Flügel bis zu 70 mal in der Sekunde vor und zurück. Dadurch können sie im **Schwirrflug** auf der Stelle „stehen", senkrecht nach oben oder unten und sogar rückwärts fliegen. Auch der Turmfalke „steht" beim **Rüttelflug** auf der Stelle. Er benutzt diese Technik, um den Erdboden nach Beutetieren abzusuchen. Dabei bewegt er seine Flügel sehr schnell. Die Schwanzfedern sind breit gefächert gegen die Flugrichtung gestellt und wirken als Bremse.

4 Rüttelflug des Turmfalken

Fliegen

Vögel, Fledermäuse, viele Insekten und von Menschenhand gebaute Flugmaschinen ähneln sich in ihrer Form. Sie fliegen nach denselben physikalischen Gesetzen. Ihr könnt in Gruppen Versuche zum Fliegen durchführen. Vielleicht habt ihr auch eigene Ideen zum Thema „Fliegen".

1. Der beste Papierflieger
Faltet nach der Abbildung A aus einem DIN-A4-Papier einen Flieger. Faltet zunächst entlang der Mittellinie AB und klappt den Bogen wieder auf. Knickt anschließend den Bogen so, dass die Eckpunkte C und D auf die Mittellinie treffen. Macht das Gleiche mit den so entstandenen Eckpunkten E und F. Faltet nun jede Seite längs der Linie GH zurück. Knickt die Flügelenden entlang der Linie IJ.

Unternehmt nun Flugversuche und verbessert die Flugeigenschaften, indem ihr leichte Veränderungen an der Konstruktion vornehmt. Beschwert den Papierflieger an der Spitze mit einer Büroklammer. Wie verändert sich das Flugverhalten? Berichtet.
Beschwert den Papierflieger nun am hinteren Teil. Welches Flugverhalten zeigt er nun?
Kennt ihr noch andere Faltpläne für Papierflieger? Probiert sie aus und vergleicht, welcher am besten fliegt.

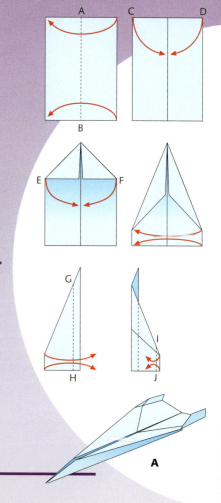

A

2. Das fliegende Ei
Baut Flugmaschinen, die ein Ei transportieren können. Das Ei soll bei der Landung nicht beschädigt werden. Für die Flugmaschine erhält jede Gruppe das gleiche Material:
5 Bögen Papier, 2 Bögen Karton, Seidenpapier, Schere, Klebestift, Klebefilm, Bindedraht, Watte, Schnur, 2 Luftballons, 1 rohes Ei.

Ihr habt 60 Minuten Zeit. Nach dieser Zeit werden alle Flugmaschinen im Freien aus einer Höhe von mindestens vier Metern fallen gelassen.
Ermittelt in einem Wettbewerb, mit welcher Flugmaschine das Ei unbeschädigt auf der Erde ankommt.

3. Das Geheimnis des Auftriebes
Überlegt, wie eine Versuchsanordnung aufgebaut sein muss, mit der man nachweisen kann, dass warme Luft nach oben steigt. Ihr erhaltet für den Versuch folgendes Material:

Teelicht, Glasröhre (Durchmesser 4 cm – 5 cm), Stativ mit Klemmenhalter, Streichhölzer, Daunenfeder.

Fertigt eine Versuchsskizze an. Schreibt die Durchführung auf. Haltet eure Beobachtungen und das Versuchsergebnis in einem Protokoll fest.
Erklärt das Verhalten der erwärmten Luft.

Erläutert, wie ein Vogel im Segelflug ohne Flügelschlag an Höhe gewinnen kann.
Führt zum Auftrieb einen weiteren Versuch wie in Abbildung B durch:
Knickt ein Blatt Papier an der schmalen Seite um und klebt es wie ein Fähnchen an einen Bleistift. Was geschieht mit dem Blatt, wenn ihr darüber blast?

Erklärt eure Beobachtungen mithilfe des Querschnittes einer Tragfläche in Abbildung B. Vergleicht die Tragfläche mit einem Vogelflügel.

Lebensräume im Schulumfeld

4. Federn – Original und Modell
Vergleicht eine Vogelfeder mit einem Modell aus Bindedraht und Papier von gleicher Größe.
Für diesen Versuch braucht ihr:
Eine große Schwungfeder, DIN A4-Papier, Zeichenstift, Schere, Waage und Bindedraht.

Zeichnet die Umrisse der Schwungfeder auf das Blatt Papier und schneidet die Papierfeder aus. Als Schaft verwendet den Bindedraht. Bestimmt das Gewicht der Originalfeder und des Modells mit der Waage. Welche Bedeutung hat das Ergebnis für das Federkleid eines Vogels?

Bewegt das Papiermodell und die Originalfeder hin und her. Vergleicht die Festigkeit.
Biegt den Schaft der echten Feder und den Bindedraht hin und her. Was beobachtet ihr?
Erläutert, welche Vorteile die Eigenschaften der Federn für Vögel haben.

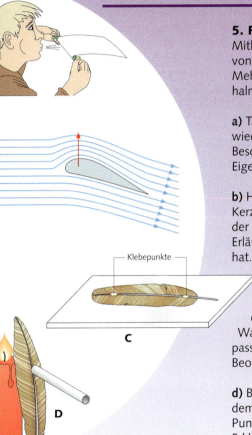

C

D

5. Federn – tolles Material mit genialen Eigenschaften
Mithilfe der folgenden Versuche könnt ihr weitere Eigenschaften von Federn überprüfen. Ihr braucht dazu:
Mehrere Schwungfedern und Deckfedern, eine Kerze, einen Trinkhalm, ein Glas Wasser, ein Binokular, Objektträger und Klebstoff.

a) Taucht eine Deckfeder in ein Glas mit Wasser und nehmt sie wieder heraus.
Beschreibt, was ihr beobachtet. Erläutert, welchen Vorteil diese Eigenschaft der Federn für die Vögel hat.

b) Haltet eine Schwungfeder wie in Abbildung D vor eine brennende Kerze und versucht, die Flamme mit dem Strohhalm durch die Fahne der Feder hindurch auszublasen. Beschreibt, was ihr beobachtet. Erläutert, welchen Vorteil diese Eigenschaft der Federn für die Vögel hat.

c) Nehmt eine Deckfeder und streicht zunächst mit den Fingern sanft von der Spule zur Spitze der Feder und anschließend in die andere Richtung. Macht dieselbe Bewegung mehrmals. Was passiert, wenn ihr von der Spule zur Spitze streicht? Was passiert, wenn ihr von der Spitze zur Spule streicht? Beschreibt eure Beobachtungen und erläutert den Vorteil für die Flugeigenschaften.

d) Betrachtet eine Feder mit offenen und geschlossenen Ästen unter dem ▶ Binokular. Klebt dazu wie in Abbildung C eine Feder an zwei Punkten auf eine feste Unterlage. Fertigt eine ▶ Sachzeichnung an. Erklärt nun die Beobachtungen aus den Versuchen unter Punkt c).

6. Der Traum vom Fliegen
„Der Traum vom Fliegen ist so alt wie die Menschheit." So beginnt ein Buch über die Geschichte der Fliegerei.
Verschafft euch einen Überblick über die Entwicklung von Flughilfen und Flugmaschinen, von den ersten einfachen Flugversuchen bis zu den heutigen Jets und Space Shuttles. Informationen findet ihr z. B. in Sachbüchern oder im ▶ Internet.
Recherchiert unter folgenden Stichworten:

- Dädalus und Ikarus
- Leonardo da Vinci
- Brüder Montgolfier
- Wilbur und Orville Wright
- Otto Lilienthal
- Graf Zeppelin
- Concorde
- Airbus A380
- Space Shuttle

Stellt eure Ergebnisse in einer Präsentation vor. Dies könnte eine ▶ Ausstellung mit Büchern, Plakaten und kleinen Modellen sein.

Basiskonzept System

Herz, Lunge und Darm gehören zu den Organen, ohne deren Arbeit der Mensch nicht leben kann. Umgekehrt kann auch keines dieser Organe allein überleben. Nur durch ihre Zusammenarbeit sind sie und das System „Mensch" lebensfähig. Auch jedes Organ ist ein System, denn es besteht aus vielen verschiedenen Zellen. Und auch diese sind Systeme, denn sie bestehen aus vielen verschiedenen Bestandteilen, die nur zusammen funktionieren. Ein ähnliches Zusammenwirken von Einzelteilen, durch das ein lebendes System erst funktioniert, findet man bei allen Lebewesen.

Menschen und Tiere

Menschen und Tiere sind aus vielen Milliarden Zellen aufgebaut. Gleichartige Zellen schließen sich zu Geweben zusammen. Ein solches Gewebe besteht zum Beispiel aus Drüsenzellen. So ein Drüsengewebe gibt es unter anderem im Magen. Dort hilft es bei der Verdauung der Nahrung. Der Magen besteht aber nicht nur aus Drüsengewebe, sondern auch aus Muskelgewebe und Bindegewebe. Eine solche Einheit aus verschiedenen Geweben nennt man **Organ**. Neben dem Magen nehmen weitere Organe an der Verdauung teil. Dazu gehören Mund, Speiseröhre, Dünndarm und Dickdarm. Zusammen bilden diese Organe das Verdauungssystem. Andere Organsysteme sorgen dafür, dass wir atmen, laufen, denken und vieles mehr können. Alle **Organsysteme** zusammen bilden den **Organismus** Mensch.

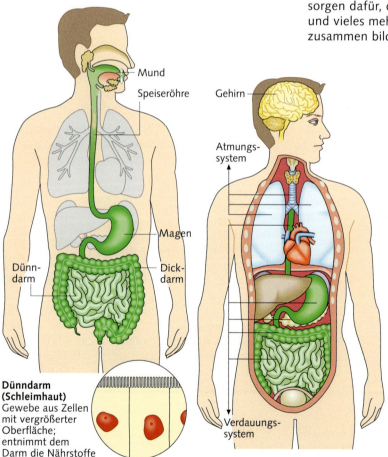

Verdauungssystem – ein Organsystem

Organismus „Mensch"

Dünndarm (Schleimhaut) Gewebe aus Zellen mit vergrößerter Oberfläche; entnimmt dem Darm die Nährstoffe

📖 **1.** Beschreibe den Zusammenhang von Zelle, Gewebe, Organsystem und Organismus am Beispiel
a) eines Menschen,
b) einer Pflanze.

📖 **2.** Inwiefern liegt einem Tierstaat ein System zugrunde? Beschreibe dies am Beispiel eines ▶ Bienenstaates.

📖 **3.** Nenne größere Systeme, zu denen wir Menschen gehören.

Lebensräume

Lebewesen sind Bestandteile von noch größeren Systemen, zum Beispiel eines Lebensraumes. Biologen sehen zum Beispiel in einer ▶ Hecke einen Lebensraum mit verschiedenen Pflanzen und Tieren, die dort bestimmtenUmweltbedingungen ausgesetzt sind. Sie sind voneinander abhängig und bilden ▶ Nahrungsketten, die vielfach zu ▶ Nahrungsnetzen verknüpft sind.

Lebensräume im Schulumfeld

Pflanzen

Auch Pflanzen sind aus Zellen aufgebaut, die sich zu Geweben zusammenschließen. Ein Blatt enthält u. a. Abschlussgewebe, die es gegen die Umwelt abgrenzen und Palisadengewebe, das an der Bildung von Nährstoffen beteiligt ist. Die Organe der Pflanzen sehen ganz anders aus als die von Menschen und Tieren. Zu ihnen zählen die Wurzeln, die Sprossachse mit Ästen und Zweigen, die Blätter und die Blüten. Die Wurzeln verankern die Pflanze im Boden und entnehmen daraus Wasser und Mineralstoffe. Die Sprossachse gibt der Pflanze Festigkeit und leitet Wasser mit Mineralstoffen und auch Nährstoffe in der Pflanze weiter. Die Blätter bilden Nährstoffe mithilfe der ▸ Fotosynthese. So entsteht der **Organismus** Pflanze.

📖 **4.** Welche Organe wirken bei einem ▸ Kirschbaum zusammen? Welche Aufgaben haben sie?

📖 **5.** ▸ Kakteen haben keine Blätter. Wie können diese Pflanzen dennoch durch ▸ Fotosynthese Nährstoffe bilden? Versuche eine Antwort zu finden.

① Abschlussgewebe
② Palisadengewebe

Blatt im Querschnitt

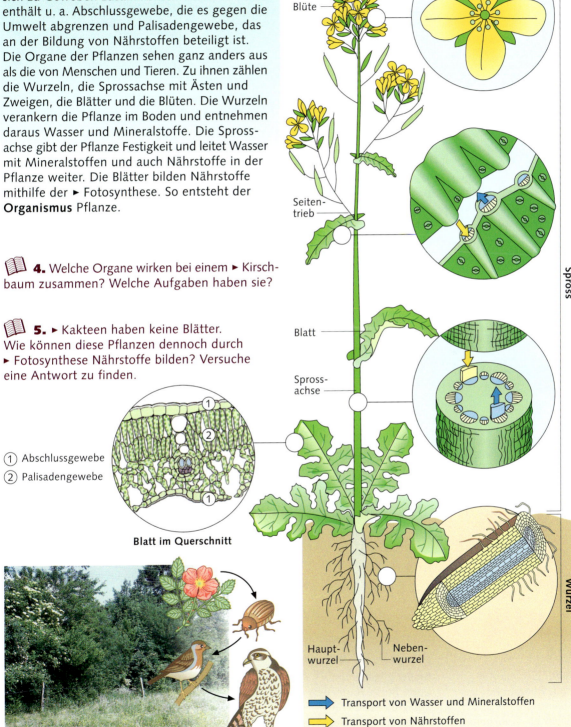

Feldhecke   Nahrungskette   Rapspflanze

Auf einen Blick

Lebensräume

Lebensräume sind Gebiete, die sich durch ihre Besonderheiten wie Feuchtigkeit, Temperatur, Licht- und Bodenverhältnisse mit ihrer jeweils eigenen Tier- und Pflanzenwelt von ihrer Umgebung abgrenzen.

Hecken als Lebensraum

Hecken dienen vielen Tieren als Nahrungsquelle, Nistplatz, Unterschlupf und Jagdrevier. Zwischen ihnen bestehen vielfältige Nahrungsbeziehungen in Form von Nahrungsketten aus mehreren Gliedern.

Bestäubung und Befruchtung

Blüten werden von Insekten oder vom Wind bestäubt. Dabei werden Pollen von Blüte zu Blüte der gleichen Art übertragen. Bei der darauf folgenden Befruchtung verschmilzt die männliche Geschlechtszelle aus dem Pollenschlauch mit der Eizelle in der Samenanlage. Nach der Befruchtung entwickelt sich aus dem Fruchtknoten die Frucht, die einen oder mehrere Samen enthält.

Same und Wachstum

Samen enthalten einen Embryo. Dieser entwickelt sich bei der Keimung zum Keimling, der aus Keimwurzel, Keimstängel und Keimblättern besteht. Zur Keimung eines Samens sind Wasser, Luft und Wärme nötig. Zum anschließenden Wachstum braucht die Pflanze außerdem Sonnenlicht und Mineralstoffe. Pflanzen bauen mithilfe von Sonnenlicht aus Kohlenstoffdioxid und Wasser Nährstoffe auf und geben Sauerstoff ab. Diesen Vorgang nennt man Fotosynthese.

Verbreitung und Vermehrung

Die Verbreitung von Früchten und Samen kann durch den Wind, Wasser, Tiere und Menschen oder durch Selbstverbreitung erfolgen. Auf diese Weise können Pflanzen neue Standorte und Lebensräume besiedeln. Manche Pflanzen können sich auch ohne Ausbildung von Samen vermehren. Diese ungeschlechtliche Vermehrung kann durch Ausläufer, Erdsprosse, Sprossknollen, Wurzelknollen, Zwiebeln oder Stecklinge erfolgen.

Wirbeltier und Insekt – ein Vergleich
Körpergliederung   Skelett

Hund: gegliedert in Kopf, Rumpf und 2 Beinpaare; Innenskelett aus Knochen; Wirbelsäule; Rippen schützen innere Organe

Biene: gegliedert in Kopf, Brust, Hinterleib; 3 Beinpaare; 2 Flügelpaare; Außenskelett; schützt und stützt dreigeteilten Körper aus Chitin

Staaten bildende Insekten

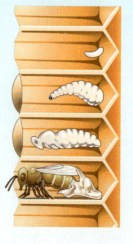

Die Arbeiterinnen des Bienenstaates verrichten alle notwendigen Arbeiten. Die männlichen Tiere heißen Drohnen. Nur die Königin legt Eier. Die Bienen machen bei der Entwicklung vom Ei über das Larven- und Puppenstadium zum Insekt eine Verwandlung durch.

Vögel

Vögel haben einen stromlinienförmigen Körper. Durch Flügel, Federn und die Leichtbauweise des Skeletts sind sie an das Fliegen angepasst.

Lebensräume im Schulumfeld

Zeig, was du kannst

📖 **1. a)** Ordne den Ziffern im Bauplan einer Blütenpflanze die entsprechenden Begriffe zu.
b) Nenne die Aufgaben der einzelnen Pflanzenteile.

📖 **2. a)** Ordne den Ziffern in der folgenden Abbildung die entsprechenden Begriffe zu.
b) Nenne die Aufgaben der verschiedenen Blütenteile.

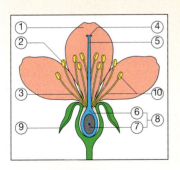

🔍 **3.** Wie kannst du untersuchen, unter welchen Voraussetzungen Samen keimen? Schreibe auf, welche Versuche du hierfür durchführen könntest.

📖 **4.** Ordne beim Samen der Feuerbohne den Ziffern die richtigen Begriffe zu.

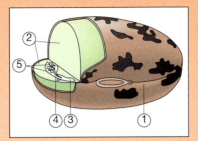

📖 **5.** Die abgebildeten Früchte und Samen stammen von Feldahorn, Birke, Himbeere, Ginster, Wasserhahnenfuß und Löwenzahn.
a) Ordne die Namen den Früchten und Samen zu.
b) Wie werden die abgebildeten Früchte und Samen verbreitet?

✏️ **6. a)** Nenne wenigstens drei Formen der ungeschlechtlichen Vermehrung mit je einem Beispiel.

📖 **7.** Das Vorkommen bestimmter Pflanzen hängt von den Bedingungen am Standort ab. Nenne vier solcher Standortbedingungen.

📖 **8.** Wie sind Maulwurf, Feldhase und Amsel an ihre jeweiligen Lebensräume angepasst?

📖 **9.** Menschen ergreifen ihre Berufe je nach Interesse oder Ausbildung. Arbeiterinnen im Bienenvolk erhalten ihre „Berufe" nach einem ganz anderen Prinzip. Erkläre dieses Prinzip und erläutere es an einigen „Berufen".

📖 **10.** Vergleiche das Bein eines Wirbeltieres mit dem eines Insekts. Welche Gemeinsamkeiten und welche Unterschiede findest du?

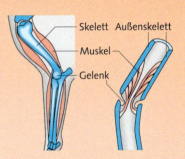

📖 **11.** Vögel sind Wirbeltiere in Leichtbauweise. Was macht Vögel so leicht? Wähle aus. Stromlinienform, Federn aus Horn, kräftige Flugmuskulatur, keine Zähne, starkes Brustbein, Schnabel aus Horn, Luftsäcke, starre Wirbelsäule, luftgefüllte Knochen, kleines Kopfskelett, dünne Knochen, fehlende Harnblase, schnelle Verdauung, Entwicklung der Jungen außerhalb des Körpers, Reifung und Ablage einzelner Eier.

📖 **12.** Benenne die einzelnen Teile eines Vogeleies und die jeweiligen Aufgaben.

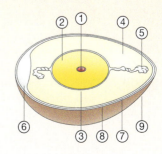

Wald ist nicht gleich Wald. Worin unterscheiden sich Wälder und wie kommt es zu diesen Unterschieden?

Lebensraum Wald

Wie kann man feststellen, wie alt die Bäume hier sind?

Wer frisst eigentlich wen?

Welcher Vogel sitzt dort oben in der Baumkrone?

Wie können wir feststellen, welche Bäume hier wachsen?

Unterwegs im Wald

1. Förster, Jägerinnen und Jäger führen euch gern durch den Wald. Wendet euch an das zuständige Forstamt oder die Jägerschaft. Dort könnt ihr für einen Lerngang durch den Wald einen Termin und Treffpunkt ausmachen.
Überlegt, was ihr mitnehmen müsst und schreibt auf, was ihr fragen wollt. Einigt euch, wer die Fragen stellt und wer die Ergebnisse notiert.

2. a) Wälder können verschieden aussehen. Betrachtet die Abbildungen und findet heraus, welche Unterschiede zwischen ihnen bestehen.
b) In welchem der beiden Wälder leben wohl mehr unterschiedliche Tier- und Pflanzenarten? Begründet eure Vermutungen.

3. a) Erstelle eine ▶ Sachmappe zum Wald. Sammle dazu Informationen aus Zeitschriften oder Prospekten.
b) Fertige für deine Sachmappe ein ▶ Herbarium mit Blättern von Laubbäumen.

4. a) Sammelt Abbildungen von Pflanzen und Tieren, die im Wald leben.
b) Bildet Gruppen und überlegt euch, nach welchen Gesichtspunkten ihr die Pflanzen und Tiere ordnen könntet. Gestaltet ein Plakat.
c) Erklärt, wie ihr die Pflanzen und Tiere geordnet habt.
d) Vergleicht die einzelnen Plakate. Welche Ordnungsmuster gibt es?

5. Welche Aufgaben hat ein Jäger im Wald? Befragt dazu einen Jäger aus eurer Gegend. Bereitet eure Fragen vor dem Interview vor, haltet die Antworten stichwortartig fest und erstellt anschließend ein Plakat.

Basiskonzept System → S. 54

Lebensraum Wald

Wenn wir in einen Mischwald hineingehen, nehmen wir zunächst ein scheinbares Durcheinander verschiedener Bäume, Sträucher und Kräuter wahr. Sehen wir jedoch genauer hin, lässt sich eine gewisse Ordnung erkennen, die sich auch in anderen Mischwäldern wiederholt.

Wurzelschicht
In dieser Schicht bedeckt Laub den Boden. Es wird von verschiedenen Bodenlebewesen wie Regenwürmern und anderen Kleinstlebewesen zersetzt, wobei sich mineralstoffreicher Boden bildet. In der Laubstreu suchen Wildschweine nach Eicheln und Bucheckern. Dabei wühlen sie diese Schicht um und mischen sie mit dem Waldboden. Im tieferen Untergrund sind Baumwurzeln verankert. Sie geben den Bäumen Halt und versorgen sie mit Wasser und Mineralstoffen. Unter der Erdoberfläche leben Rötelmäuse und Käferlarven.

Moosschicht
Auf dem Boden wachsen verschiedene Moosarten und Pilze. Die Moose erfüllen im Wald eine wichtige Aufgabe. Sie speichern das Niederschlagswasser und geben es nur langsam an den Boden ab. Viele Kleintiere wie Schnecken, Käfer, Spinnen und Ameisen suchen hier Nahrung und Unterschlupf.

Krautschicht
Diese Schicht, in der verschiedene Gräser und Wildkräuter zu finden sind, wird etwa einen Meter hoch. Auch Farne und Keimlinge von Bäumen wachsen hier. Die Zusammensetzung der Kräuter hängt von den jeweils herrschenden Lichtverhältnissen ab. Viele Pflanzen wie das ▶ Buschwindröschen blühen bereits im Frühling, wenn die Bäume noch kein Laub tragen.

1 Stockwerke im Laubmischwald

Die ▶ Insekten wie Bienen, Fliegen und Schmetterlinge sind dann in den Blüten auf Nahrungssuche.

Strauchschicht
Hier findet man wenige Arten, die Schatten vertragen wie Hasel, Holunder, Faulbaum und junge Laubbäume. Je mehr Licht durch die Baumkronen dringt, um so üppiger wachsen sie. Sie erreichen eine Höhe von etwa fünf Metern. Besonders auffällig ist eine nur wenige Meter breite Zone von Sträuchern am Waldrand. Einige Vogelarten wie Amsel, Buchfink und Zilpzalp nisten in dieser Schicht. Raupen, die sich von den Blättern ernähren, sind eine willkommene Beute für sie.

Baumschicht
Diese Schicht überragt alle anderen Stockwerke des Waldes. Sie kann bis zu 40 Meter hoch werden. Die Baumkronen der Eichen und Rotbuchen überragen fast alle anderen Baumarten wie Hainbuche, Feld- und Bergahorn. Ganz oben in den Wipfeln nisten Habicht und Mäusebussard, wo sie meist vor dem ▶ Baummarder geschützt sind.

Lebensgemeinschaft
Ein solcher ▶ Lebensraum wie der Laubwald wird durch bestimmte Umweltfaktoren gekennzeichnet. Diese führen dazu, dass sich dort eine bestimmte Lebensgemeinschaft aus Pflanzen und Tieren entwickelt. Die Pflanzen und Tiere stehen in Wechselbeziehungen zueinander. So fressen zum Beispiel Käfer im Holz von Baumstämmen. Der Buntspecht holt sich die Käfer mit der klebrigen Zunge aus den Bohrgängen und der Habicht ergreift sich den Buntspecht. Die Tiere nutzen die verschiedenen Stockwerke ganz unterschiedlich. So können alle gemeinsam darin leben.

Der Baum als Lebensraum

1. a) Fertige nach dem Muster rechts die in Abbildung 1 fehlenden Steckbriefe an.
b) Zeichne auf eine große Pappe den Umriss eines Baumes. Gestalte aus den Steckbriefen und weiterem Bildmaterial eine Collage vom „Lebensraum Baum".

Waldkauz
Lebensraum (LR): Wälder; …
Nahrung (N): Mäuse, …
Besonderheiten/
   Verhalten (B): …
Feinde (F): …

2. Oben siehst du ein Eichhörnchen, rechts Eichelhäher, Eichenwickler und Eichengallwespe. Finde heraus, auf welche Weise diese Tiere die Eiche als Lebensraum nutzen. Berichte.

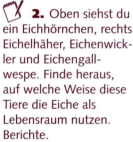

3. Die kugelförmigen Gebilde, die sich auf der Unterseite vieler Eichenblätter finden, sind durch die Eiablage der Eichengallwespe entstanden. Untersuche im Sommer und Frühherbst Eichengallen. Zeichne und beschrifte einen Querschnitt.

4. Die vom Specht ins Holz gezimmerten Bruthöhlen finden bald schon „Nachmieter". Finde mithilfe des Buches heraus, wie z. B.
▶ Siebenschläfer und ▶ Fledermaus die Quartiere nutzen könnten.

5. 2010 wurde die Vogel-Kirsche zum „Baum des Jahres" gewählt. Finde heraus, welcher Baum im aktuellen Kalenderjahr der „Baum des Jahres" ist. Warum wurde er ausgewählt? Berichte.

6. Stelle in einer Tabelle zusammen, wie unterschiedliche Tierarten die Eiche als Lebensraum nutzen, ohne sich dabei gegenseitig Konkurrenz zu machen.

Teil der Eiche	genutzt von	genutzt als
Baumkrone	Trauerschnäpper	Ausguck zur Insektenjagd
Baumstamm	…	…
…		

Basiskonzept System → S. 54

Lebensraum Wald

Bäume und Sträucher sind unverzichtbar
Bäume und Sträucher erfüllen im Wald wichtige Aufgaben: Sie spenden Schatten und filtern Staub aus der Luft. Sie schützen vor Lärm und versorgen uns mit Sauerstoff. Sie sind Lebensraum für viele Tierarten.

**Eine Eiche –
Lebensraum und Nahrungsquelle**
Auf einer einzigen Eiche hat man über 250 Vogel-, Säugetier- und Insektenarten nachgewiesen! Sie alle nutzen den Baum als Lebensraum, jede Art jedoch auf ihre ganz besondere Weise: als Unterschlupf, als Rast- und Brutraum oder auch nur zur Nahrungssuche. Verschiedene Tierarten können so problemlos nebeneinander leben, ohne sich gegenseitig **Konkurrenz** zu machen. Am Beispiel der auf einer Eiche lebenden Vögel lässt sich dies gut verdeutlichen.
Der **Trauerschnäpper** nutzt die obersten Äste der Baumkrone als Ausguck und fängt von dort aus im Flug Insekten.
Der **Baumläufer** klettert in Spiralen den Baumstamm empor und sucht dabei in den Ritzen der Borke nach Insekten und deren Larven.
Die **Blaumeise** hängt auf der Suche nach Kleintieren mit dem Bauch nach oben an den äußersten Ästen der Baumkrone.
Die **Singdrossel** findet Würmer und Schnecken auf dem schattigen, feuchten Boden am Fuße des Baumes.
Der nachtaktive **Waldkauz** nutzt die Eiche als Ruheplatz während des Tages.

Neben den Vögeln nutzen auch Säugetiere und Insekten ganz bestimmte Bereiche der Eiche als Lebensraum. So legt die **Waldmaus** ihren Bau im dichten Geflecht der Wurzeln an. Erst in der Dämmerung geht sie auf Nahrungssuche. Der ▶ Baummarder hingegen bewohnt als hervorragender Kletterer verlassene Baumhöhlen und Nester in der Baumkrone.
Der **Maikäfer** frisst mit Vorliebe die jungen Blätter der Eiche. Bei massenhaftem Vorkommen kann er erhebliche Schaden anrichten. Beim **Braunen Bär**, einem häufig vorkommenden Nachfalter, sind es die bärenartig behaarten Raupen, die sich vom Eichenlaub ernähren.

Trauerschnäpper

Blaumeise
LR: Kronenrand
N: Insekten
B: guter Kletterer, Höhlenbrüter
F: Sperber, Habicht

Waldkauz

Baummarder

Maikäfer

Brauner Bär
LR: Baumkrone
N: Larven, fressen Laub
B: nachtaktiv, rote Hinterflügel
F: Singvögel, Fledermaus

Baumläufer

Singdrossel
LR: bodennahen Schichten
N: Gehäuseschnecken, Beeren
B: flötender Gesang
F: Sperber, Habicht

Waldmaus
LR: Boden
N: Insekten, Samen, Früchte
B: klettert und springt gut
F: Eule, Hermelin, Katze

1 Lebensraum Eiche

Wie Baumdetektive vorgehen

Im Umfeld eurer Schule wachsen eine Menge Pflanzen. Wenn du ihre Namen herausfinden willst, gibt es ein paar Tipps, die dir die Arbeit erleichtern können.

Zuerst schaust du dir die ganze Pflanze an. Entscheide, ob du einen ▶ **Baum**, einen ▶ **Strauch** oder eine ▶ **krautige Pflanze** vor dir hast.

Wenn du erkannt hast, dass eine Pflanze entweder ein Baum oder ein Strauch ist, kannst du die **Wuchsform** betrachten. Manche Bäume wie z. B. eine Eiche sind schon an diesem Merkmal zu erkennen. So hat eine Eiche eine sehr breite Krone mit starken, knorrigen Ästen. Eine Fichte dagegen hat eine viel schlankere Krone und ihre Äste wachsen bogenförmig nach oben.

1 Eiche

2 Fichte

Als echter Baumdetektiv wirst du dir jedoch vor allem die Blätter genauer ansehen. Entscheide zuerst, ob dein Baum **einfache** oder **zusammengesetzte Blätter** besitzt.
Bei zusammengesetzten Blättern wachsen an einem Blattstiel mehrere kleine Teilblättchen.

Betrachte dann die **Form der Blätter.** Es gibt ganz unterschiedliche Formen.

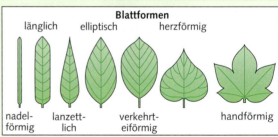

Jetzt kannst du dir noch den **Blattrand** genauer ansehen. Oft siehst du hier kleine Zähnchen oder runde Einbuchtungen. Es gibt aber auch noch weitere Möglichkeiten.

Beim Bestimmen von Bäumen und Sträuchern muss man immer mehrere Merkmale miteinander vergleichen. Wenn du dabei sorgfältig vorgehst, sollte es dir mit einiger Übung leicht fallen, die Bäume und Sträucher in der Umgebung deiner Schule zu bestimmen. Wenn du über einen Baum mehr als den Namen erfahren möchtest, kannst du zusätzlich ein Bestimmungsbuch für heimische Pflanzen verwenden.

Lebensraum Wald

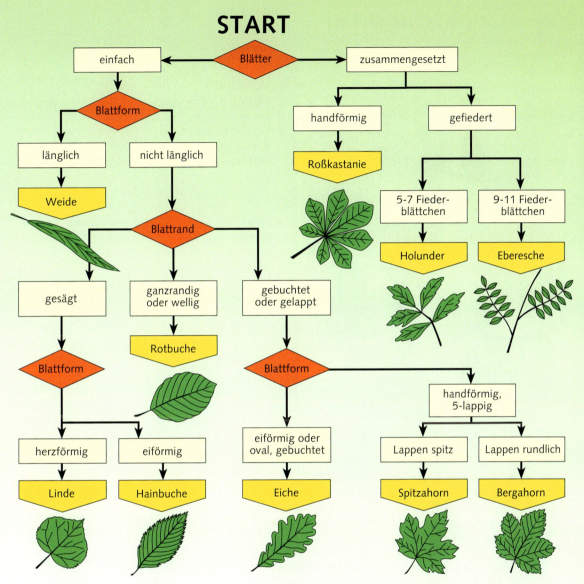

Wenn du eine Sammlung getrockneter Blätter aufbewahren möchtest, kannst du ein **Herbarium** anlegen. Beachte dabei folgende Hinweise:

1. Lege die Blätter einzeln zwischen die Seiten einer Tageszeitung. Achte darauf, dass sie nicht geknickt sind. Schreibe dann auf einem Zettel Datum und Fundort auf und lege ihn dazu.
2. Beschwere den Zeitungsstapel mit Büchern, damit die Blätter gepresst werden.
3. Nimm die Blätter nach etwa zwei Wochen wieder heraus und klebe sie auf weißes Papier oder Zeichenkarton.
4. Klebe auf jede Seite nur ein Blatt und beschrifte die Seiten sorgfältig mit Namen, Fundort, Datum und besonderen Merkmalen der Pflanze.

Eberesche (Vogelbeere)
Fundort: Berlin
Datum: 10.07.11
Blattmerkmale: gefiedertes Blatt
Besonderheit: rote Beeren

Hier gibt es weitere Informationen: www.baumkunde.de

Pinnwand

Bäume und Sträucher

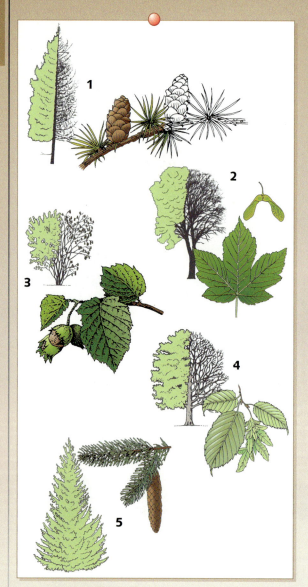

Hasel
Höhe: 2-6 m
Blätter: einfach, herzförmig, gesägter Rand
Frucht: Haselnuss
Besonderheit: reife Nüsse wichtige Tiernahrung

Lärche
Höhe: 25-30 m
Nadeln: kurz und weich, in Büscheln
Zapfen: 2 cm, eiförmig, stehend
Besonderheit: Nadeln werden im Herbst abgeworfen

Fichte
Höhe: 30-40 m
Nadeln: stachelig spitz, einzeln stehend
Zapfen: 10-15 cm, hängend
Besonderheit: häufig verwendetes Bauholz

Berg-Ahorn
Höhe: 20-25 m
Blätter: einfach, fünflappig, gesägter Rand
Frucht: zwei geflügelte Nussfrüchte
Besonderheit: Propellerflieger!

1. Ordne die Steckbriefe den Bildern zu.

2. Für einen Baum fehlt der Steckbrief. Hier sind die ▶ „Baumdetektive" gefragt!

3. Welche dieser Gehölze gehören zu den Bäumen, welche zu den Sträuchern?

4. Fertige für weitere Bäume ▶ Steckbriefe an.

5. Sammle im Winter knospende Zweige und versuche sie zu bestimmen.

Die Rotbuche:
Ein Baum in Zahlen

Höhe: bis 45 m
Anzahl der Blätter: 200 000
Fläche der Blätter: 1200 m²
Wasserverdunstung pro Tag: bis 400 l
Sauerstoffproduktion pro Tag: 45 kg
Verbrauch von Kohlenstoffdioxid pro Tag: 6 kg
Lufterneuerung/Tag: 20 m³

Lebensraum Wald

Winterknospen

Stieleiche · Birke · Spitzahorn · Esche

Heckensträucher mit Früchten

Weißdorn · Vogelbeere · Schwarzdorn (Schlehe) · Heckenrose · Schwarzer Holunder

Baumrallye
- Markiert auffällige Bäume und Sträucher des Schulgeländes mit Nummernkärtchen.
- Tragt die Nummern auf einer Übersichtszeichnung des Schulgeländes ein.
- Eure Mitschülerinnen und Mitschüler suchen die so markierten Gehölze auf und versuchen sie zu bestimmen wie die ▶ „Baumdetektive".

Rinden-Rubbelbilder
- Sucht Bäume mit einer interessanten Borke.
- Befestigt weißes Papier am Stamm (**Tipp:** Kreppband!).
- Rubbelt mit Wachskreide oder Zeichenkohle vorsichtig über das Blatt.
- Finden eure Mitschülerinnen und Mitschüler die Bäume auf dem Schulgelände mithilfe eurer Zeichnung wieder?

Nahrungsbeziehungen im Wald

1. a) Wie heißen die abgebildeten Bewohner des Waldes? Zu welchem von ihnen gehört der Ausschnitt des Steckbriefes?
b) Finde heraus, wie die einzelnen Tierarten leben und erstelle weitere ▶ Steckbriefe.

Aussehen: kräftiger Schnabel, ...
Nahrung: in Rindenspalten verborgene Insekten und Insektenlarven; benötigt im Winter ausreichend Baumsamen
Fressfeinde: zählt zur Nahrung von Sperber und Waldkauz
Brutraum: Altbaumbestände mit hoch gelegenen Bruthöhlen
Spezialisierung: kann kopfüber den Stamm hinunterklettern; entdeckt so auch Beute, die sich in nach oben abstehender Borke versteckt
Überwinterung: Jahresvogel (Standvogel)

2. a) Im Wald sind viele Lebewesen durch „Fressen und Gefressenwerden" miteinander verknüpft. Schreibe aus Abbildung 2 mehrere Nahrungsketten heraus. Schreibe wie im folgenden Beispiel: Fichtenzapfen → Specht → ...
b) Das Foto rechts zeigt die beiden letzten Glieder einer Nahrungskette: ...
→ Eichhörnchen
→ Bussard. Wie könnte der Anfang der Nahrungskette ausgesehen haben? Notiere sie vollständig.

Basiskonzept System → S. 54

1 Nahrungskette

Der Wald: ein Lebensraum für viele Tiere

Besonders Mischwälder bieten vielen Tierarten Nahrung, Wohnraum und Versteck. Hier können beispielsweise bis zu 70 spezialisierte Vogelarten nebeneinander existieren, weil sie den gemeinsamen Lebensraum nutzen, ohne sich gegenseitig Konkurrenz zu machen. Der Buntspecht zum Beispiel zimmert Brut- und Wohnhöhlen in morsche Stämme, während die Blaumeise verlassene Höhlen als „Nachmieter" bezieht. Seine Nahrung sucht der Specht unter der Borke, die Blaumeise aber an den Zweigen.

Wer frisst wen?: Nahrungsketten

Pflanzen nutzen die ▶Energie der Sonne zur Produktion von ▶Nährstoffen. Sie brauchen die Nährstoffe zum Überleben und Wachsen. Pflanzen bilden die Lebensgrundlage für alle Menschen und Tiere.
An den Blättern einer Eiche fressen kleine hellgrüne Raupen. Sie sind aus den Eiern eines Schmetterlings geschlüpft, des Eichenwicklers. Dass die Raupen meistens nicht gleich ganze Bäume kahl fressen, ist unter anderem den Blaumeisen zu verdanken. Geschickt hüpfen diese auf der Suche nach Insekten von Ast zu Ast, entdecken viele der nahrhaften Raupen und fressen sie. Blaumeisen selbst stehen wiederum auf dem „Speisezettel" des Sperbers. Stehen Lebewesen so in einer Räuber-Beute-Beziehung zueinander, dass eines dem anderen als Nahrung dient, nennt man dies eine **Nahrungskette.**

Verknüpfte Nahrungsketten: Nahrungsnetze

Blaumeisen fressen neben Raupen auch Spinnen und Pflanzensamen. Sie selbst werden nicht nur vom Sperber, sondern auch von Waldkauz und Baummarder erbeutet. Der Baummarder wiederum frisst neben Singvögeln auch Eichhörnchen und Waldmäuse. Meist hat ein Tier also mehrere Beutetiere und selbst auch verschiedene Fressfeinde. Diese vielseitigen Verknüpfungen einzelner Nahrungsketten bilden ein **Nahrungsnetz.**

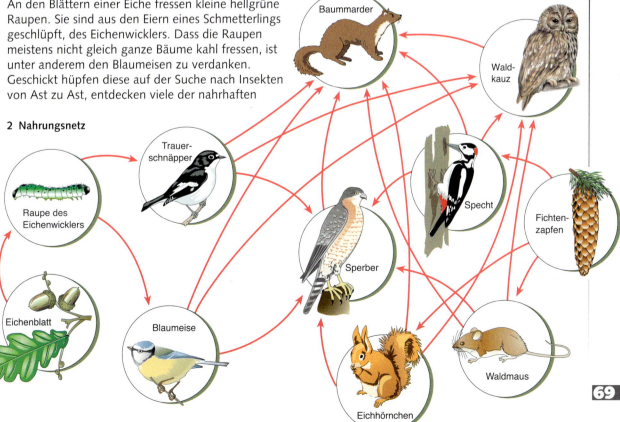

2 Nahrungsnetz

Mit Lupen die Welt des Kleinen entdecken

Rote Waldameise
9–12 mm

Geht auch mit kleinen Tieren vorsichtig um. Bringt sie baldmöglichst wieder dahin, wo ihr sie hergeholt habt.

🔍 **1.** Bringe in einem Schraubglas etwas Waldboden mit. Auch Boden vom Park oder Komposterde eignen sich.
a) Gib die Bodenprobe in eine flache Schale und betrachte sie mit einer Lupe. Beschreibe, was du entdeckst.
b) Vielleicht hast du lebendige oder tote Tiere gefunden. Erkläre, woran du erkennen kannst, dass ein Tier lebendig ist.
c) Beschreibe, was an nicht Lebendigem in der Erde zu sehen ist. Sortiere und benenne unterschiedliche Bestandteile.

Wolfsspinne
3–7 mm

🔍 **2.** Mit der nebenstehend gezeichneten Fangvorrichtung für Bodentiere könnt ihr Tiere aus der Laubstreu oder dem Boden auf das feuchte Filterpapier im dunklen Karton vertreiben. Nach etwa einer halben Stunde könnt ihr die gefangenen Tiere untersuchen.
Mithilfe einer Stereolupe könnt ihr am meisten entdecken.
a) Beobachtet die Tiere genau. Wie ist ihre Form und Farbe, wie viele Beine haben sie? Bestimmt mithilfe eines Lineals auch die ungefähre Größe der Tiere. Notiert eure Ergebnisse.
b) Versucht mithilfe der am Rand gezeichneten Abbildungen einige der Tiere namentlich zu bestimmen.
c) Beschreibt die Bewegungen und das Verhalten der Tiere.
d) Wie haben die Tiere offensichtlich auf Licht, Wärme und Trockenheit reagiert, damit ihr sie in der gezeigten Fangvorrichtung fangen konntet?

Mistkäfer
bis 20 mm

🔍 **3.** Untersucht eine Sandprobe unter der Stereolupe.
a) Betrachtet und vergleicht die Sandkörner. Beschreibt ihre Formen, Farben und Größen.
b) Mithilfe eines Zahnstochers könnt ihr verschiedenartige Sandkörner aussortieren und eine Miniatur-Mineraliensammlung anlegen.

📖 **4.** Benenne die auf dieser Doppelseite gezeigten Lupen und stelle in einer Tabelle jeweils Vor- und Nachteile dieser Lupentypen gegenüber.

Käferlarve
bis 25 mm

📖 **5. a)** Überlege und erkläre: Wovon ernähren sich verschiedene Bodentiere?
b) Was scheiden die Tiere aus und wie verändern sie dadurch den Boden?
c) Begründe, warum man Bodentiere nicht zu lange in einem kleinen verschlossenen Schraubglas halten darf.

Umgang mit der Stereolupe
1. Lege das, was du untersuchen möchtest, in eine flache Glas- oder Kunststoffschale, z. B. in eine Petrischale.
2. Passe den Abstand der beiden Okulare deinem Augenabstand an.
3. Blicke durch beide Okulare und stelle das Bild mithilfe des Triebrades scharf.

Milben
bis 2 mm

Zwergfüßer
etwa 8 mm

Borstenschwanz
bis 20 mm

Fadenwürmer
bis 10 mm

Mückenlarven
etwa 3 mm

Lebensraum Wald

Boden

Auf den ersten Blick erscheint Boden als braune, einheitliche Masse. Schaut man jedoch genauer hin oder untersucht ihn mit einer **Lupe,** so stellt man fest, dass er aus verschiedenen Bestandteilen besteht. Da gibt es kleine Steine, Lehmkrümel oder Sandkörner. Dies sind **mineralische Bestandteile** des Bodens. Daneben finden sich abgestorbene Pflanzenteile wie Halme oder Blattreste. Auch Reste von Tieren wie leere Schneckenhäuser oder Insektenhüllen finden sich im Boden. Neben diesen nicht oder nicht mehr lebendigen Bestandteilen kann man aber auch viele **Lebewesen** entdecken. Die Tiere erkennt man leicht, wenn sie sich bewegen. Oft reagieren sie auf ▶ Reize wie Licht oder Berührung.

Mit Lupen kann man noch nicht alle Lebewesen des Bodens entdecken. Um die Schimmelpilze oder Bakterien zu sehen, braucht man ein ▶ Mikroskop.

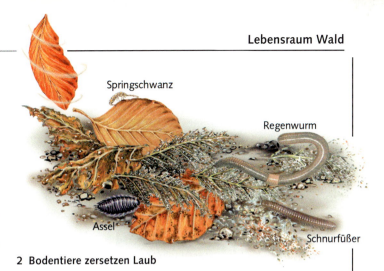

2 Bodentiere zersetzen Laub

Wie leben die Tiere im Boden?

Manche Bodentiere wie Asseln oder Springschwänze ernähren sich von abgestorbenen Pflanzenteilen und zersetzen so beispielsweise abgefallene Blätter. Hundertfüßer oder Spinnen sind hingegen Jäger und fressen andere Bodentiere. Alle Tiere scheiden Kot aus. Ebenso wie große Tiere müssen auch die meisten Bodentiere atmen und brauchen lockeren, luftigen Boden. Viele Tiere legen Eier, aus denen Jungtiere schlüpfen und heranwachsen, um sich dann wieder fortzupflanzen.

Lupen

Lupen helfen beim Betrachten kleiner Objekte. Hält man eine Lupe in geeignetem Abstand zwischen das Auge und das Objekt, so sieht man ein etwa 10-fach vergrößertes Bild. Eine Lupe ist immer eine ▶ Sammellinse, die in der Mitte dicker ist als am Rand.

Verschiedene **Lupentypen** eignen sich für bestimmte Zwecke besonders gut. Die kleinen Einschlaglupen vergrößern relativ stark und lassen sich gut auch beim Arbeiten im Freiland mitnehmen. Die großen Stiellupen sind meist schwächer, haben aber eine größeres Gesichtsfeld. Aus Becherlupen können kleine, bewegliche Tiere nicht entkommen.

Eine **Stereolupe,** auch Binokular genannt, ist ein größeres und teureres Laborgerät. Sie besteht aus mehreren Linsen und vergrößert etwa 20- bis 40-fach. Man kann mit beiden Augen hineinschauen und erhält ein räumliches Bild.

Größenordnungen im Kleinen

Sehr winzige Gegenstände sind oft kleiner als ein Millimeter. Daher hat man für Bruchteile von Millimetern noch weitere Bezeichnungen eingeführt. Die folgende Tabelle gibt eine Übersicht.

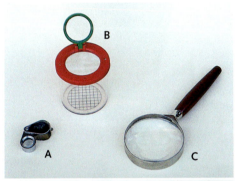

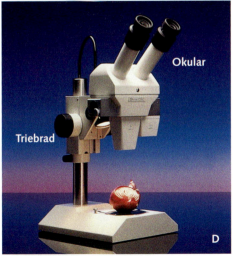

1 **Lupentypen. A** *Einschlaglupe;* **B** *Becherlupe;* **C** *Stiellupe;* **D** *Stereolupe*

Bezeichnung	Abkürzung	Umrechnung
Mikrometer	μm	1 μm = $\frac{1}{1000}$ mm
Nanometer	nm	1 nm = $\frac{1}{1000}$ μm

3 Größenordnungen im Kleinen

Jäger in der Nacht

📖 **1.** Betrachtet den Fledermauskopf genau. Welches Sinnesorgan fällt besonders auf? Was könnt ihr daraus schließen?

📖 **2.** Fledermäuse jagen ihre Beute in der Dämmerung und sogar im Dunkeln. Beschreibt mithilfe des Buchtextes, wie Fledermäuse sich nachts orientieren.

📖 **3.** Worin unterscheidet sich der Bau des Fledermausflügels von dem des Vogelflügels? Betrachtet dazu auch das Skelett eines Vogelflügels und das eines Fledermausflügels und beschreibt die Unterschiede.

Fingerknochen
Mittelhandknochen
Handwurzelknochen
Daumen
Unterarmknochen
Fuß
Oberarmknochen

📝 **4.** Fledermäuse gehören zu den Säugetieren. Listet auf, welche Merkmale der Säugetiere bei den Fledermäusen zu finden sind.

Basiskonzept Struktur und Funktion → S. 260

Lebensraum Wald

Orientierung der Fledermäuse

In der Dämmerung und nachts gehen Fledermäuse im Sommer auf die Jagd. Sie müssen ständig mit den Flügeln schlagen, um in der Luft zu bleiben. Daher nennt man sie Flatter- oder Fledertiere. Trotz ihrer flatternden Bewegungen und des Zick-Zack-Fluges sind sie äußerst schnelle Jäger.
Ihre Beutetiere sind Käfer, Nachtfalter und andere Insekten. Mit ihren kleinen Augen können die Fledermäuse ihre Beute nur schlecht erkennen. Wie nehmen sie Insekten, die sie im Flug erbeuten, aber dennoch wahr?
Fledermäuse stoßen ständig sehr hohe Töne aus. Es sind Ultraschall-Laute, die wir nicht hören können. Treffen diese Schallwellen auf ein Hindernis, so wird der Schall als Echo zurückgeworfen und mit den großen Ohren aufgefangen. Anhand von Richtung und Stärke der zurückgeworfenen Schallwellen erkennt die Fledermaus Größe und Entfernung eines Gegenstandes. So kann sie Hindernissen ausweichen oder Insekten erbeuten.

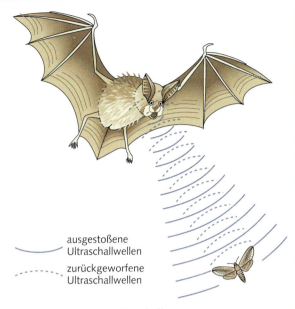

— ausgestoßene Ultraschallwellen
--- zurückgeworfene Ultraschallwellen

1 Orientierung über Ultraschall

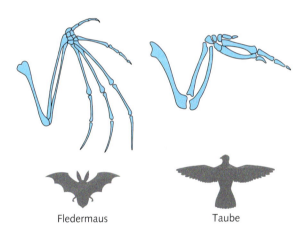

2 Flügelskelett von Fledermaus und Vogel

Lebensweise

Tagsüber schlafen Fledermäuse in dunklen Verstecken wie in Höhlen, im Gebälk alter Gebäude oder auch in hohlen Bäumen. Sie krallen sich mit ihren Hinterbeinen fest und hängen mit dem Kopf nach unten.
Fledermausweibchen bringen meist ein Junges pro Jahr zur Welt. Die Neugeborenen sind zunächst nackt und blind. In den ersten Wochen werden sie im Flug mitgenommen, wobei sie sich im Fell der Mutter festklammern. Im Alter von etwa sieben Wochen beginnen die Jungtiere selbst zu fliegen. Im Herbst werden die Insekten knapp. Sie sind jedoch die Hauptnahrung der meisten Fledermausarten in Europa. Um den Winter und das geringe Nahrungsangebot überstehen zu können, fliegen Fledermäuse in frostsichere Winterquartiere. Dort bilden sie oft große Kolonien. So wärmen sie sich gegenseitig und halten ▶ Winterschlaf.

Bau eines Fledermausflügels

Fledermäuse sind ▶ Säugetiere. Abgesehen von den Flügeln ist ihr Körper mit Fell bedeckt.
Ihre Flügel unterscheiden sich stark von Vogelflügeln. Am Skelett sind die Unterschiede besonders gut zu erkennen. Bei Vögeln bilden hauptsächlich die Armknochen den Flügel, bei Fledermäusen sind es die Handknochen. Zwischen den Knochen der Gliedmaßen und dem Schwanz befinden sich Flughäute. Mit ihrer Hilfe können Fledermäuse ausgezeichnet fliegen.
Daumen und Füße ragen über die Flughäute hinaus. Mit ihnen können sich die Fledermäuse festhalten und klettern.

3 Ruhende Fledermäuse

Kriechtiere – mal mit, mal ohne Beine

📖 **1.** Beschreibe anhand der Abbildung, wie sich Eidechsen fortbewegen.

📖 **2.** Die nebenstehenden Abbildungen A, B, C zeigen Stationen aus der Entwicklung von Zauneidechsen. Beschreibe die Abbildungen.

✏️ **3.** Informiere dich in Tierbüchern, Lexika und im Internet.
a) Erstelle einen Steckbrief von der Zauneidechse, in dem besonders die Merkmale der Angepasstheit an den Lebensraum enthalten sind.
b) In warmen Ländern gibt es mehr und größere Kriechtierarten als bei uns. Nenne Gründe für diese Erscheinung und Beispiele dafür.

📖 **4.** Vergleiche die Entwicklung der Eidechsen mit der Entwicklung von Lurchen und der Entwicklung von Vögeln. Lege eine Tabelle für jede Tiergruppe an und notiere Unterschiede und Gemeinsamkeiten.

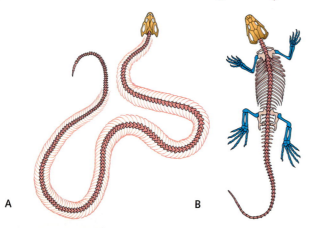

A   B

📖 **5.** Vergleiche das Skelett einer Schlange (A) mit dem Skelett einer Eidechse (B). Welche Gemeinsamkeiten, welche Unterschiede kannst du feststellen? Fertige eine Tabelle an.

📖 **6.** Eidechsen und Schlangen sind ▶ Wirbeltiere. Erkläre diese Aussage anhand der Abbildungen A und B.

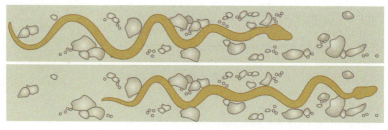

📖 **7.** Beschreibe anhand des Informationstextes und der Abbildungen oben, wie sich die Ringelnatter fortbewegt.

Basiskonzept Entwicklung → S. 98 und Struktur und Funktion → S. 260

Lebensraum Wald

1 Zauneidechsen: Männchen oben, Weibchen unten

Was sind Eidechsen?

An warmen und trockenen Sommertagen kann man manchmal Zauneidechsen beobachten, wie sie sich schnell fortbewegen. Die kurzen Beine stehen seitlich am Körper, der Bauch berührt fast den Boden. Mit schlängelnden Körperbewegungen kriechen die Eidechsen flink auf dem Boden und auch an Mauern und Bäumen. Es sind **Kriechtiere.** In unserer Heimat leben hauptsächlich die Zauneidechse und die Waldeidechse.

Eidechsen sind wechselwarme Tiere

Eidechsen haben eine Haut aus festen Hornschuppen. Sie schützt vor Austrocknung und Verletzungen. Weil dieser Schuppenpanzer nicht mitwächst, müssen sich Eidechsen von Zeit zu Zeit häuten. Unter der abgestreiften Haut hat sich bereits die neue Haut gebildet. Bei warmem sonnigem Wetter können sich Eidechsen schnell und ausdauernd bewegen. Bei niedrigen Temperaturen ist auch ihr Körper kalt und sie liegen starr in ihrem Versteck. Die Körpertemperatur der Eidechsen ist von der Umgebungstemperatur abhängig, sie sind somit **wechselwarm.** Den Winter überstehen sie in ▶ Winterstarre in einem Versteck.

Wovon ernähren sich Eidechsen?

Eidechsen können gut sehen und hören. Besonders gut entwickelt ist ihr Geruchssinn. Mit ihrer Zunge, die sie in kurzer Abfolge hervorstrecken, können sie Beutetiere riechen. Haben sie durch das „Züngeln" eine Beute wahrgenommen, stoßen die Eidechsen blitzschnell zu und verschlingen sie unzerkaut. Zauneidechsen fressen Fliegen, Heuschrecken, Würmer und Spinnen.

Fortpflanzung

Zauneidechsen leben als Einzelgänger. Nur zur Fortpflanzungszeit sind Weibchen und Männchen für kurze Zeit zusammen. Etwa vier Wochen nach der Paarung legt das Weibchen an einer warmen Stelle im Boden 5 bis 15 Eier ab. Anschließend verscharrt es das Gelege. Die Eier werden durch die Wärme des Bodens ausgebrütet. Sie sind von einer weichen schützenden Haut umgeben. Die Entwicklung dauert etwa acht Wochen. Nach dem Schlüpfen sind die jungen Zauneidechsen sofort selbstständig und können alleine nach Nahrung suchen.

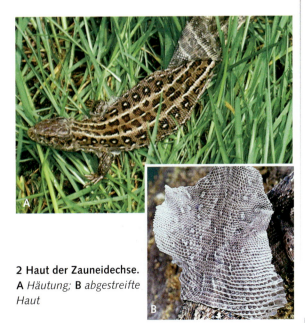

2 Haut der Zauneidechse.
A *Häutung;* **B** *abgestreifte Haut*

75

Auch Schlangen sind Kriechtiere

Ebenso wie die Eidechsen sind auch Schlangen Kriechtiere. Bei uns leben Ringelnatter, Schlingnatter und Kreuzotter. Sie sind selten geworden und stehen unter Naturschutz. Wird eine Schlange beim Sonnenbaden überrascht, schlängelt sie sich lautlos davon. Wie kann sie sich ohne Beine so wendig fortbewegen?

Schlangen laufen auf den Rippen

Schlangen haben eine Wirbelsäule mit vielen beweglichen Wirbeln und Rippenpaaren. Seitlich am Körper verlaufen starke Muskeln. Sie bewegen beim „Schlängeln" die Rippen nacheinander nach vorne. Dabei werden die Schuppen auf der Bauchseite aufgerichtet, in den unebenen Boden gestemmt und verankert. Werden die Schuppen anschließend wieder angelegt, schiebt sich der Schlangenkörper nach vorn. Schlangen brauchen also eine raue Oberfläche zur Fortbewegung. Auf Glas würden sie hin und her rutschen, ohne vorwärts zu kommen.

Ringelnattern verschlingen Frösche

Ringelnattern erkennt man an den hellen Flecken hinter dem Kopf. Sie können nicht nur auf dem Boden kriechen, sondern auch in Sträuchern und Bäumen klettern und ausgezeichnet mit seitlichen Schlängelbewegungen schwimmen und tauchen. Ringelnattern leben meist in feuchten Gebieten. Sie ernähren sich hauptsächlich von Fröschen, Molchen und kleineren Fischen. Hat eine Ringelnatter beispielsweise einen Frosch wahrgenommen, nähert sie sich lautlos und stößt dann plötzlich mit dem Kopf zu. Die nach hinten gerichteten Zähne packen den Frosch fest. Die Beute wird unzerkaut verschlungen.

3 Kreuzotter. A *Schlängelbewegung;* **B** *Kopf mit Giftzähnen;* **C** *Kopfskelett.*

Kreuzottern sind Giftschlangen

Eine Kreuzotter erkennt man an dem dunklen Zickzackband auf dem Rücken. Sie ist eine Giftschlange. Meist lauert die Kreuzotter unbeweglich auf Beute, zum Beispiel eine Maus. Kommt ein Beutetier in ihre Reichweite, beißt die Kreuzotter mit ihren **Giftzähnen** blitzschnell zu. Bevor sie zubeißt, richten sich in ihrem Oberkiefer zwei Giftzähne auf, die sonst in einer Hautfalte verborgen sind. Beim Schlangenbiss wird Gift durch eine kleine Öffnung in den Zähnen in die Beute gespritzt. Das Gift ist für die Maus tödlich.

Die Kreuzotter verschlingt auch Beutetiere, die größer als ihr Kopf sind. Dazu kann sie Ober- und Unterkiefer „aushängen". Das ist nur möglich, weil die beiden Hälften ihres Unterkiefers vorn nur durch ein elastisches Band miteinander verbunden sind. Sie können deshalb seitlich auseinanderweichen und unabhängig voneinander bewegt werden. Auf diese Weise kann sich das Maul so vergrößern, dass das Beutetier durchpasst. Durch schiebende Bewegungen wird das Beutetier nach und nach verschlungen. Die Kreuzotter gehört zu den **lebend gebärenden** Kriechtieren. Die Jungen besitzen schon bei der Geburt voll entwickelte Giftdrüsen und Giftzähne.

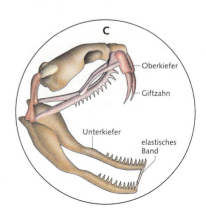

Lebensraum Wald

Einheimische Kriechtiere

Name: Europäische Sumpfschildkröte
Vorkommen: in stehenden oder langsam fließenden Gewässern; Ostdeutschland (selten)
Aussehen: 25 cm lang; dunkler Panzer mit gelben Tupfen; Kopf und Beine können unter den Panzer zurück gezogen werden
Nahrung: Kleintiere

Name: Blindschleiche

Name: Mauereidechse
Vorkommen: in trockenen, felsigen Gebieten des Rheintals und seinen Nebentälern
Aussehen: bis 20 cm lang; Schuppenkleid überwiegend bräunlich
Nahrung: Kleintiere

Name: Smaragdeidechse
Vorkommen: sonnige Lebensräume mit vielen Steinen; vorwiegend Süddeutschland (selten)
Aussehen: größte einheimische Eidechse; bis 40 cm lang; Schuppenkleid überwiegend grünlich mit schwarzen Punkten
Nahrung: Kleintiere

Name: Schlingnatter (Glattnatter)
Vorkommen: Wälder, Gebüsche; stellenweise häufigste einheimische Schlange
Aussehen: bis 75 cm lang; Schuppenkleid braun oder grau mit mehreren Reihen dunkelbrauner Flecken
Nahrung: vorwiegend Eidechsen; ungiftig

1. Worin unterscheiden sich Schildkröten von anderen Kriechtieren?

2. Informiere dich über die Blindschleiche und ergänze zu der Abbildung einen ▶ Steckbrief.

3. Erstelle einen ▶ Steckbrief von der ▶ Kreuzotter und von der ▶ Ringelnatter. Vergleiche die Tiere und stelle die Unterschiede und die Gemeinsamkeiten in einer Tabelle dar.

Auf einen Blick

Ein Baum als Lebensraum

Bäume sind in unserem Umfeld unverzichtbar. Sie spenden Schatten, filtern Luft, sorgen für Luftfeuchtigkeit, produzieren Sauerstoff und schützen vor Lärm. Bäume gehören zum Lebensraum vieler Tierarten. Mit einer ausgewachsenen Eiche stehen über 250 Vogel-, Säugetier- und Insektenarten in Beziehung. Sie nutzen auf, an und in ihr unterschiedliche Bereiche zur Nahrungssuche, als Rast- und Brutraum und als Unterschlupf.

Der Waldboden

Der Waldboden ist Lebensraum vieler Kleintiere und Mikroorganismen. Sie bauen die Laubstreu zu Humus ab.

Nahrungsbeziehungen

Über das Prinzip „Fressen und gefressen werden" (Räuber-Beute-Beziehung) sind die Lebewesen in Nahrungsketten und Nahrungsnetzen miteinander verbunden. Pflanzen bilden den Anfang jeder Nahrungskette, Endkonsumenten das Ende.

Kriechtiere

Kriechtiere sind wechselwarme Tiere, die nur durch ihre Lungen atmen. Sie haben eine Haut aus Hornschuppen, und müssen sich beim Wachsen häuten. Eidechsen laufen auf Beinen. Schlangen dagegen besitzen keine Gliedmaßen. Sie kriechen schlängelnd auf Bauchschuppen.

Lebensraum Wald

Laubmischwälder setzen sich aus verschiedenen Baumarten zusammen.
Im Laubmischwald unterscheidet man Bodenschicht, Moosschicht, Krautschicht, Strauchschicht und Baumschicht. Die jeweiligen Stockwerke gehören zum Lebensraum verschiedener Tiere. Licht- und Temperaturverhältnisse im Laubmischwald sind ausschlaggebend für dessen unterschiedliches Aussehen während eines Jahres.

Lebensraum Wald

1. In deinem Umfeld gibt es verschiedene Baumarten (a–m). An deren Blättern oder Nadeln erkennst du, wie sie heißen. Nenne ihre Namen.

2. Wie sind Fledermäuse ihrem Lebensraum angepasst?

3. Wozu gehören die längsten Knochen des Fledermausflügels?
a) Oberarm,
b) Unterarm,
c) Hand

4. Wozu nutzen Fledermäuse ihre Daumen?

5. Folgende Pflanzen und Tiere kann man in einem Laubmischwald finden. Ordne Sie jeweils einem Stockwerk zu: Alte Eiche, junge Eiche, Borstenschwanz, Holunder, Buschwindröschen, Amsel, Habicht, Rötelmaus

6. Warum ist ein reiner Fichtenwald nicht in Stockwerke gegliedert? Begründe deine Vermutungen.

7. Die Pflanzen des Waldes erfüllen vielfältige Aufgaben. Schreibe mindestens vier davon in ganzen Sätzen in dein Heft. Verwende dabei folgende Begriffe: Sauerstoff, Lärm, Lebensraum, Staub.

8. Nenne Beispiele, wie Tiere einen Baum unterschiedlich nutzen. Welchen Vorteil bringt das für die Tiere?

9. Welche wichtigen Aufgabe erfüllen die bodenlebenden Kleintiere des Waldes?
a) Sie lockern den Boden auf,
b) sie zersetzen abgestorbene Pflanzenreste, wie z. B. abgefallene Blätter,
c) sie bilden die Nahrungsgrundlage für alle größeren Lebewesen.

10. Du möchtest im Wald Kleinlebewesen beobachten. Welcher Lupentyp ist dafür besonders geeignet?
a) Becherlupe,
b) Stiellupe,
c) Stereolupe,
d) Einschlaglupe

11. Weshalb leben die meisten Eidechsen und Schlangen in warmen Ländern?

12. Wie gelingt es einer Schlange, sich auch ohne Beine fortzubewegen?

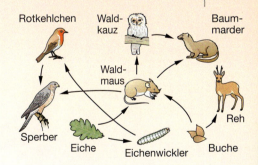

13. Schreibe aus dem oben angedeuteten Nahrungsnetz alle möglichen Nahrungsketten heraus.

Zeig, was du kannst

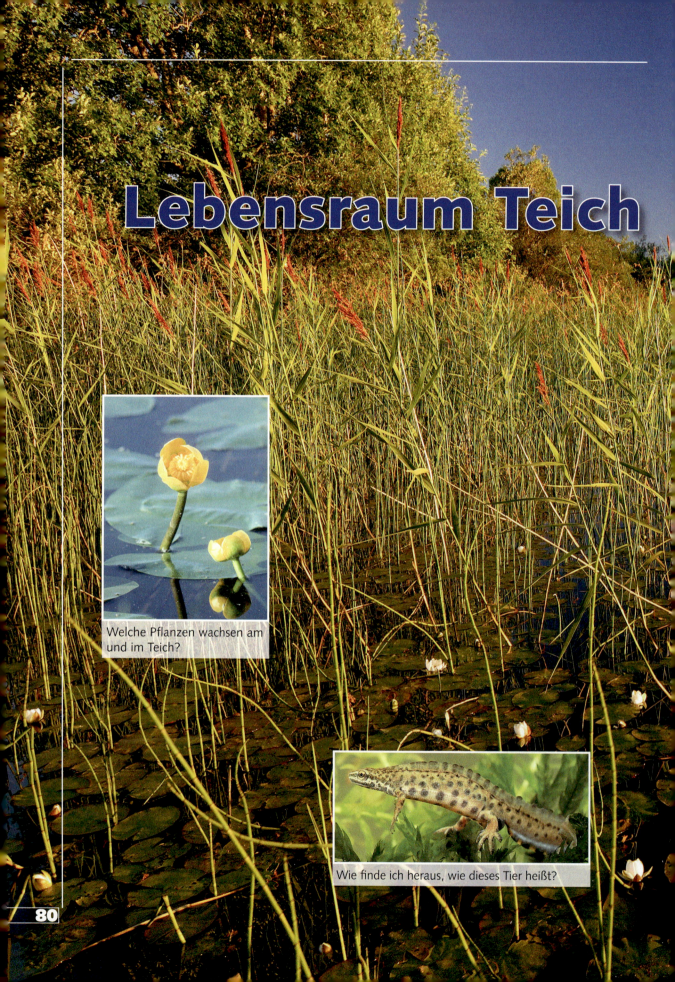

Lebensraum Teich

Welche Pflanzen wachsen am und im Teich?

Wie finde ich heraus, wie dieses Tier heißt?

Welche Kleintiere haben wir hier im Kescher?

Was macht das Bitterling-Weibchen an der Teichmuschel?

Was frisst der Graureiher außer Fischen?

Der Teich als Lebensraum

1. Messt mithilfe eines Maßbandes den zu untersuchenden Teich aus und fertigt von diesem auf einem DIN-A4-Blatt eine ungefähr maßstabsgetreue Grundrisszeichnung an. Diese benötigt ihr später für weitergehende Arbeiten.

2. Bildet eine Fotogruppe, die Fotos vom Teich macht. Haltet charakteristische Teichmerkmale in Fotos für die ▶Sachmappe fest. Ihr könnt auch eine Videokamera nutzen.

3. a) Bildet Teams. Legt Uferabschnitte fest. Bestimmt dort auffällige Pflanzen. Ihr braucht dazu Bestimmungsbuch und Schreibmaterial. Haltet die Ergebnisse auf einem Beobachtungsbogen fest.
b) Tragt eure Ergebnisse in eine Grundrisszeichnung vom Teich ein. Verwendet für die einzelnen Pflanzenarten jeweils ein anderes farbiges Symbol.

4. Gestaltet von einigen Uferpflanzen für die ▶Sachmappe einen ▶Steckbrief. Berücksichtigt dabei, welche Ansprüche die Pflanzen jeweils an ihren Lebensraum stellen.

5. a) Bildet Teams und verteilt euch um den Teich. Beobachtet, welche Tiere sich dort aufhalten und wie sie sich verhalten.
b) Bestimmt die Tiere und notiert sie. Sucht nach Gründen, weshalb sich die Tiere gerade dort aufhalten.

6. Informiere dich, z. B. im Internet, welche Beziehungen zwischen Bitterling und Teichmuschel bestehen. Berichte.

7. Welche Pflanzenzonen erkennst du in untenstehendem Foto?

8. a) Bildet Teams, um Kleintiere des Teiches zu fangen und zu bestimmen. Hierfür benötigt ihr Kescher, Gläser, Glasdeckel (z. B. Petrischalen), Lupen, Bestimmungsbuch.
b) Zieht den Kescher mehrmals durchs Wasser und übertragt die gefangenen Kleintiere in das mit Wasser gefüllte Glas. Versucht, einige der Tiere zu bestimmen.
c) Ihr könnt ein Tier auch in eine mit Wasser gefüllte Petrischale übertragen und es dann mit der ▶Lupe oder der ▶Stereolupe betrachten. Setzt dieses danach wieder in den Teich.

Basiskonzept Struktur und Funktion → S. 260

Lebensraum Teich

Lebensraum Teich

Teiche sind wertvolle Lebensräume mit besonderen Pflanzen- und Tierarten, die wir meist nur an stehenden Gewässern finden. Solche Feuchtgebiete wurden vom Menschen geschaffen und sind öfter in Dörfern, Kleinstädten und Parkanlagen zu finden, jedoch auch als Schulteich in einem Schulgelände. Wenn wir es zulassen, kann sich an den Ufern und im Wasser von Teichen ein vielfältiger Pflanzenwuchs mit typischen Pflanzenzonen entwickeln. Das ist jedoch bei Fischteichen nicht der Fall. Dort steht die Fischzucht an erster Stelle.

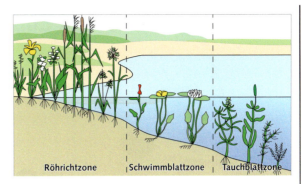

2 Teichquerschnitt mit Pflanzenzonen

Lebewesen in der Röhrichtzone

Den Teich umgibt ein Gürtel verschiedenster Pflanzenarten. Hier wachsen zum Beispiel Schilfrohr, Rohrkolben, Wasser-Schwertlilie, Froschlöffel und Pfeilkraut. Schon zeitig im Frühjahr leuchten die gelben Blüten der Sumpfdotterblume. Diese Pflanzen sind an das Leben am und im Wasser angepasst. Viele solcher Sumpfpflanzen besitzen ausladende oder tiefe Stängel- und Wurzelsysteme, mit denen sie sich im schlammigen Untergrund verankern. Selbst wenn der Wasserspiegel im Sommer sinken sollte, vertrocknen die Pflanzen nicht. Ihre Blätter sind meist großflächig, ziemlich dünn und weisen kaum einen Verdunstungsschutz auf.

Zwischen den im Wasser stehenden Stängeln tummeln sich im Frühsommer frisch geschlüpfte Molche und ▶ Kaulquappen von Fröschen und Kröten.
Wenn man still am Ufer sitzt, kann man auch zahlreiche Insektenarten wahrnehmen. Zu ihnen gehören Libellen. Die Blaugrüne Mosaikjungfer zum Beispiel erreicht eine Länge von 8 cm und eine Flügelspannweite zwischen 2 und 11 cm. Begegnen sich zwei Männchen, kommt es zu einem Luftkampf. Paarungsbereite Libellen dagegen vereinigen sich zu einem Paarungsrad und lassen sich an einem Pflanzenstängel nieder. Das Weibchen legt seine Eier dicht unter der Wasseroberfläche an Wasserpflanzen ab. Besonders auffällig sind flink auf der Wasseroberfläche hin und her flitzende Wasserläufer. Ihre Beine tragen am Ende viele kleine Härchen, die es ihnen ermöglichen, auf dem Wasser zu laufen.

Lebewesen in der Schwimmblattzone

Die auffälligsten Pflanzen der Schwimmblattzone sind die Seerosen mit den weißen und die Teichrosen mit den gelben Blüten. Ihre Blätter enthalten luftgefüllte Hohlräume, sodass sie wie ein Schlauchboot auf dem Wasser schwimmen können. Von den Blättern führen lange Stängel zu den Wurzeln, mit denen sie sich im Teichboden verankern. In dieser Zone sind auch Froschbiss und Teichlinsen zu finden.
Fische verstecken sich im Schutz dieser Pflanzen. Wasserschnecken raspeln von den Pflanzen den Algenbewuchs ab. Auf den Blättern ruhen Libellen und Käfer. Frösche halten dort nach Nahrung Ausschau.

Lebewesen der Tauchblattzone

In diesem Bereich ist vom Ufer aus kein Pflanzenwuchs erkennbar. Trotzdem gibt es unterhalb der Wasseroberfläche Kammlaichkraut, Hornblatt oder Tausendblatt. Sie liefern neben Grünalgen den Tieren unter Wasser den lebensnotwendigen Sauerstoff.

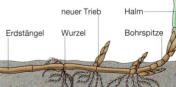

3 Schilfrohr mit Ausläufern

1 Rohrkolben mit Libellen (Paarungsrad)

Beziehungen zwischen Lebewesen in einem Teich

📖 **1.** Stelle wie in Abbildung 1 weitere Nahrungsketten zusammen.

📖 **2.** Beschreibe anhand der Abbildung 2 die vielfältigen Nahrungsbeziehungen zwischen Lebewesen in einem Teich.

📖 **3.** Pflanzen stehen immer am Anfang einer Nahrungskette. Begründe diese Aussage.

🔍 **4.** Besorge dir eine Wasserprobe aus einem Teich. Untersuche diese in der Schule mit dem ▶ Mikroskop. Bringe hierzu mit einer Pipette einen Tropfen auf einen Objektträger, lege ein Deckglas auf den Tropfen und mikroskopiere diesen. Fertige ▶ mikroskopische Zeichnungen davon an, was du entdeckst. Lass dich von deiner Lehrerin oder deinem Lehrer beraten.

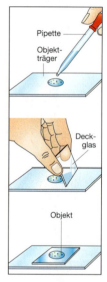

Lebewesen im Teich

Bei einem Teich fällt uns die grüne Färbung des Wassers auf. Wir nehmen eine **Gewässerprobe,** um diese in der Schule zu untersuchen. Beim Untersuchen eines Tropfens unter dem ▶ Mikroskop entdecken wir unter anderem winzige, grüne **Algen,** die nur aus einer oder einigen wenigen ▶ Zellen bestehen. Algen sind die Nahrungsquelle vieler Wassertiere. Von ihnen lebt zum Beispiel der **Wasserfloh,** der ruckartig durch das Wasser hüpft. Dabei wirbelt dieser Kleinkrebs mit den blattartigen Füßen vor dem Bauch das Wasser auf und strudelt sich Algen in den Mund.

Zwischen den Wasserpflanzen lauern junge **Libellenlarven,** die unter anderem Wasserflöhe erbeuten. Obwohl die Larven durch ihre Tarnfärbung kaum auffallen, werden sie von **Fischen** wie einem Rotauge gefressen. Aber auch Fische sind vor Feinden nicht sicher. Kommen sie der Teichoberfläche zu nahe, stößt ein **Graureiher** mit seinem dolchartigen langen Schnabel zu und schnappt sich den Fisch als Beute.

Die Nahrungskette

Algen, Wasserfloh, Libellenlarve, Rotauge und Graureiher stehen in Nahrungsbeziehungen zueinander. Da diese Lebewesen ähnlich wie Glieder einer Kette zusammenhängen, spricht man von einer **Nahrungskette.** An ihrem Anfang stehen stets Pflanzen. Dann folgen Pflanzenfresser, die wiederum von Fleischfressern verzehrt werden.

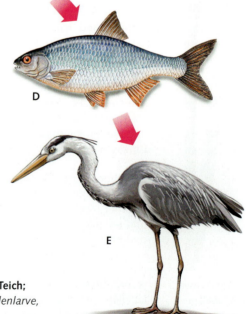

 wird gefressen von

1 Nahrungskette im und am Teich;
A Alge, **B** Wasserfloh, **C** Libellenlarve, **D** Rotauge, **E** Graureiher

Basiskonzept System → S. 54

Lebensraum Teich

Produzenten und Konsumenten

Die Grundlage bilden immer Pflanzen. Nur Pflanzen können mithilfe der Sonnenenergie aus Kohlenstoffdioxid, Wasser und Mineralstoffen Pflanzenmasse aufbauen. Algen und andere Wasserpflanzen stehen daher als **Erzeuger** oder **Produzenten** am Anfang jeder Nahrungskette im Teich.

Tiere können sich ihre Nährstoffe nicht selbst herstellen. Sie sind auf andere Lebewesen angewiesen, von denen sie sich ernähren. Sie werden daher **Verbraucher** oder **Konsumenten** genannt.

Pflanzenfresser und Fleischfresser

Die **Pflanzenfresser** unter ihnen benötigen für ihren Bedarf an Energie und Baustoffen pflanzliche Nährstoffe, die sie in körpereigene Stoffe umwandeln. Man bezeichnet sie als **Erstverbraucher** oder Konsumenten 1. Ordnung. Hierzu gehört zum Beispiel der Wasserfloh.

Wasserflöhe dienen wiederum der Rotfeder als Nahrung. Die Rotfeder ist als Fleischfresser **Zweitverbraucher** oder Konsument 2. Ordnung. Da sie jedoch auch hin und wieder mit ihrem Maul an Wasserpflanzen zupft und Teile davon verzehrt, kann man sie sowohl den Pflanzenfressern als auch den **Fleischfressern** zuordnen.

Gerät eine Rotfeder zu nah an die Wasseroberfläche, wird sie mitunter von einem Graureiher erbeutet, der mit seinem dolchartigen Schnabel zustößt und den Fisch packt. Da Graureiher selbst keine Feinde haben und in der Regel nicht zur Beute eines noch größeren Tieres werden, bezeichnet man sie auch als **Endkonsumenten.**

Das Nahrungsnetz

In einem Teich gibt es verschiedene Nahrungsketten. Ein Fisch wie die Rotfeder lebt nicht nur von Libellenlarven, sondern frisst auch Wasserflöhe, Mückenlarven und andere Kleinlebewesen. Andererseits ist die Rotfeder auch Beutetier vom Graureiher. Meist hat ein Tier mehrere Beutetiere, von denen es sich ernährt, und mehrere Feinde, die es verfolgen. Diese vielseitigen Wechselbeziehungen werden als **Nahrungsnetz** bezeichnet, weil die verschiedenen Nahrungsketten wie die Fäden eines Netzes miteinander verknüpft sind.

2 Nahrungsnetz in und an einem Teich mit verschiedenen Nahrungsketten (⟶ wird gefressen von)

Pinnwand: Pflanzen im und am Teich

Wasser-Knöterich

kommt als Wasser- und Landpflanze vor; wächst auf schlammigem Grund mit ledrigen Schwimmblättern; geht bei Austrocknung des Teiches in die Landform mit kürzer gestielten, schmaleren und weichhaarigen Blättern über

Ähriges Tausendblatt

Tauchpflanze mit feinen Wurzeln; kammförmige Blätter; betreiben unter Wasser ▸ Fotosynthese, indem sie in Wasser gelöstes Kohlenstoffdioxid aufnehmen und Sauerstoff abgeben

Rohrkolben

ist im Uferbereich im schlammigen Boden mit einem dicken, kriechenden und verzweigten Erdspross (Wurzelstock) verankert; gibt der Pflanze eine große Standfestigkeit; zahlreiche Luftkanäle im Stängel führen bis in den Wurzelstock

Sumpfdotterblume

an sumpfigen Teichrändern; mit saftigen großen Blättern; nektar- und pollenreiche Blüten; Schwebfliegen als Blütenbesucher; Samen mit Schwimmgewebe

1. Der Wasser-Knöterich ist eine amphibisch lebende Pflanze. Erkläre.

2. Ordne die abgebildeten Pflanzen den verschiedenen ▸ Pflanzenzonen des Teiches zu.

3. Erläutere die auf die Teichrose wirkenden Umweltfaktoren.

Teichrose

Schwimmblattpflanze; ▸ Spaltöffnungen für die ▸ Fotosynthese auf der Blattoberseite; durch elastischen Blattstiel an wechselnde Wasserstände angepasst; Luftkanäle in den Blattstielen

Umweltfaktoren für die Teichrose

Sauerstoff, Licht, Bestäuber, Kohlenstoffdioxid, Konkurrenten, Mensch, Mineralstoffe, Wassertiefe, Wassertemperatur, Gewässergrund

Lebensraum Teich

Tiere im und am Teich

Pinnwand

Erdkrötchenpärchen

Erdkröten wandern im Frühjahr – oft im „Huckepack" – zum Teich, um zu laichen. Im Wasser legt das Weibchen in langen, dünnen Schnüren die Eier ab, die vom Männchen besamt werden. Die Schnüre werden um Wasserpflanzen oder dergleichen gewickelt. Aus den Eiern schlüpfen schwarze ▸Kaulquappen.

Stechmückenlarven

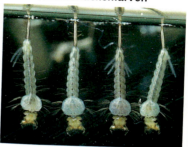

Larven der Steckmücke, die aus Eiern geschlüpft sind, hängen kopfunter an der Wasseroberfläche und nehmen über ein Atemrohr am Hinterleib Atemluft auf.

Teichralle (Teichhuhn)

Die Teichralle baut ihr Nest zwischen dichten Pflanzen in Ufernähe; läuft geschickt über Blätter von Schwimmpflanzen; kann auch schwimmen.

Gelbrandkäfer

Zum Erneuern des Luftvorrates streckt der Käfer sein Hinterleibsende aus dem Wasser und nimmt Atemluft in einen Hohlraum unter den Deckflügeln auf und taucht wieder ab.

Wasserläufer

Das Insekt läuft mit fein behaarten Beinen auf der Wasseroberfläche; Mittelbeine treiben das Insekt voran; Hinterbeine dienen als Steuer, mit den Vorderbeinen wird Nahrung (z. B. Insekten) festgehalten und ausgesaugt.

1. Informiere dich ausführlich u. a. auch im Internet über Merkmale und Lebensweise der Teichralle.
a) Fertige einen ▸Steckbrief an.
b) Halte einen ▸Kurzvortrag, der über die Inhalte des Steckbriefes hinausgeht.

2. Schreibe auf, wie Stechmückenlarven, Gelbrandkäfer, ▸Wasserfrosch und ▸Fische im Wasser atmen.

Lurche lieben es feucht

📖 **1.** Beschreibe anhand der Abbildungen die Fortbewegung der Frösche im Wasser und auf dem Land.

📝 **2.** Welche Übungen im Sport erinnern an die Fortbewegungen von Fröschen?

📖 **3.** Beschreibe anhand der Abbildung auf der nebenstehenden Seite, auf welche Weise der Frosch Beute fängt.

📖 **4.** Eine Fliege sitzt still auf einem Seerosenblatt in Reichweite eines Frosches. Sie wird trotzdem nicht gefressen. Erläutere.

📖 **5.** Vergleiche das Skelett des Frosches mit dem Skelett von ▶ Eidechsen, ▶ Vögeln und ▶ Fischen. Wie ist das Skelett an die Lebensweise angepasst?

Leben zwischen Wasser und Land

An warmen Frühsommerabenden kann man häufig in der Nähe von Teichen und Tümpeln das laute Quaken von **Wasserfröschen** hören. Schallblasen seitlich am Kopf verstärken die Geräusche. Männchen des Wasserfrosches versuchen mit ihrem „Froschkonzert" die Weibchen zur Paarung ins Wasser zu locken. Nähert man sich einem Frosch, springt er ins Wasser und taucht unter.
Da Frösche sowohl im Wasser als auch auf dem Land leben, zählt man sie zu den Lurchen oder Amphibien. In der griechischen Sprache bedeutet dieses Wort „in beidem lebend". Zu dieser Tiergruppe gehören auch Kröten, Unken, Salamander und Molche.

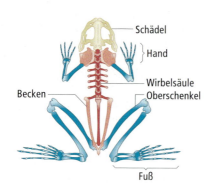

1 Skelett des Frosches

Basiskonzept Struktur und Funktion → S. 260

Lebensraum Teich

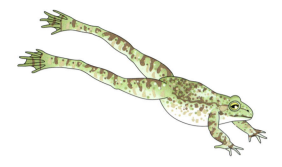

Schutz vor Feinden

Wasserfrösche sind hervorragend an ihre Umgebung angepasst. Wenn sie unbeweglich am Ufer eines Tümpels auf dem Blatt einer Seerose sitzen und auf Beute lauern, erkennt man sie kaum. Ihre Körperoberseite mit der grün-schwarzen Zeichnung verschwimmt fast mit dem Untergrund. Wegen dieser **Tarnfärbung** werden Frösche häufig von ihren Feinden übersehen. Gleichzeitig nimmt der Frosch jede Annäherung eines Feindes wahr. Frösche können gut hören und spüren Erschütterungen des Bodens. Die großen Augen sitzen oben auf dem Kopf und ermöglichen einen guten Rundumblick nach vorn und hinten.

Fortbewegung an Land und im Wasser

An Land bewegen sich Frösche meist hüpfend oder springend vorwärts. Bei Sprüngen drücken sie die langen Hinterbeine kräftig gegen den Boden ab und strecken den Körper. So können sie bis zu einem Meter weit springen. Bei der Landung federn die vorgestreckten kurzen Vorderbeine den Sprung ab. Im Wasser können sich Frösche schnell und geschickt fortbewegen. Beim Schwimmen ziehen sie beide Hinterbeine gleichzeitig an und stoßen sie dann kräftig nach hinten. Zwischen den fünf Zehen spannen sich dabei die **Schwimmhäute**. Die kurzen Vorderbeine sind eng an den Körper angelegt. Der Froschkörper nimmt so eine stromlinienförmige Gestalt an.

Frösche „schießen" ihre Beute ab

Frösche jagen alles, was sich bewegt und die passende Größe hat. Insekten und Würmer sind ihre Hauptnahrung. Hat ein hungriger Frosch zum Beispiel eine Fliege erblickt, verfolgt er zunächst die Beute mit den Augen. Befindet sie sich im richtigen Abstand, dreht er sich in Richtung des Ziels. Dann schleudert er blitzschnell die vorne im Maul angewachsene Zunge heraus. Die Fliege wird „abgeschossen" und bleibt an der klebrigen **Klappzunge** haften. Anschließend wird die Zunge zurückgezogen und die Beute unzerkaut verschluckt. Frösche haben keine Zähne.

2 Beutefang beim Wasserfrosch

Wie Frösche atmen

Frösche können lange Zeit tauchen. Im Wasser gelangt der Sauerstoff direkt durch die dünne Haut in die Blutgefäße. Eine solche Atmung bezeichnet man als **Hautatmung**. An Land atmen die Frösche zusätzlich mit der Lunge. Durch ständiges Heben und Senken der Kehlhaut saugen sie Luft durch die Nasenlöcher in den Mundraum, anschließend wird die Luft in die Lungen heruntergeschluckt. Frösche sind also auch **Lungenatmer**. Sie können somit sowohl im Wasser als auch auf dem Land leben. Frösche halten sich wie die anderen Lurche außerhalb des Wassers meist dort auf, wo es feucht ist. Der Schleim aus Schleimdrüsen in der Haut hält die Hautoberfläche feucht und verhindert, dass der Körper austrocknet. Daher werden Lurche auch als **Feuchtlufttiere** bezeichnet. Ihre Körpertemperatur passt sich der Umgebungstemperatur an. Lurche sind ▶ wechselwarme Tiere.

Den Winter verbringen Lurche eingegraben im Boden oder im Uferschlamm in einer ▶ Winterstarre. Die Sauerstoffversorgung erfolgt dann ausschließlich über die Haut.

Von der Kaulquappe zum Frosch

Wasserfrösche locken ihre Weibchen durch Froschkonzerte an. **Grasfrösche** dagegen lassen nur ein leises Knurren hören, wenn sie im März für einige Tage in ihren Laichgewässern um Weibchen werben. Wird ein Weibchen angelockt, so springt das Männchen auf dessen Rücken und umklammert es mit beiden Vorderbeinen. Kurz darauf beginnt das Weibchen mit der Eiablage. Während es bis zu 4000 Eier ins Wasser ablegt, stößt das Männchen eine milchige Spermienflüssigkeit aus, die die Eier befruchtet. Alle Eier kleben in einem Laichklumpen zusammen. Jedes Ei ist von einer Gallerthülle umgeben, in der sich die befruchtete Eizelle teilt und der Embryo entwickelt.

Nach ein bis zwei Wochen schlüpft eine etwa sechs Millimeter lange Larve, die **Kaulquappe**. Zunächst bleibt sie an der Eihülle hängen, von der sie sich jetzt ernährt. Mit zunehmender Größe wächst auch ihr Ruderschwanz, mit dem sie sich fortbewegt. Sie atmet mithilfe büschelartiger Außenkiemen am Kopf.

Nach etwa drei Wochen verschwinden die Außenkiemen. Sie werden von einer Hautfalte überwachsen. So entstehen Innenkiemen wie bei Fischen. Mit ihren feinen Hornzähnchen raspelt die Kaulquappe den grünen Belag von Pflanzen und Steinen ab. Nach gut fünf Wochen ist sie etwa vier Zentimeter lang. Die Hinterbeine beginnen zu wachsen. Danach entwickeln sich die Vorderbeine. Bei ▶Molchen hingegen entwickeln sich die Vorderbeine zuerst. Die Kiemen bilden sich zurück, und die Lungen beginnen zu arbeiten.

Nach etwa 12 Wochen hat sich aus der Kaulquappe ein zwei Zentimeter großer Frosch entwickelt. Diesen Gestaltwandel bezeichnet man als **Metamorphose**. Der junge Frosch ernährt sich jetzt von Insekten, Würmern und Schnecken. Nach drei Jahren können sich Grasfrösche fortpflanzen. Ihre Lebensdauer kann zehn Jahre und mehr betragen.

3 Paarung und Entwicklung des Grasfrosches

Basiskonzept Entwicklung → S. 98

Lebensraum Teich

Einheimische Lurche

Pinnwand

Grasfrosch

Aussehen: glatte Haut, heller Bauch; Schwimmhäute nicht ganz bis zu den Zehenspitzen; Länge ca. 10 cm
Lebensraum: Feuchtwiesen, Wälder, Parkanlagen
Lebensweise: Überwinterung im Wasser oder an Land; relativ häufig

Laubfrosch

Aussehen: glatte Haut, heller Bauch, Rücken laub-grün bis graubraun, dunkler Seitenstreifen; Zehenspitzen mit Haftscheiben; Länge bis zu 5 cm
Lebensraum: Feuchtwiesen, Waldränder, Parkanlagen
Lebensweise: tag- und dämmerungsaktiv; sonnt sich gerne; bei Regen unter Blättern; guter Kletterer, nur zur Paarungszeit im Wasser; Überwinterung unter Steinen

Erdkröte

Aussehen: trockene, warzige Haut; Rücken bräunlich gefleckt, Bauch schmutzig-weiß; Länge bis 13 cm
Lebensraum: Wälder, Gärten, Wiesen
Lebensweise: Überwinterung an Land; im Frühjahr oft lange Laichwanderungen; nachtaktiv

1. Gib an, wodurch sich Schwanzlurche und Froschlurche unterscheiden.

2. Außerhalb von Europa gibt es Lurche wie Ochsenfrosch, Goliathfrosch oder Tigersalamander von sehr großer Körpergröße. Dagegen findet man aber auch Lurche wie den Erdbeerfrosch, der sehr klein ist. Erstelle von solchen Lurcharten mit außergewöhnlichen Körpergrößen jeweils einen ▶ Steckbrief und gestalte dazu ein ▶ Informationsplakat.

3. Manche Lurche wie der Feuersalamander und die Baumsteigerfrösche (Pfeilgiftfrösche) scheiden Gifte über Hautdrüsen aus. Sammle im ▶ Internet Informationen über diese Tatsache. Halte zu diesem Thema einen kurzen ▶ Vortrag.

Feuersalamander

Aussehen: Haut schwarz mit gelben Flecken; Länge bis 25 cm
Lebensraum: hügeliges Gelände mit Laubwald und Gestrüpp in Gewässernähe
Lebensweise: bei Regenwetter aktiv; hält Winterschlaf in demselben Versteck; lebt gesellig
Larvenentwicklung: Befruchtete Eier entwickeln sich im Körper der Weibchen, Larven mit Außenkiemen werden ins Wasser ablegt; bei der Metamorphose der Larven bleibt der Schwanz erhalten

Bergmolch

Aussehen: Rücken dunkel marmoriert und beim Männchen schieferblau, beim Weibchen grau-braun; Bauch rötlich ungefleckt; Länge 8–12 cm
Lebensraum: bevorzugt Gewässer in Berglandschaften, auch im Hochgebirge
Lebensweise: Überwinterung in Wassernähe unter Laub und Steinen, selten im Wasser

Methode

Tiere bestimmen

Wenn man den Namen einer unbekannten Tierart bestimmen will, kann man einen **Bestimmungsschlüssel** benutzen. Dieser enthält geordnet Abbildungen und Beschreibungen besonderer Merkmale.
Wie gehst du vor, wenn du nach dem Bestimmungsschlüssel zum Beispiel den Namen einer Lurchart bestimmen willst? Beginne beim Startpunkt. Du kannst dich dann jeweils zwischen zwei Möglichkeiten entscheiden. Erkennst du die Merkmale richtig, so gelangst du von Entscheidung zu Entscheidung schließlich zum Namen der gesuchten Tierart.

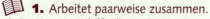
♀ weiblich ♂ männlich

📖 **1.** Arbeitet paarweise zusammen.
a) Bestimmt mithilfe dieses Bestimmungsschlüssels den Artnamen des hier auf den Fotos zweimal abgebildeten Tieres.
b) Erstellt einen Bestimmungsweg für den Bergmolch.

📖 **2.** Gib an, wodurch sich Schwanzlurche von Froschlurchen unterscheiden.

📖 **3.** Nenne ein Merkmal, durch das sich Frösche und Kröten unterscheiden.

Lebensraum Teich

Lebensräume von Lurchen sind gefährdet

Laichplätze von Lurchen

Feuchtgebiete wie Teiche, Tümpel, Bäche, Gräben, Sümpfe und feuchte Wiesen mit angrenzenden Hecken und Wäldern sind Lebensräume von Lurchen. Dort finden sie Nahrung, Schutz und Gelegenheit zum Laichen. Im Wasser können sich die Nachkommen entwickeln.

Zerstörung von Lebensräumen

Wenn Feuchtgebiete wie feuchte Wiesen oder Moore entwässert, Teiche oder Tümpel eingeebnet werden, um die Flächen für die Landwirtschaft besser nutzen zu können oder um Torf zu gewinnen, gehen Lebensräume für Lurche verloren. Garten- und Schulteiche erschließen Lurchen neue Lebensräume.

Schädlingsbekämpfung

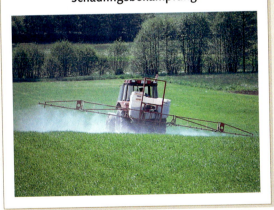

1. Weshalb soll die Schädlingsbekämpfung auf Feldern den Lurchen schaden?

2. Stellt Vermutungen zusammen, weshalb Erdkröten jedes Jahr von neuem ihre Wanderwege benutzen, obwohl eine neue Straße diese kreuzt.

Gefahren für Lurche

- Laichgewässer werden eingeebnet.
- Durch Bau von Verkehrswegen werden Lebensräume zerschnitten.
- Gewässer werden verschmutzt.
- Feuchtgebiete werden trocken gelegt.
- Überdüngung landwirtschaftlicher Flächen vergiftet Lurche.
- Pflanzenschutzmittel wirken auf Lurche giftig.

Pinnwand

Fische – angepasst an das Leben im Wasser

📖 **1.** Wie heißen die Körperteile des Karpfens? Finde die entsprechenden Bezeichnungen.

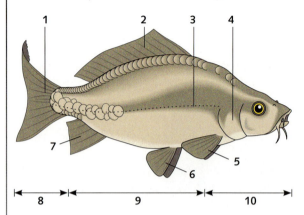

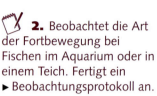

📝 **2.** Beobachtet die Art der Fortbewegung bei Fischen im Aquarium oder in einem Teich. Fertigt ein ▶ Beobachtungsprotokoll an.

📝 **3.** Informiert euch über unterschiedliche Körperformen von Fischen. Stellt Beispiele auf einem ▶ Plakat dar.

📖 **4.** Nenne zwei Besonderheiten der Haut, die den Körper des Fisches schützen.

🔍 **5.** Baut zwei Modelle der „Fischhaut" mit verschiedenen Schuppenanordnungen. Orientiert euch beim Bau an den nebenstehenden Abbildungen.
a) Schneidet aus dickerer Pappe Schuppen aus (etwa dreimal so groß wie ein Fingernagel). Klebt sie mit Fotokleber in unterschiedlicher Anordnung auf groben Stoff.
b) Überprüft, wie sich die unterschiedliche Anordnung der Schuppen auf die Eigenschaften der „Fischhaut" auswirkt.

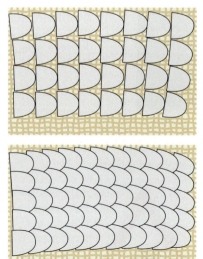

🔍 **6.** Wie gelingt es den Fischen, sich in unterschiedlichen Tiefen des Gewässers aufzuhalten? Führt dazu den folgenden Versuch durch.
a) Baut mithilfe der Abbildung ein Schwimmblasenmodell.
b) Blast den Ballon unterschiedlich stark auf. Beschreibt eure Beobachtungen.
c) Erläutert das Ergebnis.
d) Nenne Unterschiede zwischen diesem Modell und einem Fisch beim Auf- und Absteigen.

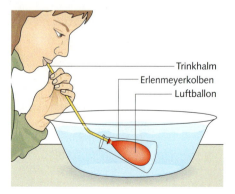

Basiskonzept Struktur und Funktion → S. 260

Lebensraum Teich

Körperform

Bei Goldfischen, die zu den karpfenartigen Fischen gehören, kann man leicht beobachten, wie sie mühelos durchs Wasser gleiten, bewegungslos verharren und dann wieder mit wenigen Schwanzschlägen davonschwimmen. Ihr Körper ist lang gestreckt, und der Kopf geht ohne Hals in den Körper über. Er verschmälert sich zum Kopf- und zum Schwanzende. Durch diese **Stromlinienform** können sich die Fische besonders leicht im Wasser fortbewegen.

Aber nicht alle Fischarten sind so gebaut. In den Meeren leben auch Arten mit abweichenden Körperformen, beispielsweise Plattfische wie Schollen.

1 Goldfisch

Haut und Seitenlinienorgan

Die Haut von Fischen ist von einer glitschigen Schleimschicht bedeckt. Diese fördert das mühelose Gleiten durchs Wasser. In der Haut liegen dünne, dachziegelartig übereinander liegende Knochenplättchen, die Schuppen. Sie schützen den Körper vor Verletzungen.

An beiden Körperseiten sieht man in einer Linie angeordnete Poren. Sie führen zu Sinneszellen des Seitenlinienorgans, mit denen der Fisch kleinste Änderungen der Wasserströmung wahrnehmen und so bei Dunkelheit Hindernissen ausweichen kann.

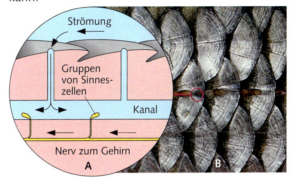

3 Seitenlinienorgan. **A** *Haut im Querschnitt (Schema);* **B** *Schuppen (Foto)*

Flossen

Mit den Flossen bewegen sich die Fische fort und steuern auch ihre Körperlage. Die Fortbewegung ermöglichen Muskeln, die sich abwechselnd zusammenziehen und wieder erschlaffen. Dadurch verursachen sie ein starkes Hin- und Herschlagen des Schwanzes mit der Schwanzflosse. Diese drückt gegen das Wasser und der Fisch wird dabei schlängelnd vorwärts getrieben. Brust- und Bauchflossen dienen vor allem der Steuerung. Rücken- und Afterflossen verhindern wie der Kiel eines Schiffes das seitliche „Umkippen".

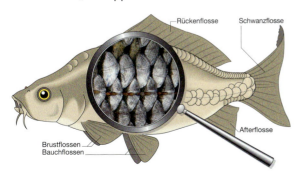

2 Karpfen *(äußerer Bau)*

Schwimmblase

Ein Fisch kann bewegungslos im Wasser schweben. Dies wird durch die Schwimmblase, einen gasgefüllten Hautsack, erreicht. Schwimmt der Fisch in tieferes Wasser, wird die Schwimmblase durch den zunehmenden Schweredruck des Wassers zusammengedrückt. Dadurch verliert er Auftrieb. Um nicht weiter abzusinken, gibt er solange Gas aus Blutgefäßen in die Schwimmblase ab, bis er wieder schwebt. Beim Aufsteigen lässt der Schweredruck nach und die Schwimmblase vergrößert sich. Um nicht weiter aufzusteigen, entnimmt der Fisch Gas aus der Schwimmblase. Mithilfe der Schwimmblase kann der Fisch also in jeder Tiefe schwimmen.

4 Auftrieb im Wasser

Fische atmen unter Wasser

🔍 **1.** Untersucht die Kiemen eines Fisches mit einer Lupe. Beschreibt ihren Aufbau.

📖 **2.** Halte einen kurzen ▶ Vortrag über die Atmungsvorgänge eines Fisches.
a) Erläutere dabei seine Atembewegungen und beschreibe den Weg des Atemwassers. (A: Einatmung, B: Ausatmung)
b) Wodurch werden die empfindlichen Kiemen geschützt?

📖 **3.** Wasserpflanzen in Aquarien dienen nicht nur zur Dekoration. Erläutere eine weitere Funktion.

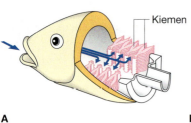

A

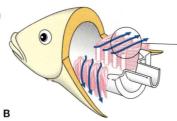

B

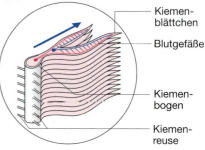

Atmungsorgane
Die Atmungsorgane der Fische sind die **Kiemen.** Sie liegen an den Kopfseiten und sind nach außen durch die Kiemendeckel geschützt.
Die Kiemen bestehen aus vier knöchernen Kiemenbögen. An jedem Kiemenbogen sitzen feste Kiemenreusen. Sie halten Schweb- und Schmutzteilchen zurück und dienen den zarten Kiemenblättchen als Schutz vor Verletzungen.
Die roten Kiemenblättchen befinden sich gegenüber den Kiemenreusen. Sie sind fächerartig aufgeteilt. In ihnen fließt durch feine Blutgefäße Blut.

Atmen unter Wasser
Beim Atmen öffnet und schließt der Fisch ständig sein Maul. Dabei werden die Kiemendeckel angelegt und abgespreizt.
Öffnet der Fisch sein Maul, strömt Wasser durch die Mundhöhle zu den Kiemenblättchen. Dort wird Sauerstoff, der im Wasser gelöst ist, vom Blut aufgenommen. Im Blut gelöstes Kohlenstoffdioxid wird an das Wasser abgegeben. Diesen Vorgang bezeichnet man als ▶ Gasaustausch.
Schließt der Fisch sein Maul, wird das Wasser an den Kiemenbögen vorbei nach außen gedrückt. Bei der Kiemenatmung muss also ständig frisches Wasser an den Kiemen vorbeiströmen.

Die meisten Fischarten sind bei der Atmung darauf angewiesen, dass die Kiemen feucht und damit funktionsfähig sind. An Land verkleben sie und der Fisch erstickt.

Ausnahmen
Einige Fischarten bilden Ausnahmen. Aale zum Beispiel können sich über kurze Strecken auf feuchten Wiesen fortbewegen. Warum ersticken sie nicht?
Bei diesen Fischen öffnet sich der Kiemendeckel nur wenig. So bleiben die Kiemen auch auf dem Trockenen längere Zeit feucht. Zusätzlich können Aale Sauerstoff über die Haut aufnehmen, sodass sie einige Zeit an Land überleben können.

1 Aal

Basiskonzept Struktur und Funktion → S. 260

Lebensraum Teich

Wie Fische sich fortpflanzen

📖 **1.** Beschreibt die einzelnen Stadien der Entwicklung am Beispiel der Bachforelle. Fertigt zu jeder Entwicklungsstufe eine Skizze an.

✏️ **2.** Nicht alle Fische pflanzen sich so fort wie die Bachforelle.
Sucht Beispiele für andere Arten der Fortpflanzung und Entwicklung bei Fischen und stellt sie auf Plakaten dar (zum Beispiel Weißer Hai, Seepferdchen).

📖 **3.** Welche Vorteile bringt es für den Weißen Hai, lebende Junge zur Welt zu bringen?

Bachforellen zur Laichzeit

Bachforellen leben als Einzelgänger in klaren, sauerstoffreichen Gewässern. Nur von Oktober bis Januar finden sich Männchen und Weibchen zur Fortpflanzung zusammen. Mit kräftigen Schlägen der Schwanzflosse baut das Weibchen eine Mulde im Bachbett. In diese Bodenvertiefung legt es etwa 2000 gelbliche Eier, die man als **Laich** bezeichnet. Unmittelbar danach gibt das Männchen über dem Laich die Spermienflüssigkeit mit Spermien ab. Die Spermien schwimmen zu den Eizellen, die sich in den Eiern befinden, und befruchten sie. Nach der Befruchtung kümmert sich das Forellenpaar nicht mehr um die Eier.

Vom Ei zum Jungfisch

In jedem befruchteten Ei entwickelt sich ein **Embryo**. Nach etwa zwei Monaten schlüpfen die jungen Forellen. Zunächst nennt man sie Forellenlarven, weil sie noch nicht die vollständige Gestalt eines erwachsenen Fisches besitzen. In einem Dottersack am Bauch der Larven ist ein Nahrungsvorrat für die ersten Tage enthalten. Innerhalb von sechs Wochen sind die unvollkommenen Larven zu voll ausgebildeten Jungforellen herangewachsen. Wenn der Dottersack aufgezehrt ist, sind alle Flossen ausgebildet und die Schwimmblase ist funktionsfähig. Die Jungforelle ist nun 2,5 cm lang. Sie ernährt sich von Kleinlebewesen im Wasser.

Ungewöhnliches Fortpflanzungsverhalten

Guppys und einige Haiarten der offenen See bringen lebende Junge zur Welt. Die Jungtiere schlüpfen im Mutterleib aus dem Ei. Wenn sie geboren werden, sind sie schon recht selbstständig und daher besser vor Feinden geschützt. So überlebt eine größere Zahl von Jungtieren.

2 Hai

1 Entwicklung der Bachforelle.
A *Bachforellenpaar;* **B** *Eier;* **C** *schlüpfende Larve;* **D** *Larven mit Dottersack;* **E** *Jungforelle*

Basiskonzept Entwicklung → S. 98

Basiskonzept Entwicklung

Alle Lebewesen gehen durch Fortpflanzung und Entwicklung aus anderen Lebewesen hervor. Von der befruchteten Eizelle bis zum Tod ist bei allen Lebewesen eine Entwicklung zu beobachten. Außerdem haben sich alle heutigen Lebewesen aus anderen Lebewesen entwickelt.

Menschen und Tiere
Nach der Befruchtung zeigen sich schon erste Entwicklungsschritte: Die befruchtete Eizelle teilt sich und vermehrt sich. Aus den sich immer weiter vermehrenden Zellen werden dann die Organe und schließlich ein ganzer Organismus. Auch dieser entwickelt sich weiter bis zum Erwachsenen, der sich dann seinerseits fortpflanzt. Nun beginnt ein weiterer Entwicklungsprozess, das Altern. Es endet mit dem Tod.
Bei vielen Insektenarten gibt es neben der geschlechtlichen auch eine ungeschlechtliche Fortpflanzung. Hierbei entstehen Nachkommen aus unbefruchteten Eizellen.
Durch gezielte Züchtung wurden aus jeweils einer Art zahlreiche Haustierrassen gezüchtet. Ein Beispiel ist die Entwicklung über viele hundert Jahre vom Wolf zu den verschiedenen Hunderassen.

📖 **1.** Beschreibe die Fortpflanzung und Entwicklung eines Vogels am Beispiel eines Königspinguins in der Antarktis.

📖 **2.** Die Entwicklung der ▶ Honigbiene – eines Insekts – verläuft in verschiedenen Abschnitten. Veranschauliche diese durch ein Pfeildiagramm.

📖 **4.** Vergleiche in einer Tabelle Fortpflanzung und Entwicklung eines ▶ Fisches mit der eines ▶ Frosches.

📖 **5.** Stelle die Entwicklung eines Frosches vom Ei bis zum ausgewachsenen Tier in Form eines Pfeildiagramms dar.

Opa war auch mal ein Baby

Lebensräume
Auch Lebensräume zeigen eine Entwicklung. Wird z. B. ein Wald abgeholzt, entwickeln sich auf der kahlen Fläche zunächst Gräser. In der nächsten Stufe entsteht eine Buschlandschaft aus Sträuchern und jungen Bäumen. Wenn die Bäume dann groß werden, nehmen sie den kleineren Pflanzen das Licht und werden zur beherrschenden Pflanzenform: Ein neuer Wald ist enstanden
Alle Lebewesen gehen durch Fortpflanzung aus anderen Lebewesen hervor. Von der befruchteten Eizelle bis zum Tod ist bei allen Lebewesen eine **Entwicklung** zu beobachten.

📖 **3.** Welche Phasen der Entwicklung durchläuft der Mensch seit seiner Geburt? Beschreibe anhand der Bildfolge.

Lebensraum Teich

Pflanzen

Die Fortpflanzungsorgane der Pflanzen sind die Blüten. Nach der Bestäubung und Befruchtung ist auch hier eine befruchtete Eizelle entstanden. Anders als bei den Tieren wird der daraus entstehende Organismus mit einer schützenden Schale und oft auch mit Nährstoffen umgeben. So entsteht ein Samen. Viele Samen sind von Früchten umgeben, welche die Verbreitung der Samen durch den Wind erleichtern oder Tiere anlocken, die den Samen verbreiten. Wenn der Samen dann auf die Erde fällt, keimt er aus und es entwickelt sich eine neue Pflanze. Auch Pflanzen altern und sterben schließlich.
Die ungeschlechtliche Fortpflanzung ist bei Pflanzen wesentlich weiter verbreitet als bei Tieren. Sie erfolgt ohne Beteiligung von Eizellen.

Geschlechtliche und ungeschlechtliche Fortpflanzung

Entwicklung durch Züchtung aus Wildkohl

📖 **7.** Nenne Pflanzenarten, die sich ungeschlechtlich vermehren und beschreibe, wie diese Vermehrung erfolgt.

📖 **8.** Wie kann aus einer Blüte eine Frucht mit Samen entstehen? Berichte.

📖 **6.** Erläutere an Beispielen, wie sich aus einer Wildpflanze durch Züchtung neue Pflanzenarten entwickeln können.

Kahlschlag. A *nach einigen Monaten;* **B** *nach einigen Jahren*

Keimung einer Feuerbohne

📖 **9.** Beschreibe den Lebenslauf einer Pflanze vom Samen bis zu ihrem Tod.

Auf einen Blick

Ein Teich als Lebensraum

Ein Teich ist ein wertvoller Lebensraum für verschiedene Tiere. Bestimmte Vögel, Lurche, Fische, Insekten, Schnecken sowie Sumpf- und Wasserpflanzen sind auf dieses Feuchtgebiet angewiesen.
Bei einem naturnahen Teich lassen sich vom Ufer zur freien Wasserfläche hin die Röhrichtzone, die Schwimmblattzone und die Tauchblattzone unterscheiden.

Angepasstheit

In den verschiedenen Pflanzenzonen eines naturnahen Teiches wachsen Pflanzen, die durch ihren Bau den dort herrschenden Lebensbedingungen angepasst sind. So haben Wasserpflanzen je nach Standort unterschiedliche Blattformen und Blattstiele ausgebildet. Bei einigen im Uferbereich wurzelnden Pflanzen verlaufen zahlreiche Luftkanäle durch die Stängel bis in die Wurzeln.

Die wirbellosen Tiere im Teich sind in ihrer Fortbewegung und Atmung dem Leben im Wasser angepasst.

Lurche

Lurche sind Feuchtlufttiere. Die Atmung erfolgt über Lungen und durch die Haut.
Die Eier der meisten Lurche entwickeln sich im Wasser. Aus ihnen schlüpfen Larven, die sich zu erwachsenen Tieren entwickeln. Die Umwandlung der Larven mit Kiemen zu Lurchen mit Lungen nennt man Gestaltwandel oder Metamorphose.

Fische

Der stromlinienförmige Körper der Fische ist mit Schuppen bedeckt. Die Bewegung erfolgt mit Flossen. Eine Schwimmblase unterstützt das Schweben in verschiedenen Wassertiefen. Fische atmen mit Kiemen.
Zur Fortpflanzung werden die Eier im Wasser befruchtet. Aus ihnen schlüpfen Fischlarven mit einem Dottersack als Nahrungsspeicher.

Nahrungsbeziehungen

Zwischen den Lebewesen eines Teiches bestehen Nahrungsbeziehungen. Das Nahrungsnetz eines Teiches setzt sich aus vielen Nahrungsketten zusammen. Am Anfang der Nahrungsketten stehen grüne Pflanzen als Produzenten. Danach folgen Konsumenten. Am Ende von Nahrungsketten stehen Endkonsumenten.

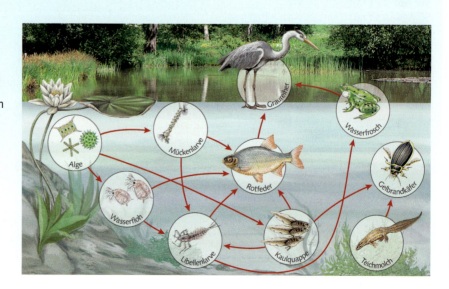

Lebensraum Teich

1. Unterteile das Teichufer vom Land zum Wasser in unterschiedliche Zonen und nenne für jede Zone eine typische Pflanzenart.

2. Nenne die Angepasstheiten von Schwimmblättern und Tauchblättern bei Wasserpflanzen an ihren Lebensraum.

3. a) Benenne die mit Ziffern gekennzeichneten Teile des Skeletts eines Froschlurches.

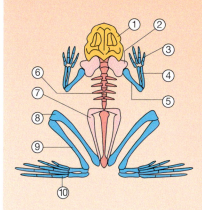

b) Die Gliedmaßen des Frosches entsprechen seiner amphibischen Lebensweise. Erläutere diese Aussage.

4. Erkläre den Fachausdruck „Amphibium".

5. Ein Frosch springt ins Wasser und taucht erst nach 50 Minuten auf. Wie ist das möglich?

6. Beschreibe, auf welche Weise ein Frosch seine Beute fängt.

7. Auf folgender Abbildung sind zwei Arten von Wasserinsekten dargestellt. Beschreibe, wie sie in der Form ihrer Atmung an das Leben im Wasser angepasst sind.

A

B

8. a) Erläutere anhand der Abbildungsreihe die Fortpflanzung und Entwicklung bei Teichmolchen.

A

B

C

D

E

b) Wodurch unterscheidet sich die Entwicklung eines Teichmolches von der eines Frosches? Berichte.

9. a) Ordne den Ziffern die entsprechenden Organe zu.

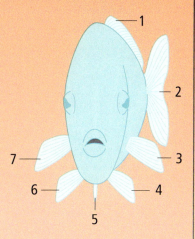

b) Welche Aufgaben erfüllen die einzelnen Organe?

10. Wähle die zutreffenden Begriffe aus und ordne sie den Ziffern der Abbildung zu: Kiemen, Kiemenblättchen, Kiemenbogen, Schwimmblase, Kiemendeckel, Blutgefäß, Kiemenhöhle, Kiemenreuse, Seitenlinienorgan.

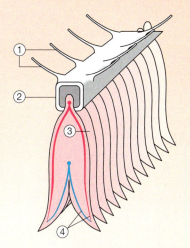

11. Erkläre, weshalb Fische an Land ersticken.

12. Die Fortbewegung der Fische im Wasser unterstützen bestimmte Körperbaumerkmale. Nenne wenigstens drei Merkmale.

Zeig, was du kannst

Naturschutz bei uns und anderswo

Warum hat man gerade diesen Baum unter Naturschutz gestellt?

Weshalb protestieren die Jugendlichen?

Warum steht dieses Schild hier?

Warum sind blühende Ackerrandstreifen so wertvoll?

Weshalb beschlagnahmt der Zoll bestimmte Reiseandenken?

Wie können wir Kröten vor dem Tod auf der Straße bewahren?

Natur- und Umweltschutz im Alltag

📖 **1.** „In Deutschland haben wir wirklich genug Wasser! Da müssen wir nicht sparen!" Was meinst du zu dieser Aussage? Erkläre und begründe deine Meinung.

📖 **3.** Fasse die Aussage des unten stehenden Zeitungsartikels kurz zusammen.

📖 **4.** Was bedeutet der Begriff „Nachhaltigkeit" im Bezug auf die Nutzung der Meere ganz allgemein, also nicht nur auf den Fischfang bezogen?

📝 **5.** Das MSC-Siegel kennzeichnet Produkte aus nachhaltiger Fischerei.
a) Recherchiere im Internet, was genau das bedeutet.
b) Suche im Supermarkt nach Produkten mit diesem Siegel. Wie unterscheiden sie sich von „normalen" Produkten?

📝 **2.** Erstellt mit der ganzen Klasse einen „Ratgeber für Umweltschutz im Alltag". Geht dabei wie folgt vor:
a) Jeder überlegt für sich 5 konkrete Tipps, wie man im Alltag und ohne viel Aufwand die Umwelt schonen kann. Ihr könnt dazu auch in entsprechenden Broschüren oder im Internet recherchieren.
b) Setzt euch dann in Zweiergruppen zusammen und stellt euch eure Ideen gegenseitig vor. Behaltet alle Tipps, die ihr beide gut findet.
c) Bildet jetzt Vierergruppen und einigt euch erneut auf die Tipps, die alle gut finden.
d) Sammelt in der Klasse möglichst viele konkrete Umweltschutztipps für jeden Tag, die möglichst alle gut finden. Ergänzt sie mit entsprechenden Abbildungen und stellt sie in einer Broschüre oder in einer Plakatausstellung zusammen.

Fischstäbchen sterben aus

Fischstäbchen könnten schon bald der Vergangenheit angehören. Weil ständig mehr Fische gefangen werden, als nachwachsen können, sind die Bestände des jungen Kabeljau, der sich meist in den Stäbchen findet, in den letzten 20 Jahren auf nur noch ein Zehntel gesunken. Wenn sich nichts ändert, wird es innerhalb der nächsten zehn Jahre keinen Kabeljau mehr geben. Etwa zwei Drittel aller Speisefischarten gelten heute als überfischt. Daher fordern neben Umweltschützern inzwischen auch Fischereiverbände, weltweit zu einer nachhaltigen Fischerei überzugehen, also nicht mehr zu fischen, als nachwachsen kann.

📝 **6.** Manche Geräte haben auch ausgeschaltet einen hohen Energiebedarf.
a) Stelle für drei Geräte in deinem Haushalt die Leistungsaufnahme im Standby-Betrieb fest. Nutze dazu die Bedienungsanleitung (schau im Abschnitt „Technische Daten" nach) oder verwende – falls vorhanden – ein entsprechendes Messgerät.
b) Nenne Maßnahmen, um im eigenen Haushalt weniger Energie für den Standby-Betrieb zu verwenden.

Naturschutz bei uns und anderswo

„Was hat das denn mit der Umwelt zu tun?"

Marco ist sauer: Wieder einmal gibt es Streit mit seiner Mutter. „Steh nicht immer so lange unter Dusche rum – wir müssen die Umwelt schonen!" – „Was hat das denn mit der Umwelt zu tun?", will Marco wissen. Er findet seine Mutter einfach nur geizig. Beim Duschen verbraucht Marco aber nicht nur sauberes Wasser, das hinterher in der Kläranlage behandelt werden muss. Es kostet auch Energie, dieses Wasser anzuwärmen. Meist passiert das in einer Heizungsanlage, die Brennstoffe wie Öl oder Gas verbraucht. Dabei entsteht zum einen Kohlenstoffdioxid, das für die gefährliche Erwärmung der Atmosphäre mit verantwortlich ist. Zum anderen müssen die Brennstoffe ja auch gefördert werden. Auch das belastet die Umwelt.

Viele Dinge die wir tun, belasten die Umwelt oder verbrauchen Rohstoffe. Viele von diesen Rohstoffen sind unwiederbringlich, sie wachsen also nicht nach. Auch die Rohstoffmengen, die zur Herstellung der von uns täglich genutzten Produkte benötigt werden, können überraschend hoch sein. Oft belasten bei Herstellung und Entsorgung der Produkte dann auch noch giftige Abfallstoffe die Umwelt zusätzlich.
Aber auch die Nutzung nachwachsender Vorräte kann problematisch werden, wenn man sie schneller verbraucht als sie nachwachsen können. Fällt man zum Beispiel in einem Wald ständig mehr Bäume, als nachwachsen, wird man irgendwann keinen Wald mehr haben.

Nachhaltigkeit

Da wir aber nicht nur uns, sondern auch an zukünftige Generationen denken müssen, setzt sich seit einiger Zeit vermehrt die Idee der Nachhaltigkeit durch. Dies bedeutet, dass alle Vorräte der Erde nur so genutzt werden, dass dies auch noch für kommende Generationen möglich ist. Außerdem müssen auch die Umweltbelastungen bei der Herstellung, Benutzung und Entsorgung aller Produkte so gering wie möglich gehalten werden.

Es ist jedoch außerordentlich schwer, genau zu beurteilen, wie sehr Herstellung, Nutzung und Entsorgung eines Produktes die Umwelt belasten. Genaue Werte gibt es nicht und Schätzungen sind fast immer umstritten. Manche Hersteller haben sich dennoch verpflichtet, ihre Produkte nachhaltig zu erzeugen. Oft werden sie dadurch zwar etwas teurer als vergleichbare herkömmliche Produkte. Aber andererseits greifen viele Kunden gezielt zu diesen Produkten, um so einen Beitrag zum Schutz der Umwelt zu leisten.

1 Streit um die Duschzeit: Unnötig oder Umweltschutz?

Umweltschutz „nebenbei"

Man muss keiner Naturschutzorganisation beitreten, um die Umwelt zu schützen. Wenn man sich bewusst macht, in welcher Weise wir die Umwelt belasten, kann man auch schnell Möglichkeiten finden, die Umwelt zu schonen. Beim Einkaufen gezielt auf nachhaltig erzeugte Produkte achten, die Heizung etwas herunterdrehen, mehr mit dem Rad und weniger mit dem Auto fahren, elektrische Geräte nicht unnötig laufen lassen – auch nicht im „Standby" – und eben auch nicht mehr so lange duschen – all dieses sind Möglichkeiten, „nebenbei" die Umwelt zu schonen.

2 Das Konzept der Nachhaltigkeit

Naturschutz fängt vor der Haustür an

1. Die drei Schüler stehen vor dem recht verwitterten Schild. Es ist nicht mehr zu lesen, wie man sich im Wald verhalten soll. Du weißt es sicherlich? Informiere dich zum Beispiel beim Förster und entwirf ein neues Schild mit den wichtigsten Hinweisen.

2. a) Wähle ein gefährdetes heimisches Wildtier aus, zum Beispiel Biber (A), Wolf (B), Fischotter (C), Luchs (D). Finde heraus, weshalb sein Bestand gefährdet ist, und schlage geeignete Schutzmaßnahmen vor.
b) Überlege, wer sich durch diese Schutzmaßnahmen beeinträchtigt fühlen könnte, und begründe dies.

3. Zeichne einen Garten, in dem sich Igel, aber zum Beispiel auch Frösche, Kröten, Insekten und verschiedene Vögel wohlfühlen. Informiere dich dazu zuerst über die Lebensweise und die Bedürfnisse dieser Tiere.

4. a) Informiere dich über die Bedeutung des Schildes „Naturschutzgebiet".
b) Welche Naturschutzgebiete gibt es in deiner näheren Umgebung? Was gilt dort als besonders schützenswert?

Naturschutz bei uns und anderswo

Bach ist nicht gleich Bach

Folge dem Bachlauf auf dieser Seite. Abbildung 1 zeigt, dass der Bach in diesem Bereich, im Unterlauf, sehr gradlinig verläuft. Die Ufer sind hier ausgemäht und das Wasser kann schnell fließen. Rechts und links liegen Viehweiden und stark gedüngte Wiesen. Die Ausscheidungen der Tiere und die Düngerreste werden mit dem Regen in den Wasserlauf gespült. Bachlebewesen sind in diesem Teil kaum noch zu finden, da sie den hohen Nährstoffeintrag durch Dünger nicht vertragen. Abbildung 2 zeigt den Oberlauf desselben Baches. Hier, in der Nähe seiner Quelle, hat eine Naturschutzorganisation in mühevoller Arbeit den Bach vor Jahren renaturiert. Der Bach schlängelt sich jetzt wieder natürlich durch die Landschaft.

1 Begradigter Bachlauf im Unterlauf

Naturschutzarbeit ist notwendig

Natürliche Lebensräume verschwinden nicht nur, wenn man Bäche und Flüsse begradigt, sondern zum Beispiel auch, wenn neue Bau- oder Industriegebiete entstehen und Straßen gebaut werden. Der Mensch schränkt so die ▸ Lebensräume der Tiere und Pflanzen immer stärker ein. Hier setzt Naturschutzarbeit an. Zum Beispiel werden ▸ Fangzäune für Kröten an stark befahrenen Straßen errichtet. Auf dem Weg zu ihren Laichorten werden die Kröten in Sammeleimer entlang der Fangzäune gelenkt und anschließend über die Straße getragen. Naturnahe Gärten bieten beispielsweise Igeln und anderen Tieren Nahrung und Möglichkeiten zur ▸ Überwinterung. Fledermauskästen bieten ungestörte Schlafplätze und ersetzen die immer weniger werdenden Unterschlupfmöglichkeiten in alten Gebäuden und hohlen Bäumen.

Auch du kannst dich in verschiedenen Naturschutzprojekten engagieren und dazu beitragen, dass Lebensräume für Pflanzen, Tiere und Menschen geschützt und erhalten werden. Zahlreiche Umweltschutz- und Naturschutzverbände wie zum Beispiel der NABU und der BUND bieten Aktionen und Arbeitsgruppen für Kinder und Jugendliche an.

Steine liegen im Bachbett. Die angrenzenden Flächen werden weder als Viehweide noch als Ackerfläche genutzt. Zahlreiche Schwarzerlen wurden damals durch Schüler einer benachbarten Schule angepflanzt. Schwarzerlen vertragen es, mit den Wurzeln im Wasser zu stehen. Die Wurzeln befestigen das Ufer und bieten gleichzeitig Halt und Versteckmöglichkeiten für Fische und andere Bachbewohner. Die Baumkronen spenden Schatten. Das Laub bietet eine Nahrungsgrundlage für Pflanzen fressende Kleinstlebewesen im Bach.

2 Renaturierter Bach im Oberlauf

Menschen verändern, gefährden und schützen ihre Umwelt

1. Vermutlich seid ihr schon in Gegenden gewesen, die ihr als besonders schön empfunden habt. Vielleicht haben euch Landschaften, einzelne Bäume, Baumgruppen, Blumenwiesen, ein Park oder ein Gewässer besonders gefallen.
a) Fotografiert in eurer Umgebung Naturobjekte, die euch durch ihre Seltenheit, Eigenart oder Schönheit aufgefallen sind.
b) Begründet jeweils, weshalb ihr gerade diese Aufnahme gemacht habt.
c) Dokumentiert eure Ergebnisse für eine ▶ Ausstellung auf ▶ Plakaten.

2. a) Stellt zusammen, wo es in eurer Umgebung oder in eurem Landkreis Naturschutzgebiete gibt. Informiert euch beispielsweise bei der zuständigen Naturschutzbehörde.
b) Tragt die Ergebnisse in einer Übersichtskarte ein, die euch zur Verfügung gestellt wird.
c) Bildet für jedes Naturschutzgebiet eine Gruppe. Informiert euch, weshalb dieses Gebiet unter Schutz gestellt wurde und haltet einen kurzen ▶ Vortrag.
d) Dokumentiert eure Ergebnisse in einer ▶ Ausstellung.

3. Straßenrandstreifen werden bisweilen mehrmals im Jahr von Straßenmeistereien gemäht.
a) Bildet zwei Gruppen Pro und Contra für das Mähen von Randstreifen und tauscht eure Argumente aus.
b) Wie könnte ein Kompromiss aussehen?
c) In einigen Gegenden sind Ackerrandstreifen unter Schutz gestellt worden. Was bedeutet diese Maßnahme und welche Gründe können hierfür vorliegen?

4. In den nebenstehenden Abbildungen seht ihr, wie der Mensch in die Landschaft eingreift.
a) Beschreibt die Abbildungsfolge.
b) Welche Folgen ergeben sich für die Natur?
c) Wie lassen sich Folgeschäden mindern?

5. Wie würdest du gegenüber einem Menschen reagieren, der eine ▶ geschützte Pflanze gepflückt hat?

6. a) Wie können wir Tiere im Winter schützen? Informiere dich beispielsweise auf den Seiten „Aktiv durch den Winter."
b) Nenne Argumente für und gegen Fütterungen von Wildtieren im Winter.

Basiskonzept System → S. 54

Naturschutz bei uns und anderswo

Die Schönheit der Natur gilt es zu bewahren
Beim Wandern bekommen wir viele verschiedene Eindrücke von der uns umgebenden Natur. Oft bleiben Erinnerungen an eine schöne Aussicht zurück, an eine bunte Blumenwiese, an einen bunten Schmetterling auf einer Blüte, an einen plätschernden Bergbach. Die Anblicke haben uns Freude bereitet und wir wünschen uns, dass diese Vielfalt an verschiedenen Lebensräumen, Formen und Farben erhalten bleibt.
Der Mensch greift aber immer wieder gestaltend in die Landschaft ein. So werden zum Beispiel für Straßen und Schienenwege zum Teil schützenswerte Gebiete geopfert. Dadurch wird Pflanzen und Tieren ihr Lebensraum genommen. Nicht wenige Arten gehen dadurch unwiederbringlich verloren, ebenso durch chemische Schädlings- und Unkrautbekämpfung in der Landwirtschaft.

Naturschutzgebiete
Um die Vielfalt an Lebensräumen zu erhalten, hat man **Naturschutzgesetze** geschaffen. In ihnen ist beschrieben, welche Gebiete zu schützen sind. Gebiete, in denen Pflanzen und Tiere besonders stark geschützt sind, werden als **Naturschutzgebiete** bezeichnet. In diesen geschützten Landesteilen soll sich die Tier- und Pflanzenwelt möglichst ungestört vom Menschen entfalten können. So steht zum Beispiel die niedersächsische Elbtalaue mit den jahreszeitlich überschwemmten Auwäldern und Wiesen entlang des Elbufers unter besonderem Schutz. Dort können sich gefährdete Pflanzen und Tiere ungestört entwickeln. So ist beispielsweise die Zahl der selten gewordenen Seeadler in den letzten Jahren auf 20 Brutpaare angewachsen. Solche Schutzgebiete darf man in der Regel nur mit einem Führer oder nur auf vorgegebenen Wegen betreten.

2 Naturschutzgebiet. **A** *Seeadler;* **B** *Auwald*

1 Nationalpark Harz

Nationalparks
Nationalparks in Niedersachsen wie das „Niedersächsische Wattenmeer" und der „Harz" schützen große Landschaftsräume. Im Nationalpark Wattenmeer gibt es Schutzzonen mit unterschiedlich strengen Bestimmungen. Dort können Vögel ungestört Nahrung suchen und ihre Jungen großziehen. Zur Zugzeit rasten dort zum Beispiel bis zu 100 000 Gänse, wenn sie aus ihren sibirischen Brutgebieten in wärmere Gebiete ziehen sowie von dort auch wieder auf ihrem Rückflug. Geführte Wege durch den Nationalpark Harz ermöglichen Touristen unmittelbare Naturerlebnisse ohne störende Einflüsse auf die Natur. Informationstafeln entlang der Hauptwege geben wichtige Informationen zu Verhaltensweisen und Besonderheiten im Gebiet. Inzwischen streifen auch wieder Wildkatzen und Luchse durch den Harz, die dort von der Verwaltung des Nationalparks ausgewildert wurden.

Pinnwand

Geschützte Tiere

Fischotter

Lebensraum: Saubere, fischreiche Gewässer mit Sand- und Kiesbänken; Ufer mit Bäumen, Gebüsch und dichter Pflanzenzone
Ursachen des Rückgangs: Verfolgung als „Fischräuber" und Pelztier; intensive Nutzung der Flusstäler; Verschmutzung der Gewässer; Beseitigung des Uferbewuchses
Schutzmaßnahmen: Wiederherstellen naturnaher Bäche und Flüsse, Verbesserung der Wasserqualität; Einschränkung des Bootssports, Angelns und Campens an Gewässern mit Ottervorkommen

Biber

Lebensraum: Ströme wie z. B. Donau, Elbe und deren Nebenflüsse; Auwälder mit Pappeln und Weiden
Ursachen des Rückgangs: Ausrottung durch Menschen, um Heilmittel, Parfüm oder Pelze zu gewinnen; Abholzung der Auwälder; Kanalisierung und Verunreinigung der Flüsse
Schutzmaßnahmen: Wiederherstellung geeigneter, naturnaher Lebensräume; durch Biberreservate nimmt die Anzahl wieder zu

Schwalbenschwanz

Lebensraum: Offenes Gelände wie Felder, Wiesen und Gärten mit Doldengewächsen wie Wilde Möhren, Kümmel, Dill, Gelbe Rübe, Bibernell und andere Blütenpflanzen
Ursachen des Rückgangs: Einsatz von chemischen Spritzmitteln und Dünger in der Landwirtschaft, sodass die Futterpflanzen der Raupen verdrängt werden.
Schutzmaßnahmen: Erhaltung ungespritzter und ungedüngter Ackerrandstreifen; Zunahme der Pflanzenvielfalt durch brach liegende Felder

1. Nenne gemeinsame Ursachen für den Rückgang von Fischotter und Biber.

2. Beschreibe die Ansprüche, die ein Schwalbenschwanz an seinen Lebensraum stellt.

3. Begründe, weshalb Rote Listen für uns notwendig sind.

Was ist eine Rote Liste?

In den Roten Listen werden Tier- und Pflanzenarten veröffentlicht, die durch den Einfluss des Menschen gefährdet sind. Sie brauchen besonderen Schutz. Es sind darin folgende Stufen der Gefährdung genannt: Als **ausgestorben** gelten Arten, die bei uns verschwunden sind. **Vom Aussterben bedroht** sind Arten, deren Überleben unwahrscheinlich ist, wenn keine Schutzmaßnahmen ergriffen werden. Bei **stark gefährdeten** und **gefährdeten Arten** wird danach unterschieden, wie weit die Bestände zurückgegangen sind. **Selten** sind Arten, die in einem bestimmten Gebiet nicht mehr auftreten, woanders aber noch vorkommen.

Naturschutz bei uns und anderswo

Geschützte Pflanzen

Gelbe Teichrose

Lebensraum: Stehende und langsam fließende, nährstoffarme Gewässer
Ursachen des Rückgangs: Wasserverunreinigung durch Dünger und andere Nährstoffe; Wellenschlag von Motorbooten; Ufernutzung durch Viehweiden und Badestellen
Schutzmaßnahmen: Reinhaltung der Bäche, Seen und Teiche; Schutz der See- und Flussufer; Einschränkung des Bootsverkehrs

Kornrade

Lebensraum: Früher weitverbreitetes Wildkraut in Getreideäckern besonders im Roggen
Ursachen des Rückgangs: Mechanische und chemische Unkrautbekämpfung; Überdüngung der Felder; verbesserte Saatgutreinigung mit Auslese der giftigen Samen
Schutzmaßnahmen: Erhaltung nicht gespritzter Ackerrandstreifen; Ansiedlung auf Feldern in Freilichtmuseen oder Botanischen Gärten

1. Begründe, warum es wichtig ist, die Lebensräume seltener Pflanzen zu schützen.

2. Stelle aus dem Kreisdiagramm eine Rangfolge der verschiedenen Ursachen für die Verdrängung der Pflanzen auf. Nenne jeweils ein Beispiel zu jeder Ursache.

3. Beschreibe, wie Naturschützer und Landwirte zusammenarbeiten können, um seltene Pflanzen zu erhalten.

Geflecktes Knabenkraut

Lebensraum: Orchidee auf feuchten Wiesen und Flachmooren
Ursachen des Rückgangs: Häufiges Mähen und Düngen der Feuchtwiesen; Trockenlegung der Wiesen durch Gräben und Rohre; Ausgraben und Sammeln
Schutzmaßnahmen: Erhaltung der Feuchtwiesen als Naturschutzgebiete; schonendes, spätes Mähen

Was die Wildpflanzen verdrängt

(Kreisdiagramm: Unkrautbekämpfung; Sammeln und Pflücken; Entwässerung; Zerstörung der Lebensräume)

Wir schützen Lurche

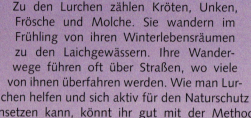

Zu den Lurchen zählen Kröten, Unken, Frösche und Molche. Sie wandern im Frühling von ihren Winterlebensräumen zu den Laichgewässern. Ihre Wanderwege führen oft über Straßen, wo viele von ihnen überfahren werden. Wie man Lurchen helfen und sich aktiv für den Naturschutz einsetzen kann, könnt ihr gut mit der Methode ▶ Lernen im Team erarbeiten.

Erkundigt euch bei der zuständigen Naturschutzbehörde oder bei einer Naturschutzgruppe des NABU oder BUND nach Projekten, bei denen es um die Betreuung eines Krötenzauns geht. Befragt die Betreuer und begleitet sie bei ihrer Arbeit. Denkt bei der Arbeit im Freien stets zur Sicherheit an das Tragen einer Warnweste.

1. Informationen über Lurche sammeln

Um Informationen zu erhalten, können euerm Team folgende Fragen helfen: Wie können wir die verschiedenen Arten der Lurche unterscheiden? Welche auffälligen Merkmale weisen sie auf? Welche Unterschiede gibt es zwischen männlichen und weiblichen Tieren? Informiert euch dazu in Tierbüchern, Lexika und im ▶ Internet über häufig vorkommende Lurcharten wie Wasserfrosch, Grasfrosch, Erdkröte, Kreuzkröte und Rotbauchunke. Erstellt zu jeder Tierart einen ▶ Steckbrief. Damit ihr die Tiere bestimmen könnt, benötigt ihr gegebenenfalls ein Bestimmungsbuch.

2. Einen Fangzaun für Kröten erkunden

Zum Erkunden des Krötenzauns kann euer Team den Betreuern folgende Fragen stellen: Wie werden die Lurche gefangen? Wie viele Tiere sind es z. B. in einer Woche? Warum steht der Krötenzaun nur auf einer Straßenseite? In welchen Monaten wird der Zaun errichtet? Hat das Wetter Einfluss auf die Wanderung der Lurche? Welchen? Ordnet eure Informationen für einen kurzen ▶ Vortrag, den ihr vor der Klasse haltet.

Vorsicht! Krötenwanderung

3. Der Lebensraum der Lurche

Durchstreift mit einem Betreuer die Landschaft beiderseits der Straße, wo der Krötenzaun aufgebaut ist. Achtet darauf, dass ihr nicht auf einen Lurch tretet. Untersucht den Waldboden auf wandernde Lurche. Lasst euch das Laichgewässer und das Winterquartier der Lurche zeigen. Beschreibt das Laichgewässer. Schätzt, wie weit es vom Winterquartier entfernt ist. Kann man schon Laich entdecken? Wie sieht er aus? Wo wird er abgelegt? Welches auffällige Verhalten zeigen weibliche und männliche Kröten? Ordnet eure Informationen. Schreibt einen Bericht. Zeichnet eine Karte, in der ihr das Laichgewässer, die Straße, den Krötenzaun und das Winterquartier eintragt. Ihr benötigt Schreibmaterial und einen Fotoapparat. Haltet einen kurzen ▶ Vortrag vor der Klasse.

Ausstellung über Wanderung und Schutz der Lurche

Gestaltet mit den Ergebnissen der einzelnen Teams eine ▶ Ausstellung über die Wanderung und den Schutz der Lurche. Ihr braucht Plakatkarton, Fotos, die angefertigten Steckbriefe, Fotokleber und Filzschreiber. Heftet die Plakate an eine Stellwand und präsentiert sie in der Pausenhalle.

Naturschutz bei uns und anderswo

Wir schützen Insekten in unserer Umgebung

Schmetterlinge, ▶Hummeln und andere Insekten sind in ihrem Bestand gefährdet. Die Ursachen liegen im Rückgang des Nahrungsangebots und dem Verlust von geeigneten Nist- und Versteckmöglichkeiten. Wir können zum Schutz der Insekten beitragen. Dazu könnt ihr besonders gut mit der Methode ▶Lernen im Team arbeiten.

1. Haus für Schmetterlinge

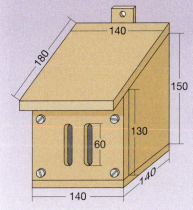

a) **Materialliste:** 80 cm x 28 cm Kieferleimholzplatte 18 mm dick, eine Stichsäge, eine Holzraspel, einen Schraubendreher, einen Bohrer von 10 mm Ø, 4 Schrauben 30 mm, wasserfesten Holzleim
b) **Bauteile:** 1 Dach 180 mm x 140 mm, 1 Boden 140 mm x 140 mm, 2 Seitenteile 150/130 mm x 120 mm, 1 Rückwand 150 mm x 140 mm, 1 Frontwand 130 mm x 140 mm, 1 Aufhängleiste 250 mm x 50 mm
c) **Bauanleitung:** Für die Einschlupflöcher bohren wir jeweils zwei gegenüberliegende Löcher im Abstand von 60 mm und sägen den Zwischenraum 10 mm breit aus. Wir leimen die Teile zusammen. Nur die Frontwand wird mit 4 Schrauben befestigt, damit wir den Kasten reinigen und kontrollieren können. Das Holz braucht nicht gestrichen zu werden.

Der richtige Platz sollte etwa 2 Meter hoch, an einer Wand oder in einem Baum sein und eine sonnige, windgeschützte Südlage haben.

2. „Wilde Ecke" für Insekten

a) **Futterpflanzen:** In einigen Bereichen des Gartens können Wildstauden wie Wiesenkerbel, Wilde Möhre oder Distel gepflanzt werden. Samenmischungen dieser und vieler anderer Wildkräuter kann man im Blumenhandel oder in einer Samenhandlung kaufen. Auch die Große Brennnessel sollte angepflanzt werden, da sie eine sehr wichtige Futterpflanze für viele Schmetterlingsraupen darstellt. Durch das Anlegen einer ▶Hecke mit geeigneten Wildgehölzarten wird der Lebensraum für Schmetterlinge und zahlreiche andere Insekten zusätzlich erweitert.

b) **Nisthilfe:** In einer abgelegenen Ecke des Gartens graben wir alte, unbehandelte Zaunpfähle oder Baumstämme ein. Mit verschiedenen Bohrern von 3-8 mm Ø versehen wir das Holz an der Südseite mit vielen etwa 8 cm tiefen Löchern. Darin können

Wildbienen, Grab- und Faltenwespen ihre Brut aufziehen.

3. Hummel-Nistkasten

a) **Materialliste:** Wir brauchen zu den bereits genannten Werkzeugen noch einen Hammer und ein Stecheisen, eine Leimholzplatte von 80 cm x 25 cm, 4 Schrauben 30 mm

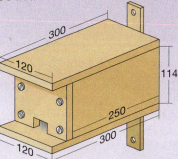

b) **Bauteile:** 2 Platten (Boden/Dach) 300 mm x 120 mm, 2 Seitenwände 250 mm x 114 mm, 1 Frontwand 120 mm x 114 mm, 1 Rückwand 114 mm x 84 mm, 1 Aufhängeleiste 250 mm x 45 mm x 18 mm
c) **Bauanleitung:** In die Frontplatte sägen wir zwei 15 mm tiefe Einschnitte im Abstand von 35 mm und stechen das Flugloch aus. Nachdem wir die Seiten, den Boden und das Dach zusammengeleimt haben, schrauben wir die Frontplatte und die Leiste an. Wir füllen den Innenraum zur Hälfte mit trockenem Moos. Diese Nisthilfe hängen wir an einen ähnlichen Platz wie den des Schmetterlingskastens.

Naturschutz im Urlaub

1. Das Schild weist auf eine besondere Form eines Schutzgebietes hin.
a) Informiere dich über Nationalparks in Deutschland und in anderen Teilen der Welt. Stelle ein Beispiel vor.
b) Welche Regeln muss deine Schulklasse beachten, wenn sie zum Beispiel einen Ausflug in den Nationalpark Niedersächsisches Wattenmeer unternimmt?

Umweltverträglicher Tourismus

Bei Wanderungen im Harz, in der Dünenlandschaft der Nordseeküste oder auch im Stadtwald vor deiner Haustür hast du vielleicht schon Barrieren oder kleine Zäune an den gekennzeichneten Wanderwegen bemerkt. Die Zäune sollen die Besucherströme lenken. Sie sorgen dafür, dass die natürlichen Lebensräume abseits der Wege nicht zertrampelt und zerstört werden und dass wild lebende Tiere in ihren Ruhezonen ungestört bleiben.

Auch der so genannte „Sanfte Tourismus" hat zum Ziel, dass Touristen die Natur zwar möglichst unmittelbar und ursprünglich erleben können. Gleichzeitig sollen Erholungssuchende aber der Natur am Urlaubsort nicht schaden oder sie verändern. Das wird zum Beispiel durch Müllvermeidung oder das Einrichten von Picknickplätzen erreicht. Aber auch geführte Wanderungen oder Safaris tragen dazu bei. Die Belastung der Umwelt kann auch durch eine Anreise mit öffentlichen Verkehrsmitteln vermindert werden.

Fernreisen ermöglichen faszinierende Einblicke in andere Kulturen und unbekannte Naturlandschaften. Allerdings müssen sich Reisende darüber bewusst sein, dass durch Flugreisen die Umwelt stark belastet wird.

Reiseandenken

Schlangen und Krokodile gelten als gefährlich für den Menschen. Allerdings ist der Mensch inzwischen durch den Handel mit Stiefeln, Taschen und Gürteln aus Schlangen- oder Krokodilleder zu einer viel größeren Gefahr für zahlreiche Reptilienarten geworden.

Millionen von lebenden Tieren und Pflanzen sowie eine Vielzahl an Produkten von wild lebenden Tier- und Pflanzenarten werden jedes Jahr nach Europa eingeführt. Durch den Handel mit geschützten Tier- und Pflanzenarten und ihren Produkten gehen viele Bestände dieser Tiere und Pflanzen in den Ursprungsländern mehr und mehr zurück oder die Arten werden sogar ausgerottet. Die Mitnahme solcher Reiseandenken steht daher unter Strafe.

Es ist jedoch noch wichtiger, dass sich das Bewusstsein der Reisenden verändert und sie durch ihr Verhalten die Natur am Urlaubsort nicht gefährden oder zerstören, sondern sie schützen und erhalten.

Naturschutz bei uns und anderswo

Artenschutz

Pinnwand

Nashörner waren zu allen Zeiten sehr begehrt. Gegerbte Nashornhaut diente in Indien und China als Schild gegen Speere und Pfeile. Das Horn war in Europa, Afrika und Asien als Rohmaterial für geschnitzte Schwert- und Dolchgriffe, Gürtelschnallen und andere Schnitzereien sehr gefragt oder wurde als Trinkbecher genutzt. Noch heute gilt das Nasenhorn in der traditionellen asiatischen Medizin als Heilmittel für zahlreiche Krankheiten. Der Handel mit Nasenhorn ist verboten. Trotzdem führte vor allem die Wilderei fast zum Aussterben einiger Nashornarten.

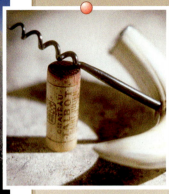

TRAURIGE HITLISTE
Im Jahre 2006 gab es weltweit nur noch ca.

22.000	Eisbären
5.000 – 7.500	Tiger
1.600	Pandabären
500	Antarktische Blauwale
200	Cross River Gorillas
65	Java-Nashörner
40 – 65	Kaukasus-Leoparden

Washingtoner Artenschutzübereinkommen

Seit der Mensch, begünstigt durch moderne Transportmittel, die ganze Welt bereist und immer größere Mengen an Waren in seine Heimat importieren kann, hat sich auch ein wachsender weltweiter Wildtierhandel entwickelt.

Zahlreiche wild lebende Tiere aus allen Teilen der Erde wurden gefangen und in Zoos oder Zirkussen zur Schau gestellt.

Pelztierhändler und deren Kunden sorgten dafür, dass weltweit zum Beispiel die Bestände von Ottern, Bibern und Seehunden dezimiert wurden. Viele Millionen Afrikanischer Elefanten wurden getötet, damit aus ihren Stoßzähnen, dem Elfenbein, beispielsweise Billardkugeln, Schmuck oder Klaviertastenbeläge hergestellt werden konnten.

Als immer mehr Wildtierarten die Ausrottung durch den Tierhandel drohte, haben einige Staaten 1975 einen Vertrag zum Schutz der gefährdeten Tiere und Pflanzen geschlossen, das **Washingtoner Artenschutzübereinkommen.** Die internationale Abkürzung lautet „CITES" für „Convention on international Trade in Endangered Species of Wild Fauna and Flora".

Dieses Übereinkommen soll sicher stellen, dass der Handel mit Tieren und Pflanzen nicht zur Ausrottung von Arten beiträgt.

1. Nenne Ursachen für die Gefährdung einiger der in der Hitliste genannten Tiere.

2. Erkundige dich in einer Zoohandlung, woher die Zierfische und Ziervögel stammen, die dort verkauft werden.

Auf einen Blick

Naturschutz Zuhause

Ein begradigter Bach wird von Naturschützern in seinen natürlichen Verlauf zurückgebaut. Schwarzerlen festigen das Ufer, spenden Schatten und bieten Tieren Unterschlupf und Nahrung. Der Eintrag von Dünger wird unterbunden, sodass Kleinstlebewesen im Wasser überleben.
Aber man muss nicht gleich ein aktiver Umweltschützer werden: Beim Umgang mit Energie und beim Einkaufen kann jeder ohne großen Aufwand seinen Beitrag dazu leisten, dass wir die Vorräte unseres Planeten nachhaltig, also dauerhaft umweltgerecht nutzen.

Menschen gefährden und schützen ihre Umwelt

Menschen gefährden Pflanzen und Tiere, indem sie ihre Lebensräume vernichten, sie mit Schädlingsbekämpfungsmitteln behandeln oder ihre Nahrungsquellen und Unterschlupfmöglichkeiten einschränken.
Der Naturschutz sichert die Lebensgrundlagen für Pflanzen, Tiere und Menschen. Wer die Natur achtet, sorgt für die Zukunft vor. Naturschutzgebiete erhalten natürliche Lebensräume für Pflanzen und Tiere. Sie sollen sich darin ungestört vom Menschen entfalten können.

Geschützte Pflanzen

Gelbe Teichrose, Kornrade und Geflecktes Knabenkraut sind geschützte Pflanzen. Fischotter und Biber zählen zu den geschützten Tieren.
Die Ursachen für die Bedrohung von Pflanzen und Tieren liegen hauptsächlich in der Zerstörung ihrer Lebensräume, der Entwässerung der Landschaft und der Unkrautbekämpfung. Manche Tiere wurden lange bejagt und sind deshalb heute gefährdet.

Rote Liste

In der Roten Liste werden Tier und Pflanzenarten aufgeführt, die entweder ausgestorben, vom Aussterben bedroht, gefährdet oder selten sind.

Schutz der Lurche

Zu ihnen gehören Kröten, Unken, Frösche, Salamander und Molche. Sie wandern im Frühling von ihren Winterquartieren zum Laichgewässer. Durch Krötenzäune beugt man vor, dass sie auf der Straße nicht überfahren werden.

Insektenschutz

Schmetterlinge, Wildbienen, Hummeln, Falt- und Grabwespen sind in ihrem Bestand gefährdet, weil ihr Nahrungsangebot zurückgeht und ihnen Nist- und Versteckmöglichkeiten fehlen. Durch die Aussaat von Futterpflanzen und den Bau von Nisthilfen und Schutzhäuschen können wir ihnen helfen.

Naturschutz im Urlaub

Im Urlaub soll man sich gegenüber der Natur rücksichtsvoll verhalten. Umweltverträglicher Tourismus sorgt dafür, dass Besucherströme die natürlichen Lebensräume von Pflanzen und Tieren nicht zerstören. Dieser „Sanfte Tourismus" verbindet Naturerlebnisse im Urlaubsort mit den Zielen des Umweltschutzes und dient damit zur Schonung von Landschaft, Luft und Wasser.

Artenschutz

Der Handel mit Reiseandenken von geschützten Pflanzen und Tieren ist verboten. So dürfen keine Waren aus Schlangen- oder Krokodilleder eingeführt werden. Produkte von Nashörnern waren früher so begehrt, dass man diese Tiere stark verfolgte, was fast zu deren Aussterben führte. Das Washingtoner Artenschutzübereinkommen verbietet den Handel mit geschützten Wildtieren und Pflanzen sowie Produkten, die aus ihnen hergestellt werden.

Naturschutz bei uns und anderswo

1. Durch welche Eingriffe des Menschen werden Pflanzen- und Tierarten gefährdet? Erläutere die Zusammenhänge.

2. Beschreibe, welche Folgen die Errichtung einer Autobahn für die Natur hat.

3. Nenne einige geschützte Pflanzen. Erkläre, warum sie vom Aussterben bedroht sind.

4. Warum gilt für geschützte Pflanzen folgende Regel? Ansehen immer. Abpflücken nie!

5. Beschreibe, welche Maßnahmen zur Erhaltung der Fischotter- und Biberbestände durchgeführt werden.

6. Lurche sind Feuchtlufttiere. Welchen Einfluss hat das auf ihre Wanderung?

7. Betrachte die Karte und beschreibe, zu welcher Jahreszeit die Kröten in welchem Lebensraum leben oder wandern.

8. Erkläre, warum man zur Begründung eines Naturschutzgebietes eine Rote Liste benötigt.

9. Nenne mögliche Gründe für den Rückgang der Schmetterlinge und Hummeln.

10. Betrachte die Abbildung vom nachgebauten Brutplatz der Erdhummeln und beschreibe, welche Materialien dazu gebraucht werden. Erstelle eine Bauanleitung.

11. In welcher Weise kann die Landschaft durch den Tourismus belastet werden? Nenne einige Beispiele.

12. Man kann z. B. mit dem Auto, Bus, Zug oder Flugzeug in den Urlaub reisen. Begründe, welches Verkehrsmittel dem „Sanften Tourismus" entspricht.

13. Nashörner sind in ihrem Bestand stark gefährdet. Nenne einige Gründe.

14. Manche Tiere müssen für die Mode sterben. Berichte über einige Beispiele.

15. Vergleiche Rasen und Wiese jeweils aus der Sicht eines Naturfreundes und eines Sportlers. Stelle ihre Standpunkte dar.

16. Beschreibe erwünschte und unerwünschte Eigenschaften der Ackerwildkräuter.

17. Sieh dir eine Landkarte deiner Umgebung an und nenne Naturschutzgebiete und Nationalparks in deiner Nähe.

18. Viele Menschen sind der Meinung, dass es Wichtigeres gäbe, als sich für den Schutz von Pflanzen und Tieren einzusetzen. Wie ist deine persönliche Meinung dazu?

19. Im Harz wurden Luchse ausgesetzt. Sie gehörten vor langer Zeit zu den heimischen Tierarten. Auch Wölfe sollen wieder eingebürgert werden. Wie stehst du zu diesen Maßnahmen?

Zeig, was du kannst

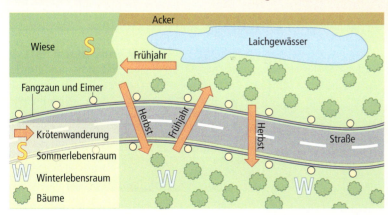

Der Mensch nutzt Tiere und Pflanzen

Was muss ich beachten, wenn ich einen Goldhamster zu Hause halte?

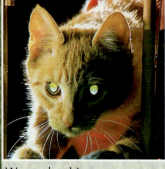
Warum leuchten Katzenaugen im Dunkeln?

Was kann man alles aus Kartoffeln machen?

Kühe liefern Fleisch, Milch – und was noch?

Kaltblüter nutzt man beispielsweise als Zugtiere in der Forstwirtschaft. Haben Kaltblüter wirklich kaltes Blut?

Ich wünsche mir ein Haustier

1. Warum leben so viele Menschen mit einem Haustier zusammen? Bereitet eine ▶ Umfrage vor. Damit könnt ihr Gründe für die Haustierhaltung ermitteln. Schreibt dazu Fragen auf, die eine genaue Antwort ermöglichen.
Führt die Umfrage durch und wertet sie aus. Schreibt die genannten Gründe nach Häufigkeit sortiert auf ein ▶ Plakat.
In einem ▶ Vortrag könnt ihr über eure Ergebnisse berichten.

2. Ihr könnt einen ▶ Lerngang in ein Tierheim planen. Vereinbart einen Termin, damit eure Fragen dort in Ruhe beantwortet werden können.
Informiert euch über folgende Punkte:
– Welche Tiere leben im Tierheim?
– Warum werden Tiere abgegeben?
– Wie sollte man diese Tiere artgerecht halten?
Stellt eure Ergebnisse mit Fotos und Texten auf ▶ Plakaten zusammen. Präsentiert sie in der Klasse.

3. Wer sich ein Haustier anschaffen möchte, sollte sich das genau überlegen. Ihr könnt eine Liste mit wichtigen Argumenten für und gegen die Anschaffung eines Haustieres anfertigen. Sprecht mit einem Tierhalter über die Liste und ergänzt oder korrigiert sie gegebenenfalls.

4. Sind Goldhamster, Meerschweinchen und Rennmäuse als Haustiere geeignet?
Begründet deine Meinung.

Goldhamster sind nachtaktiv

Wichtig!
- Schläft tagsüber, ist nachts aktiv
- Nichts für Kinder, die früh ins Bett müssen
- Lebt als Einzelgänger
- Wird selten älter als 3 Jahre
- Braucht viel Bewegung
- Buddelt gern; benötigt viel Einstreu im Käfig
- Benötigt Drahtgitterkäfig, da er Holzwände durchnagt

Rennmäuse sind pflegeleicht

Beachte!
- Mongolische Rennmäuse haben einen großen Bewegungsdrang
- Nicht einzeln halten, da Mäuse in Großfamilien leben
- Immer aktiv und schnell zur Kontaktaufnahme bereit
- Dürfen nicht gedrückt werden
- Robust und widerstandsfähig
- Einfach zu halten, machen wenig Schmutz
- Beißen nicht, werden schnell zahm

5. Erstellt Listen mit Tieren, die als Haustier besser oder weniger geeignet sind. Begründet eure Zuordnung.

6. Erstellt Pflegetipps zu einzelnen Haustierarten. Sucht dazu Informationen in Büchern über Tierhaltung oder im ▶ Internet. Achtet dabei besonders auf eine ▶ artgerechte Tierhaltung.

Der Mensch nutzt Tiere und Pflanzen

Meerschweinchen als Haustiere

Meerschweinchen lassen sich streicheln und herumtragen. Sie sind als Haustiere auch für Kinder gut geeignet. Natürlich müssen ihre Ansprüche an Unterbringung, Ernährung und Pflege beachtet werden, damit sie sich wohl fühlen.

Meerschweinchen werden etwa 25 cm lang. Sie können fünf bis zehn Jahre alt werden. Ihre Heimat ist Mittel- und Südamerika. Wildmeerschweinchen leben dort in kleinen Gruppen und wohnen in Erdbauten. Seit über 3000 Jahren werden Meerschweinchen in ihrer Heimat als Haustiere gehalten. Vor etwa 300 Jahren brachten Seeleute einzelne Tiere mit nach Europa.

Das Fell der Meerschweinchen kommt in verschiedenen Farbtönen vor. Je nach Rasse ist es kurz, lang, glatt oder kraus.
Meerschweinchen sollten mindestens zu zweit gehalten werden. Man muss allerdings darauf achten, dass man kein Pärchen hat. Dann gäbe es schnell zahlreichen Nachwuchs.

1 Meerschweinchen sind zutrauliche Heimtiere

Meerschweinchen sollten in einem Metallgitterkäfig mit Kunststoffwanne gehalten werden. Der Käfig muss leicht zu reinigen sein. Die Grundfläche der Wanne sollte mindestens 80 cm x 40 cm betragen. Der Boden wird mit einer Schicht Holzspäne und darüber einer Schicht Heu oder Stroh eingestreut. Die Tiere brauchen ein Schlafhäuschen und einen rauen Ziegelstein, an dem sie sich die Krallen abwetzen können. Zwei Futternäpfe sind notwendig: einer für Körnerfutter, der andere für Frischfutter wie Salat, Gemüse oder Obst. Eine kleine Raufe mit frischem Heu und ein Mineralleckstein sollten nicht fehlen. Als Tränke dient eine Nippelflasche mit täglich frischem Wasser.

2 Glatthaar- und Angora-Meerschweinchen

Einmal wöchentlich sollte das Fell gebürstet werden. Meerschweinchen benötigen viel Ruhe, aber auch täglichen Auslauf. Dabei muss man darauf achten, dass sie keine Kabel anknabbern können.
Ein Freigehege im Garten ist ideal, es darf allerdings nicht in der prallen Sonne stehen.

3 Haltung von Meerschweinchen. A *Käfigeinrichtung*; B *Freigehege*

Pinnwand

Artgerechte Tierhaltung?

Wellensittiche gehören zu den Papageien. Sie stammen aus Australien und leben dort in Schwärmen.
Ein Käfig für Wellensittiche sollte mindestens 70 cm lang und 50 cm hoch sein. Die Gitterstäbe müssen waagerecht angeordnet sein, damit die Wellensittiche umherklettern können. Weiterhin werden Kletterstangen, Trink- und Futtergefäße sowie Zweige und Äste zum Spielen benötigt.

Das Bundestierschutzgesetz schreibt vor, soziale Tierarten mindestens zu zweit zu halten.

Dennoch müssen viele Tiere ihr Leben in Einzelhaft verbringen.

Detaillierte Informationen und das kostenlose VIER PFOTEN Heimtier-Handbuch auf www.vier-pfoten.at

Zierfische benötigen ein Aquarium von mindestens 60 cm Breite und 40 cm Höhe. Weiterhin sind Versteckmöglichkeiten aus Wurzeln und Steinen sowie eine dichte Bepflanzung notwendig. Das Wasser muss gefiltert und geheizt werden.

Was heißt „artgerecht"?
§2 Tierschutzgesetz:
„Wer ein Tier hält, betreut oder zu betreuen hat, muss das Tier seiner Art und seinen Bedürfnissen entsprechend angemessen ernähren, pflegen und verhaltensgerecht unterbringen und darf die Möglichkeit des Tieres zu artgemäßer Bewegung nicht so einschränken, dass ihm Schmerzen oder vermeidbare Leiden oder Schäden zugefügt werden."

Exoten als Haustiere?
Bei einem Ausflug an einen Baggersee entwischte Kaiman „Sammy" seinem Besitzer. Fast eine Woche lang wurde nach dem kleinen Krokodil mit Netzen und Fallen gejagt. Endlich eingefangen kam er in einen Tierpark. Der Besitzer hatte Sammy zuhause in einer Badewanne gehalten. Heute ist Kaiman Sammy auf 150 cm angewachsen und wiegt 50 kg.

📖 **1.** Beschreibe das Bild mit den Kaninchen. Wie sieht im Gegensatz zur Abbildung eine artgerechte Haltung bei ihnen aus?

📖 **2.** Die abgebildete Käfighaltung des Wellensittichs und der Goldfisch im Glas sind Tierquälerei. Begründe.

📖 **3.** Was hältst du von Exoten, die als Haustiere gehalten werden? Begründe.

Der Mensch nutzt Tiere und Pflanzen

Einen Steckbrief erstellen

Gesucht wird der mehrfach vorbestrafte **Ede Klaufix**

- etwa 195 cm groß
- strähniges Haar
- Stoppelbart

Früher wurden Räuber und Verbrecher steckbrieflich gesucht. Auf öffentlich ausgehängten Plakaten wurde der Gesuchte abgebildet und kurz beschrieben. So konnte die Bevölkerung wichtige Hinweise geben, die oft zur Festnahme führten. Heute werden Personen zusätzlich mithilfe moderner Medien gesucht, indem Fotos oder Computerzeichnungen und kurze Beschreibungen veröffentlicht werden.

In der Biologie enthalten **Steckbriefe** ebenfalls eine kurze Beschreibung der wichtigsten Merkmale einer Pflanze oder eines Tieres. Eine übersichtliche Darstellung und eine Abbildung ermöglichen es dem Leser, sich schnell über das Lebewesen zu informieren.

Methode

Zwerghamster

Herkunft:	Asien (Syrien)
Kennzeichen:	Zwerghamster gibt es in unterschiedlichen Fellfarben und -arten.
Lebensraum:	Steppenlandschaften, Hamster bauen ihre Nester in unterirdischen Röhrensystemen.
Verhalten:	Hamster sind dämmerungs- und nachtaktiv. Sie sind Einzelgänger.
Nahrung:	Körner, Nüsse, Obst, Gemüse.
Fortpflanzung:	7 bis 8-mal im Jahr Würfe von 6–12 Jungen.
Lebenserwartung:	1,5–2 Jahre.
Besonderheiten:	Hamster transportieren ihre Nahrung in Backentaschen.
Haltung:	Hamster, besonders Zwerghamster, brauchen große Käfige mit Möglichkeiten zum Graben.

Usambaraveilchen

Herkunft:	Ostafrika.
Kennzeichen:	blaue, rosa, rote und weiße Blüten, pelzig behaarte Blätter.
Vermehrung:	Blattstecklinge oder Samen.
Ansprüche:	Wärme ohne direkte Sonne, hohe Luftfeuchtigkeit, niedrige Bodenfeuchtigkeit.

1. Erstellt Steckbriefe zu Tieren und Pflanzen. Sucht euch ein Tier oder eine Pflanze aus. Orientiert euch an den Beispielen auf dieser Seite.

2. Erstellt auch Steckbriefe zu ▶ Nutztieren und ▶ Nutzpflanzen.

3. Mit den in Aufgabe 1 und 2 erstellten Steckbriefen könnt ihr eine Pinnwand gestalten.

Der Hund – Freund, Partner, Helfer

1. Nenne mögliche Gründe, warum Menschen Hunde halten.

2. a) Ermittelt, in wie vielen Familien eurer Klasse Hunde gehalten werden. Um welche Rasse handelt es sich jeweils?
b) Berichtet über die besonderen Eigenschaften dieser Rassen.

3. Die auf den Fotos abgebildeten Hunde haben jeweils unterschiedliche „Aufgaben". Benennt diese und ordnet sie bestimmten Hunderassen zu. Welche Eigenschaften sind jeweils besonders gefordert?

4. a) Welcher Hund käme für dich persönlich in Frage?
b) Welche Ansprüche stellt ein Hund an dich und die Umgebung?

5. a) Besucht ein Tierheim und stellt einen der dort lebenden Hunde vor. Erkundigt euch auch nach seinen Bedürfnissen.
b) Erkundigt euch, warum Menschen ihren Hund im Tierheim abgeben. Vergleicht die Gründe und diskutiert sie.

6. Wie sind aus Wölfen zahme Haushunde entstanden? Lest im Text auf der folgenden Seite über ▶ Züchtung nach und berichtet.

7. Erläutere die Begriffe der Überschrift: Freund, Partner, Helfer.

8. Beschreibe Geburt und Aufzucht der Welpen. Benutze hierzu die Bilder und Texte auf den folgenden Seiten.

9. Erkläre, warum Hunde in die Gruppe der Säugetiere gehören.

Basiskonzept Struktur und Funktion → S. 260

Der Mensch nutzt Tiere und Pflanzen

Die Abstammung des Hundes

Schon vor mehr als 14 000 Jahren hielten Menschen Hunde. Sie sind unsere ältesten **Haustiere**. Es gibt viele verschiedene Hunderassen, alle stammen sie letztlich vom Wolf ab. Wissenschaftler vermuten, dass Wölfe den Steinzeitmenschen folgten, um an Nahrungsreste zu gelangen. Möglicherweise schafften es die Jäger dabei gelegentlich, junge Wölfe zu fangen und sie zu zähmen.

Wölfe leben in **Rudeln**. Sie brauchen die Gemeinschaft einer Gruppe. Dies ist eine Erklärung dafür, dass Wölfe und Hunde sich dem Menschen anschließen. Die Menschen erkannten, dass Wölfe bestimmte, für die Jagd nützliche Eigenschaften besitzen. Mit ihrer Nase und einem stark entwickelten **Geruchssinn** sind sie in der Lage, Wild aufzuspüren. Der sehr gute **Hörsinn** ermöglicht ihnen, Geräusche wahrzunehmen, die wir Menschen nicht hören können. Durch Knurren oder Bellen machen sie auf Gefahren aufmerksam.

2 Wölfe

Der Hund ist ein Raubtier

Schaut man Kindern beim Spiel mit ihrem Hund zu, so glaubt man kaum, dass Hunde **Raubtiere** sind. Spüren Hunde im Gelände einen Hasen oder ein Kaninchen auf, so hetzen sie hinterher, auch über längere Strecken. Aufgrund dieser Jagdweise bezeichnet man sie als **Hetzjäger**. Hunde haben lange Beine, mit denen sie ausdauernd laufen können. Als Zehengänger treten sie nur mit den Zehen auf. Diese sind mit weichen Ballen gepolstert. Die kurzen Krallen können nicht eingezogen werden.

Das typische **Raubtiergebiss** des Hundes besitzt lange und spitze Eckzähne, die auch als Fangzähne bezeichnet werden. Die kräftigen, gezackten und scharfen Backenzähne dienen dazu, Fleisch abzureißen und zu zerkleinern. Die stärksten Backenzähne heißen daher auch Reißzähne. Die recht kleinen Schneidezähne dienen vor allem dazu, Fleischreste von Knochen abzuzupfen.

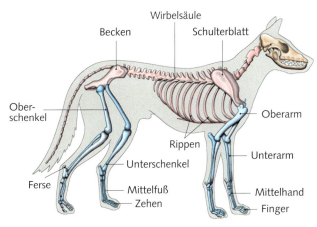

1 Skelett des Hundes

Züchtung der Hunderassen

Die Steinzeitjäger wählten jeweils solche Tiere aus, die für den Menschen besonders nützliche Eigenschaften zeigten, und verwendeten diese Tiere als Elterntiere für die Weiterzucht. Durch diese **Zuchtauswahl** entstanden bis heute etwa 400 verschiedene ▶ **Hunderassen**, die sehr unterschiedliche Eigenarten und Fähigkeiten besitzen. Viele von ihnen ähneln ihrem ursprünglichen Ahnen, dem Wolf, nur noch wenig.

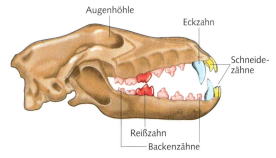

3 Raubtiergebiss des Hundes

So verhalten sich Hunde

Um Hunde richtig zu verstehen, muss man etwas über das Leben der Wölfe wissen, von denen die Hunde abstammen. Wölfe leben zu mehreren in einer Gemeinschaft, dem **Rudel.** In einem Rudel nimmt jedes Mitglied seinen Platz in einer Rangordnung ein. Diese **Rangordnung** wird durch Auseinandersetzungen zwischen den Tieren festgelegt. Rangniedere Tiere unterwerfen sich dem stärkeren Tier, indem sie sich auf den Rücken drehen und ihre Kehle zum „Biss" anbieten. Wirklich gebissen wird dann jedoch im Normalfall nicht.

Der Leitwolf führt das Rudel. Die Tiere jagen in der Regel gemeinsam. Jagden sind meist nur dann erfolgreich, wenn die einzelnen Mitglieder des Rudels eng zusammenarbeiten. Einige Wölfe hetzen ein Beutetier, andere schneiden ihm den Fluchtweg ab und schließlich überwältigen sie es gemeinsam.

Das Jagdgebiet, das **Revier,** wird regelmäßig mit Urin und Kot markiert und so gegen Eindringlinge abgegrenzt.

4 Unterwerfung

Hunde werden meist einzeln gehalten. Sie sehen im Menschen ihren „Leithund", die Familie ist das Rudel. Haus und Garten stellen das Revier dar, das gegen fremde Personen verteidigt wird. Da der Geruchssinn für den Hund der wichtigste Sinn ist, werden alle Personen erst einmal intensiv beschnüffelt. Aufgeregtes Herumzappeln begreifen Hunde oft als Angriffssignal. Menschen, die weglaufen, werden als „Beutetiere" verfolgt. Begegnen sich Hunde, beschnüffeln sie sich gegenseitig. Dies ist ein wichtiges Begrüßungsverhalten. Männliche Hunde, die Rüden, setzen im Revier, aber auch beim Spaziergang, hier und da an Ecken und Bäumen zur Reviermarkierung einige Tropfen Urin als Duftmarken ab.

5 Spielaufforderung

6 Reviermarkierung

Fortpflanzung

Junge Hündinnen werden, je nach Rasse, zwischen ihrem achten und zwölften Lebensmonat geschlechtsreif und dann normalerweise zwei Mal im Jahr läufig. Diese Läufigkeit dauert jeweils etwa drei Wochen. Wenn sich die Hündin in dieser Zeit mit einem Rüden paart, kann sie trächtig werden.

Die **Tragzeit** dauert etwas mehr als zwei Monate. Steht dann schließlich die Geburt kurz bevor, wird die Hündin unruhig, schnüffelt in allen Ecken und versucht, ein „Nest" zusammenzuscharren. Bei der Geburt wirft sie dann meist vier bis zehn Jungtiere. Man nennt diese **Welpen.** Sie sind von einer Fruchtblase umgeben, die die Mutter aufreißt und frisst. Anschließend beißt sie die Nabelschnur durch und leckt das noch nasse Junge trocken.

Der Mensch nutzt Tiere und Pflanzen

7 Geburtsvorgang (ein Welpe in der Fruchtblase wird durch die Scheide herausgepresst)

Jungenaufzucht

Neugeborene Welpen sind noch völlig hilflos, ihre Augenlider sind miteinander verwachsen. Unmittelbar nach der Geburt kriechen sie unbeholfen an den Bauch der Mutter und suchen mit seitlichen Pendelbewegungen des Kopfes nach den Milchzitzen. Haben sie eine Zitze gefunden, beginnen sie mit dem Saugen. Dabei treten sie mit ihren Vorderpfoten gegen den Bauch der Mutter. Dadurch werden die Milchdrüsen angeregt, Milch zu bilden.

8 Hündin säugt ihre Welpen

Hunde ernähren ihre Jungen in den ersten Lebenswochen mit Muttermilch, daher werden sie zur Gruppe der ▶ **Säugetiere** gezählt. Ein weiteres charakteristisches Merkmal der Säugetiere ist die gleichwarme Körpertemperatur. Die meisten Säugetiere besitzen ein Fell. Außerdem atmen alle Säugetiere über Lungen. Die Jungen werden von der Mutter nicht nur gesäugt, sondern auch geschützt, gewärmt und sauber geleckt. Ein solches Verhalten bezeichnet man als **Brutpflege**.

Nach zehn bis zwölf Tagen öffnen sich die Augen der Jungen, auch die Körperbewegungen werden zunehmend sicherer. Im Alter von drei bis vier Wochen beginnt die Entwöhnung und die Welpen erhalten zusätzlich zur Muttermilch Welpenfutter. Nach und nach nimmt der Anteil der Muttermilch immer mehr ab, der Anteil fester Nahrung zu. Die Welpen sollten nicht von ihrer Mutter getrennt werden, bevor sie acht Wochen alt sind.

„Ich möchte einen Hund haben"

Viele Kinder wünschen sich sehnlichst einen Hund als Haustier. Dieser Wunsch ist sehr verständlich, Hunde sind treu und anhänglich, sie machen ihren Besitzern meist viel Freude.

Bevor ein Hund ins Haus geholt wird, sollte die ganze Familie einige Überlegungen anstellen. Die richtigen Informationen sind jetzt wichtig. Größe und Wesen des Hundes sind Eigenschaften, die man vor der Anschaffung bedenken sollte. Die Hunderasse und ihre spezifischen Verhaltensweisen sollten zu den Besitzern passen.

Man kann einen jungen Hund beim Hundezüchter holen, man kann sich aber auch in Tierheimen der Umgebung umschauen. Dort warten sehr häufig viele kinderliebe Rassehunde und Mischlinge auf ein neues Zuhause.

Hunde werden meist etwa 10–12 Jahre alt. Über diesen Zeitraum sollte der Hund gut betreut werden. Hunde sind Rudeltiere, die sich der Familie eng anschließen, man sollte sie nicht einfach wieder abschieben, wenn es mal gerade „nicht passt". Gemeinsam muss man überlegen, wie die anfallenden Aufgaben auf alle verteilt werden können. Mehrmals täglich „Gassi gehen", Fütterung, Fellpflege und Spielen oder einfach nur „da sein" erfordern einige Zeit, die man aufbringen sollte. Da kommen täglich ohne weiteres schon einmal zwei Stunden zusammen.

Auch an die Kosten für zum Beispiel Futter, Tierarzt und Steuern müssen zukünftige Hundehalter denken.

Kosten für einen Hund pro Jahr (Beispiel)	
• 100 kg Trockenfutter	150,00 €
• 50 Dosen Fleischnahrung	50,00 €
• 50 Kauknochen	75,00 €
• 1 Leine	7,50 €
• 1 Körbchen	37,50 €
• 1 Bürste	4,00 €
• 1 Krallenschere	7,50 €
• Haftpflichtversicherung	62,50 €
• Hundesteuer	60,00 €
• Tierarztkosten	75,00 €

Pinnwand

Mischlinge und Rassehunde

Golden Retriever

Ursprünglich Jagdhund, ausgeglichen, gute Verträglichkeit auch mit Kindern, geeigneter Familien- und Begleithund

📖 **1.** Beschreibe die wichtigsten Merkmale der hier abgebildeten Hunderassen. Worin unterscheiden sie sich?

✏️ **2.** Suche weiteres Informationsmaterial zu den hier abgebildeten und weiteren Hunderassen (Bücher, Zeitschriften, ▶ Internet).

✏️ **3.** Welcher Hund wäre für dich geeignet? Begründe.

Münsterländer

Jagdhund, intelligent, aufmerksam, menschenfreundlich, benötigt viel Bewegung, schließt sich eng seinem Besitzer an

Mischlinge

Mischlinge haben Eltern verschiedener Rassen oder sind Nachfahren von Mischlingen. Sie sind im Allgemeinen sehr anhänglich, gesellig, lernfähig, körperlich robust und weniger krankheitsanfällig als viele Rassehunde

Deutscher Schäferhund

Ursprünglich Hütehund, ausgeglichen, treu, wachsam, anhänglich, ausgeprägter Familiensinn, geeigneter Familienhund

Sibirian Husky

Ursprünglich Begleithund von Nomadenvölkern in Sibirien, ausgeprägter Orientierungssinn, benötigt viel Auslauf, eigenwillig, unabhängig

West Highland Terrier

Jagdhund, wachsam, mutig, selbstbewusst, großer Bewegungsdrang (kein Schoßhund!), geeigneter Familienhund

Der Mensch nutzt Tiere und Pflanzen

Im Internet nach Informationen suchen

Methode

Vielleicht hast du ja schon Erfahrung mit dem Internet, dem **w**orld – **w**ide – **w**eb (www) gesammelt. Hier findest du eine unüberschaubare Fülle von Informationen zu den verschiedensten Themen des Lebens. Vieles ist brauchbar, vieles jedoch auch nicht.

Du hast grundsätzlich zunächst mit zwei Hauptproblemen zu kämpfen:
1. Wie **finde** ich genau das, was ich suche?
2. Wie bekomme ich heraus, ob das, was ich da gefunden habe, **brauchbar** ist?

1. **Finden:** Hier helfen dir so genannte Suchmaschinen, zum Beispiel die Suchmaschine „Blinde Kuh" (www.blinde-kuh.de). Diese Suchmaschine ist speziell auch auf Kinder ausgerichtet. Sie enthält und verweist nur auf Inhalte, die „in Ordnung" sind.
2. **Brauchbares:** Hier wird die Sache schon schwieriger, und du selbst bist gefragt – ist das, was ich da gefunden habe, für mich jetzt brauchbar?

Wie komme ich dorthin?

1. Adresse www.blinde-kuh.de eingeben.

2. Es erscheint die **Home-page** der „Blinden Kuh".

3. Im Suchfeld den Begriff Hund eingeben:

4. Es erscheint eine Reihe so genannter **„links"**, auf Deutsch „Verbindungen". Wenn du einen „link" anklickst, verbindet dich das Programm mit den jeweiligen Informationen.

Was auch passieren kann
Wenn du einen Suchbegriff eingeben solltest, zu dem das Programm keinen Eintrag besitzt, erhältst du eine **Fehlermeldung.**
Das Programm bietet dir dann eine Liste möglicher Gründe an.
– vielleicht hast du dich einfach nur verschrieben; versuche es erneut
– versuche es mit einem ähnlichen Begriff
– wenn du gar keinen Erfolg hast, kannst du es natürlich auch mit einer anderen Suchmaschine versuchen (z. B. www.google.de, www.altavista.de, www.fireball.de), weitere Suchmaschinen oder Lexika, z. B. www.wikipedia.de, findest du im Internet.

129

Die Hauskatze – ein Stuben „tiger"

1. Du hast sicher schon einmal eine Katze beobachtet. Beschreibe, was die Katze gerade gemacht hat.
a) Wie hat sie sich verhalten, wie hat sie sich bewegt?
b) Betrachte die Bilder auf den beiden Seiten des Buches. Was tun die dort abgebildeten Katzen gerade?

2. Informiere dich über den Tagesablauf einer Hauskatze. Vielleicht können dir Mitschülerinnen und Mitschüler helfen, die selbst Katzen halten. Verfasse ein „Katzentagebuch", aber nicht aus deiner Sicht, sondern aus der Sicht der Katze. Nimm hierin alle Dinge auf, die die Katze im Laufe des Tages und der Nacht tut.

3. Betrachte die beiden Abbildungen genau.
a) Welche Eigenschaften der Katzenpfote werden hier deutlich?
b) Überlege, in welchen Situationen die jeweilige Katzenpfote fotografiert wurde.

4. Die Bildfolge zeigt das Verhalten einer Katze, die aus einer Höhe von etwa drei Metern fallen gelassen wurde.
a) Beschreibe, wie die Katze es schafft, tatsächlich auf ihren vier Pfoten zu landen.
b) Katzen, die aus geringer Höhe zu Boden fallen, landen jedoch häufig nicht auf ihren Pfoten. Erkläre, aus welchem Grund eine Höhe von etwa zwei bis drei Metern erforderlich ist, damit eine Landung auf vier Pfoten auch tatsächlich gelingt.

5. Beschreibe den Schädel der Katze. Welchen Gebisstyp kannst du diesem Schädel zuordnen? Begründe.

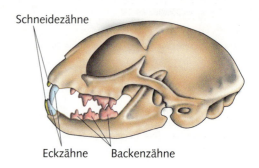

Schneidezähne

Eckzähne   Backenzähne

Basiskonzept Struktur und Funktion → S. 260

Der Mensch nutzt Tiere und Pflanzen

Aus Raubtieren werden Haustiere

Katzen haben Spaß daran, mit Gegenständen zu spielen. Dieses Spiel hat eine wichtige biologische Bedeutung in ihrem Leben.

1 Spielen

Das Verfolgen, Fangen, „Erbeuten" und Loslassen von Spielgegenständen gehören zum Jagdverhalten der Katze.

Bei uns ist die Hauskatze seit etwa 1000 Jahren heimisch. Damals wurde sie zum Haustier. In vielen ihrer Verhaltensweisen ist sie jedoch immer ein Raubtier geblieben. Dass die Katze ein Raubtier ist, erkennst du unter anderem auch an ihrem typischen ▶ Raubtiergebiss.

Die scharfen Krallen, die eine Katze beim Beutefang einsetzt, ermöglichen es ihr auch, senkrecht an Baumstämmen hochzuklettern. Immer wieder schärft sie ihre Krallen, indem sie diese an rauen Gegenständen wetzt. Streckt eine Katze ihre Pfote aus, klappen die Krallen automatisch nach vorne. Normalerweise sind die Krallen jedoch eingezogen. Auch beim Laufen ist dies der Fall.
Daher ist es kaum möglich, eine sich nähernde Katze zu hören, anders als zum Beispiel einen Hund, der seine Krallen nicht einziehen kann.

Es ist erstaunlich, wie extrem beweglich Katzen sind. Die Wirbelsäule ist recht lang und sehr biegsam. Die einzelnen Wirbel sind elastisch miteinander verbunden. Dies ist auch die Voraussetzung dafür, dass sich eine Katze im Fallen rasch drehen kann und es tatsächlich meistens schafft, auf ihren Füßen zu landen. Der verhältnismäßig lange Schwanz dient bei Körperdrehungen und beim Klettern als „Balancierhilfe".

Junge Katzen verfolgen Vögel und andere mögliche Beutetiere aufmerksam und sehr interessiert mit ihren Augen. Der Trieb, Beute zu fangen, ist ihnen angeboren. Die große Geschicklichkeit, mit der erfahrene Katzen Beute machen, muss eine junge Katze erst noch erlernen. Hierfür ist das Spielen und Herumtoben mit ihren Geschwistern und der Mutter, aber auch das spielerische Verfolgen und Fangen von Gegenständen wichtig.

2 Klettern

Katze und Mensch

Katzen sind sehr anpassungsfähig. Sie gewöhnen sich schnell an Menschen und können sehr zutraulich und anhänglich werden. Anders jedoch als Hunde, die sich dem Menschen als Partner sehr eng anschließen, bewahren sich Katzen ein echtes Eigenleben. Sie sind **Einzelgänger** und bestimmen ihren Tagesablauf und auch die Kontakte zum Menschen selbst. Will eine Katze spielen, so zeigt sie uns dies. Hat sie jedoch kein Interesse, so teilt sie das genau so unmissverständlich mit, vielleicht sogar durch einen Hieb mit ihrer Tatze.

3 Balancieren

Mit scharfen Sinnen auf Beutejagd

A

📖 **1.** In der Bildserie A – F siehst du, wie eine Katze eine Maus fängt. Beschreibe die einzelnen Abschnitte dieser Fangaktion. Achte hierbei genau auf die Körperhaltung der Katze.

B

C

📖 **2.** Während Katzen tagsüber meist irgendwo ruhen, gehen sie nachts auf Beutefang.
Die drei Abbildungen zeigen die Augen einer Katze bei unterschiedlichen Lichtverhältnissen in unsortierter Reihenfolge.
a) Ordne die drei Abbildungen den jeweiligen Lichtverhältnissen (Tag, Nacht, Dämmerung) zu und begründe deine Antworten.
b) Beschreibe den Vorteil, den die Katze durch die Fähigkeit ihrer Augen hat, die Öffnungsweite der Pupille in Abhängigkeit von der Umgebungshelligkeit zu verändern.

D

A

B

C

E

F

Basiskonzept Struktur und Funktion → S. 260

Der Mensch nutzt Tiere und Pflanzen

Die Sinne der Katze

Die Katze ist mit leistungsfähigen Sinnen ausgestattet. Die schärfsten Sinnesorgane sind ihre Augen. Nachts sind die Pupillen kreisrund und weit geöffnet, sodass auch schwaches Licht zum Sehen ausreicht. Wird eine Katze im Dunkeln durch das Scheinwerferlicht eines Autos angestrahlt, so leuchten ihre **Augen** hell auf. Wie von einem Spiegel werden die einfallenden Lichtstrahlen vom reflektierenden Augenhintergrund zurückgeworfen. Tagsüber sind die Pupillen zu einem schmalen, senkrechten Spalt verengt, sodass nur wenig Sonnenlicht in die empfindlichen Augen gelangen kann.

Meist gehen Katzen nachts auf Jagd. Sie sind Nachtjäger. Mit ihrem feinen **Gehör** entgehen der Katze selbst schwache Geräusche wie leises Mäusepiepsen nicht. Die beweglichen Ohrmuscheln können Katzen auf die Stellen hin ausrichten, aus denen die Geräusche kommen. Die Ohrmuscheln wirken wie Schalltrichter. Auf diese Weise stellen Katzen sowohl die Richtung als auch die Entfernung einer Geräuschquelle sehr genau fest.

Auch der **Tastsinn** der Katze ist gut entwickelt. Die langen Tasthaare, die sich vorwiegend an der Oberlippe befinden, sind empfindliche Fühler für den Nahbereich. Damit kann sie auch bei völliger Dunkelheit Hindernisse feststellen, Erschütterungen wahrnehmen und Beutetiere abtasten. Auch Gerüche spielen für Katzen eine gewisse Rolle, jedoch orientieren sich Katzen wesentlich weniger mithilfe des Geruchssinnes als ▶ Hunde.

Augen, Ohren und Tastsinn erlauben es der Katze also, sich hervorragend zu orientieren und auch in der Dämmerung oder bei schwachem Licht zu jagen.

2 Lichtreflexion. A *Im Katzenauge;* B *Am Straßenrand*

Jagdverhalten

Hat eine Katze die Möglichkeit, ins Freie zu gelangen, geht sie auf die Jagd. Dabei wartet sie an einer geeigneten Stelle oft längere Zeit auf Beute. Hat sie etwas gehört oder gesehen, schleicht sie sich in geduckter Körperhaltung langsam heran. Aufgrund dieses Verhaltens bezeichnet man die Katze auch als **Schleichjäger.** Immer wieder hält sie zwischendurch inne und verharrt in regloser Haltung. Ihre gesamte Konzentration ist auf die Beute gerichtet. Ist sie schließlich nahe genug herangekommen, schnellt sie überraschend vor, packt mit ihren Vorderpfoten zu und hält das Opfer mit ihren Krallen fest.

1 Hauskatze mit Beute

133

Besuch auf einem Bauernhof

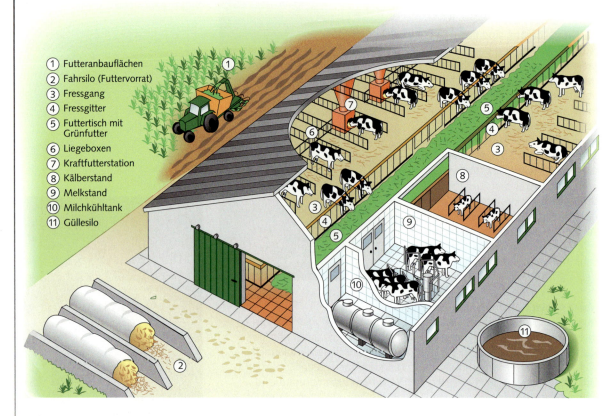

① Futteranbauflächen
② Fahrsilo (Futtervorrat)
③ Fressgang
④ Fressgitter
⑤ Futtertisch mit Grünfutter
⑥ Liegeboxen
⑦ Kraftfutterstation
⑧ Kälberstand
⑨ Melkstand
⑩ Milchkühltank
⑪ Güllesilo

1. Hier kannst du erkennen, wie ein moderner Milchviehbetrieb funktioniert. Erkläre.

2. Erkundige dich, zum Beispiel bei einem älteren Landwirt, wie ein Bauernhof früher ausgesehen hat. Vergleiche dieses mit einem modernen Bauernhof.

3. Erläutere die Aussagen, die man aus dem nebenstehenden Diagramm ablesen kann.

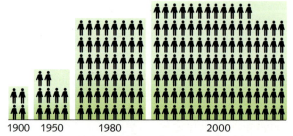

1900 1950   1980   2000
So viele Menschen hat ein Landwirt im Verlauf der letzten hundert Jahre ernährt.

Landwirtschaftliche Betriebe sind heute hoch spezialisiert: Sie bewirtschaften große Ackerflächen, auf denen Getreide, Gemüse, Zierpflanzen oder Obst angebaut werden. Oder sie halten sehr große Bestände an Nutztieren, zum Beispiel ▶ Hausschweine, ▶ Rinder oder Hühner. Diese **Großbetriebe** werden von wenigen Personen bewirtschaftet, da die Arbeit durch moderne Geräte und Nutzfahrzeuge sowie durch hochtechnisierte Fütterungs- und Melkanlagen sehr erleichtert wird. Durch ▶ Züchtung sowie durch gezielten Einsatz von Dünger und Pflanzenschutzmitteln werden die Erträge der Nutzpflanzen deutlich gesteigert. Auch beim Nutzvieh können durch spezielle Züchtungen zum Beispiel größere Fleisch- oder Milcherträge erzielt werden.

Seit über 30 Jahren betreiben zunehmend mehr landwirtschaftliche Betriebe **ökologische Landwirtschaft**. Im ökologischen Landbau wird beispielsweise auf den Einsatz von Pflanzenschutzmitteln und künstlichem Dünger verzichtet. Die Tiere auf dem Hof werden mit Futter aus der eigenen Erzeugung gefüttert und nicht ständig im Stall gehalten.

Der Mensch nutzt Tiere und Pflanzen

Einen Lerngang planen

Im Biologieunterricht ist es üblich, bestimmte Dinge vor Ort zu untersuchen und in Erfahrung zu bringen. Dazu unternimmt die Klasse einen Lerngang. Zum Thema Nutztiere bietet sich zum Beispiel ein Besuch auf einem Bauernhof an.
Bei der Auswahl des Ziels solltet ihr beachten, dass sich nicht jeder Bauernhof für eine Erkundung eignet. Bei reinen Viehzuchtbetrieben wie zum Beispiel in Schweinemastbetrieben ist es häufig nicht möglich, die Ställe zu besichtigen. Zu leicht könnten Tierseuchen oder Infektionen übertragen werden und sich ausbreiten.
Besonders geeignet für eine Erkundung sind daher Schulbauernhöfe, Betriebe, die Gemüse und Obst anbauen oder Höfe, die ökologische Landwirtschaft betreiben. Plane mit deiner Klasse einen Lerngang zu einem landwirtschaftlichen Betrieb in eurer näheren Umgebung. Die folgenden Fragen helfen euch weiter.

Wohin?
Welche Bauernhöfe in der näheren Umgebung oder in der Region eignen sich für eine Erkundung?

Wie?
Auf welchem Weg und mit welchem Verkehrsmittel erreicht man den Ort?
Wie lange dauert die Fahrt?
Wie hoch sind die Kosten?

Wer?
Bildet Expertengruppen.
Wer stellt die Fragen?
Wer notiert die Ergebnisse?
Wer führt ein Untersuchungsprotokoll?
Wer bereitet die Ausrüstung vor?

Was?
Welche Fragen sollen beantwortet werden?
Wird dazu ein Interview geführt?
Wenn ja: Wer wird interviewt?
Wird eine Untersuchung durchgeführt?
Wenn ja: Was wird untersucht? Wie wird untersucht?

Wie werden die Antworten und Ergebnisse dokumentiert (Notizen, Fotos, Zeichnungen, Tonbandaufzeichnung)?

Welche Ausrüstung benötigt ihr für euren Lerngang (Untersuchungsinstrumente, Aufnahmegerät, Kamera, Schreibzeug, Gummistiefel …)?

Wie stellt ihr eure Ergebnisse anderen vor (Wandzeitung, Ausstellung, Artikel für die Schülerzeitung)?

Pferde leben in Herden

A   B   C

📖 **1.** Man unterscheidet bei Pferden die Gangarten Galopp, Trab und Schritt. Vergleiche die Abbildungen A, B und C und ordne die jeweilige Gangart zu. Begründe deine Zuordnung. Wenn du Pferde auf der Weide beobachten kannst, versuche die Gangarten wiederzuerkennen.

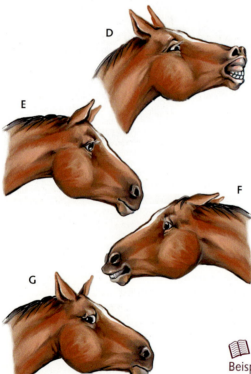

D

E

F

G

📝 **2.** Gestaltet ▸ Plakate zu den unterschiedlichen Aspekten der Pferdenutzung, zum Beispiel Pferde als Arbeitstier früher und heute, Urpferd, Pferde im Sport, besondere Rassen oder Rückzüchtungen.

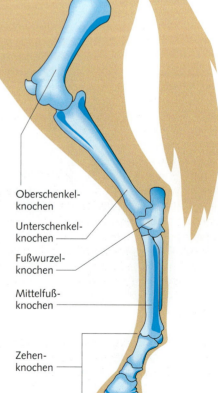

H

– Oberschenkelknochen
– Unterschenkelknochen
– Fußwurzelknochen
– Mittelfußknochen
– Zehenknochen

📖 **3.** Nenne am Beispiel der Pferde die besonderen Merkmale einer Herde.

📖 **4.** Pferde verständigen sich gezielt durch Gesichtsausdruck, Körpersprache und Laute. Die Abbildungen D bis G zeigen eine Auswahl verschiedener Gesichtsausdrücke. Welches Pferdegesicht zeigt Angst, Drohen, Neugier und Flehmen (= Geruch wahrnehmen)? Begründe deine Zuordnung.

📖 **5.** Pferde sind Zehenspitzengänger. Erkläre dies anhand der Abbildung H. Vergleiche auch mit dem ▸ Beinskelett des Menschen.

Basiskonzept Struktur und Funktion → S. 260

Der Mensch nutzt Tiere und Pflanzen

Pferde sind ▶ Pflanzenfresser. Sie rupfen das Gras mit den Schneidezähnen ab und zermahlen es vor dem Schlucken mit den Backenzähnen. Der Pferdemagen ist klein und kann anders als beim Rind wenig Futter aufnehmen. Pferde müssen daher häufiger gefüttert werden. Auf der Weide bewegen sie sich bis zu 15 Stunden täglich, um Nahrung aufzunehmen. Die Verdauung findet hauptsächlich im 16–24 m langen Dünndarm und im 8–9 m langen Dickdarm statt.

Ähnlich wie bei anderen Nutztieren bemüht man sich heute, durch **Rückzüchtung** verschiedene **Wildpferderassen** zu züchten und auszuwildern. Ein Beispiel hierfür sind die Koniks. Sie stammen vom Wildpferd Tarpan ab, das vor über 100 Jahren ausgerottet wurde.

Hast du in den Ferien an der Nordsee schon einmal die Pferde beobachtet, die Kutschen durch den tiefen Dünensand ziehen? Hierbei handelt es sich meist um **Kaltblüter**, die sich durch einen kräftigen und stämmigen Körperbau auszeichnen. Kaltblüter haben ein ruhiges Temperament. Heute werden Kaltblüter hauptsächlich als Arbeitspferde zum Ziehen von Kutschen oder anderen schweren Lasten genutzt. Im Wald ziehen zum Beispiel Rückepferde schwere Baumstämme durch enge Wege, die Rückegassen, die für große Traktoren nicht befahrbar sind.

Das letzte echte noch lebende Wildpferd ist das Przwalskipferd. Es war in freier Wildbahn bereits ausgerottet, hat aber in Tierparks überlebt. Inzwischen wurde es in seiner Urheimat Asien wieder erfolgreich ausgewildert.

Hauptsächlich werden Pferde heute jedoch zur Freizeitbeschäftigung und im Pferdesport genutzt. Durch ▶ Züchtung entstanden zahlreiche Rassen, die den unterschiedlichen Ansprüchen als Spring-, Dressur- oder Rennpferde gerecht werden. Im Reitsport findest du vorwiegend **Warmblüter**, beispielsweise Westfalen, Hannoveraner, Trakehner oder Oldenburger. Das Brandzeichen kennzeichnet die jeweilige Rasse. Beim Galopprennen oder im Trabrennsport dagegen werden **Vollblüter** wie zum Beispiel Araber eingesetzt. Sie sind sehr temperamentvoll und schnell. Übrigens kennzeichnen die Begriffe Kalt-, Warm- und Vollblutpferde nur das Temperament der Pferde. Die Temperatur des Blutes ist bei allen Pferderassen gleich.

Kleinwüchsige Pferde nennt man **Ponys**. Hier gibt es ebenfalls verschiedene Rassen wie zum Beispiel Shetland-Ponys oder Exmoorponys.

1 Nutzung der Pferderassen je nach Temperament.
A *Kaltblüter als Kutschpferde;* **B** *Warmblut als Springpferd;* **C** *Vollblut als Trabrennpferd*

2 Przwalskipferde

3 Frei lebende Pferde: Stuten und Fohlen im Merfelder Bruch

Beobachtest du Pferde auf der Weide, stellst du fest, dass sie nach Möglichkeit zusammen stehen oder laufen und sich manchmal gegenseitig das Fell pflegen. Dabei beknabbern sie vor allem solche Stellen, die sie selbst nicht erreichen. Dieses Verhalten dient aber auch zur Kontaktpflege. Pferde sind **Herdentiere** so wie ihre wilden Vorfahren. Heute gibt es zum Beispiel ca. 360 weitgehend frei lebende Pferde im etwa 350 ha großen Naturschutzgebiet Merfelder Bruch in der Nähe von Dülmen in Westfalen.

Zu den völlig frei lebenden Pferden gehört das Przwalskipferd. Es lebt in *Familienverbänden*, in denen eine ausgeprägte **Rangordnung** besteht. Ein solcher Verband besteht meistens aus vier bis sechs weiblichen Tieren, den Stuten, einem männlichen Tier, dem Hengst, und mehreren Jungtieren. Der Leithengst hält die Herde zusammen und darf auch empfangsbereite Stuten decken. Er muss seine Position immer wieder gegenüber jüngeren Hengsten verteidigen. Dabei kommt es oft zu Rivalenkämpfen. Die Rivalen richten sich dabei auf den Hinterbeinen auf und schlagen mit den Vorderhufen aufeinander ein. Verliert einer der beiden, muss er dem siegreichen Rivalen die umkämpften Stuten überlassen. Junghengste werden spätestens bis zum dritten Lebensjahr aus dem Familienverband vertrieben und schließen sich einer „Junggesellengruppe" an oder bilden eine neue Herde aus vertriebenen Jungstuten.

Ansonsten wird der Familienverband von einer Leitstute geführt, die in der Rangordnung an erster Stelle steht. Bei ihr handelt es sich meistens um eine ältere und erfahrene Stute. Sie ist es, die die Herde zu einem neuen Weidegrund oder zu einer Wasserstelle führt. Ein Hengst dagegen bildet den Schluss der Herde. Entfernen sich Tiere, scheucht er sie zur Herde zurück. Droht eine Gefahr, gibt das Leittier ein kurzes Schnauben als Warnung von sich. Wird es ernst, flieht es und alle Pferde des Familienverbandes folgen.

Die **Körpersprache** der Tiere gibt Hinweise über ihr Befinden und ihre möglichen Absichten. Dies ist wichtig für den Zusammenhalt der Herde Die Stellung der Ohren signalisiert zum Beispiel erhöhte Aufmerksamkeit, Unbehagen, Drohen, Neugier oder Furcht. Wenn ein Hengst die Oberlippe hochzieht und die Schneidezähne sichtbar werden, *flehmt* er. Der Hengst saugt dabei Luft ein und überprüft die Duftsignale einer Stute. Dabei nimmt er wahr, ob diese Stute paarungsbereit ist.

4 Kämpfende Hengste

5 Przwalskiherde in der Mongolei

Der Mensch nutzt Tiere und Pflanzen

Rudel- und Herdentiere

Informationen aus dem Lexikon
Herde: eine Ansammlung von meist größeren Säugetieren wie Pferden, Rindern, Büffeln, Antilopen, Zebras, Moschusochsen
Rudel: aus der Jägersprache die Bezeichnung für eine Herde von Hirschen und Wölfen

Moschusochsen

Die am Rande der Arktis lebenden Moschusochsen leben im Sommer in Herden von 5–15, im Winter bis zu 100 Tieren. Sie halten engen Körperkontakt zueinander. Sie fressen, ruhen und fliehen vor einem Feind alle gleichzeitig. Ein Wächterbulle warnt rechtzeitig vor Gefahren. Stellen sie sich aber dem Feind, bilden sie eine geschlossene Reihe oder einen Kreis mit dem Gesicht nach vorne. Jungtiere werden vom Kreis umgeben und so geschützt.

Wölfe

Wölfe leben in **Rudeln.** Ein solcher Familienverband besteht zumeist aus 7–12 Tieren, manchmal auch mehreren. Die Wölfe kennen sich untereinander. An der Spitze des Rudels steht das stärkste Tier, der Leitwolf, gefolgt von der Partnerin. Es folgen Jungtiere verschiedenen Alters. Bisweilen kommt es zu Kämpfen um die Rangordnung oder bei einer Auseinandersetzung mit einem fremden Wolf. Jungwölfe helfen mit bei der Versorgung der Welpen. Bei der Jagd auf große Herdentiere wie Rentiere, Rothirsche oder Elche kreisen sie gemeinsam ihr Opfer ein. Hetzjagden sind selten.

Gnus

Die Gnus in Ostafrika sind gesellig lebende **Herdentiere.** Weibliche Tiere und Jungtiere bilden Herden von 10 – 25 Individuen. Bullen sind Einzelgänger. Jungbullen werden spätestens nach zwei Jahren aus der Herde verdrängt und schließen sich zu einer „Junggesellenherde" zusammen. Nach etwa 4 Jahren gründet ein bisheriger „Junggeselle" ein eigenes Revier und sammelt eine neue Gnuherde um sich. Zur Fortpflanzungszeit sammeln mehrere Bullen eine Gruppe von bis zu 150 Kühen und Jungtieren um sich. Rangordnungskämpfe unter den Bullen finden nicht statt. Nur bei Rivalen von außen kommt es zu heftigen Kämpfen.

1. Informiere dich im Internet über *gemischte Herden*, zum Beispiel von Gnus, Zebras und Straußen. Welche Bedeutung haben diese Zusammenschlüsse? Berichte.

2. Bei Meeressäugern wie den Delfinen wird das „Rudel" als Schule bezeichnet. Informiere dich im Internet über solche Schulen und berichte.

Rund um das Rind

📖 **1. a)** Vergleiche die beiden Rinderrassen in den Abbildungen A (Rotbunte) und B (Charolais-Rind).
Welche Körpermerkmale unterscheiden sich deutlich?
b) Schließe von den Unterschieden auf die Nutzung.

📖 **2. a)** Auf der Abbildung D siehst du Rinder (Schwarzbunte), die auf der Weide liegen und wiederkäuen. Beschreibe mit Hilfe der Abbildung C, wie Rinder Gras fressen.
b) Beschreibe den Weg der Pflanzennahrung durch die Mägen des Rindes. Verwende dazu die Fachbegriffe aus dem Schema in Abbildung 3.

📖 **3.** Vergleiche den Weg der Nahrung beim Rind und beim Menschen. Nutze dazu das Schema auf der gegenüberliegenden Seite und die Seiten zur ▶ Verdauung beim Menschen. Nenne Unterschiede.

📖 **4. a)** Vergleiche die Gebissformen von Hausschwein (E) und Rind (F). Finde Unterschiede und Gemeinsamkeiten heraus.
b) Schließe aus deinen Beobachtungen auf die unterschiedliche Ernährungsweise.

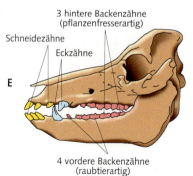

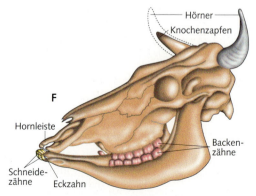

Basiskonzept Struktur und Funktion → S. 260 und Entwicklung → S. 98

Der Mensch nutzt Tiere und Pflanzen

1 Höhlenzeichnung

2 Ausgewilderte Rückzüchtungen des Auerochsen

Vom Urrind zum Zuchtrind

Wie zahlreiche Höhlenzeichnungen belegen, hat es in weiten Teilen Europas bereits in der Jungsteinzeit Rinder gegeben. Sie wurden von Menschen gejagt.

Vor mehr als 6000 Jahren hat der Mensch Auerochsen gezähmt. Sie wurden zu Nutztieren. Diese Wildform, auch **Ur** genannt, ist inzwischen ausgestorben. Heute versucht man Rinderrassen zu züchten, die dem Ur sehr ähnlich sind. Diese so genannten Rückzüchtungen werden zum Beispiel in Naturschutzgebieten ausgewildert.

Durch ▸ Züchtung gibt es heute über 800 Rinderrassen. In der Milchwirtschaft werden Milchrinder wie die Schwarzbunte bevorzugt, die besonders viel Milch geben. Dagegen sind Mastrinder wie das Charolais-Rind mit dem Ziel gezüchtet, besonders schnell und viel Fleisch anzusetzen.
Es gibt auch Rassen, die für beides geeignet sind, so genannte Zweinutzungsrinder wie die Rotbunte.

Rinder sind Pflanzen fressende Wiederkäuer

Rinder sind Pflanzenfresser. Da Grasnahrung vergleichsweise nährstoffarm ist, benötigen sie besonders große Mengen. Sie nehmen täglich bis zu 70 kg Pflanzennahrung auf. Das entspricht mehr als einem Zehntel ihres Körpergewichts.

Rinder haben ein typisches **Pflanzenfressergebiss.** Die Backenzähne sind als breite Mahlzähne ausgebildet. Da im Oberkiefer der Rinder die Schneidezähne fehlen, rupfen Rinder das Gras mithilfe ihrer Zunge und der unteren Schneidezähne ab.
Die Gebissform von Rindern kannst du deutlich von der eines ▸ Fleischfressergebisses oder der des Allesfressergebisses eines Schweins unterscheiden.

Die schwer verdauliche Pflanzennahrung wird unzerkaut geschluckt. Sie gelangt zunächst in den **Pansen,** der bis zu 200 l aufnehmen kann. Hier beginnen die Pflanzen zu gären. Das bedeutet, dass sie von Bakterien zersetzt werden. Aus dem Pansen gelangt die Nahrung in den Netzmagen. Von hier werden kleine Futtermengen zurück ins Maul gestoßen. Sie werden dort mit Speichel vermischt und zwischen den großen Backenzähnen zermahlen. Ihre Oberfläche weist harte Schmelzfalten auf und wirkt dadurch wie eine Reibe. Du kannst beobachten, wie die Rinder nach dem Grasen auf der Weide liegen und **wiederkäuen.**

Anschließend gelangt der Nahrungsbrei zur weiteren Verdauung in den Blättermagen. Danach beginnt im Labmagen mit Hilfe von ▸ Verdauungsenzymen die eigentliche Verdauung. Zum Schluss gelangt der Nahrungsbrei in den etwa 50–60 m langen Darm. Hier werden die Nährstoffe ins Blut aufgenommen.

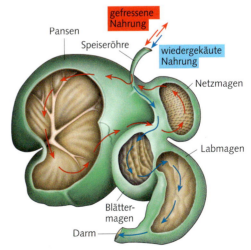

3 Weg der Nahrung durch die Mägen des Rindes

Das Rind als Nutztier

Wie viele Liter Milch trinken wir an einem Tag, in einer Woche und in einem Jahr? Wie viele Kühe müssen dazu gemolken werden?

Welche Inhaltsstoffe hat Milch? Welche davon sind wichtig für unsere Ernährung?

📖 **1.** Hilf den beiden Schülerinnen bei der Beantwortung ihrer Fragen.

Rezept für selbst gemachten Naturjogurt

Zutaten:
1 l H-Milch
1 Becher Naturjogurt
6–8 Schraubdeckelgläser
1 Thermometer (mind. 50°C)
1 Kochtopf
1 Heizplatte oder Herd
1 Thermobox

Erhitze die Milch auf ca. 37°C. Gib in jedes Glas einen Löffel Naturjogurt und fülle anschließend mit der erwärmten Milch auf. Stelle die Gläser für 1 Tag in die Thermobox. Gekühlt schmeckt der Jogurt am besten!

Leistungsfähige Milchwirtschaft in Deutschland

Durchschnittliche Tagesproduktion einer Milchkuh:

20 Liter Milch ergeben:
- 20 Liter Trinkmilch
- oder 834 g Butter
- oder 2,7 kg Käse
- oder 20 kg Naturjogurt

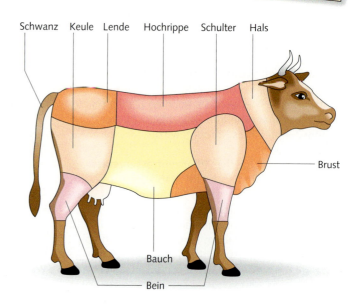

✏️ **2.** Zeichne das Schema der Schlachtteile auf ein ▶ Plakat und ordne verschiedene Fleischprodukte zu, die aus diesen Teilen des Rindes hergestellt werden. Sammle dazu Abbildungen von Fleischprodukten, zum Beispiel aus Werbeprospekten und klebe sie auf.

Der Mensch nutzt Tiere und Pflanzen

Neugeborene Kälber ernähren sich in den ersten Wochen ausschließlich von Kuhmilch. Auch für den Menschen ist Milch ein wichtiges ▶ Lebensmittel. Milch und Milchprodukte sind ein wertvoller Lieferant für ▶ Nährstoffe, Vitamine und Mineralstoffe.

Kühe geben nur Milch, wenn sie zuvor gekalbt haben. Sie produzieren über die Aufzucht der Kälber hinaus weiter Milch, wenn sie regelmäßig zweimal am Tag gemolken werden. Je weiter die Geburt eines Kalbs zurück liegt, desto weniger Milch wird im Euter gebildet.

Früher wurden Kühe mit der Hand gemolken, heute wird diese Aufgabe von Melkmaschinen übernommen. Die Milch wird in einem Milchtank gelagert, bis sie von einem Tankwagen abgeholt wird. Da sie leicht verderblich ist, wird sie auf 4°C heruntergekühlt.

Per Tankwagen wird die Milch in die Molkerei transportiert. Hier wird sie nach einer Prüfung kurz erhitzt und abgefüllt oder zu Butter, Jogurt, Käse, Quark und anderen Produkten weiterverarbeitet.

Im Supermarkt stehen Milchprodukte normalerweise im Kühlregal, da sie sonst verderben. H-Milch muss nicht gekühlt werden, da sie durch ein besonderes Verfahren, das Ultrahocherhitzen, haltbar gemacht wurde.

1 Weg der Milchverarbeitung

Einen Sachtext lesen und verstehen

Die folgende Lesetechnik hilft dir dabei, einen Text zu verstehen und den Inhalt zu behalten.

1. Überfliege zunächst den Text. Dabei kannst du erst einmal feststellen, worum es in dem Text geht und was du bereits kennst.

2. Dann liest du den Text gründlich. Nach schwierigen Abschnitten machst du eine kleine Pause und denkst noch einmal über das Gelesene nach.

3. In dieser Phase benutzt du außerdem Stift und Papier. Hast du ein Arbeitsblatt zu bearbeiten, markiere wichtige Aussagen und Begriffe mit einem Textmarker.
Hast du einen Text aus dem Schulbuch vorliegen, schreibe wichtige Aussagen und Begriffe auf einem Notizzettel heraus.

4. Abschnitte oder Begriffe, die du nicht verstanden hast, markierst du mit einem Rotstift. Frage Mitschüler oder deinen Lehrer um Rat oder lies in einem Lexikon nach.

5. Nachdem du den Text durchgearbeitet hast, gehst du deine Notizen noch einmal genau durch. Du kannst jetzt mit deinen Notizen verschiedene Aufgaben erledigen z. B. Fragen beantworten, ein ▶ Informationsplakat erstellen, einen ▶ Kurzvortrag halten.

1 Hausschwein beim Säugen

2 suhlendes Wildschwein

Hausschwein und Wildschwein

Schweine sind Allesfresser. Das zeigt der Bau ihres Gebisses, denn ihre vorderen Backenzähne sind denen der Raubtiere ähnlich und die hinteren dienen dem Zermahlen von Pflanzenteilen. Auf der Weide durchwühlen sie mit ihrer rüsselartigen Nase den Boden, um Fressbares aufzuspüren. Sie ernähren sich von Wurzeln, Gras und Kleintieren. Den Wildschweinen dienen dabei besonders die Hauer, die nach oben gerichteten Eckzähne.
Schweine wälzen sich gerne in schlammigen Pfützen, den Suhlen, und schmieren damit ihre Haut mit Schlamm ein. Dadurch sind sie vor Insektenstichen geschützt.
Die Sauen können bis zu 12 Ferkel pro Wurf bekommen. Die Ferkel werden in den ersten 8 Wochen von der Mutter gesäugt und gehören somit zu den Säugetieren.
Die Hausschweine sind für die Ernährung des Menschen als Fleischlieferant sehr wichtig. Daher werden sie häufig gezüchtet und gemästet, um nach etwa 8 bis 10 Monaten zum Verzehr geschlachtet zu werden.
Die Wildschweine aber, von denen unsere Hausschweine abstammen, halten sich gerne im Unterholz feuchter Laubwälder oder in dichten Nadelholzschonungen verborgen. Sie zeigen einen anderen Körperbau als die Hausschweine. Sie haben einen längeren Kopf, einen starken Rüssel und ein schwarzes Haarkleid.

Beispiel:
Hier kannst du sehen, wie man wichtige Begriffe in einem Text zum Hausschwein und Wildschwein markiert und dann in einen Notizzettel einträgt.

Hausschwein und Wildschwein
– Allesfresser, sichtbar am Gebiss
– Nahrungssuche mit rüsselartiger Nase
– suhlen sich
– Schlammkruste als Insektenschutz
– Sauen bis 12 Ferkel
– Säugetier
– Hausschwein Fleischlieferant
– stammt vom Wildschwein ab
– Wildschwein in Laubwäldern, Nadelholzschonungen
– Wildschwein: längerer Kopf, starker Rüssel, schwarzes Haarkleid

Der Mensch nutzt Tiere und Pflanzen

Eine Ausstellung gestalten

Methode

Als Abschluss eines Unterrichtsthemas, zum Beispiel über das Rind, könnt ihr eine **Ausstellung** gestalten. So zeigt ihr euren Mitschülerinnen und Mitschülern, woran ihr in der letzten Zeit gearbeitet habt.

Damit die Ausstellung möglichst interessant wird, müsst ihr folgende Punkte berücksichtigen:
- **Was** möchten wir präsentieren?
- **Welche** Ausstellungsstücke möchten wir präsentieren?
- **Wie** können wir die Ausstellungsstücke ansprechend darstellen?

In einem weiteren Schritt macht ihr euch über die folgende Fragestellung Gedanken:

Was gehört in eine Ausstellung?
In eine Ausstellung gehören Bilder, Fotos, selbst geschriebene Texte, Zeichnungen und Modelle zum Ausstellungsthema, aber auch Naturmaterialien. Bei dem Thema „Was liefern uns unsere Rinder?" eignen sich beispielsweise Milchprodukte, Fleischprodukte, Lederwaren.

Dann könnt ihr in die eigentliche Planung gehen. Überlegt euch:

Wie gehe ich beim Gestalten einer Ausstellung vor?
- Wenn ihr das Thema der Ausstellung gefunden habt, entscheidet, an welchem Ort ihr die Ausstellung präsentieren wollt, wie lange sie dauern soll und für wen sie sein soll.
- Sammelt möglichst viele Naturmaterialien. Diese sollten in einem guten Zustand sein.
- Sortiert die Materialien nach Bereichen z. B. Materialien aus dem Bereich Milchprodukte, Fleischprodukte, Lederwaren.
- Erstellt einen Plan, in dem ihr festlegt, wo welches Ausstellungsstück stehen soll.
- Beschriftet eure Ausstellungsobjekte und erstellt Plakate als Zusatzinformationen. Achtet darauf, dass man die Informationen gut lesen kann durch die Wahl der Schriftfarbe und Schriftgröße.
- Ernennt einen Experten aus eurer Gruppe, der sich mit dem Thema sehr gut auskennt und mögliche Fragen von Mitschülern beantworten kann.

Ausstellung: „Was liefern uns unsere Rinder?"

Tiere haben Rechte

📖 **1. a)** Welche Probleme werden in diesem Zeitungsartikel beschrieben?
b) Nenne weitere Gründe dafür, dass Menschen Haustiere abgeben oder aussetzen.
c) Nenne Beispiele für die Probleme bei der Haltung exotischer Tiere.

📖 **2.** Vergleiche mithilfe der Abbildungen die unterschiedlichen Haltungsformen: Freilandhaltung (A), Bodenhaltung (B und C), Käfighaltung (D). Nimm Stellung dazu.

Tierheim schlägt Alarm!

Kurz vor den großen Ferien meldet die Leiterin des Tierheims einen riesigen Ansturm. Das Tierheim ist bereits jetzt bis auf den letzten Platz besetzt, erwartet aber noch weitere Neuzugänge in den nächsten Tagen und Wochen. Katzen und Hunde und andere Haustiere werden anonym abgegeben oder sogar ausgesetzt, wenn Familien verreisen, so die Leiterin des Tierheims.

Dabei gibt es in der Umgebung zahlreiche Tierpensionen, die sich auf die Betreuung von Tieren während der Urlaubszeit spezialisiert haben. Grundsätzlich solle sich jeder Tierfreund bereits vor der Anschaffung eines Haustieres genau überlegen, ob er das Tier auch in den nächsten Jahren gut versorgen kann.

Aber auch auf ein anderes Problem weist die Tierheimleiterin hin: Immer häufiger kaufen sich Menschen exotische Tiere. Über kurz oder lang wird es den Besitzern jedoch meist zu aufwändig, diese Tiere artgerecht zu halten und zu pflegen und so landen sie im Tierheim. Erst vor Kurzem wurden ein Leguan, ein Papagei und sogar ein Krokodil abgegeben.

In der letzten Woche wurde zudem wieder ein Wurf junger Katzen in einem Karton vor der Tür gefunden. Die jungen Kätzchen waren halb verhungert und krank. Sie werden zunächst aufgepäppelt. In ein paar Wochen sollen sie in gute Hände abgegeben werden. Interessenten dürfen sich gern bereits jetzt melden.

A

B

C

📝 **3. a)** Informiere dich über Haushühner und deren natürliches Verhalten.
b) Bewerte, inwieweit Hühner in den unterschiedlichen Haltungsformen ihr natürliches Verhalten zeigen können.

D

📖 **4.** Pro und Contra Hähnchen-Mastanlage. Bildet drei Gruppen. Eine Gruppe sind die Befürworter, die andere die Gegner einer solchen Anlage. Führt ein Streitgespräch. Überlegt euch vorher eure Argumente. Eine dritte Gruppe verfolgt das Gespräch und entscheidet, welche Gruppe die besseren Argumente hatte.

Der Mensch nutzt Tiere und Pflanzen

1 Hausschweine in Freilandhaltung

2 Schweinebucht

Die **artgerechte Haltung** von Tieren wird durch das Tierschutzgesetz geregelt. Dieses Gesetz gilt nicht nur für heimische oder exotische Haustiere, sondern auch für alle Nutztiere, die in Zucht- oder Mastbetrieben gehalten oder transportiert werden.

Beobachtest du zum Beispiel Hausschweine in der Freilandhaltung, so kannst du feststellen, dass sie sich gern im Schlammbad suhlen, um sich abzukühlen und um Ungeziefer loszuwerden. Schweine sind dennoch sehr saubere Tiere. In ihren eigenen Mist würden sie sich nicht freiwillig legen.
▶ Hausschweine leben wie ihre wilden Artgenossen, die Wildschweine, ebenfalls in Familienverbänden zusammen und brauchen sehr viel Platz. Sie sind Allesfresser und ernähren sich sowohl von Pflanzen als auch von kleineren Bodentieren und Aas. In der Freilandhaltung können Schweine ihr natürliches Verhalten zeigen.

Für große **Mastbetriebe** spielen andere Aspekte eine wichtige Rolle. Um die Kosten für die Fleischproduktion möglichst gering zu halten, werden die Tiere unter anderem in engen Buchten gehalten. Mastschweine sind so gezüchtet (▶ Züchtung), dass sie besonders schnell viel Fleisch ansetzen. Verlassen sie nach einem halben Jahr den Mastbetrieb, wiegen sie durchschnittlich 110 kg und sind damit so schwer, dass ihre Beine das Gewicht kaum tragen können. Sie werden mit Viehtransportern zu einem Schlachthof transportiert.

Zahlreiche Nutztiere werden zumeist nicht im selben Stall geboren, in dem sie anschließend gehalten oder gemästet werden. Während zum Beispiel in einem Betrieb Ferkel produziert werden, hat sich ein anderer Betrieb auf die Schweinemast spezialisiert.

Beim Einkaufen solltest du beachten: Die Art der Schweinehaltung und die Größe des Mastbetriebes haben Einfluss auf die Qualität und auf den Preis von Fleisch und Fleischprodukten.

3 Schweinetransport

Bürger protestieren gegen Hähnchen-Mastanlage

200 Bürger aus A. zogen am Wochenende mit Transparenten und Trillerpfeifen durch ihren Stadtteil. „Wir sind laut, weil man uns die Luft versaut" stand auf ihren Transparenten. Sie protestierten u. a. gegen die Art der Tierhaltung, die ihrer Meinung nach gegen das Tierschutzgesetz verstößt. Vor allem aber befürchten sie Risiken für ihre Gesundheit. Ihrer Meinung nach können aus solcher Anlage Bakterien entweichen, die mit herkömmlichen Medikamenten schwer zu behandeln sind. So seien auch lebensgefährliche Krankheitsverläufe möglich. Es können zum Beispiel Lungenkrankheiten durch die Abluft aus der Anlage übertragen werden.

Die Kartoffel – eine vielseitige Knolle

1. Informiere dich über die Heimat und die heutige Verbreitung der Kartoffel. Trage das Ergebnis in die Kopie einer Weltkarte ein.

2. Führt auf dem Wochenmarkt oder im Supermarkt ein Interview mit den Verkäufern von Kartoffeln. Warum gibt es so viele Sorten? Notiert euch einige Sortennamen und deren Eigenschaften.
Erklärt, wie es zu der Vielfalt der Kartoffelsorten kommt. Dokumentiert eure Ergebnisse in einer ▶ Ausstellung über die Kartoffel.

3. a) Kartoffeln enthalten Stärke. Führt zum Beweis dieser Aussage einen ▶ Stärkenachweis durch. Fertigt ein ▶ Versuchsprotokoll an.
b) Ihr könnt Kartoffelstärke selbst gewinnen. So geht ihr vor:
– rohe Kartoffeln reiben und mit 500 ml Wasser verrühren
– den Brei in ein Baumwolltuch geben und gut auspressen
– die ausgepresste Flüssigkeit fünf Minuten ruhen lassen, 200 ml Wasser hinzufügen, wieder ruhen lassen und dann die Flüssigkeit vom Bodensatz vorsichtig abgießen
– diesen Vorgang 2 bis 3 mal wiederholen, bis der Bodensatz weiß ist
– den Bodensatz auf einem flachen Teller trocknen lassen

4. Was kann man aus Kartoffeln machen? Erstellt eine Liste. Beschreibt die Produkte und erklärt ihre Verwendung. Verwendet die Abbildungen und den Informationstext.

5. Erkundet einen Supermarkt und erstellt eine Liste mit Produkten, die aus Kartoffeln hergestellt werden. Wer findet die meisten?

6. Viele Menschen mögen Produkte aus Kartoffeln. Aber nicht alle Zubereitungsformen sind gesund. Erstellt eine Tabelle mit gesunden und ungesunden Zubereitungsformen. Begründet eure Zuordnung. Einige Hinweise findet ihr im Text.

Basiskonzept Entwicklung → S. 98

Der Mensch nutzt Tiere und Pflanzen

Die Kartoffel – ein wichtiges Nahrungsmittel

Speisekartoffeln stammen von Wildkartoffeln ab. Ihre Heimat ist das Hochland von Peru und Bolivien. Die Indianer dort nutzen die Kartoffel schon seit Jahrtausenden zur Ernährung.
Nach Europa gelangten die ersten Kartoffelpflanzen etwa 1560 als Zierpflanzen!
Inzwischen gilt die Kartoffel als eine der wichtigsten Nutzpflanzen. Man hat viele Kartoffelsorten mit unterschiedlichen Eigenschaften gezüchtet. Neben Speisekartoffeln gibt es auch Futterkartoffeln für die Mästung von Haustieren. Andere Kartoffelsorten verwendet man zur Produktion von Industriestärke. Daraus werden etwa Wäschestärke, Klebstoffe, Verpackungsmaterial und Alkohol hergestellt. In Supermärkten werden viele Produkte aus Kartoffeln angeboten, etwa Pommes frites oder Kartoffelchips. Durch die Art ihrer Zubereitung enthalten diese Produkte viel Fett und können daher bei häufigem Genuss zu Übergewicht führen. Gesunde Zubereitungsformen sind zum Beispiel Pellkartoffeln oder Salzkartoffeln.

Wie Kartoffeln wachsen

An Kartoffeln, die im Winter im kühlen Keller gelagert werden, entwickeln sich im Frühjahr weiße Triebe. Sie wachsen aus den Knospen, den „Augen". Diese liegen in kleinen Vertiefungen der Kartoffelschale. An den Trieben kann man kleine Blättchen, Knospen und sogar feine Wurzeln finden. Die Kartoffelknolle ist also keine Wurzel, sondern eine **Sprossknolle,** ein verdickter Abschnitt der Sprossachse.

Auf ähnliche Weise wie im Keller treiben Saatkartoffeln in der Erde. Sie werden im Frühjahr in flache Pflanzlöcher gelegt und mit Erde bedeckt. Einige Triebe durchbrechen die Erde, ergrünen und entwickeln sich zu einer blühenden Pflanze. Die nach der Blüte an der Sprossachse entstehenden Früchte sind **giftig.** Sie dürfen nicht verzehrt werden!
Die unterirdischen Sprosse bleiben weiß. Sie bilden ▶ **Ausläufer.** Diese verdicken sich an den Enden zu zahlreichen Knollen. In den Knollen speichert die Kartoffelpflanze vor allem ▶ **Stärke,** aber auch Mineralstoffe, Vitamine und etwas Eiweiß. Im Herbst sterben die oberirdischen Teile der Kartoffelpflanze ab. Die Knollen an den unterirdischen Ausläufern werden geerntet.

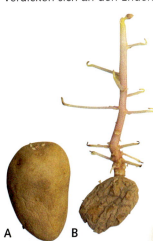

1 Kartoffelknolle.
A *frisch geerntet;* **B** *treibend*

2 Kartoffelpflanze

Versuche planen, durchführen und protokollieren

Problemstellung → Am Anfang eines Versuchs steht die Fragestellung. Bei diesem Beispiel geht es um die Frage, ob und in welchen Teilen Pflanzen das Kohlenhydrat Stärke gespeichert haben.

Planung → Jetzt ist es wichtig, dass ihr euch Gedanken darüber macht, wie der oder wie die Versuche ablaufen sollen. Hier geht es um den Stärkenachweis.
Ihr erstellt eine Versuchsplanung. Stellt zusammen, welche Geräte und **Materialien** für diesen Versuch erforderlich sind. Erkundigt euch, ob bei dem Versuch **Sicherheitsbestimmungen** zu beachten sind: z. B. Schutzbrille, Umgang mit ätzenden und/oder entzündlichen Flüssigkeiten.
Überlegt, wie der Versuch aufgebaut werden muss.
Zeichnet für den **Versuchsaufbau** eine Skizze, in der dargestellt ist, wie die Geräte und Materialien gehandhabt werden.
Beschreibt mit eigenen Worten, wie ihr den Versuch aufbaut.

Durchführung → Ist die Planung abgeschlossen, könnt ihr den Versuch durchführen.
Schreibt die **Versuchsdurchführung** sehr genau auf, damit der Versuch auch von jemandem durchgeführt werden kann, der nicht am Unterricht teilgenommen hat.
Beobachtungen und Messwerte werden notiert.

Versuchsprotokoll → Haltet den Versuchsablauf in einem Protokoll fest (siehe nebenstehend abgebildet). Dies kann in Textform, in Tabellen oder Zeichnungen erfolgen.
Darin muss zum Ausdruck kommen, ob die Problemstellung des Versuches geklärt werden konnte.
Könnt ihr mithilfe des Experiments auch weitergehende Schlussfolgerungen gewinnen, so werden diese ebenfalls in der Auswertung festgehalten.

Versuchsdurchführung mit der Iodprobe

Versuchsprotokoll 2.3.2007

Problemstellung: Welche Pflanzenteile von Nutzpflanzen haben Nährstoffe in Form von Stärke gespeichert?

Material:
Speicherorgane von Nutzpflanzen wie Kartoffel, Zwiebel, Mais (gequollen), Apfel; scharfes Messer; Iod-Kaliumiodidlösung (färbt Stärke blau); Petrischalen; Pipette

Versuchsaufbau:

Versuchsdurchführung:
Wir schneiden Speicherorgane von Nutzpflanzen auf und legen die Hälften in Petrischalen. Dann prüfen wir mit Iod-Kaliumiodidlösung, ob Stärke im jeweiligen Pflanzenorgan gespeichert ist.
Wir tropfen Iod-Kaliumiodidlösung auf ein aufgeschnittenes Speicherorgan. Färbt sich dieses blauviolett, sind Nährstoffe in Form von Stärke gespeichert.

Beobachtung:

Speicherorgan	Zwiebel	Mais	Kartoffel	Apfel
blau-violette Färbung	X	X	X	—

Versuchsergebnis:
Zwiebel, Mais und Kartoffel enthalten Stärke, der Apfel jedoch nicht.

Der Mensch nutzt Tiere und Pflanzen

Einen kurzen Vortrag halten

Methode

Wenn du – allein oder im Team – einen Vortrag zum Beispiel über eine Nutzpflanze halten sollst, musst du dich gut **vorbereiten**.

1. Falls ihr als Team arbeitet, müsst ihr euch *absprechen*, wer welche Aufgabe übernimmt.
2. Sammle *Informationen* zum Thema deines Vortrages: zum Beispiel in Büchern oder im ▶ Internet unter dem entsprechenden Suchbegriff. Verwende nur das, was wichtig oder interessant ist, sonst wird der Vortrag leicht zu lang und uninteressant.
3. Suche *ergänzende Materialien* zu deinem Vortrag, die du vorstellen oder ausstellen willst.
4. Arbeite eine *Gliederung* für den Vortrag aus, so dass sich eine sinnvolle Reihenfolge der Informationen ergibt.
5. Überlege, an welchen Stellen du etwas zeigen möchtest und welche Materialien und Geräte du dafür brauchst.
6. Bereite die Materialien zur Veranschaulichung vor, zum Beispiel ▶ Plakate, Fotos oder Folien für den Tageslichtprojektor, ein Ausstellungstisch.
7. Mache auf Zetteln oder Karteikarten kurze *Stichpunkte*, anhand derer du den Vortrag halten kannst.
8. Trainiere deinen Vortrag.

1 Beim Vortrag

Damit dein **Vortrag** erfolgreich verläuft, solltest du einfache Regeln beachten:

1. Nenne das Thema deines Vortrages und gib dann einen kurzen Überblick über das, was deine Zuhörer erwartet.
2. Sprich langsam und deutlich.
3. Schaue während des Vortrags möglichst oft zu deinen Zuhörern. Lies den Vortrag möglichst nicht ab.
4. Baue die vorbereiteten Materialien wie Fotos, ▶ Sachzeichnungen, Tafelskizzen, ▶ Tabellen, ▶ Diagramme oder die mitgebrachten Gegenstände in den Vortrag ein und *erkläre* sie jeweils.
5. Mit einem Beamer können auch Bilder vom Computer gezeigt werden.
6. Gib deinen Zuhörern Gelegenheit, Fragen zu stellen.
7. Gib ehrlich zu, wenn du etwas nicht weißt und versuche nicht, dir schnell etwas auszudenken.

2 Vortrag im Team

3 Vorbereitete Vortragsmaterialien

Getreide – Grundlage für viele Lebensmittel

📖 **1.** Beschreibt anhand der Abbildungen und der Texte auf der nebenstehenden Seite die Getreidearten. An welchen Merkmalen könnt ihr sie unterscheiden?

📖 **2.** Getreidearten liefern die wichtigsten Grundnahrungsmittel für den Menschen. Erstellt eine ▶ Mindmap zum Thema „Getreide und daraus hergestellte Produkte". Benutzt dazu die Informationen auf der nebenstehenden Seite.

📖 **3.** Welche Teile des Weizenkorns werden für Vollkornmehl verwendet, welche für Auszugsmehl? Welche Vorteile hat Vollkornmehl für die Ernährung? Haltet einen kurzen ▶ Vortrag.

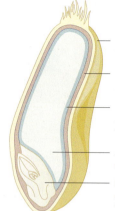

Fruchtschale enthält Ballaststoffe, Mineralstoffe
Samenschale enthält Ballaststoffe, Mineralstoffe
Eiweißschicht enthält Eiweiß, Mineralstoffe, Vitamine
Mehlkörper enthält Stärke, Zucker, Eiweiß
Keimling enthält Fett, Eiweiß, Mineralstoffe, Vitamine

A

B

📖 **4.** Abbildung A zeigt eine Urform des gezüchteten Weizens (B). Beschreibt und vermutet, wie die heutigen ertragreichen Getreidesorten entstanden sein könnten. Welche Merkmale hat der Mensch im Verlauf seiner Zuchtversuche ausgewählt?

✏️ **5.** Auch Hirse (C) und Reis (D) zählen zu den Gräsern, die für die menschliche Ernährung von Bedeutung sind. Erstellt ▶ Steckbriefe zu beiden Pflanzen.

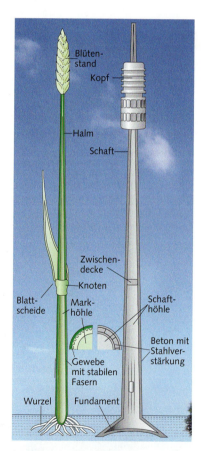

C

D

📖 **6.** Für Techniker sind Getreidehalme Vorbilder für Bauwerke wie Fernsehtürme. Vergleicht Getreidehalm und Turm. Schreibt auf, welche Ähnlichkeiten bestehen.

Basiskonzept Struktur und Funktion → S. 260 und Entwicklung → S. 98

Der Mensch nutzt Tiere und Pflanzen

Körner machen satt

Seit mehr als 6000 Jahren baut der Mensch Getreide an. Genutzt werden vor allem die Körner. Mehr als ein Drittel unseres gesamten Nahrungsbedarfs wird aus ihnen gedeckt.
Die Getreidearten gehören zu den Gräsern. An einer Weizenpflanze erkennt man alle Merkmale der Gräser: Der lange dünne Stängel, der Halm, ist wegen seiner elastischen Fasern im Innern so biegsam, dass er an seinem oberen Ende eine große Ähre tragen kann ohne abzuknicken. Er ist innen hohl. Knoten, die dicke Querwände bilden, machen den Halm sehr stabil. Die Umwicklungen des Blattes um den Stängel nennt man Blattscheiden. Sie vergrößern die Stabilität zusätzlich.

Vom Korn zum Getreideprodukt

Die Körner der Getreidepflanzen speichern vor allem ▶ Stärke. Zu Mehl vermahlen lassen sich Getreidekörner vielfältig nutzen.
Das aus **Weizen** hergestellte Mehl wird für helles Brot, Nudeln, Gries und Backwaren bevorzugt verwendet. Bei der Mehl-Herstellung werden Samenschale und Keimling ausgesiebt, man spricht dann vom Auszugsmehl. Beim Sieben gehen viele für die Ernährung wertvolle Bestandteile wie Vitamine, Eiweißstoffe und Ballaststoffe verloren. Dies geschieht nicht, wenn das ganze Korn zu Vollkornmehl vermahlen wird.
Roggen dient ebenfalls als Brotgetreide. Produkte der **Gerste** sind Malz zur Herstellung von Bier und Malzkaffee sowie Graupen. **Hafer** wird zur Herstellung von Haferflocken und als Viehfutter genutzt. In Südostasien gehört ▶ **Reis** zu den wichtigsten Grundnahrungsmitteln der Bevölkerung. Eine weitere Getreideart ist die ▶ **Hirse.** Sie liebt wie der Reis die Wärme. Ihre Hauptanbaugebiete liegen in Afrika und Asien.
Der ▶ **Mais,** eine alte Nahrungspflanze der Indianer, gehört ebenfalls zu den Getreidearten. Er wurde wie die Kartoffel von den Spaniern von Südamerika nach Europa gebracht. Mais wird in Europa vorwiegend als Viehfutter angebaut.

Züchtung und Auslese

Menschen haben gezielt Wildgräser angebaut und daraus erste Kulturformen unserer heutigen Getreidearten gezüchtet. Züchtungsziele waren mehr und größere Körner in einer Ähre auf festem Stängel. Die Körner geeigneter Pflanzen wurden ausgelesen und anschließend weiterkultiviert. So entstanden durch ▶ Züchtung viele verschiedene Getreidearten, die an unterschiedliche Klima- und Bodenbedingungen angepasst sind.

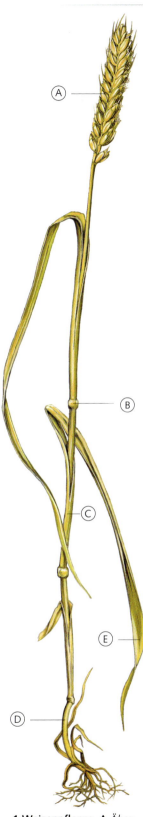

1 Weizenpflanze. A *Ähre;* **B** *Knoten;* **C** *Blattscheide;* **D** *Halm;* **E** *Blatt*

Roggen

Gerste

Hafer

Mais

2 Getreidearten

Einheimische Nutzpflanzen

Mais

Mais gehört zu den wichtigsten Getreidearten. Der Fruchtstand ist ein Kolben mit zahlreichen gelben, rundlichen, glatten Körnern
Produkte: Maiskolben; Maismehl; Maisgrieß; Keimöl; Popcorn
Besonderheit: Der größte Teil der angebauten Maispflanzen dient als *Viehfutter*. Dazu wird die ganze Pflanze geerntet, gehäckselt und in Silos gelagert.
Aus gehäckselten Maispflanzen gewinnt man in besonderen Anlagen Biogas, das zur Stromerzeugung genutzt wird.

1. Erstelle eine ▶ Mindmap zum Thema „Nutzpflanzen". Was fällt dir dazu alles ein? Denke nicht nur an einheimische Nutzpflanzen.

2. Suche im Atlas, in welchen Gebieten Deutschlands Weinreben angebaut werden. Benenne diese Gebiete. Weshalb sind es gerade diese Gegenden?

3. Erstelle Pinnzettel für zwei weitere einheimische Nutzpflanzen. Denke dabei auch an Obst-, Gemüse-, Öl- oder Faserpflanzen.

Raps

Raps ist eine wichtige Nutzpflanze, die in letzter Zeit immer bedeutender zur Gewinnung von Ölen wird. Die Samen haben einen hohen Ölgehalt. Mehr als die Hälfte der in Deutschland produzierten Pflanzenöle ist Rapsöl.
Produkte: Früher Speise- und Lampenöl; heute ein wichtiger Rohstoff für technische Produkte wie Schmierstoffe; ein Hauptteil der Ernte dient der Erzeugung von *Biodiesel* als Kraftstoff für Kraftfahrzeuge und als Ersatz für Diesel und Benzin aus Erdöl

Weinrebe

Die Weinrebe gehört zu den ältesten Nutzpflanzen. Sie wurde schon 3500 v. Chr. kultiviert; benötigt warme Sommer; frostempfindlich
Produkte: roh als Obst oder gepresst als Traubensaft; der Saft verarbeitet zu Wein, Sekt, Weinbrand, Weinessig; Pressrückstände als Viehfutter; getrocknete Beeren als Rosinen

Der Mensch nutzt Tiere und Pflanzen

Fremdländische Nutzpflanzen

Pinnwand

Kokospalme

Herkunft: Polynesien
Anbaugebiete: Weltweit an allen tropischen Küsten; in Plantagen
Verwendung: Kokosfasern für Matten und Bürsten; Kokosfett; Kokosmilch; Kokosflocken; Stamm als Bau- und Möbelholz; Blätter für Hüttendächer

Sojabohne

Herkunft: Ostasien
Anbaugebiete: in warmen Gebieten der Erde
Verwendung: Viehfutter; Nahrungsmittel; der Samen ist reich an Nährstoffen: Öl, Kohlenhydrate, Eiweiß; in der vegetarischen Küche als Fleischersatz

Reis

Herkunft: China; Indien
Anbaugebiete: Gebiete in warmen Ländern
Verwendung: eine der wichtigsten Getreidearten; Nahrungsmittel; enthält viel Stärke; Reisstroh für Papierherstellung, Körbe und Hüte

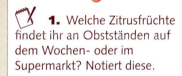 **1.** Welche Zitrusfrüchte findet ihr an Obstständen auf dem Wochen- oder im Supermarkt? Notiert diese.

2. Informiere dich über eine Zitrusfrucht und fertige zu dieser einen ▶ Steckbrief an.

Zuckerrohr

Herkunft: tropisches Südostasien; Indien
Anbaugebiete: Tropen und Subtropen
Verwendung: Gewinnung von Rohrzucker aus dem Spross; Rohr zum Kauen; frisch als Getränk; Gewinnung von Alkohol

Rispenhirse

Herkunft: asiatischer Raum
Anbaugebiete: Afrika; Asien
Verwendung: in weiten Gebieten Afrikas Hauptnahrungsmittel; reich an Kohlenhydraten, Eiweiß, Vitaminen und Mineralstoffen; zum Backen nicht geeignet

Maniok

Herkunft: Brasilien; Paraguay
Anbaugebiete: weltweit in Tropen und Subtropen
Verwendung: nimmt unter den Nahrungspflanzen der Welt den 6. Platz ein; Sprossknollen stärkehaltig; müssen vor Genuss erhitzt und so entgiftet werden

Eine Sachmappe erstellen

In einer Sachmappe werden möglichst viele Materialien gesammelt, die zu einem Thema oder einem Sachgebiet gehören. Eine gut sortierte Sachmappe ist ein kleines Nachschlagewerk.
Die Sachmappe kann ein Ordner sein, ein Schnellhefter oder eine Loseblattsammlung. Sichthefter aus Kunststoff oder Ordner aus Pappkarton sind besonders platzsparend und leicht zu transportieren. Sie sind geeignet, alles zu sammeln, was zu einem Thema gehört.

Was gehört in eine Sachmappe?
In eine vielseitige Sachmappe gehören Bilder, Fotos, selbst geschriebene Texte, Zeitungsausschnitte, Diagramme, Schaubilder, Zeichnungen, eventuell auch Rezepte.
Auch gepresste Naturmaterialien wie Blüten, Blätter und Samen passen in eine Sachmappe. Diese können zur Gestaltung verwendet werden.

1 Verschiedene Ordner

Vorgehensweise beim Erstellen einer Sachmappe
- Erstelle ein Inhaltsverzeichnis. Es ist immer die erste Seite in deiner Mappe.
- Schreibe die Überschrift und die Seitenzahl jeder Seite in das Inhaltsverzeichnis ein.
- Beim Gestalten solltest du links einen breiten Rand zum Abheften lassen.
- Zeichne mit Bleistift oder Buntstiften. Achte darauf, dass die Zeichnungen nicht zu klein werden.
- Verwende für gerade Linien ein Lineal und für Kreise einen Zirkel.
- Überprüfe ständig, ob deine Mappe vollständig ist.
- In deiner Mappe kannst du alles sammeln, was zu dem Unterrichtsfach oder zu einem Thema passt. So kannst du später immer nachschlagen, wenn du bestimmte Informationen brauchst. Zum Thema „Nutzpflanzen" kannst du zum Beispiel Steckbriefe zu einzelnen Arten und Informationen zu einzelnen Arten aus dem Internet abheften.
- Gib jeder Seite eine Überschrift.
- Achte auf einen ordentlichen Eindruck der Mappe.

2 So entsteht eine Sachmappe

Der Mensch nutzt Tiere und Pflanzen

Eine Mindmap erstellen

Methode

Was ist eine Mindmap?
Ihr sollt zu einem Thema, zum Beispiel „Der Raps – eine wichtige Nutzpflanze", einen kurzen ▶ Vortrag halten. Ihr habt viele Informationen zu diesem Thema gesammelt. Diese müsst ihr zunächst aufschreiben und ordnen. Dazu könnt ihr eine Art „Gedankenlandkarte", eine **Mindmap,** erstellen.

Ihr könnt die Mindmap zum Beispiel zur Weiterarbeit am Thema oder als Stichwortzettel für euren Vortrag verwenden.

Erstellen mehrere jeweils eine Mindmap, können diese anders aussehen als die der Mitschülerinnen und Mitschüler.

Eine Mindmap hilft also dabei
- Informationen und Ideen zu Notizen zu machen
- Ideen, Informationen und Gedanken zu ordnen
- Inhalte eines Textes besser zu behalten
- etwas vorzutragen
- einen Text zu formulieren

So entsteht eine Mindmap
1. Legt eine DIN-A4- oder eine DIN-A3-Seite quer.
2. Schreibt das Thema in die Mitte des Blattes und kreist es farbig ein.
3. Zeichnet nun vom Thema ausgehend „Äste" für Gliederungspunkte in verschiedenen Farben.
4. Schreibt an jeden „Ast" möglichst mit einem oder zwei Worten, was euch dazu eingefallen ist.

5. An jedem „Ast" könnt ihr jetzt noch weitere „Zweige" zeichnen.
6. Schreibt an jeden „Zweig" weitere Ideen, die euch zu den Begriffen an den Ästen einfallen.
7. Ihr könnt alle Begriffe auch noch mit Bildern oder Zeichen versehen. Das hilft euch vielleicht später, euch wieder an eure Ideen oder Gedanken zu erinnern.

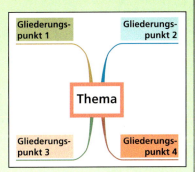

Beispiel für eine Mindmap zum Thema „Der Raps – eine wichtige Nutzpflanze"
Zum Thema „Raps" habt ihr euch folgende Stichworte für einen kurzen Vortrag notiert: Raps, Futterpflanze, Anbaugebiete, Kanada, Europa, Asien, Mensch, Nutztiere, Nahrung, Wildtiere, Schaf, Schwein, Reh, Hase, Vögel, Lebensmittel, Speiseöl, Schmierstoffe, Kosmetika, Biodiesel, Industrie, Margarine.
In der folgenden Abbildung wurde die Mindmap angefangen. Sie ist noch unvollständig. Übertrage diese auf ein DIN-A4- oder ein DIN-A3-Blatt und vervollständige sie.

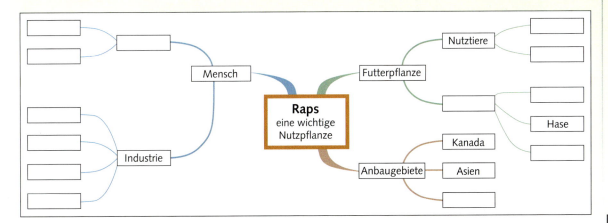

Züchtung von Pflanzen

1. Nenne Gründe, warum Menschen Tiere und Pflanzen züchten.

vom Wildkohl zum Kohlrabi

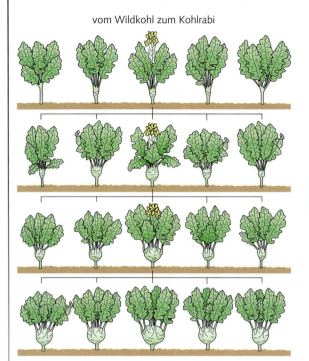

2. Erklärt die Auslesezüchtung am Beispiel des Kohlrabis.

3. Durch Auslesezüchtungen entstanden aus dem Wildkohl zahlreiche Kohlsorten. Tragt in eine Tabelle die abgebildeten Kohlsorten und das geänderte Organ ein. Nehmt die Abbildungen der gegenüberliegenden Seite zu Hilfe.

4. Die unten stehende Abbildung zeigt eine Kohlsorte, die aus dem gleichen Organ wie der Blumenkohl gezüchtet wurde.
a) Wie heißt die Kohlsorte?
b) Aus welchem Organ wurde sie gezüchtet?

5. Durch Auslesezüchtung wurden viele Apfelsorten gezüchtet. Allein in Deutschland gibt es über 2000 verschiedene Sorten. Zählt die Sorten in einem Supermarkt. Beschreibt sie und gestaltet ein ▶ Plakat.

6. Auch bei den Blumen haben Menschen aus Wildformen viele Kulturformen gezüchtet. So gibt es Rosen in vielen Farben und Formen. Fragt Mitarbeiter eines Gartencenters, welche Rosensorten es gibt. Wo werden die Rosensorten angebaut, die wir in Deutschland kaufen können? Recherchiert im ▶ Internet und stellt eure Ergebnisse vor.

Basiskonzept Entwicklung → S. 98

Der Mensch nutzt Tiere und Pflanzen

Von der Wildpflanze zur Nutzpflanze

Der Wildkohl, der in Deutschland heute nur noch auf Helgoland vorkommt, ist ein Beispiel dafür, wie aus einer Wildpflanze eine Nutzpflanze entstanden ist. Wildkohl wurde schon vor mehr als 4000 Jahren angebaut. Der Mensch bemerkte dabei wahrscheinlich einige Wildkohlpflanzen, die einen dickeren Stängel oder besonders schmackhafte Blätter hatten. Diese Pflanzen wählte er für seine Ernährung aus und baute sie bevorzugt an.

Auslesezüchtung

Die Auslesezüchtung fängt also mit dem Anbau von bestimmten Wildpflanzen an. Nur die Nachkommen der Wildpflanzen, bei denen die gewünschten vorteilhaften Eigenschaften wie zum Beispiel die Größe oder der Geschmack besonders deutlich ausgebildet sind, werden für den weiteren Anbau ausgewählt. Über Samen werden die ausgewählten Pflanzen vermehrt und erneut ausgesät. Dieser Vorgang erfolgt über viele Jahrzehnte.

Der Wildkohl und einige Zuchtformen

Mithilfe der Auslesezüchtung gelang es dem Menschen, zahlreiche neue Kohlsorten zu züchten, die jedoch kaum noch Ähnlichkeit mit dem Wildkohl haben. Aus Wildkohlpflanzen mit besonders wohlschmeckenden Blättern züchtete der Mensch den Grünkohl. Aus Pflanzen mit verkürzten und verdickten Nebentrieben entstand der Rosenkohl. Bei der Züchtung des Blumenkohls und des Brokkolis waren Pflanzen mit dickfleischigen Blüten das Zuchtziel. Den Kohlrabi züchtete der Mensch aus Formen des Wildkohls, der besonders dicke Stängel ausgebildet hat.

Vielfalt der Sorten

Aus vielen weiteren Wildpflanzen hat der Mensch Nutz- und Zierpflanzen gezüchtet. Aus der Wildform des Apfels entstand durch Auslesezüchtung eine fast unüberschaubare Vielfalt von Apfelsorten. Besonders auffällig ist die Vielfalt der Sorten auch bei Blumen, zum Beispiel bei Rosen.
Die Rosen, die wir hier in den Blumenläden kaufen können, stammen allerdings nur selten aus heimischen Kulturen. Rosen und viele andere Blumenarten werden vor allem in den Entwicklungsländern in Afrika, Asien und Südamerikas angebaut.
Von dort gelangen die Schnittblumen mit Transportflugzeugen zunächst auf den weltgrößten Blumenmarkt nach Amsterdam und werden von da aus auf die verschiedenen europäischen Länder verteilt.

1 Wildkohl und Zuchtformen. A *Blumenkohl;* B *Rosenkohl;* C *Grünkohl;* D *Kohlrabi*

Auf einen Blick

Haustiere

Tiere in der Obhut des Menschen nennt man Haustiere. Sie werden gehalten, um sich an ihnen zu erfreuen oder um sie für verschiedene Zwecke zu nutzen. Nutztiere wie Rinder und Hühner versorgen uns mit Nahrung oder Kleidung.

Tierhaltung

Auch Tiere haben Rechte. Bei jeder Tierhaltung, ob als Haus- oder Nutztier, muss auf artgerechte Haltung geachtet werden.

Züchtung von Nutzpflanzen

Die Auslesezüchtung beginnt mit dem Anbau von Wildpflanzen. Von diesen werden dann die Samen der Pflanzen mit den gewünschten Eigenschaften ausgewählt und für den weiteren Anbau verwendet. So entwickeln sich schließlich Pflanzen, bei denen die gewünschten Eigenschaften deutlich ausgeprägt sind.

Unsere Getreidearten gehören zu den ältesten Kulturpflanzen der Erde. Sie wurden aus Wildgräsern zu den heutigen Formen gezüchtet.

Hunde

Die etwa 400 Hunderassen stammen alle vom Wolf ab. Hunde sind Hetzjäger und Zehengänger. Sie besitzen einen ausgeprägten Geruchs- und Gehörsinn. Als Fleischfresser verfügen sie über ein Raubtiergebiss. Hunde betreiben Brutpflege und gehören zu den Säugetieren.

Pferde

Unsere Pferde stammen von Wildpferden wie dem Przwalski-Pferd ab. Pferde werden heute hauptsächlich zur Freizeitbeschäftigung und im Pferdesport genutzt.
Nach ihrem Temperament und ihrer Größe unterteilt man Pferde in Vollblüter, Warmblüter und Ponys.

Rinder

Die wilden Vorfahren der Rinder heißen Auerochsen.
Rinder sind Nutztiere: Milchrinder liefern das wertvolle Nahrungsmittel Milch. In der Molkerei wird die Milch zu Butter, Jogurt, Quark, Käse und anderen Milchprodukten weiterverarbeitet. Mastrinder wurden mit dem Ziel gezüchtet, besonders viel Fleisch anzusetzen.

Herdentiere

Wenn mehrere oder viele Säugetiere einer Art zusammenkommen und unter ihnen oft eine Rangordnung besteht, spricht man von einer Herde. – Gemischte Herden verschiedenartiger Tiere finden zu gegenseitigem Nutzen zusammen.

Nutzpflanzen

Pflanzen werden vom Menschen vielfältig für seine Ernährung, als Heil- und Gewürzpflanzen, als Tierfutter, Baumaterial und zur Gewinnung von Energie genutzt. Je nach Pflanzenart nutzen wir unterschiedliche Pflanzenteile wie Wurzeln, Sprossknollen, Sprossachsen, Knospen, Blätter, Blüten, Früchte und Samen.

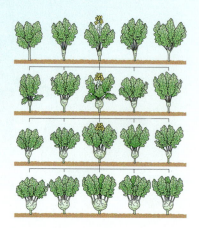

Der Mensch nutzt Tiere und Pflanzen

1. Welche Aussagen sind zutreffend?
Menschen halten Tiere,
a) um sich an ihnen zu erfreuen,
b) damit sie zahm werden,
c) um nicht einsam zu werden,
d) damit sie nicht aussterben,
e) um sich von ihnen zu ernähren.

2. Welche Tiere sind Haustiere?
Ente, Stubenfliege, Hausratte, Goldhamster; Goldfisch, Pitt-Bull-Terrier, Esel, Pony, Hahn, Hausmaus, Wildpferd, Wellensittich, Hausspinne, Perserkatze, Silberfischchen, Schwein, Pute. Begründe jeweils.

3. Du sollst zum Thema „Die Kartoffel – eine wichtige Nutzpflanze" einen Kurzvortrag halten. Schreibe in Stichworten deine Gedanken und ermittelten Informationen auf. Erstelle daraus anschließend eine Mindmap.

4. Welchen Pflanzenteil essen wir von Rosenkohl, Zuckerrübe, Roggen, Kohlrabi, Möhre, Kartoffel, Grünkohl, Zwiebel, Blumenkohl, Spargel, Zuckerrohr?

5. Nenne wenigstens drei Pflanzen, aus denen man Pflanzenöle gewinnt.

6. a) Wie heißen die Getreidearten? **b)** Nenne für jede Getreideart zwei auffällige Merkmale.

7. Begründe, warum sich Hunde im Gegensatz zu Katzen leicht den Menschen unterordnen.

8. Nenne vier Beispiele, bei denen der Mensch die besonderen Fähigkeiten von Hunden nutzt.

9. Welche Aussagen treffen zu?
a) Pferde ergreifen bei Gefahr schnell die Flucht.
b) Das Przewalski-Pferd spannt man vorwiegend vor Kutschen.
c) Warmblutpferde haben eine höhere Körpertemperatur als Kaltblutpferde.
d) Pferde sind Herdentiere.

10. Viele unserer Nutzpflanzen hat der Mensch durch Auslese gezüchtet. Zeige in einem Kurzvortrag, welche Sorten aus dem Wildkohl entstanden sind und welche Teile für uns als Nahrung dienen. Ergänze die abgebildeten Beispiele durch weitere.

Wildkohl

11. Die Tabelle zeigt die Veränderung der jährlichen Milchleistung von Kühen in Litern.

Jahr	Liter
1810	1 200
1850	1 600
1910	2 100
1950	2 500
1975	4 000
1994	5 200
2009	8 000

a) Erstelle aus den Werten ein ▶ Verlaufsdiagramm. Trage dazu auf der waagerechten Achse die Jahreszahlen ein und auf der senkrechten Achse die Literleistung (1 cm = 1000 Liter).
b) Beschreibe die Veränderungen und erkläre diese.

Zeig, was du kannst

A

B

C

D

Weshalb muss ich nur beim schnellen Schwimmen immer tief Luft holen?

Manchmal brauche ich einfach Sport. Danach fühle ich mich so richtig wohl. Woran liegt das?

Volleyballspiel macht mir Spaß. Wie kann ich meinen Körper so trainieren, dass ich noch mehr Leistung bringe?

Gesundheitsbewusstes Leben

Wie ernähre ich mich gesund?

Gestern hat mir jemand eine Zigarette angeboten. Wie soll ich mich künftig verhalten?

Nach dem Training bin ich immer durstig und bekomme ordentlich Hunger. Woran liegt das?

Das Skelett gibt dem Körper Halt

1. Untersuche das Skelett aus der Biologiesammlung mithilfe des Notizzettels.

Forschungsaufträge am Skelett

- Gesamtzahl der Knochen des menschlichen Skeletts: ○ 153, ○ 211 oder ○ 317?
- Länge der größten und der besonders kleinen Knochen bestimmen. Hinweis: Der mit nur 2,7 mm kleinste Knochen des Skeletts befindet sich im Mittelohr.
- Anzahl der Knochen, aus denen die Hand besteht, bestimmen. Beweglichkeit des Handgelenks und der Finger feststellen.
- Unterschiede zwischen Röhrenknochen und Plattenknochen bestimmen. Beispiele für beide Typen finden.
- Hohlräume des Skeletts nennen und die in ihnen geschützt liegenden Organe aufzählen.

2. a) Versuche möglichst viele der in Abbildung 1 gezeigten Knochen an deinem Körper zu ertasten. Beginne mit Schlüsselbein und Brustbein.
b) Baue mit einem Partner ein „lebendes Skelett". Beschrifte dazu Kreppbandstreifen mit den Namen der Knochen und klebe sie auf die Kleidung deines Partners. Präge dir die Namen der Knochen gut ein.

3. a) Vergleiche das Skelett der Arme und Beine. Erkennst du Gemeinsamkeiten im Aufbau? Stelle die einander entsprechenden Knochen in einer Tabelle gegenüber.
b) Begründe, warum die Knochen der Beine die kräftigsten des ganzen Körpers sein müssen.

Armskelett	Beinskelett
Oberarm	Oberschenkel
Elle	...

5. a) Baue aus den abgebildeten Materialien ein einfaches Modell für Röhrenknochen.
b) Erkunde mithilfe von Büchern oder anderen Gewichten, welche Belastungsrichtung Röhrenknochen besonders gut verkraften.

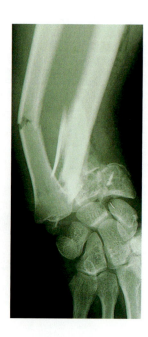

4. a) Erkennst du die Verletzung auf dem Röntgenbild? Welcher Knochen ist betroffen? Wie könnte der Schaden entstanden sein? Berichte auch von eigenen Verletzungen.
b) „Der Knochen lebt!" Begründe diese Aussage mithilfe der Abbildung unten. Denke auch daran, wie sich Knochen beim Wachstum verändern und was nach einem Knochenbruch geschieht.

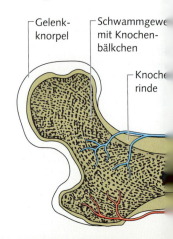

Gelenkknorpel — Schwammgewebe mit Knochenbälkchen — Knochenrinde

Basiskonzept Struktur und Funktion → S. 260

Gesundheitsbewusstes Leben

Das Skelett stützt den Körper

Bewegungen bei Sport und Spiel werden erst möglich durch eine stabile innere Stütze: das **Skelett**.
Das **Armskelett** ermöglicht zum Beispiel das Schlagen des Balles mit dem Tennisschläger. Das **Beinskelett** trägt das Gewicht des Körpers beim Laufen und Springen. Ober- und Unterschenkel sind deshalb besonders kräftig gebaut. Damit der Sportler diese Bewegungen ausführen kann, müssen seine Gliedmaßen mit der **Wirbelsäule** beweglich verbunden sein. Diese Verbindungen werden durch **Schulter- und Beckengürtel** hergestellt. Die Wirbelsäule stützt das Skelett und hält es aufrecht. An ihr sind die übrigen Teile des Skeletts befestigt.

Das Skelett schützt den Körper

Kleine Stöße und Verletzungen lassen sich gerade beim Sport nicht vermeiden. Bekommt ein Spieler zum Beispiel einen Tennisball an den Kopf, so ist das Gehirn durch das **Kopfskelett** gut geschützt. Ähnlich schützt der **Brustkorb** das Herz und die empfindliche Lunge. Die zwölf Rippenpaare des Brustkorbs sind hinten mit der Wirbelsäule und vorn zum Teil mit dem Brustbein verbunden und bilden so einen schützenden Korb.

Knochen sind stabil

Röhrenknochen sind innen markhaltig. Kalziumsalze („Kalk") in den Knochen sorgen dafür, dass sie sehr fest sind, der Knochenknorpel macht sie elastisch. Der Oberschenkel kann eine Last von 1,5 t tragen!

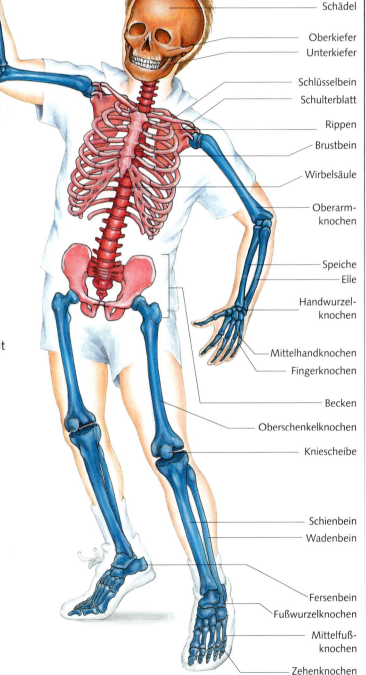

1 Skelett des Menschen
orange: Kopfskelett
pink: Rumpfskelett
blau: Gliedmaßen

- Schädel
- Oberkiefer
- Unterkiefer
- Schlüsselbein
- Schulterblatt
- Rippen
- Brustbein
- Wirbelsäule
- Oberarmknochen
- Speiche
- Elle
- Handwurzelknochen
- Mittelhandknochen
- Fingerknochen
- Becken
- Oberschenkelknochen
- Kniescheibe
- Schienbein
- Wadenbein
- Fersenbein
- Fußwurzelknochen
- Mittelfußknochen
- Zehenknochen

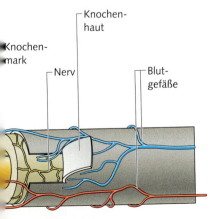

2 Röhrenknochen
- Knochenhaut
- Knochenmark
- Nerv
- Blutgefäße

Die Wirbelsäule – Hauptstütze des Skeletts

📖 **1. a)** Beuge deinen Rumpf nach vorn, nach hinten und zur Seite. In welchem Bereich sind welche Bewegungen möglich? Wo ist die Beweglichkeit am größten?
b) Ertaste am Rücken deines Partners die Wirbelsäule. Welche der Teile in Abbildung 1C fühlst du dabei?

🔍 **2. a)** Hebe deinen Schulranzen wie in den Abbildungen gezeigt. Spürst du einen Unterschied in der Belastung der Wirbelsäule?
b) Demonstriere Familienmitgliedern das richtige Heben z. B. eines Getränkekastens.

🔍 **3. a)** Biegt mit 40 cm langen und ca. 2 mm dicken Drahtstücken die abgebildeten „Wirbelsäulen" nach. Achtet auf die unterschiedliche Krümmung.

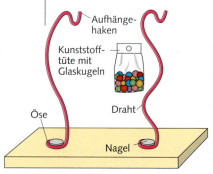

b) Belastet die Modelle z. B. mit einem Murmelsäckchen. Wann beginnen die Drähte sich zu biegen? Welche Form verträgt die höhere Belastung? Welches Modell ähnelt der menschlichen Wirbelsäule?

📝 **4.** Ermittelt durch eine Befragung die Zeit, die ihr täglich in sitzender Haltung verbringt. Berechnet den Durchschnittswert und beurteilt die Ergebnisse.

📖 **5. a)** Wo können beim krummen Sitzen Schäden auftreten? Vergleicht dazu die Abbildung rechts mit Abbildung 1B.
b) Wie können solche Haltungsschäden vermieden werden? Bedenkt auch die Bedeutung passender Sitzmöbel.

Die Wirbelsäule hält den Körper aufrecht

Als stabile, aber dennoch bewegliche Säule durchzieht die Wirbelsäule den Körper. Von der Seite betrachtet ist sie in Form eines „Doppel-S" gekrümmt. Dadurch kann sie beim Laufen und Springen Stöße abfedern.

Die Wirbelsäule besteht aus über 30 knöchernen **Wirbeln,** die durch elastische Knorpelscheiben voneinander getrennt sind. Diese **Bandscheiben** geben den notwendigen Spielraum für Bewegungen beim Drehen und Beugen. Außerdem wirken sie wie Stoßdämpfer. Die einzelnen Wirbel werden durch starke Bänder und Muskeln zu einer Einheit verspannt.

Kreuzbein und **Steißbein** bestehen aus miteinander verwachsenen Wirbeln. Sie sind nur wenig beweglich.

Zwischen Wirbelkörper und Wirbelbogen liegt das **Wirbelloch**. Übereinander gereiht bilden diese Öffnungen den Wirbelkanal. Hier verläuft gut geschützt das empfindliche Rückenmark, ein wichtiger Nervenstrang.

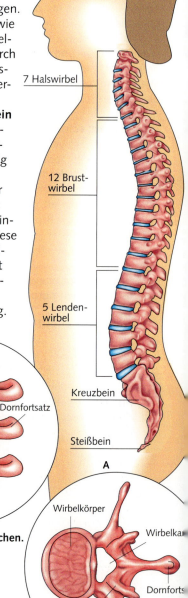

1 Wirbelsäule des Menschen.
A *Gesamtansicht;*
B *Ausschnitt aus der Lendenwirbelsäule;*
C *Lendenwirbel in der Ansicht von oben*

Basiskonzept Struktur und Funktion → S. 260

Gesundheitsbewusstes Leben

Arbeiten mit Modellen

Methode

Modelle veranschaulichen die Wirklichkeit und helfen, sie besser zu verstehen. Dabei werden nur bestimmte Eigenschaften und Merkmale des Originals dargestellt. Modelle werden immer dann eingesetzt, wenn komplizierte Sachverhalte besonders anschaulich gezeigt werden sollen.

Ein Beispiel: Das Modell der Wirbelsäule
Die Wirbelsäule ist ein kompliziert gebautes Gebilde. Die einzelnen Wirbel besitzen einen nur schwer verständlichen Bau mit verschiedenen Fortsätzen und Gelenkflächen. Zusammengehalten und stabilisiert wird das Ganze zusätzlich durch verschiedene Bänder und Muskeln.

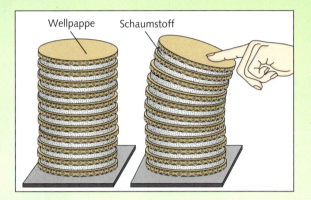

Bauanleitung:
- Schneide 11 runde Scheiben aus Wellpappe und 10 aus Schaumstoff (0,5 cm dick) heraus. Der Durchmesser sollte ca. 5 cm betragen.
- Verbinde die Teile mit Kunststoffkleber oder Silikon.

1 Einfaches Modell der Wirbelsäule

Modelle machen Kompliziertes einfach
Mit dem oben abgebildeten Modell kannst du den **Bau der Wirbelsäule** sehr viel leichter durchschauen. Auf Anhieb erkennst du, dass sie sich im Wesentlichen aus nur zwei Bestandteilen zusammensetzt. Dies zeigt folgende Tabelle:

Original	Modell
Wirbelkörper	Scheiben aus Wellpappe
Bandscheiben	Scheiben aus Schaumstoff

Das Modell veranschaulicht aber noch mehr. Mit einfachen Versuchen kannst du dir die **Funktion der Wirbelsäule** verdeutlichen:
- Drückst du das Modell von oben zusammen, verformt sich nur der Schaumstoff. Du erkennst daran, dass die Bandscheiben für die Stoßdämpferwirkung der Wirbelsäule verantwortlich sind.
- Belastest du das Modell seitlich, biegt es sich zur Seite. Auf diese Weise wird die seitliche Beweglichkeit der Wirbelsäule verdeutlicht.

Modelle zeigen nicht alles
Auch wenn das Modell den Bau und die Funktion der Wirbelsäule recht gut veranschaulicht, so hat es doch auch seine Grenzen:
- Der unterschiedliche Bau von Hals-, Brust- und Lendenwirbeln wird nicht gezeigt.
- Im Modell sind weder das Wirbelloch noch die Dornfortsätze zu erkennen. Das Gleiche gilt für die stabilisierenden Bänder und Muskeln.
- Es ist nicht erkennbar, dass die Wirbel im Brustbereich mit den Rippen verbunden sind.
- Im Bereich der Lendenwirbelsäule ist auch eine Drehbewegung möglich. In unserem Modell wird dies nicht deutlich.

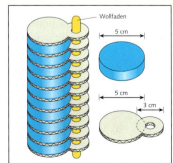

2 Verbessertes Modell der Wirbelsäule

📖 **1.** Abb. 2 zeigt ein anderes Modell der Wirbelsäule. Vergleiche es mit dem oben vorgestellten. Nenne Gemeinsamkeiten und Unterschiede.

📖 **2.** Welches Modell ähnelt eher der „echten" Wirbelsäule? Welche Merkmale werden zusätzlich dargestellt? Ergänze die Tabelle.

167

Gelenke machen uns beweglich

📖 **1. a)** Der Flickflack rechts zeigt, wie beweglich unser Körper ist. Welche Gelenke sind bei dieser Übung beteiligt?
b) Suche an deinem Körper nach Gelenken und untersuche, in welche Richtung sie beweglich sind. Beginne bei den Armen und Beinen. Denke aber auch an den Kopf und die Wirbelsäule.

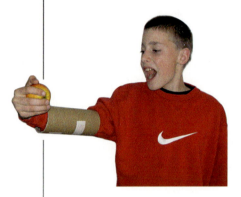

🔍 **2. a)** Stülpe ein 30 cm langes Stück einer Papp- oder Teppichbodenröhre über den Ellenbogen. Versuche nun, dich zu kämmen oder in einen Apfel zu beißen. Was stellst du fest?
b) Befestige mit Kreppband den Daumen an der Handfläche. Welche Tätigkeiten sind jetzt fast unmöglich? Erkläre den Satz: „Der Daumen macht die Hand zu unserem vielseitigsten Werkzeug."

📝 **3.** Untersuche am Skelett aus der Biologiesammlung die Beweglichkeit von Hüftgelenk, Knie, Ellenbogen und Handgelenk. Erstelle eine Tabelle der Kugel- und Scharniergelenke. Finde weitere Beispiele.

Kugelgelenke	Scharniergelenke
Hüftgelenk	…
…	…

📖 **4.** Mit welchen Gelenktypen lassen sich die abgebildeten Gegenstände vergleichen? Suche weitere technische Gelenke in deiner Umgebung.

🔍 **5. a)** Baut aus den abgebildeten Materialien das Modell eines Scharniergelenks.
- Schneidet aus einer der Papprollen seitlich einen etwa 3 cm breiten Steifen heraus.
- Klebt mit Heiß- oder 2-Komponenten-Kleber die Rundhölzer seitlich an die „Gelenkenden".
- Schiebt beide „Knochen" ineinander und überprüft die Bewegungsmöglichkeiten.

b) Wie könntet ihr das Modell eines Kugelgelenks bauen?
Material-Tipp: aufgeschnittene Bälle verschiedener Größe, Holzkugeln und Rundhölzer.

Basiskonzept Struktur und Funktion → S. 260

Gesundheitsbewusstes Leben

Aufbau eines Gelenks

Gelenke verbinden Knochen beweglich miteinander. Alle Gelenke besitzen dabei einen gemeinsamen Bauplan: Immer passt das Ende des einen Knochens, der **Gelenkkopf,** genau in die Vertiefung des anderen Knochens, die **Gelenkpfanne.** Beide Knochenenden sind durch eine feste und elastische **Gelenkkapsel** miteinander verbunden, die durch Muskeln und Bänder zusätzlich verstärkt wird. Die Gelenkflächen sind vom glatten **Gelenkknorpel** überzogen. Er federt Stöße elastisch ab und schützt so bei Bewegungen vor Beschädigungen. Im Gelenkspalt befindet sich außerdem ein Gleitmittel, die **Gelenkschmiere.** Sie vermindert die Reibung im Gelenk zusätzlich.

Das Kugelgelenk

Obwohl der Oberschenkel fest mit dem Becken verbunden ist, kann sich das Bein in fast alle Richtungen frei bewegen. Das Hüftgelenk ist damit ein typisches **Kugelgelenk.**

Das Scharniergelenk

Das Ellenbogengelenk dagegen lässt sich nur in eine Richtung bewegen. Weil es damit an das Scharnier einer Tür erinnert, zählt man es zu den **Scharniergelenken.** Hierzu gehören auch das Knie- und die Fingergelenke.

Besondere Gelenktypen

Die Drehung des Kopfes ermöglichen die beiden oberen Halswirbel. Sie sind durch ein **Drehgelenk** miteinander verbunden. Der Daumen kann sich gegenüber der Handwurzel in zwei Richtungen bewegen, ähnlich einem Reiter auf seinem gesattelten Pferd: nach vorne und hinten sowie nach links und rechts. Man nennt dies ein **Sattelgelenk.**
Der Daumen erhält damit eine Sonderstellung unter den fünf Fingern der Hand: Er kann der Handfläche gegenübergestellt werden und erlaubt so das präzise Zugreifen.

Gelenkverletzungen

Im Kniegelenk kommen **Knorpelverletzungen** besonders häufig vor. Hier bilden zwei halbmondförmige Knorpelscheiben, die Menisken, den Rand der Gelenkpfanne. Werden sie bei seitlichen Drehbewegungen zwischen den Knochen eingeklemmt, können im Knorpel Risse entstehen. Diese Verletzungen nennt man Meniskusschäden.
Zu **Bandverletzungen** kommt es, wenn Gelenkbänder übermäßig gedehnt werden. Knickt man z. B. im Sprunggelenk heftig um, reißen die seitlichen Gelenkbänder. Solche Bänderrisse sind typische Sportverletzungen.

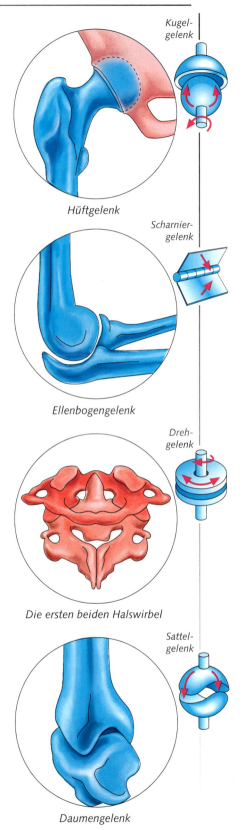

2 Gelenktypen

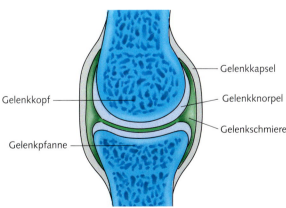

1 Bau eines Gelenks (Schema)

Muskeln brauchen Training

Unser Sportlehrer ist ein richtiger Sklaventreiber. Zuerst verspricht er, dass wir die ganze Stunde Basketball spielen... Und dann müssen wir uns erst 10 Minuten „aufwärmen"! Wie überflüssig!

1. a) Lies die Aussage des Schülers. Stimmst du ihm zu?
b) Fragt eure Sportlehrkraft, warum es zu Beginn des Sportunterrichts erforderlich ist, sich aufzuwärmen. Welche Übungen werden empfohlen?

2. a) Nimm deine Schultasche und hebe sie durch das Beugen des Unterarms. Umfasse dabei mit der freien Hand den Oberarm. Erfühle den arbeitenden Muskel und beschreibe seine Veränderung.
b) Lege die Hand auf den Tisch und drücke fest auf die Tischplatte. Umfasse mit der anderen Hand den Oberarm von hinten. Beschreibe, wie sich der Muskel anfühlt.
c) Wie heißen die beiden hauptsächlich beteiligten Muskeln und welches Prinzip wird hier deutlich?

3. a) Spiele mit den Fingern einer Hand auf dem Tisch „Klavier". Was kannst du auf dem Handrücken beobachten? Nimm die Abbildung unten zu Hilfe.
b) Finde durch Abtasten heraus, wo die Muskeln für die Bewegung der Finger sitzen.

4. a) Oberhalb der Ferse kannst du die stärkste Sehne deines Körpers ertasten. Wie heißt sie? Benenne auch die rechts gezeigten Knochen des ▶ Skeletts beim Menschen.
b) In der Kniekehle kann man deutlich zwei Sehnen ertasten. Welche Aufgabe haben die dazugehörigen Muskeln?

5. a) Welche Sportarten werden durch die Symbole dargestellt?
b) Demonstriere die für jede Sportart typischen Bewegungsabläufe. Nenne stark beanspruchte Muskelgruppen.

7. Erläutere das Prinzip von „Spieler und Gegenspieler". Wie müsste man das Modell in Aufgabe 6 verändern, damit dieses Prinzip deutlich wird?

6. a) Vergleiche das von Schülern gebaute ▶ Modell mit der Realität. Vervollständige dazu die Tabelle.

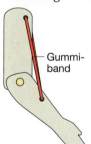

Gummiband

Modell	Realität
Gummiband	...
...	...

b) Was stellt das Modell gut dar? Was stimmt mit der Funktionsweise der Armmuskeln nicht überein?

Basiskonzept Struktur und Funktion → S. 260

Gesundheitsbewusstes Leben

Muskeln arbeiten zusammen

Mehr als 600 Muskeln sorgen dafür, dass Menschen laufen und springen, sich strecken und bücken können. Allein daran, dass du einen fröhlichen oder traurigen Gesichtsausdruck machst, sind über 30 Gesichtsmuskeln beteiligt!

Feinbau des Muskels

Jeder Muskel setzt sich aus vielen einzelnen, mikroskopisch dünnen **Muskelfasern** zusammen. Außen ist er von einer festen **Muskelhülle** umgeben, die dem Muskel die typische Form einer Spindel verleiht. An beiden Enden geht die Muskelhülle in ein reißfestes Band, die **Sehne,** über. Sehnen verbinden den Muskel mit den Knochen, mit denen sie fest verwachsen sind. Die stärkste Sehne unseres Körpers ist die Achillessehne, die vom Wadenmuskel zum Fersenbein führt. Seine volle Kraft entfaltet der Muskel nur dann, wenn sich alle Muskelfasern gleichzeitig zusammenziehen.

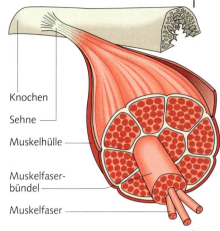

2 Feinbau des Muskels

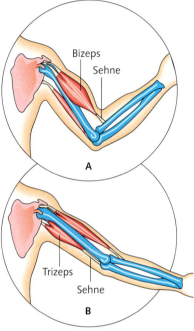

1 Muskeln des Oberarms.
A *Bizeps beim Armbeugen;*
B *Trizeps beim Armstrecken*

Vorn am Oberarm befindet sich ein besonders kräftiger Muskel, der Bizeps. Verkürzt er sich, so wird der Unterarm gebeugt. Den Bizeps nennt man deshalb auch **Beuger.** Um den Arm wieder zu strecken, muss sich der Muskel auf der Rückseite des Oberarms verkürzen. Hier liegt der **Strecker** des Unterarms, der Trizeps. Beuger und Strecker arbeiten abwechselnd und in entgegengesetzter Richtung, sie sind **Gegenspieler.** Zur Bewegung eines Gelenks leisten also immer mindestens zwei Muskeln „Teamarbeit". Verkürzt sich ein Muskel, wird er dicker und fühlt sich hart an.

Bewegung hält fit

Regelmäßige sportliche Bewegung kräftigt die Muskeln. Sie nehmen an Umfang zu und werden leistungsfähiger. Wenig benutzte Muskeln werden mit der Zeit schwächer. Oft kommt dies vor, wenn Muskeln wegen einer Verletzung nicht benutzt werden können.
Sportverletzungen werden durch ein **Aufwärmtraining** und Dehnübungen vermieden. Die Muskulatur wird dabei gut durchblutet und mit Sauerstoff versorgt. Die Muskeln werden elastisch und besser dehnbar. Etwa zwölf Stunden nach einer ungewohnten Belastung können Muskelschmerzen auftreten. Dieser „**Muskelkater**" entsteht durch winzige Risse in den Muskelfasern. Die Beschwerden verschwinden nach wenigen Tagen.

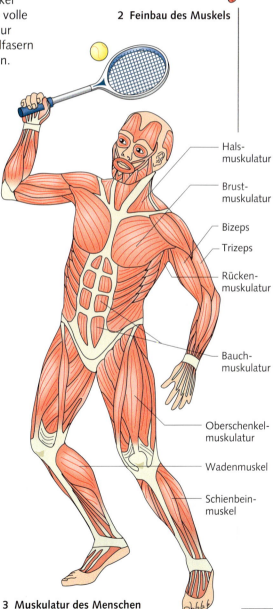

3 Muskulatur des Menschen

Pinnwand

Bewegte Schule

Muskeltraining im Klassenzimmer

Folgende Übungen verhindern, dass du durch zu langes Sitzen unbeweglich und steif wirst. Außerdem fördern sie die Konzentration!

- Wiederhole jede Übung 5 × mit jeweils 2 Sekunden Pause.
- Halte die Muskelspannung 5 Sekunden aufrecht.
- Brich die Übung ab, wenn du Schmerzen spürst.

Stärkung der Halsmuskeln:
Drücke den Kopf gegen die gefalteten Hände.

Stärkung der Rückenmuskeln:
Ziehe die Ellenbogen kräftig auseinander.

Stärkung der Brustmuskeln:
Presse die Handflächen fest aufeinander.

Stärkung des unteren Rückens:
Richte den Rücken gegen den Widerstand auf.

1. Hier findet ihr Beispiele für aktive Pausenspiele. Probiert sie aus und überlegt euch weitere. Stellt sie auch anderen Klassen vor.

2. Auf welche Weise tragen die Beispiele auf dieser Seite dazu bei, den Körper fit zu halten?

Dehnübungen zum Aufwärmen

Beim so genannten „Stretching" werden die Muskeln vor dem Sport behutsam gedehnt und erwärmt. Halte die Spannung der Muskeln immer einige Sekunden lang an!

1 nach vorne neigen, Ferse auf den Boden drücken

2 Fuß ans Gesäß hochziehen, Becken vorschieben

3 seitliche Rumpfbeugen

4 Hüfte nach vorn abwärts drücken

3. Die drei Fotos unten zeigen Fehlhaltungen, die die Wirbelsäule einseitig belasten. Nennt mögliche Folgen. Demonstriert, wie die richtige Haltung aussehen müsste.

Die Luft zum Leben

1. Stelle fest, wie lange du den Atem anhalten kannst. Führe den Versuch zweimal durch. Zum ersten Mal, nachdem du etwa zehnmal tief ein- und ausgeatmet hast, zum zweiten Mal sofort nach 20 Kniebeugen. Notiere die Zeiten und suche eine Erklärung für das Ergebnis.

2. a) Stelle die Zahl deiner Atemzüge pro Minute fest. Zähle nur beim Einatmen. Notiere dir die Anzahl der Atemzüge bei ruhigem Sitzen und nach einem 50-m-Sprint über den Schulhof.
b) Stellt eine Tabelle mit den Ergebnissen aller Schülerinnen und Schüler eurer Klasse zusammen. Sucht eine Erklärung für die Unterschiede.

3. Auf dem Notizzettel findet ihr Angaben, welche Luftmenge pro Stunde ein Mensch bei unterschiedlichen Tätigkeiten braucht. Stellt diese Angaben als ▸ Säulendiagramm dar und bewertet das Ergebnis.

Benötigte Luftmenge pro Stunde:
- Schlafen 280 l
- Liegen 400 l
- Stehen 450 l
- Gehen 1000 l
- Radfahren 1400 l
- Schwimmen 2600 l
- Bergsteigen 3100 l
- Rudern 3600 l

4. a) Beobachte deine Atembewegungen im Liegen. Lege dabei deine Hände locker auf den Brustkorb und auf den Bauch. Atme tief ein und aus. Beschreibe deine Beobachtungen.
b) Lege ein Maßband um deinen Brustkorb. Atme tief ein und miss dann den Brustumfang. Miss erneut nach dem Ausatmen. Erkläre die Messergebnisse mithilfe der Abbildungen 2 und 3.

5. Untersucht, wie lange eine Kerzenflamme in frischer Luft und in ausgeatmeter Luft brennt. Die Abbildung zeigt euch, wie ihr die ausgeatmete Luft einfangen könnt. Messt die Brenndauer der Kerzenflamme mit einer Stoppuhr. Überlegt, warum unterschiedliche Ergebnisse zustande kommen.

6. Bringt ausgeatmete Luft in ein Reagenzglas. Gebt einige Milliliter Kalkwasser dazu. Verschließt das Reagenzglas mit einem Stopfen und schüttelt. Wiederholt den Versuch mit frischer Luft. Welche Hinweise ergeben sich für die Zusammensetzung von frischer Luft und ausgeatmeter Luft?

Tipp: Kohlenstoffdioxid trübt Kalkwasser
Sicherheitshinweis: Kalkwasser ist ätzend. Schutzbrille tragen! Nicht trinken!

7. Fasse zusammen, was mit der eingeatmeten Luft im Körper passiert. Nutze den Informationstext.

8. Was haben der Bau und die Funktion von Lungenbläschen im Prinzip mit dem Bau und der Funktion ▸ Darmzotten gemeinsam?

Basiskonzept System → S. 54 und Struktur und Funktion → S. 260

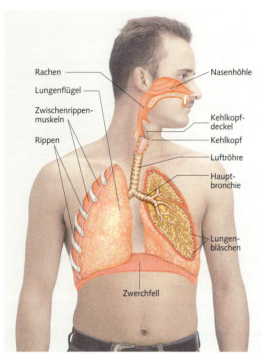

1 Atmungsorgane

Der Weg der Atemluft

Beim Einatmen strömt die Luft durch die beiden Nasenlöcher in die **Nasenhöhle.** Die Wände der Nasenhöhle sind mit einer Schleimhaut überzogen. Diese Schleimhaut erwärmt die eingeatmete Luft und befeuchtet sie. Außerdem sorgt sie dafür, dass Staub und Krankheitserreger am Schleim haften bleiben. Atmet man durch den Mund ein, kann es durch die ungereinigte kalte Luft zu Erkrankungen der Atemwege kommen.
Durch den **Rachen** gelangt die Luft zum **Kehlkopf.** Hier trennen sich Luftröhre und Speiseröhre. Die eingeatmete Luft strömt weiter in die Luftröhre. Diese wird durch Knorpelringe ständig offen gehalten. Beim Schlucken wird die Luftröhre durch den Kehlkopfdeckel verschlossen, damit keine Speiseteile eindringen können. Geschieht dies trotzdem einmal, so haben wir uns „verschluckt". Dann wird der Fremdkörper durch heftiges Husten wieder aus der Luftröhre entfernt.
Im Brustraum teilt sich die Luftröhre in zwei **Bronchien.** Diese führen zu den beiden Teilen der **Lunge,** den Lungenflügeln. In der Lunge verzweigen sich die Bronchien in immer kleinere Kanäle. Diese feinen Bronchienäste enden in den kugelförmigen ▶ **Lungenbläschen.** In der Lunge befinden sich etwa 500 Millionen Lungenbläschen. Sie bilden die Endstation für die eingeatmete Luft. Von hier aus wird sie auf demselben Wege wieder ausgeatmet.

Der Brustkorb arbeitet wie ein Blasebalg

Die Luft bewegt sich nicht von selbst durch unseren Körper. Sie muss abwechselnd eingesogen und ausgestoßen werden. Beide Vorgänge kannst du gut an einem Blasebalg beobachten, den man beim Aufpumpen von Luftmatratzen benutzt. Genau so wirkt die Verkleinerung und die Vergrößerung des Brustraumes. Daran ist vor allem das **Zwerchfell** beteiligt, eine dünne Muskelhaut, die quer durch den Bauchraum gespannt ist. Zum Einatmen zieht sich das Zwerchfell nach unten. Der Brustraum vergrößert sich und mit ihm erweitern sich die Lungenflügel. Nun wird Luft in die Lunge gesogen. Wölbt sich das Zwerchfell anschließend wieder nach oben, wird die Lunge zusammengedrückt und presst die Atemluft nach außen. Durch die Bewegung des Zwerchfells wird auch die Bauchdecke leicht nach außen gedrückt. Man spricht deshalb von der **Bauchatmung.**
Bei tieferen Atembewegungen wird die Bauchatmung von der **Brustatmung** unterstützt. Dabei bewegen sich die Rippen schräg nach oben. Brustraum und Lunge erweitern sich und die Luft wird tief eingesogen. Kehren die Rippen in ihre Ausgangsstellung zurück, wird die Luft zum Ausatmen wieder herausgepresst.

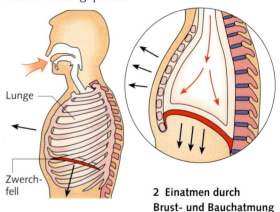

2 Einatmen durch Brust- und Bauchatmung

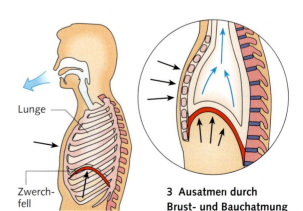

3 Ausatmen durch Brust- und Bauchatmung

Gesundheitsbewusstes Leben

Warum wir atmen

Die Luft besteht aus einem Gemisch verschiedener Gase. Die wichtigsten sind Stickstoff (N_2), Sauerstoff (O_2) und Kohlenstoffdioxid (CO_2). Der Stickstoff spielt bei der Atmung keine Rolle.

Die Frischluft, die wir einatmen, enthält 21 % (Prozent) Sauerstoff und nur wenig Kohlenstoffdioxid, zusammen mit den Edelgasen gerade mal 1 %. In der Ausatmungsluft sind dagegen nur 17 % Sauerstoff vorhanden, aber rund 4 % mehr Kohlenstoffdioxid. Zusammen mit den Edelgasen sind es nun 5 %. Unser Körper nimmt also Sauerstoff auf und gibt dafür Kohlenstoffdioxid ab. Diesen Vorgang nennt man **Gasaustausch**.

Nur mit Sauerstoff können wir aus den ▶ Lebensmitteln Energie für alle Lebensvorgänge gewinnen. Ein Teil dieser Energie ist gespeichert im ▶ Traubenzucker, der mit dem Blut zu allen Körperzellen transportiert wird.

Dort wird er aufgenommen und in den Zellen mithilfe des Sauerstoffs „verbrannt". Hierbei wird Energie freigesetzt und Kohlenstoffdioxid gebildet.
Vor allem Muskel- und Gehirnzellen benötigen viel Energie. Je stärker die Muskeln beansprucht werden, desto mehr Sauerstoff benötigen sie. Wir atmen dann schneller und tiefer. „Gute" Luft mit dem vollen Sauerstoff- und einem geringen Kohlenstoffdioxidanteil, die frei von Schadstoffen ist, ist wichtig für eine gesunde Atmung.

	eingeatmete Luft	ausgeatmete Luft
Sauerstoff	21 %	17 %
Stickstoff	78 %	78 %
Kohlenstoffdioxid und Edelgase	1 %	5 %
Summe	100 %	100 %

5 Zusammensetzung der Luft

Gasaustausch in den Lungenbläschen

Durch die Luftröhre gelangt die eingeatmete Luft bis in die Lunge. Wie aber kommt der Sauerstoff von dort in alle Zellen des Körpers und das Kohlenstoffdioxid wieder heraus?
Dieser Gasaustausch findet in den Lungenbläschen statt. Die Lungenbläschen sind mit einem Netz von kleinsten Blutgefäßen überzogen. Die Wände dieser Blutgefäße und die Wände der Lungenbläschen sind so dünn, dass die Sauerstoffteilchen durch sie hindurch gelangen und ins Blut wandern. Mithilfe der roten ▶ Blutkörperchen werden sie dann in alle Zellen des Körpers transportiert.
Auf dem umgekehrten Wege kommen die Kohlenstoffdioxidteilchen aus den Körperzellen in die Lunge. Sie verlassen die Blutgefäße rund um die Lungenbläschen und gelangen in die Lunge. Von dort werden sie mit der Atemluft ausgeatmet.

Kleine Bläschen – große Oberfläche

Lungenbläschen sind klein aber sehr zahlreich. So verfügen sie insgesamt über eine riesige Oberfläche: 100 bis 200 m^2 sind es bei einem Erwachsenen. Nur so kann genug Sauerstoff in den Körper hinein und genug Kohlenstoffdioxid aus dem Körper heraus gelangen.

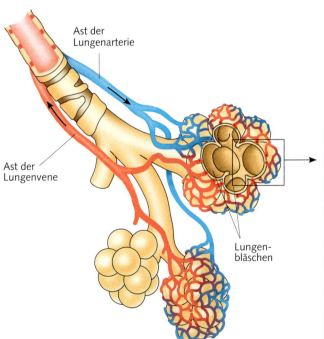

4 Bronchie mit Lungenbläschen

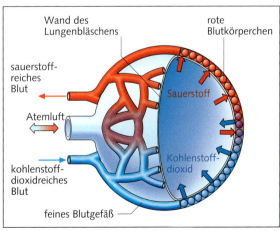

6 Gasaustausch in einem Lungenbläschen

Mit Tabellen und Diagrammen arbeiten

Tabellen erstellen

Oft lassen sich die Ergebnisse von Versuchen oder Beobachtungen gut in einer Tabelle zusammenfassen. Rechts seht ihr das Ergebnis eines Versuches zur Atmung. Alle Schüler und Schülerinnen einer Klasse zählten ihre Atemzüge in Ruhe und unmittelbar nach 20 Kniebeugen.

Tipps zum Erstellen einer Tabelle:
1. Überlegt euch zunächst die Einteilung der Tabelle. Wie groß müssen die Spalten sein? Welche Beschriftung ist wichtig? Eignet sich Quer- oder Hochformat?
2. Zieht die Linien sauber mit einem Lineal.

Atmung bei unterschiedlicher Belastung		
	Atemzüge pro Minute	
	in Ruhe	nach 20 Kniebeugen
Marcel	23	38
Tina	20	41
Ferhat	21	30
Dennis	27	44
Nils	21	39
Dunja	25	35
Kevin	22	34

1 Ergebnistabelle eines Schülerversuchs

Diagramme lesen und erstellen

Um Größen nicht nur als Zahl, sondern auch als Bild deutlich zu machen, stellt man sie in einem Diagramm dar. Diagramme kommen in unterschiedlichen Formen vor. Sehr häufig findet man Säulendiagramme und Kreisdiagramme.
In den Beispielen links und rechts ist die Zusammensetzung der Frischluft als Diagramm dargestellt. Den größten Teil des Diagramms nimmt der Stickstoff als Hauptanteil der Luft ein.

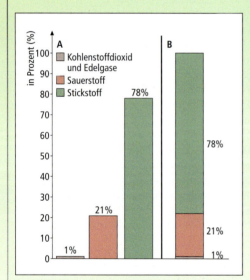

2 Zusammensetzung der Frischluft.
A *Säulendiagramm;* **B** *Streifendiagramm*

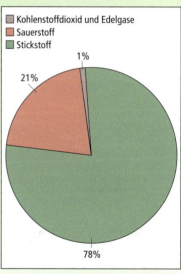

3 Zusammensetzung der Frischluft als Kreisdiagramm

Tipps zum Erstellen eines Säulendiagramms:
1. Überlegt euch zunächst die Länge und Einteilung der senkrechten Achse. Für Prozentangaben eignet sich eine Höhe von 10 cm = 100 mm. Dann entspricht 1 % einer Säulenlänge von 1 mm.
2. Sucht eine passende Beschriftung.
3. Wenn ihr alle Säulen aufeinander stellt, erhaltet ihr einen Streifen von 100 mm Länge, also 100 %.
Man spricht dann von einem **Streifendiagramm**.

📖 **1.** Auf der vorherigen Seite findet ihr in einer Tabelle die Zusammensetzung von eingeatmeter Luft (Frischluft) und ausgeatmeter Luft (Atemluft). Fertigt von beiden ein Säulendiagramm an und vergleicht beide Diagramme.
Wenn ihr die Bilder auf zwei Folien übertragt und beide Folien übereinander legt, lassen sich die Unterschiede besonders gut erkennen.

Gesundheitsbewusstes Leben

Verlaufsdiagramme zeigen Veränderungen

Bei vielen Versuchen braucht man längere Zeit, um eine Entwicklung zu beobachten. Solche Ergebnisse lassen sich gut in einem Verlaufsdiagramm darstellen. Dazu wird die waagerechte Achse mit einer Zeiteinheit versehen. Auf der senkrechten Achse befindet sich eine Messwertskala. Die in bestimmten Zeitabständen gemessenen Werte werden eingetragen und mit Linien verbunden.

Das rechte Beispiel zeigt die Veränderung des Kohlenstoffdioxidanteiles in der Luft eines Klassenzimmers im Verlaufe eines Schultages.

📖 **2.** a) Beschreibt genau, was in dem nebenstehenden Verlaufsdiagramm dargestellt ist.
Was ist die Ursache für das Auf und Ab der beiden Kurven?
b) Ordnet die Kurven den Vorgängen zu:
[A] In den Pausen werden alle Fenster nur gekippt.
[B] In den Pausen werden alle Fenster weit geöffnet.

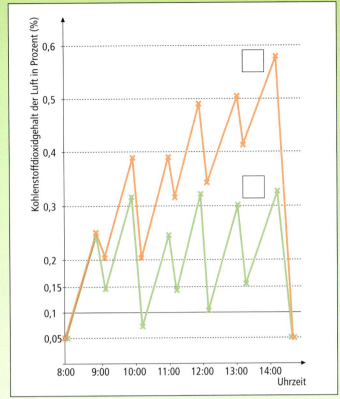

4 Kohlenstoffdioxid in der Luft eines Klassenzimmers

Von einer Tabelle zum Verlaufsdiagramm

Die Schüler einer Klasse überprüfen in Partnerarbeit den Puls vor, während und nach einer Belastung. Der Versuch dauert sieben Minuten. Zu Beginn und zu jeder vollen Minute misst der Partner den Puls der Versuchsperson.

Nach einer Minute macht die Versuchsperson 60 Sekunden lang rasche Kniebeugen. Die beiden unteren Abbildungen zeigen euch die Ergebnistabelle und das dazugehörige Verlaufsdiagramm.

🔍 **3.** Führt den im nebenstehenden Text beschriebenen Versuch selbst durch und fertigt euer persönliches Diagramm wie in der unteren Abbildung an.

Zeit nach Versuchsbeginn in Minuten	Puls in Herzschlägen pro Minute
Beginn	92
1	92
2	136
3	118
4	108
5	100
6	96
7	96

A

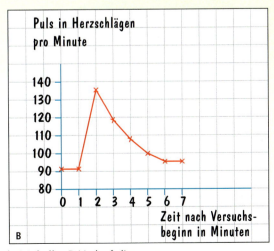

B

5 Entwicklung des Pulses bei körperlicher Belastung. A *Ergebnistabelle*, B *Verlaufsdiagramm*

Rund ums Blut

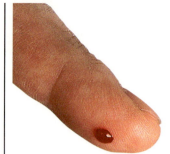

📖 **1.** Beschreibe die Zusammensetzung des Blutes und gib die Aufgaben der einzelnen Blutbestandteile an. Erstelle eine Tabelle.

📖 **2.** Kleinere Wunden hören von selbst auf zu bluten. Beschreibe, wie dieser Vorgang abläuft. Die Abbildungen und Texte auf dieser Seite helfen dir dabei.

Zusammensetzung des Blutes

Die Blutmenge eines Erwachsenen beträgt etwa 5 bis 6 Liter. Das Blut besteht aus flüssigen und festen Bestandteilen. Die Blutflüssigkeit nennt man **Blutplasma**. Es besteht zum größten Teil aus Wasser. Das Blutplasma ist das wichtigste **Transportmittel** in unserem Körper. Es befördert Nährstoffe und andere lebenswichtige Stoffe in alle Zellen unseres Körpers und nimmt von dort Abfallstoffe wieder mit. Außerdem ist das Blutplasma für die gleichmäßige Verteilung der Körperwärme zuständig.

Unter dem Mikroskop werden die festen Bestandteile des Blutes sichtbar, die Blutzellen. Dazu zählen die **roten Blutkörperchen**. Ihre Farbe erhalten sie durch den roten Blutfarbstoff Hämoglobin. Die wichtigste Aufgabe der roten Blutkörperchen besteht im Transport von ▶ Sauerstoff und ▶ Kohlenstoffdioxid.
Die **weißen Blutkörperchen** bekämpfen Krankheitserreger, die durch Wunden in die Blutbahn eingedrungen sind. Die dritte Gruppe der Blutzellen bilden die **Blutplättchen**. Sie sind an der Blutgerinnung beteiligt.

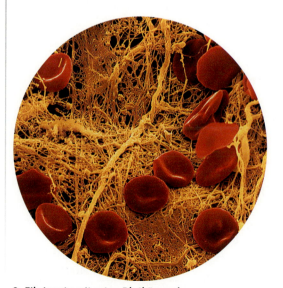

1 Blutgefäß mit Blutbestandteilen (Schema)

2 Fibrinnetz mit roten Blutkörperchen

Wie Blut gerinnt

Wenn Wunden bluten, werden die bei einer Verletzung eingedrungenen Fremdkörper aus der Wunde gespült. Kleine Wunden hören jedoch bereits nach wenigen Minuten auf zu bluten. Das Blut gerinnt, sobald es mit Luft in Berührung kommt.
An diesem Vorgang sind die Blutplättchen beteiligt. Sie sammeln sich an der Wundstelle und geben einen Stoff frei, der dafür sorgt, dass an dieser Stelle ein Netz aus langen Eiweißfäden entsteht. In diesem **Fibrinnetz** bleiben die Blutplättchen und die roten und weißen Blutkörperchen hängen und verschließen die Wunde. Nach einiger Zeit entsteht aus dem eingetrockneten Blut Schorf.

Gesundheitsbewusstes Leben

Blutende Verletzungen

1 Eine Sturzverletzung

Das Pflaster darf nur auf der unverletzten Haut festkleben.
Bei allen blutenden Wunden muss sicher sein, dass der Verletzte den notwendigen Impfschutz gegen Wundstarrkrampf hat. Dies kann man beispielsweise im Impfpass nachlesen.

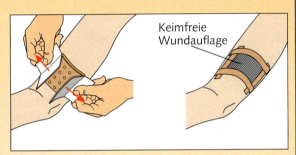

2 Anlegen eines Pflasterverbandes

Im Alltag kann es leicht zu kleineren oder größeren blutenden Verletzungen kommen. Jetzt ist schnelle und richtige Hilfe notwendig.
Wertvolle Hinweise erhältst du unter der Internet-Adresse www.drk.de. Die notwendigen Kenntnisse erlernt man auch in einem **Erste-Hilfe-Kurs.**
Beachte bei allen Hilfsmaßnahmen, dass du zum Eigenschutz stets Schutzhandschuhe trägst.

Was muss ich tun ...

... bei einer Schürfwunde?
Bei einem Sturz vom Fahrrad oder beim Fußballspielen wird oft an den Knien oder Ellenbogen die Haut abgerieben. Die Wunde blutet nur ganz wenig, stattdessen ist eine farblose, wässerige Flüssigkeit in der Wunde zu sehen. Bei solchen Schürfwunden ist die Gefahr einer Infektion durch Verschmutzung gering. Es genügt deshalb meist, die Wunde zu reinigen und mit einem sauberen, keimfreien Verband – am besten aus einem noch ungeöffneten Verbandspäckchen aus dem Verbandskasten – abzudecken oder an der Luft trocknen und dann abheilen zu lassen.

... bei einer mäßig blutenden Wunde?
Manche Verletzungen bluten stärker, da sie so tief gehen, dass Blutgefäße in der Haut aufgerissen werden. Je nach Größe der Wunde verwendet man ein Pflaster oder man legt ein keimfreies Mullkissen auf und befestigt es mit Pflaster auf der Haut.

... bei einer stark blutenden Wunde?
Ein Blutverlust von etwa einem Liter bedeutet bei Erwachsenen bereits **Lebensgefahr.** Eine starke Blutung muss daher unbedingt zum Stillstand gebracht werden. Oft genügt das Anlegen eines Druckverbandes. Dabei darf die Wunde auf keinen Fall berührt oder mit irgendeinem Mittel behandelt werden! Zuerst wird eine sterile Wundauflage auf die Wunde gelegt. Danach macht man mit einem zusammengelegten Dreieckstuch – aus dem Verbandskasten – oder einem Handtuch einen ersten Umschlag. Nun wird ein ungeöffnetes Verbandspäckchen als Druckpolster über die Wunde auf den ersten Umschlag gelegt und mit einem zweiten Tuch festgehalten. Dieser zweite Umschlag wird fest, aber nicht zu kräftig verknotet. Wichtig ist, dass die verletzte Stelle hochgehalten oder hoch gelagert wird. Dann muss so schnell wie möglich mit dem **Notruf 112** Hilfe herbeigerufen werden.

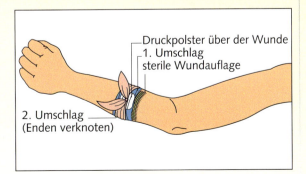

3 Anlegen eines Druckverbandes

Unser Blut ist immer in Bewegung

🔍 **1.** Baut euch ein einfaches Stethoskop (Hörrohr), um die Herztöne eurer Mitschülerinnen und Mitschüler hören zu können.
Verwendet dazu zwei Trichter und einen Schlauch. Beschreibt, was ihr hört.

🔍 **2.** Findet heraus, was der Puls und der Herzschlag miteinander zu tun haben.
Benutzt dazu euer Hörrohr. Arbeitet wie auf dem Bild in Dreiergruppen zusammen.
Formuliert euer Ergebnis als Merksatz.

🔍 **3. a)** Probiert aus, an welchen Stellen des Körpers man seinen Puls fühlen kann. Eine gut geeignete Stelle zeigt das Foto unten.
b) Zählt die Pulsschläge in einer Minute. Wiederholt die Zählung mehrmals – im Sitzen, nach einer körperlichen Anstrengung, nach einer darauf folgenden Ruhepause. Haltet die Ergebnisse in einer Tabelle fest.

🔍 **4.** Untersucht, wie ein Blasebalg funktioniert. Verfolgt den Weg der Luft. Sucht nach Parallelen zur Arbeit des Herzens. Findet für beide einen gemeinsamen Begriff.

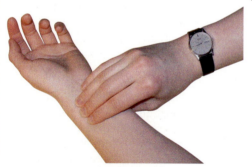

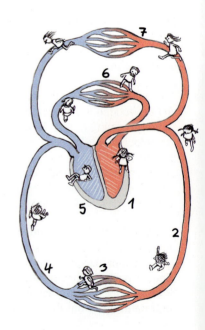

🔍 **5.** Erfindet ein Kreislaufspiel auf dem Schulhof. Die Zeichnung rechts hilft euch dabei.
a) Überlegt zunächst, welche Stationen des Blutkreislaufes in der Zeichnung dargestellt sind.
Sucht für die Positionen 1 bis 7 die passenden Bezeichnungen.
Dabei helfen euch die Abbildungen und der Informationstext.
b) Zum Ablauf des Spieles einige Anregungen:
– Der Weg des Blutes kann mit Kreide auf den Boden gezeichnet werden.
– Einige von euch stellen die roten Blutkörperchen dar, andere die wichtigsten Organe im Blutkreislauf.
– Die roten Blutkörperchen transportieren Sauerstoff und Kohlenstoffdioxid (bunte Karten). Macht euch Gedanken über die Farben der Karten und den Austausch.

Basiskonzept Entwicklung → S. 98 und Struktur und Funktion → S. 260

Gesundheitsbewusstes Leben

Blutgefäße transportieren Stoffe durch unseren Körper

Unser Körper braucht ständig Sauerstoff und Nährstoffe. Das Blut transportiert diese Stoffe zu allen Körperzellen. Gleichzeitig werden Kohlenstoffdioxid und weitere Abfallprodukte von den Zellen abtransportiert. Das Blut fließt in „Röhren", die Gefäße oder **Adern** heißen. Diese Blutgefäße durchziehen den ganzen Körper in einem dichten Netz. Zusammen haben sie eine Länge von etwa 1400 km.

Alle Blutgefäße, die das Blut vom Herzen wegführen, nennt man **Arterien**, und alle Blutgefäße, die zum Herzen hinführen, heißen **Venen**.

Zwei Kreisläufe

Auf seinem Weg durch den Körper durchwandert das Blut zwei Kreisläufe. Verfolgen wir den Weg des Blutes genauer. Aus der linken Herzkammer gelangt es zunächst in das größte Blutgefäß, die Körperarterie oder **Aorta.** Diese verästelt sich in viele kleinere Gefäße, die das Blut in alle Teile des Körpers transportieren. Die Verzweigungen sind schließlich so fein, dass sie nur noch mit dem Mikroskop zu sehen sind. Man nennt sie dann Haargefäße oder **Kapillaren**. Ihre Wände sind so dünn, dass durch sie der Sauerstoff und die Nährstoffe in die Zellen abgegeben und das Kohlenstoffdioxid sowie weitere Abfallstoffe aufgenommen werden können.

Durch die Venen fließt das Blut zurück in die rechte Hälfte des Herzens. Damit ist der **Körperkreislauf** beendet.

Nun schließt sich der **Lungenkreislauf** an. Das kohlenstoffdioxidreiche Blut wird von der rechten Herzkammer in die Lungenarterie gepresst. Diese verzweigt sich und führt zu den beiden Lungenflügeln. Dort gibt das Blut über die Lungenbläschen das Kohlenstoffdioxid an die Atemluft ab und nimmt gleichzeitig Sauerstoff auf. Das sauerstoffreiche Blut strömt nun über die Lungenvene zurück in die linke Hälfte des Herzens. Damit ist der Lungenkreislauf beendet.

Nun beginnt wieder der Körperkreislauf.

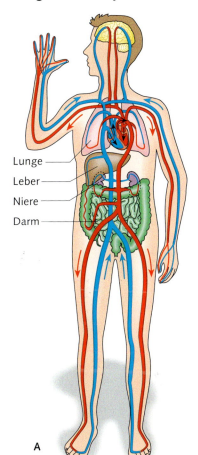
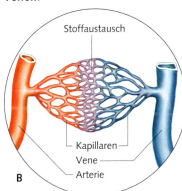

1 Blutgefäße im Körper. A *Kreissystem;* B *Kapillare*

Das Herz – eine starke Pumpe

Das Herz treibt das Blut durch den Körper. Es ist ein faustgroßer kräftiger Hohlmuskel, der im ▶ Brustkorb liegt.
Der Herzmuskel arbeitet ohne Unterbrechung ein Leben lang. Das Herz ist im Inneren durch die **Herzscheidewand** in zwei Hälften getrennt. Links und rechts befinden sich jeweils ein **Vorhof** und eine **Herzkammer.** Diese arbeiten beim Pumpen des Herzens zusammen. Wenn sie sich erweitern, saugen sie das Blut aus den Venen an, wenn sie sich zusammenziehen, drücken sie das Blut in die Arterien. Das Herz arbeitet somit wie eine Saug-Druck-Pumpe. Die Druckwelle des Blutes kann man als Pulsschlag spüren.

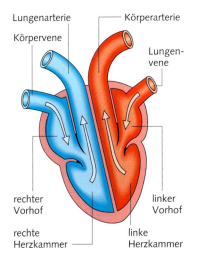

2 Das menschliche Herz (Schema)

Vom Acker auf den Tisch

1. Die Abbildungen zeigen verschiedene Wege, die die Sonnenenergie vom Maisfeld bis auf unseren Teller nehmen kann.
a) Beschreibe diese Wege in eigenen Worten.
b) Ergänze die Beschreibung mit weiteren Beispielen.

2. Kaue einige Maiskörner aus der Dose und berichte, wie sie schmecken. Welche Inhaltsstoffe könnten deiner Meinung nach im Mais zu finden sein?

3. Schreibe alle Zutaten auf, die man zur Zubereitung einer Pizza braucht. Finde heraus, woher die Zutaten kommen oder woraus sie hergestellt werden. Lege eine Tabelle an.

Zutaten	Herkunft
Mehl	Getreide
Tomatenmark	Tomaten

4. Was kann alles aus Tomaten hergestellt werden? Schaue dazu auch in die Lebensmittelregale eines Supermarkts und schreibe alle Produkte auf.

5. Untersuche Winterstreufutter für Vögel. Sortiere dazu die einzelnen Pflanzensamen. Kannst du einzelne Samen benennen?

6. Viele Pflanzensamen enthalten Fett und sind für das Wintervogelfutter deshalb besonders geeignet.
a) Begründe diese Aussage.
b) Welche Samen, die auch im Vogelfutter vorkommen, werden auch für die Herstellung von Lebensmitteln für den Menschen verwendet?

Gesundheitsbewusstes Leben

Gemüse im Kino?
Wer während eines Kinobesuches Popkorn isst, denkt wohl kaum darüber nach, woraus die Knabberei hergestellt wurde. Das Grundprodukt ist der Mais, der weltweit auf großen Feldern angebaut wird. Im Laufe von einigen Monaten wachsen aus den Maiskörnern mannshohe, kräftige Pflanzen heran, an denen die typisch gelben Maiskolben reifen. Der Wachstumsvorgang und die Fruchtbildung sind nur mithilfe der ▶ Fotosynthese möglich, bei der durch Einwirkung der Sonnenenergie Traubenzucker und Stärke gebildet werden. Diese Fotosyntheseprodukte werden neben Eiweiß und Fett in den Maiskörnern gespeichert. Damit ist Mais ein wertvolles Lebensmittel, das wir Menschen in Form von Gemüsemais oder als Popkorn genießen können. Die verschiedenen ▶ Nährstoffe, die nicht nur im Mais enthalten sind, brauchen wir Menschen für alle körperlichen und geistigen Leistungen.

Sonne im Fleisch?
Mais wird auch an Rinder, Schweine und Hühner verfüttert. Auf diese Weise bekommen auch die Tiere Energie und Baustoffe für alle ihre Lebensvorgänge. Bei der Rinder- und der Schweinemast sollen die Tiere möglichst viel Muskelfleisch aufbauen. Isst der Mensch nun das Fleisch dieser Tiere, verwertet er damit **indirekt** die Sonnenenergie, die von der Maispflanze aufgenommen wurde. Diese Energieumwandlungen finden auch während der Entstehung anderer Lebensmittel statt wie bei Kartoffeln, Getreide, Milch und Eiern.

Energiegehalt und Energiebedarf
Der Energiegehalt von Lebensmitteln wird heute in Kilojoule (kJ) angegeben. 100 g Kohlenhydrate und 100 g Eiweiß liefern etwa gleich viel Energie.
In 100 g Fett sind allerdings doppelt so viel Kilojoule enthalten. So hat 100 g mageres Hühnerfleisch etwa 600 kJ im Gegensatz zu 100 g fettem Schweinefleisch mit 1100 kJ.
Der Energiebedarf eines Menschen ist von vielen Faktoren abhängig und ändert sich im Laufe seines Lebens. Während ein 10- bis 13-Jähriger am Tag 8400 bis 9600 kJ braucht, sinkt der Bedarf bei Menschen über 60 Jahren auf etwa 7500 kJ. Extrembergsteiger dagegen benötigen wegen der überdurchschnittlichen körperlichen Belastung 30 000 kJ oder mehr pro Tag.

Lebensmittel – Mittel zum Leben

📝 **1.** Ihr findet auf der Verpackung von Fruchtjogurtsorten eine Liste mit allen Zutaten dieses Lebensmittels.
a) Schreibt alle Zutaten des Jogurts auf und vergleicht eure Listen miteinander. Wo gibt es Übereinstimmungen?
b) Auf dem Etikett findet man auch „Nährwertangaben". Welche Information erhaltet ihr dadurch? Versucht, die Zutaten den verschiedenen Nährstoffgruppen zuzuordnen.
c) Vergleicht die Angaben zum Energiegehalt der Jogurtarten. Welchen Einfluss hat der Fettgehalt auf den Energiegehalt?

Nachweisreaktionen für Nährstoffe

Kohlenhydrat (Stärke)

Tiefblaue Verfärbung beim Auftropfen von Jodlösung

Kohlenhydrat (Traubenzucker)

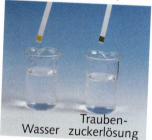

Wasser   Traubenzuckerlösung

Grünfärbung auf dem Glucose-Teststreifen

Fett

Olivenöl
Wasser

Durchsichtiger bleibender Fettfleck auf dem Filterpapier

Eiweiß

Wasser   Eiklar

Grünfärbung auf dem Eiweiß-Teststreifen

📝 **2.** Wie könnt ihr euch einen Fruchtjogurt selbst herstellen? Stellt eine Zutatenliste auf und vergleicht sie mit den gekauften Sorten.

🔍 **3.** Untersucht bei folgenden Lebensmitteln, ob sie Stärke, Traubenzucker, Fett oder Eiweiß enthalten: Vollkornbrot, Knäckebrot, Kartoffel, Milch, Eiklar, Eidotter, Obstsaft, zerkleinertes Fleisch, Butter, Kaffee, Mineralwasser, Tee.

Tipps: Wenn nötig, zerkleinert das Lebensmittel und gebt etwas Wasser hinzu. Legt eine Tabelle für alle untersuchten Lebensmittel an, so dass ihr alle Ergebnisse übersichtlich eintragen könnt. Vergleicht eure Ergebnisse mit denen eurer Klassenkameraden.

Basiskonzept System → S. 54

Gesundheitsbewusstes Leben

4. „Am liebsten würde ich nur von Vollmilchschokolade leben", sagt Julian.
a) Finde mithilfe der Angaben auf der Verpackung heraus, wie viel Kohlenhydrate, Fette und Eiweiße in 100 g Vollmilchschokolade enthalten sind.
b) Ein Jugendlicher sollte am Tag etwa 320 g Kohlenhydrate, 80 g Eiweiß und 60 g Fett zu sich nehmen. Wie viel Schokolade müsste Julian am Tag essen, um genügend Kohlenhydrate zu bekommen? Ist damit auch sein Bedarf an Eiweiß und Fett gedeckt? Welche lebenswichtigen Stoffe fehlen völlig in der Schokolade?
c) Beurteile abschließend, ob die „Schokoladendiät" eine gute Alternative zu einer abwechslungsreichen Ernährung ist. Begründe deine Meinung.

5. Nach schweren Umweltkatastrophen wie Erdbeben oder Überschwemmungen drohen oft viele Menschen zu verhungern. In einer ersten Hilfsaktion werden die Einwohner zum Beispiel mit Mehl, Erbsen und Speiseöl versorgt. Begründe, warum gerade diese Lebensmittel für die Grundversorgung ausgewählt werden.

6. Schaue auf die Zutatenliste von Mineralwasser, Apfelschorle, Eistee und Cola-Getränken.
a) Liste die Zutaten auf.
b) Welche Getränke erscheinen dir als Durstlöscher besonders geeignet zu sein? Begründe deine Wahl.

7. Fettarme Wurst wird oft als besonders gesund bezeichnet und teuer verkauft. Was ist das Besondere an dieser Wurst? Untersuche eine normale und eine fettarme Fleischwurst auf ihren Wasser- und Fettgehalt. Stelle die Ergebnisse in einem ▶ Diagramm dar und vergleiche sie.
Beachte die ▶ Sicherheitsbestimmungen.

Bestimmung des Wassergehalts:
Ziehe von einer Fleischwurst die Pelle ab und zerkleinere die Wurstmasse. Wiege ein Becherglas und gib 20 g Wurstmasse in das Glas. Erhitze sie langsam unter ständigem Rühren, bis kein Wasser mehr verdampft. Die Masse sollte auf keinen Fall anbrennen. Damit noch restliches Wasser verdunsten kann, stelle das Becherglas einen Tag lang an einem warmen Ort.
Was musst du anschließend tun, um den Wassergehalt in g angeben zu können?

Bestimmung des Fettgehalts:
Die entwässerte, gewogene Fleischwurstportion wird mit Waschbenzin bedeckt, gut vermengt und anschließend filtriert. Welche Wirkung hat das Waschbenzin? Lass den Filterrückstand einen Tag lang unter dem Abzug stehen. Wie bestimmst du dann den Fettgehalt der Wurst?

Lebensmittel – Mittel zum Leben

Alle Menschen dieser Erde müssen essen, um zu leben. Bei den Chinesen kommt täglich Reis auf den Tisch, dazu gibt es z. B. Soja- und Bambussprossen. Die Europäer essen gerne Kartoffeln oder Nudeln mit Fleisch und Gemüse. Auch wenn die tägliche Nahrung sehr unterschiedlich sein kann, enthalten alle unsere Lebensmittel die drei lebenswichtigen Nährstoffgruppen: Kohlenhydrate, Eiweiße und Fette. Sie bilden auf der ganzen Welt die Grundlage für eine ausreichende Versorgung des Körpers.

Kohlenhydrate

Damit unsere Muskeln gut arbeiten und auch unser Gehirn leistungsfähig ist, müssen wir jeden Tag in ausreichender Menge Kohlenhydrate zu uns nehmen. Sie sind für den Menschen die lebenswichtigen Energiespender. So wie für das Auto der Kraftstoff unentbehrlich ist, sind die Kohlenhydrate für den Menschen die **Betriebsstoffe.** Zu ihnen zählt die **Stärke,** die zum Beispiel in Kartoffeln und Getreideprodukten vorkommt. Aber auch alle Arten von **Zucker,** die in Obst, Gemüse und Süßwaren zu finden sind, gehören zu den Kohlenhydraten.

Eiweiße

Die Eiweiße, die man auch Proteine nennt, sind als **Baustoffe** für den Menschen lebenswichtig. Sie werden für das Wachstum des Körpers, die Erneuerung unserer Zellen und ein gut funktionierendes Abwehrsystem des Körpers benötigt. Eiweiße sind im Ei und in anderen tierischen Produkten wie Fleisch, Fisch und Milch enthalten. Es gibt aber auch pflanzliche Eiweißquellen wie Erbsen, Bohnen, Linsen, Nüsse und Kartoffeln. Wenn man tierische und pflanzliche Eiweiße in einem Gericht kombiniert, wie zum Beispiel bei „Kartoffeln und Quark", hat man eine optimale Versorgung erreicht, die besonders für Kinder und Jugendliche im Wachstumsalter wichtig ist.

Fette

Fette sind wertvolle Energielieferanten und gehören deshalb auch zu den **Betriebsstoffen.** Ein Gramm Fett liefert etwa doppelt so viel Energie wie ein Gramm Kohlenhydrat. Fette dienen einerseits als Energiereserve bei Hunger und körperlichen Anstrengungen, anderseits helfen sie bei der Aufnahme und Bildung einiger Vitamine. In Maßen genossen sind auch Fette für eine gesunde Ernährung notwendig. Besonders Meeresfisch und pflanzliche Lebensmittel wie Öle und Nüsse enthalten wertvolle Fette. Einige Nahrungsmittel bestehen jedoch zu einem großen Anteil aus Fett, ohne dass man es sieht oder deutlich herausschmeckt. Solche „versteckten" Fette finden wir in Wurst, Käse, Pommes frites und in vielen Schokoladenprodukten. Täglicher Verzehr von fettreichen Nahrungsmitteln kann zu Übergewicht und gesundheitlichen Problemen führen.

Vitamine, Mineralstoffe und Spurenelemente

Auch wenn wir ausreichend Kohlenhydrate, Eiweiße und Fette zu uns nehmen, kann es sein, dass zu einer gesunden Ernährung wesentliche Stoffe fehlen. So beobachtete man im Mittelalter, dass Seeleute auf langen Reisen trotz ausreichender Nahrung an schmerzhaften Erkrankungen

1 Inhaltsstoffe unserer Nahrungsmittel

Gesundheitsbewusstes Leben

des Zahnfleischs litten, nichts mehr essen konnten und schließlich starben. Den Seeleuten fehlte das lebenswichtige Vitamin C, das in frischem Obst und Gemüse vorkommt.

Heute kennt man 13 unterschiedliche **Vitamine**, die mit Großbuchstaben bezeichnet werden. Vitamine wirken schon in kleinsten Mengen und beeinflussen so lebenswichtige Vorgänge. Der menschliche Körper kann sie nicht selber herstellen. Das Vitamin D ist für Kinder und Jugendliche besonders wichtig, denn es unterstützt den Aufbau von Knochen und Zähnen. Wer intensiv Sport treibt, braucht ausreichend

Mineralstoffe. Das Magnesium ist ein solcher Mineralstoff, der für die störungsfreie Arbeit der Muskulatur – auch der des Herzens – unentbehrlich ist. Bei Muskelkrämpfen kann man sich mit Magnesiumtabletten helfen, aber auch in grünem Gemüse, in Salat und Petersilie ist reichlich Magnesium enthalten. Da man beim Sport zusätzlich Mineralstoffe mit dem Schweiß verliert, muss für genügend Nachschub gesorgt werden. Kalzium, Kalium und Natrium sind weitere Mineralstoffe, die für den Aufbau von Knochen und Zähnen und die Herz – Nerven- und Muskeltätigkeit besonders wichtig sind.

Um die Versorgung mit **Spurenelementen** wie Eisen, Zink und Jod müssen wir uns wenig Sorgen machen. Man braucht sie nur in allerkleinsten Mengen, um den Bedarf zu decken. Ernähren wir uns abwechslungsreich und gesund, nehmen wir Vitamine, Mineralstoffe und Spurenelemente in ausreichender Menge mit der Nahrung auf.

Ballaststoffe

In einigen Lebensmitteln sind Stoffe vorhanden, die im Darm nicht verdaut werden können. Diese pflanzlichen Faserstoffe, die man Ballaststoffe nennt, findet man reichlich in Vollkornprodukten, Obst und Gemüse. Ballaststoffe füllen unseren Magen und lassen uns eher satt sein. Auch wird der Nahrungsbrei im Darm schneller transportiert und so können schädliche Abbauprodukte besser ausgeschieden werden.

Wasser

Jeden Tag verliert der menschliche Körper über den Urin, die Haut und die ▶ Atmung mindestens 2 Liter Wasser. Diese Menge muss wieder aufgefüllt werden, denn Nieren, Herz, Kreislauf und Gehirn brauchen reichlich Flüssigkeit, um störungsfrei zu funktionieren. Wasserreiche Lebensmittel wie Gurke, Melone, Kohl, Salat und viele Obstsorten können zusammen mit ausreichendem Trinken von überwiegend ungesüßten Getränken unseren Flüssigkeitsbedarf decken.

Nährstoffbedarf

Wie viel Kohlenhydrate, Fett und Eiweiß sollte man zu sich nehmen, um sich gesund zu ernähren? Der Bedarf an Nährstoffen ist für jeden Menschen unterschiedlich hoch. Er ist abhängig vom Alter, Geschlecht, von der Körpergröße, dem Gewicht und der körperlichen Aktivität. Ein Kind, das noch im Wachstum ist, braucht verständlicherweise mehr Nährstoffe als ein alter Mensch. Ein 11 bis 12 Jähriger sollte reichlich Kohlenhydrate, ausreichend Eiweiß und wenig Fett zu sich nehmen.

Immer gut drauf

1. a) Beschreibe mithilfe der Fotos kurz Jonas' Tagesablauf.
b) Mit den Mahlzeiten nimmt Jonas eine bestimmte Menge an Nährstoffen zu sich, die einen unterschiedlichen Energiegehalt haben. Du findest die entsprechenden Angaben in Kilojoule auf den Bildern. Berechne die Menge an Energie, die Jonas an diesem Tag aufnimmt.
c) Ordne jeder Tätigkeit von Jonas mithilfe der Abbildung 1 auf der folgenden Seite den Energieaufwand zu und addiere die Werte. Jonas lernt 6 Stunden in der Schule und schläft etwa 10 Stunden. Für die 5 Stunden, die an dem Tag nicht im Einzelnen angegeben worden sind, kannst du 1000 kJ berechnen.
d) Vergleiche den Gesamtenergiegehalt seiner Nahrung mit dem jeweiligen Gesamtenergieaufwand.
Wie würde sich Jonas Körper verändern, wenn jeder Tag so abliefe?

2. Mache Vorschläge, was Jonas verändern könnte, um Nahrungszufuhr und Energieaufwand auszugleichen.

3. Jonas nimmt zuhause kein Frühstück zu sich. Beschreibe mithilfe der Leistungskurve in Abbildung 3, welche Auswirkungen dies haben kann.

4. Liste deine Tätigkeiten für die Tage einer Woche auf und berechne, welcher Energieaufwand sich daraus ergibt. Vergleiche mit deinen Mitschülerinnen und Mitschülern.

5. Schau dir die Zusammensetzung der Mahlzeiten von Jonas an. Welche Lebensmittelgruppe fehlt? Was kann er tun, um sich abwechslungsreicher zu ernähren?

6. a) Jonas isst eine Fertigpizza. Nenne Zutaten einer Fertigpizza. Angaben dazu findest du auf der Verpackung. Recherchiere und erkläre die dir unbekannten Zutaten.
b) Nenne Unterschiede zu einer selbstgemachten Pizza.
c) Beschreibe mithilfe der Abbildung 1 auf der folgenden Seite, wie du die Energie, die du durch den Verzehr einer solchen Pizza aufgenommen hast, wieder verbrauchen kannst.

Gesundheitsbewusstes Leben

Während unserer gesamten Lebenszeit benötigt unser Körper Energie. Rund um die Uhr arbeiten alle inneren Organe des Menschen wie Herz, Lunge und auch das Gehirn. Um diese lebenswichtigen Vorgänge aufrecht zu erhalten, ist ständig Energie nötig – auch wenn wir schlafen. Hinzu kommt noch der Energiebedarf für körperliche und geistige Leistungen, wie sie zum Beispiel in der Schule erwartet werden. Deshalb müssen wir regelmäßig essen.
▶ Lebensmittel enthalten die notwendigen Nährstoffe, die unseren Körper mit Energie versorgen.

Sind die Zufuhr und der Aufwand von Energie in etwa ausgeglichen, bleibt das Körpergewicht ungefähr gleich. Ausgewogene Ernährung und regelmäßige sportliche Bewegung helfen uns dabei. Außerdem wird das Herz trainiert und der Körper gut durchblutet. Dadurch werden alle Organe ausreichend mit Sauerstoff versorgt, was auch dem Gehirn zugute kommt.

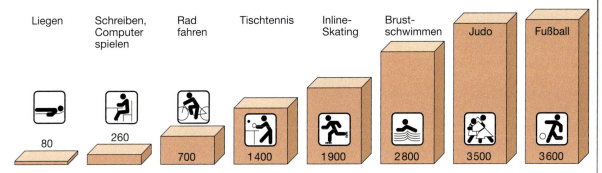

1 Energieaufwand für verschiedene Tätigkeiten in kJ pro Stunde

Die richtige Auswahl

Wenn wir ▶ Lebensmittel einkaufen, finden wir in den Regalen ein großes Angebot, aus dem wir wählen können. Wie aber treffen wir die richtige Wahl?
Dabei ist es hilfreich, ähnliche Lebensmittel in Gruppen zusammenzufassen. Milch, Fleisch und Fisch enthalten beispielsweise wertvolles ▶ Eiweiß und ▶ Fett, daher bilden sie eine Gruppe in der dargestellten Ernährungspyramide. Ernährungswissenschaftler sagen, dass es keine „supergesunden", aber auch keine „verbotenen" Lebensmittel gibt. Es kommt vielmehr darauf an, wie oft und in welcher Menge wir von einer bestimmten Lebensmittelgruppe essen. Wenn wir uns abwechslungsreich ernähren, schaffen wir die besten Voraussetzungen für eine gesunde Ernährung. In der Abbildung 2 sind die wichtigsten Erkenntnisse zusammengefasst. Lebensmittel aus der unteren breiten Stufe wie Vollkornbrot, Kartoffeln, Nudeln, Müsli und Reis sollte man reichlich mit 4 bis 5 Portionen am Tag genießen. Sie enthalten das
▶ Kohlenhydrat Stärke, das uns über lange Zeit mit Energie versorgt. Unter einer Portion versteht man z. B. eine Scheibe Brot oder 2 bis 3 Kartoffeln.

2 Lebensmittelgruppen in der Ernährungspyramide

Auch aus der Obst- und Gemüsegruppe solltest du 4 bis 5 Mal am Tag zugreifen. So nimmst du genügend ▶ Vitamine und ▶ Mineralstoffe zu dir. Milch und Milchprodukte liefern lebenswichtiges Eiweiß. Hiervon reichen 2 bis 3 Portionen täglich, also beispielsweise ein Glas Milch und 2–3 Scheiben Käse. Zudem solltest du 2–3 Portionen Fleisch und Wurst, allerdings wöchentlich, zu dir nehmen. Fisch sollte 1–2 mal in der Woche verzehrt werden.

Butter, Schmalz oder Wurst enthalten tierische Fette, die möglichst nicht zu oft auf den Tisch kommen sollten. Pflanzliche Öle jedoch wie z. B. das Oliven- oder Distelöl, das man in der Salatsoße oder zum Braten verwenden kann, oder auch Nüsse sind gesund und lebenswichtig.

An der Spitze der Ernährungspyramide findest du alle stark zuckerhaltigen Lebensmittel wie Schokolade, süße Getränke, Eis, Kuchen und andere Süßigkeiten. Wenn du diese Produkte nur hin und wieder genießt, ist das in Ordnung.

Fix und fertig

Viele Menschen wählen heutzutage Fertigprodukte aus, wenn sie nicht lange in der Küche stehen wollen. Im Vergleich zu frisch zubereitetem Essen enthalten diese Produkte häufig weniger Gemüse, Obst oder Fleisch als man erwarten würde. Um den Mangel auszugleichen, werden so genannte „Zusatzstoffe" verwendet. Vielfach findet man Aromastoffe und Geschmacksverstärker in Fertigprodukten, um sie möglichst schmackhaft zu machen. Farbstoffe verleihen ein gutes Aussehen, Verdickungsmittel und Emulgatoren machen eine Speise cremig. Gegen den Verderb der Produkte wirken Konservierungsmittel und Antioxidantien. Häufig haben die Fertiggerichte zudem einen hohen Fett- oder Zuckeranteil.

Wer auf eine gesunde, vitaminreiche Ernährung Wert legt, sollte auf Fertigprodukte weitgehend verzichten und seine Nahrung selbst aus frischen Zutaten herstellen.

Gut durch den Tag

Wir Menschen sind im Laufe eines Tages nicht immer gleich leistungsstark. Nach der langen Nacht müssen wir unsere Energiereserven wieder auffüllen. Ein Frühstück mit ausreichend Kohlenhydraten hilft uns dabei. Auch kleine Zwischenmahlzeiten am Vormittag und Nachmittag können dazu beitragen, während des Tages leistungsfähiger zu bleiben. Neben der richtigen Auswahl der Lebensmittel darf man auch die Zufuhr von Wasser nicht vergessen. Wer über den Tag verteilt 1,5 bis 2 Liter Wasser, ungesüßten Früchtetee oder Apfelschorle trinkt, versorgt seinen Körper mit ausreichend Flüssigkeit und fördert so die Arbeit der inneren Organe.

Mineralwasser oder Früchtetee 1,5 l täglich

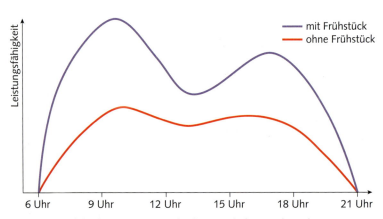

3 Leistungsfähigkeit im Tagesverlauf mit und ohne Frühstück

Gesundheitsbewusstes Leben

Gesund und lecker

Lernen im Team

Ein „Zwei-Gänge-Menü", das gesund ist und gut schmeckt, selbst herzustellen, ist gar nicht so schwer. Dazu findet ihr hier zwei Rezeptvorschläge, die ihr mit eigenen Ideen ergänzen könnt.

1. Einkauf der Lebensmittel
Lest die beiden Rezepte für die „Schnelle Pizza" und das „Früchtetiramisu" durch. Stellt eine Zutatenliste auf und berechnet die Einkaufsmengen für die gesamte Klasse. Organisiert den Einkauf.

2. Zubereitung des Menüs
Welche Geräte braucht ihr zur Herstellung beider Gerichte? Welche Arbeitsschritte sind nötig? Stellt die erforderlichen Zutaten zusammen und verteilt die einzelnen Aufgaben in eurer Gruppe.

Schnelle Pizza (Rezept für eine Person)
Bestreiche 2 Scheiben Vollkornbrot mit 40 g Tomatenmark und würze mit italienischen Kräutern. Würfle eine halbe rote Paprika und vermische sie mit 2 Esslöffeln Maiskörnern aus der Dose. Verteile die Gemüsemischung auf den bestrichenen Brotscheiben und bestreue sie mit 40 g geriebenem Käse. Überbacke die „Pizzen" 10 bis 15 min im Ofen, bis der Käse geschmolzen ist.

Früchtetiramisu (Rezept für eine Person)
Wasche etwa 80 g frische Früchte (z. B. Erdbeeren, Himbeeren oder Pfirsiche) und schneide sie in Stücke. Gib sie zusammen mit 10 g Zucker oder Sirup in eine Schüssel und lasse sie 20 min ziehen. Zerbrösele 15 bis 20 g Löffelbiskuit möglichst fein. Rühre unter 150 g Naturjogurt (1.5 % Fett) ein Tütchen Vanillezucker. Jetzt schichte die einzelnen Zutaten in ein hohes Glas: Zuerst kommt die Hälfte des Löffelbiskuit auf den Boden, dann die Hälfte der Früchte, dann die Hälfte des Jogurts. Schichte 3 weitere Lagen in gleicher Reihenfolge darüber.
Zum Schluss streue 5 g gehackte Mandeln darüber und lasse das Tiramisu durchziehen.

Zutaten	Energie in kJ	Eiweiß in g	Kohlenhydrate in g	Fett in g
100 g Vollkornbrot	1000	7	46	1
40 g Tomatenmark	90	1	3	0
100 g Paprika	140	1	6	0,4
50 g Mais	180	8	8	4
40 g Emmentaler	700	12	0	12
80 g Früchte	110	0,8	4	0,3
10 g Zucker/Sirup	65	0	10	0
15 g Löffelbiskuit	200	1,2	10	0,5
5 g Mandeln	130	1	0,5	2,7
150 g Jogurt	130	4	6	2

3. Berechnung der Nährwerte
Berechnet mit Hilfe der Tabelle, wie viel Energie, Kohlenhydrate, Eiweiß und Fett die Gerichte enthalten.
a) Ein Jugendlicher sollte ca. 9000 kJ am Tag zu sich nehmen. Wie groß ist die Energiemenge, die er mit Pizza und Tiramisu seinem Körper zuführt?
b) Bei einer ausgewogenen Ernährung sollte man etwa viermal so viel Kohlenhydrate wie Eiweiß und Fett essen. Stellt das Mengenverhältnis dieser Nährstoffgruppen für die Pizza und das Tiramisu fest und vergleicht es mit den geforderten Angaben. Berichtet euern Klassenkameraden, was ihr herausgefunden habt.

Gut gekaut ist halb verdaut

🔍 **1.** Beiß in einen Apfel und betrachte die Zahnabdrücke an der Bisskante. Welche Zähne sind beim Abbeißen, welche beim Kauen beteiligt? Wie „arbeitet" die Zunge?

🔍 **2.** Betrachte deine Zähne mit einem Taschenspiegel. Welche Zahntypen kannst du unterscheiden?

🔍 **3. a)** Überprüfe mit Färbetabletten aus der Apotheke oder dem Drogeriemarkt, ob du beim Zähneputzen den Zahnbelag vollständig entfernt hast. An welchen Stellen hält sich der Belag („Plaque") besonders hartnäckig?

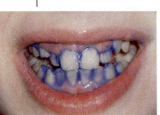

b) Beschreibe mithilfe von Abbildung 3 das richtige Putzen der Zähne. Korrigiere bei Bedarf deine gewohnte Technik.

Alarm im Zahn
Karies bleibt ein Problem

Braunschweig: Schulzahnärzte schlagen Alarm: Bereits bei 75% der 12-Jährigen hat die Zahnfäule deutliche Spuren hinterlassen.

„Gründe für diesen Trend sind mangelnde Zahnpflege sowie Süßigkeiten und zuckerhaltige Getränke", erläutert Schulzahnarzt Peter Bohr. „Im klebrigen Zahnbelag können sich Bakterien hervorragend vermehren. Die Bakterien zersetzen zuckerhaltige Speisereste und bilden dabei Säuren. Wirken diese lang genug auf den Zahn ein, wird zuerst der Zahnschmelz, später auch das Zahnbein zerstört. Schmerzen treten leider erst dann auf, wenn sich Zahnhöhle und Wurzelhaut bereits entzündet haben." Verhindern, so Zahnarzt Bohr, lässt sich die Karies nur durch sorgfältige Zahnpflege und regelmäßige Besuche beim Zahnarzt.

📖 **4.** Erläutere mithilfe des Zeitungsartikels die Entstehung von Karies.

📝 **5.** Stehen die Zähne schief oder „auf Lücke" im Kiefer, können sie durch eine Zahnspange korrigiert werden.
a) Welche Probleme können bei Fehlstellungen der Zähne auftreten?
b) Erkunde Genaueres über Art und Dauer einer kieferorthopädischen Behandlung.

📝 **6. a)** Welche Zahnflächen lassen sich mit Zahnseide besonders gut reinigen? Lass dir die richtige Anwendung zeigen.
b) Fluoridhaltige Zahncremes schützen die Zähne besonders gut. Recherchiere, wie Fluorid auf die Zähne wirkt.
c) Sind Zahnpflege-Kaugummis ein Ersatz für das Zähneputzen? Begründe.
d) Warum sollte man Süßigkeiten mit dem rechts abgebildeten Zahnschutz-Symbol bevorzugen?

Basiskonzept Struktur und Funktion → S. 260

Gesundheitsbewusstes Leben

Zähne zerkleinern die Nahrung

Vorne im Kiefer sitzen die **Schneidezähne.** Mit ihren schmalen, fast scharfen Kanten sind sie zum Abbeißen gut geeignet. Unterstützt werden sie dabei von spitzen **Eckzähnen.** Sie halten zähe Teile der Nahrung fest. Beim Kauen werden die Nahrungsbrocken zwischen den breiten Kauflächen der **Backenzähne** zerquetscht und zermahlen, bevor sie schließlich heruntergeschluckt werden können.

□ Schneidezähne
□ Eckzähne
□ vordere Backenzähne
□ hintere Backenzähne
□ Weisheitszähne

1 Milchgebiss (innen) und Dauergebiss (außen)

Milchgebiss und Dauergebiss

Bei Kleinkindern entwickelt sich bis zum Alter von 2 bis 3 Jahren zunächst das **Milchgebiss** mit 20 Zähnen. Etwa vom 6. Lebensjahr an wachsen im Kiefer die Zähne des **Dauergebisses** heran. Sie schieben die Milchzähne vor sich her, bis diese schließlich locker werden und ausfallen. Das vollständige Dauergebiss des Erwachsenen besteht aus 32 großen, bleibenden Zähnen. Die hintersten Backenzähne, die oft erst nach dem 23. Lebensjahr erscheinen, nennt man Weisheitszähne.

Aufbau des Zahnes

Den sichtbaren Teil des Zahnes, die **Zahnkrone,** überzieht eine porzellanähnliche Schicht. Dieser Zahnschmelz ist die härteste Substanz des Körpers. Er schützt den Zahn lebenslang vor Abnutzung. Darunter befindet sich das knochenähnliche Zahnbein. Die **Zahnwurzel** sitzt unsichtbar im Kieferknochen. Hier ist das Zahnbein von Zahnzement überzogen. Haltefasern der Wurzelhaut sorgen für eine feste Verankerung des Zahnes im Kiefer.
Die **Zahnhöhle** wird von Blutgefäßen durchzogen. Sie versorgen den Zahn mit Nährstoffen und Sauerstoff. Nerven machen ihn temperatur- und schmerzempfindlich. Zähne sind also keine toten Werkzeuge, sondern lebende Körperteile.

Gesunde Zähne durch gute Pflege

Unsere Zähne werden täglich stark beansprucht. Trotz ihrer Härte bleiben sie deshalb nur bei sorgfältiger Pflege gesund. Nach jeder Mahlzeit sollten die Zähne 3 Minuten lang gründlich gesäubert werden. Regelmäßige Vorsorgeuntersuchungen beim Zahnarzt sorgen dafür, dass bereits kleine kariöse Stellen erkannt und rechtzeitig behandelt werden. Mit dem Bohrer wird zunächst das kranke Zahnmaterial entfernt. Anschließend wird das Loch durch eine Füllung (Plombe) verschlossen.

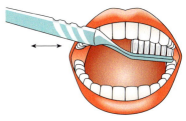

Kauflächen kräftig schrubben

Außenflächen kreisend bürsten

Zahninnenseiten kreisend putzen

3 Richtige Putztechnik

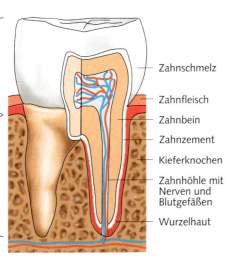

2 Bau eines Backenzahnes

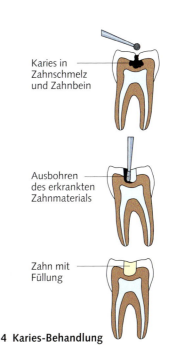

Karies in Zahnschmelz und Zahnbein

Ausbohren des erkrankten Zahnmaterials

Zahn mit Füllung

4 Karies-Behandlung

193

Der Weg der Nahrung durch den Körper

🔍 **1.** Versuche, im Handstand mit einem Strohhalm aus einem Becher zu trinken. Gelangt das Getränk entgegen der Schwerkraft in den Magen? Erkläre.

📖 **2. a)** Nenne die Aufgaben aller im Text fett gedruckten Organe. Fertige dazu eine Tabelle der „Verdauungs-Stationen" an.
b) Der Text nennt vier verschiedene Verdauungsflüssigkeiten. Notiere auch deren Funktion.

📖 **3.** Bei welchem Organ finden wir wie beim Darm eine Oberflächenvergrößerung? Wozu dient sie dort?

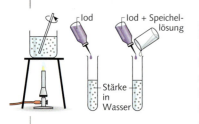

🔍 **4. a)** Gib eine Messerspitze Stärke in 300 ml Wasser. Koche die Aufschwemmung unter Rühren auf und lasse sie dann auf ca. 37 °C abkühlen.
b) Gieße 2 Reagenzgläser mit der Stärkeaufschwemmung halb voll. Gib je 3 Tropfen ▶ Jod-Kaliumiodidlösung hinzu.
c) Gib in ein Reagenzglas zusätzlich etwas Mundspeichel und schüttle vorsichtig. Beobachte die Veränderungen über 30 min.
d) Fertige ein ▶ Versuchsprotokoll an.

📝 **5.** Verdauungsorgane machen sich oft erst dann bemerkbar, wenn sie nicht richtig „funktionieren". Recherchiere die Ursachen von Durchfall, Verstopfung und Erbrechen.

Verdauung bedeutet Zerkleinerung
Ein Käsebrötchen enthält wichtige ▶ Nährstoffe: das Kohlenhydrat Stärke, sowie Fette und Eiweiße. Damit diese vom Körper genutzt werden können, müssen sie schrittweise in ihre kleinsten Bestandteile zerlegt werden. Diesen Vorgang nennt man **Verdauung**.

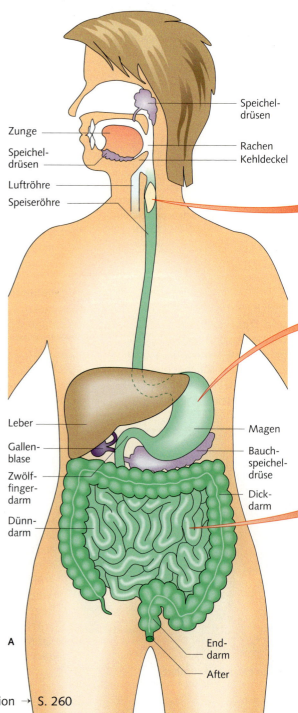

A

Basiskonzept System → S. 54 und Struktur und Funktion → S. 260

Verdauung beginnt im Mund

Beim Kauen wird die Nahrung durch die Zähne mechanisch zerkleinert. **Speicheldrüsen** sondern täglich etwa 1,5 Liter Speichel ab, der den Bissen gleitfähig macht. Speichel enthält außerdem ein Verdauungsenzym, das Stärke in Zuckerbausteine zerlegt.

Von der Zunge wird der Bissen an den Gaumen gedrückt und dann geschluckt. So gelangt er in die 25 cm lange Speiseröhre. Die Muskeln der **Speiseröhre** ziehen sich hinter dem Speisebrocken wellenförmig zusammen und befördern ihn so schubweise in den Magen.

Nützliche Säure im Magen

Der sich im **Magen** sammelnde Speisebrei wird durch Bewegungen der Magenmuskulatur kräftig durchgeknetet. Dabei wird er mit Magensaft vermischt. Magensaft wird in den Drüsen der Magenschleimhaut produziert und enthält verdünnte Salzsäure. Sie tötet Bakterien und Keime ab, die mit der Nahrung aufgenommen werden. Magensaft trägt außerdem dazu bei, dass Eiweißstoffe in ihre Bausteine aufgespalten werden.

Komplette Zerlegung der Nährstoffe im Dünndarm

Durch einen ringförmiger Muskel am Magenausgang, den Pförtner, wird der Nahrungsbrei portionsweise in den 3 bis 4 m langen **Dünndarm** abgegeben. Dort wird er von wellenförmigen Bewegungen der Darmwandmuskulatur langsam weitertransportiert.
In den ersten Abschnitt des Dünndarms, den Zwölffingerdarm, geben Gallenblase und Bauchspeicheldrüse Verdauungsflüssigkeiten mit Verdauungsenzymen ab. Die Gallenflüssigkeit wird in der Leber erzeugt. Sie zerlegt Fette in kleinste Tröpfchen und unterstützt so deren Verdauung. Die Verdauungssäfte der Bauchspeicheldrüse und weitere aus der Dünndarmwand sorgen dafür, dass bisher noch nicht vollständig verdaute Kohlenhydrate, Eiweiße und Fette in ihre Bestandteile zerlegt werden.

2 Zerlegung der Nährstoffe (Schema)

Ins Blut und auf die Reise

Die Oberfläche der Dünndarm-Innenwand wird durch viele Falten, auf denen winzige fingerförmige Dünndarmzotten sitzen, auf über 150 m² vergrößert. So kann der Darm eine große Menge Nährstoffbausteine gleichzeitig aufnehmen. Durch die dünne Wand der Darmzotten gelangen die zerlegten Nährstoffbausteine ins ▶ **Blut**. Über den ▶ Blutkreislauf werden sie dann zu allen Körperzellen transportiert und versorgen diese mit Energie und Baustoffen.

Im Dickdarm: Nur nichts verschwenden

Unverdauliche Reste, die ▶ Ballaststoffe, gelangen in den **Dickdarm**. Dort werden dem noch flüssigen Brei Wasser und Mineralstoffe entzogen, die der Körper noch verwenden kann. Die unverdaulichen Reste sammeln sich schließlich im Enddarm und werden als Kot durch den **After** ausgeschieden.

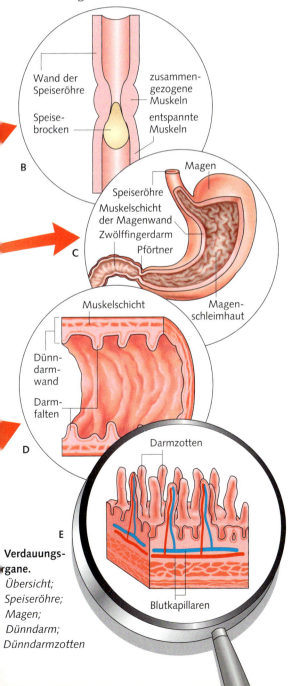

Verdauungsorgane. Übersicht; Speiseröhre; Magen; Dünndarm; Dünndarmzotten

Schönheit und Fitness – kritisch betrachtet

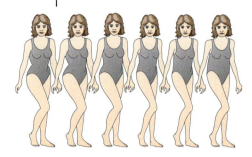

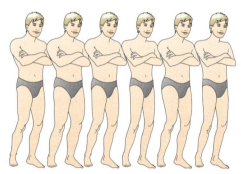

📖 **1.** Mithilfe der Abbildungen wurde in einem Test überprüft, welche Frau und welcher Mann als besonders attraktiv gelten.
a) Beschreibe, worin sich jeweils die Abbildungen der Frauen unterscheiden.
b) Die meisten Personen fanden die erste Frau links oben attraktiv. Welches Schönheitsideal verbirgt sich dahinter?
c) Betrachte die Abbildungen der Männer. Welcher Mann steht hier für das Schönheitsideal? Begründe.

📖 **2.** Beschreibe und erläutere die Karikatur.

📖 **3.** Gib mögliche Gefahren und Risiken von Piercings an.

✏️ **4.** Sonnenstudios werben mit Slogans wie „Gesunde Bräune!". Ärzte und Forscher sind aber skeptisch und in Deutschland wurde die Benutzung von Solarien für Kinder und Jugendliche sogar per Gesetz verboten.
a) Finde mehr darüber heraus und berichte, worin genau die Gefahren bestehen. Warum sollen gerade Kinder und Jugendliche nicht auf die Sonnenbank?
b) Erstelle einen kurzen Ratgeber „Bräunen ja – aber vernünftig".

📖 **5.** Die nebenstehenden Bilder zeigen Schönheitsideale aus unterschiedlichen Zeiten.
a) Vergleiche beide Bilder und beschreibe die Unterschiede.
b) Erkläre, warum früher ein anderes Schönheitsideal galt als heute.
c) Nenne mögliche Risiken, die mit dem jeweiligen Schönheitsideal verbunden sind.

Basiskonzept Entwicklung → S. 98

Gesundheitsbewusstes Leben

Der kritische Blick in den Spiegel
Vermutlich ist dir diese Situation vertraut: Du stehst vor dem Spiegel und betrachtest kritisch dein Äußeres. Liegen die Haare richtig, ist die Haut wirklich rein, bin ich nicht zu dick?
Fragen wie diese sind ganz normal. Spätestens mit Beginn der Pubertät entwickeln viele Jugendliche ein anderes Gefühl für ihren Körper und ihr Aussehen. Sie beurteilen ihr Äußeres jetzt kritisch und überprüfen ihre Wirkung auf Gleichaltrige: Komme ich gut an, bin ich attraktiv und schön?

Schönheitsideale
Viele Mädchen und Jungen orientieren sich an Vorbildern aus Fernsehen, Internet und Zeitschriften. Dabei eifern sie „Schönheitsidealen" wie superschlanken Models, perfekt gestylten Popstars oder Sportidolen nach: Mädchen streben dann häufig eine schlanke Idealfigur an und beäugen kritisch jedes zusätzliche Gramm auf der Waage. So besteht die Gefahr, dass sie zu dünn werden und damit ihrer Gesundheit schaden. Viele Jungen möchten dagegen einen kräftigen, muskulösen Körper mit breiten Schultern und flachem Bauch haben. Um ihren Vorbildern ähnlich zu sein, gehen einige Jugendliche in Fitness-Studios, andere treiben viel Sport. Unser Körperbau lässt sich jedoch nur begrenzt beeinflussen.
Manche Mädchen und Jungen wünschen sich ein Tatoo oder ein Piercing. Eine Tätowierung ist jedoch schmerzhaft und bleibt dauerhaft erhalten. Das spätere Entfernen eines unmodern gewordenen Tatoos ist nur schwer möglich. Und auch ein Piercing bringt Probleme mit sich: beim Sport muss es abgeklebt werden, um ein Abreißen zu verhindern. An Piercings ist die Entzündungsgefahr groß. Beim Entfernen bleiben Narben in der Haut zurück.

2 Bin ich attraktiv?

Schönheitsideale im Wandel
Ein Blick in die Geschichte zeigt, dass sich das Idealbild von Schönheit immer wieder geändert hat. So galten im 17. Jahrhundert Frauen mit üppigen Körperformen und typisch weiblichen Rundungen als schön. Damals konnten sich nur die Wohlhabenden satt essen, Arme waren dagegen schlank. Dick zu sein war ein Statussymbol. Vergleichbares galt für die Bräunung der Haut: Eine blasse Haut war Schönheitsmerkmal der Reichen. Arme Bauern, die draußen arbeiten mussten, hatten eine braune Haut. Heute dagegen gilt Bräune als attraktiv. Sie steht für Urlaub, Erholung und Fitness. Manche helfen deshalb ein wenig nach und gehen in Sonnenstudios. Auch hier gibt es Gefahren: Zuviel Sonnenbaden lässt die Haut frühzeitig altern und kann sogar zum Hautkrebs führen.

Schönheitsideale orientieren sich nur an äußeren Körpermerkmalen. Wer den Vorbildern aus Mode, Musik und Sport übertrieben nacheifert, verliert den Blick für das Wesentliche. Der Charakter eines Menschen und seine Persönlichkeit sind viel wichtiger. Schließlich will keiner nur die schlechte Kopie eines Idols oder Stars sein. Zudem ändert sich häufig unsere Einschätzung von Mitmenschen, wenn wir diese näher kennen lernen: Der erste Eindruck von Schönheit und Attraktivität verblasst dann, und wir nehmen den Menschen als Ganzes wahr. Seine Schwächen, aber auch seine Stärken werden erst jetzt deutlich.

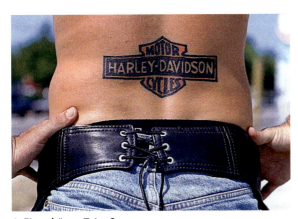

1 Ein schönes Tatoo?

Rauchen

In den letzten Jahren wird mehr und mehr über die Probleme des Rauchens gesprochen. Zudem gilt seit August 2007 in einigen Bundesländern Rauchverbot in Behörden, Krankenhäusern und Schulen. Knapp 20 Millionen Deutsche über 15 Jahre rauchen regelmäßig. Während jedoch die Zahl der erwachsenen Raucher in den letzten Jahren abgenommen hat, rauchen Jugendliche schon ab 12 Jahren heute mehr als früher. Dabei ist Rauchen extrem gesundheitsschädlich: Es gibt fast kein Organ des menschlichen Körpers, welches davon nicht geschädigt wird.

Außerdem ist Rauchen sehr teuer – was könnte sich ein Raucher alles leisten, wenn er zum Nichtraucher würde? Ist es wirklich so schwer, mit dem Rauchen aufzuhören? Sind die Raucher alle süchtig? Oder geht es eher darum, dass man den Freunden imponieren und nicht als „Memme" dastehen will? Mit den folgenden Anregungen könnt ihr die Antworten auf diese und viele weitere Fragen herausfinden.

1. Wie kann ich „Nein" sagen?

Wieso fangen Jugendliche an zu rauchen, obwohl es teuer und schädlich ist? Kann man wirklich nicht „Nein" sagen? Wie verhält sich eine Clique, wenn jemand nicht rauchen will? Ist Rauchen wirklich „cool"? Und: Was kann man tun, wenn man zwar nicht rauchen, seine Freunde aber auch nicht verlieren und zum Außenseiter werden will? Viele dieser Fragen könnt ihr sicher aus eigener

> **WWW-TIPP**
> Geeignete Suchstichworte sind z.B. „rauchen", „Kosten", „Nikotinsucht", „Tabakabhängikeit" und Kombinationen dieser Begriffe.
> Informative Seiten zum Thema sind „www.bzga.de" und „www.rauchfrei.de".

Erfahrung beantworten. Natürlich könnt ihr auch eine ▶ Umfrage durchführen und Jugendliche befragen, wie sie zu dem Thema stehen.
Um die Ergebnisse der Klasse vorzustellen, könntet ihr zum Beispiel eine ▶ Gesprächsrunde zum Thema organisieren, ein Rollenspiel vorbereiten oder einen „Ratgeber für beliebte Nichtraucher" schreiben.

2. Kosten

Sicher weißt du ungefähr, wie teuer eine Packung Zigaretten ist. Aber wie viel geben Raucher pro Tag, pro Monat, pro Jahr oder in zehn Jahren für das Rauchen aus?
Um diesen und ähnlichen Fragen nachzugehen, könnt ihr z. B. eine ▶ Umfrage durchführen und Raucher zu den Kosten des Rauchens befragen. Wichtig ist, dass ihr euch gut überlegt, wie ihr eure Ergebnisse übersichtlich und interessant darstellen könnt. Ihr könnt die Daten in Tabellen zusammenstellen und ▶ Diagramme zeichnen. Ihr könnt aber auch eine Collage anfertigen, die zeigt, was ein Raucher sich alles hätte kaufen können, wenn er zum Beispiel fünf Jahre lang nicht geraucht hätte. Oder fällt euch eine bessere Methode ein, die Ergebnisse darzustellen?

Gesundheitsbewusstes Leben

3. Gesundheitliche Risiken

Sicher hat jeder von euch schon oft gehört, dass Rauchen sehr gesundheitsschädlich ist. Aber stimmt das wirklich? Und wenn ja, warum ist das so und wo genau liegen die Risiken? Findet heraus, welche Krankheiten durch das Rauchen verursacht werden, wie viele Menschen in Deutschland (und auf der Welt) jedes Jahr an den Folgen des Rauchens sterben und wie viele Jahre ein Raucher durchschnittlich früher stirbt als ein Nichtraucher. Was genau ist Passivrauchen und welche Folgen hat es? Zusätzlich könnt ihr auch den nebenstehenden Modellversuch durchführen. Stellt eure Ergebnisse in einer Präsentation vor. Dazu könnt ihr eine kleine ▶ Ausstellung mit dem Versuch und ▶ Plakaten erstellen.

Der folgende Modellversuch zeigt sehr anschaulich, was Zigarettenrauch in den feinen Strukturen der ▶ Bronchien und der Lunge bewirkt:

Material:
- Waschflasche
- Kolbenprober oder Blaseball
- passender Stopfen mit 2 Löchern
- 2 Glasröhrchen, davon 1 gewinkelt
- 2 kurze Schlauchstückchen
- angefeuchtete Watte
- Zigarette

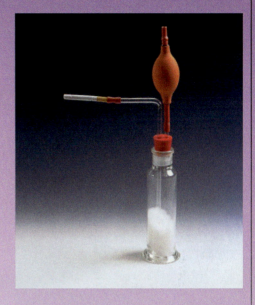

Durchführung:
Die Apparatur wird so zusammengebaut, dass man wie in der Abbildung gezeigt, Luft durch die Zigarette in die Flasche mit der feuchten Watte saugen kann. Auf diese Weise „raucht" die Maschine nun eine Zigarette (Abzug!). Danach holt man die Watte heraus und beschreibt, wie sie sich verändert hat.

Fragen zur Versuchsauswertung:
Für welches Körperteil steht die Watte hier im ▶ Modell? Was bedeutet eure Beobachtung für die Wirkung von Zigarettenrauch auf den Körper?

4. Süchtig?

Sind alle Raucher süchtig oder abhängig? Warum fällt es so schwer, mit dem Rauchen aufzuhören? Gibt es Hilfsprogramme? Fragt hierzu gezielt Raucher, ob sie lieber aufhören würden zu rauchen, ob sie es schon einmal versucht haben und warum sie es vielleicht nicht geschafft haben. Haben sie Entzugserscheinungen gehabt und wie sahen die aus? Sammelt eure Ergebnisse und überlegt euch, wie ihr sie am besten vorstellen könnt.

Tabak und Alkohol – giftiger Genuss

1. Nach dem Gesetz ist auf jeder Zigarettenpackung aufgedruckt, wie viel Nikotin (N) und Kondensat (Teer, K) eine Zigarette enthält. Berechnet wie viel kg Teer ein Raucher in 20 Jahren aufnimmt, wenn er täglich 20 Zigaretten raucht.
Hinweis: 1 g = 1000 mg, 1 kg = 1000 g

2. Führe eine Umfrage in deiner Klasse durch.
a) Bei welcher Gelegenheit wird Alkohol getrunken?
b) Welche Gründe werden dafür angegeben. Sortiere nach Häufigkeit.
c) Warum lehnen es einige ab, Alkohol zu trinken?
d) Diskutiert in der Klasse über die Ergebnisse.

1 Fußball „genießen" – so oder so?

Prost?!

„Zum Wohle!". So prosten sich viele Menschen mit Schnaps, Bier oder Wein zu. Man trinkt aus Freude, aus Langeweile, aus Angabe oder aus Gedankenlosigkeit. Nach dem Genuss von Alkohol werden manche Menschen aggressiv, mache werden müde, andere wiederum lustig und hemmungslos. Doch dieses Glücksgefühl hält nicht lange an. Kopfschmerzen und Übelkeit begleitet das „Nüchternwerden". Alkohol ist ein Genussgift. Er gelangt über die Verdauungsorgane schnell ins Blut und damit auch die Organe. Dieses Zellgift zerstört die Nervenzellen. Schon geringe Mengen führen zu Wahrnehmungsstörungen und Konzentrationsschwäche. Anhaltender hoher Alkoholkonsum schädigt Nieren, Magen, Darm und besonders die Leber. Unserem Wohl dient also nicht das Trinken, sondern das Vermeiden von Alkohol.

Ist Rauchen wirklich cool?

„Nein, danke, ich rauche nicht!" Immer mehr Jugendliche lehnen den „blauen Dunst" ab. Andere jedoch rauchen munter weiter. Dabei ist jede Zigarette eine „Giftküche" im Kleinformat. Mit dem Zigarettenrauch nimmt ein Raucher über 1000 verschiedene giftige Substanzen zu sich. Dazu gehören vor allem Nikotin, Teerstoffe und Kohlenstoffmonooxid.
Nikotin ist ein Stoff, der abhängig macht. Es bewirkt, dass sich die kleinen Blutgefäße verengen. Dadurch wird die Haut weniger durchblutet. Sie erscheint grau und blass. Bei starkem Rauchen kann es zu Durchblutungsstörungen in den Organen und auch in den Beinen und Füßen führen. Im Extremfall stirbt das Bein langsam ab (Raucherbein).
Kohlenstoffmonooxid verhindert, dass das Blut Sauerstoff aufnehmen und transportieren kann. deshalb wird manchen Rauchern bei den ersten Zügen übel. Um die Organe dennoch mit Sauerstoff versorgen zu können, muss das Herz schneller und kräftiger schlagen. Diese dauernde Überlastung kann zu schweren Herzerkrankungen führen.
Die **Teerstoffe** verkleben die Atemwege bis zur Lunge. Dadurch verschleimen die Atemwege und es kommt zu Atembeschwerden (Raucherhusten). Viele der Teerstoffe sind krebserregend. Lungenkrebs ist deshalb bei Rauchern viel häufiger als bei Nichtrauchern.

Rauchen ist cool und erwachsen.

Während der Schwangerschaft schädigen die Inhaltsstoffe des Tabakrauches das ungeborene Kind. Auch das ungewollte Einatmen von Zigarettenrauch, das **Passivrauchen** kann zu gesundheitlichen Schäden führen. Daher ist in öffentlichen Gebäuden, in vielen Betrieben und in Restaurants das Rauchen verboten.

Gesundheitsbewusstes Leben

Eine Umfrage planen, durchführen und auswerten

Die Schülerinnen und Schüler der Klasse 6 gestalten ein Projekt zum Thema „Rauchen". Eine Gruppe möchte herausfinden, in welchen Situationen und zu welchen Anlässen Raucher zur Zigarette greifen. Um möglichst viele Antworten zu erhalten, führen sie eine Umfrage durch. Eine Umfrage bietet sich auch bei vielen anderen Themen an. Beachtet dabei folgende Schritte:

1. Überlegt euch, was ihr wissen möchtet. Entwerft dazu einen Fragebogen. Am einfachsten ist es, wenn man die Antworten nur ankreuzen muss (wie unser Beispiel in Abb. 1 B). Dazu müsst ihr vorher mögliche Antworten formulieren.

2. Wenn ihr auf eine Frage freie Antworten erwartet, braucht ihr einen Kassettenrekorder zum Aufnehmen oder freie Zeilen auf dem Umfragebogen.

3. Macht euch Gedanken, wen ihr befragen möchtet und wo die Umfrage durchgeführt werden soll. Überlegt euch einen Ort, an dem ihr in kurzer Zeit möglichst viele Leute trefft, beispielsweise in der Nähe eines Einkaufszentrums.

4. Es macht mehr Spaß und es ist einfacher, wenn ihr die Umfrage in Teamarbeit durchführt. Überlegt euch in der Gruppe, wer die Fragen stellt und wer die Antworten festhält. Zum Aufschreiben braucht ihr eine feste Schreibunterlage.

5. Wenn ihr Personen ansprecht, begrüßt sie höflich und stellt euch vor. Sagt, wofür ihr die Umfrage macht, und fragt, ob der oder die Angesprochene überhaupt mitmachen möchte.

6. Falls die angesprochene Person zustimmt, könnt ihr mit den Fragen beginnen. Notiert sorgfältig alle Antworten. Am Schluss bedankt ihr euch für das Gespräch und verabschiedet euch. Verwendet für jede befragte Person einen neuen Fragebogen.

7. Wertet die Fragebögen zu Hause oder in der Schule aus. Ihr könnt zu den einzelnen Fragen Strichlisten wie im Abb. 1 B erstellen. Beiträge, die ihr auf Kassetten habt, müssen stichwortartig aufgeschrieben werden. Überlegt euch, wie ihr die Ergebnisse in eurer Klasse vorstellt.

In welchen Situationen und bei welchen Anlässen rauchst du / rauchen Sie vorwiegend?

Ich rauche vor allem, wenn ich

- mit anderen zusammen bin   ЖЖ
- Kaffee, Tee oder Alkohol trinke   Ж II
- mich entspannen will   III
- nervös bin   Ж
- mich konzentrieren muss   I
- mich geärgert habe   IIII
- mich unsicher fühle
- im Stress bin   Ж I
- Langeweile habe
- alleine bin und lese
- fernsehe   II
- ...

B

1 Umfrage. A *Durchführung;* B *Ergebnisse*

📖 **1.** Sortiert die Antworten in Abbildung 1 B nach ihrer Häufigkeit und stellt sie zur Präsentation in einem geeigneten ▶ Diagramm dar.

✏ **2.** Übt das Durchführen einer Umfrage in eurer Klasse. Überlegt euch dazu ein Thema und geht nach den Schritten 1 bis 7 vor.

Auf einen Blick

Körperhaltung und Bewegung

Unser Skelett stützt den Körper und schützt die inneren Organe. Die Wirbelsäule mit mehr als 30 Wirbeln hält den Körper aufrecht und federt durch Bandscheiben zwischen den Wirbeln Stöße ab.
Die Bewegungen des Körpers werden durch Gelenke zwischen den Knochen ermöglicht. Man unterscheidet Kugelgelenke, Scharniergelenke, Sattelgelenke und Drehgelenke.
Bewegungen entstehen durch das Zusammenwirken von Muskeln. Beugemuskeln und Streckmuskeln arbeiten dabei als Gegenspieler. Sehnen verbinden Muskeln mit den Knochen.
Regelmäßige Bewegung gehört zur Gesunderhaltung des Körpers. Sie stärkt die Muskulatur, fördert die Durchblutung und stärkt das Herz-Kreislauf-System.

Ernährung und Verdauung

Nahrungsmittel enthalten die Nährstoffe Kohlenhydrate, Fette und Eiweißstoffe. Sie liefern Energie. Eiweißstoffe dienen zusätzlich als Baustoffe für unseren Körper. Viele Nahrungsmittel enthalten zusätzlich lebenswichtige Vitamine, Mineralstoffe, Ballaststoffe und Wasser.
Zu einer gesunden Ernährung gehört ein ausgewogenes Verhältnis der einzelnen Nährstoffe.
Zähne zerkleinern die Nahrung. Bei der Verdauung werden die Nährstoffe in der Nahrung schrittweise in ihre Bausteine aufgespalten. Durch die Dünndarmzotten gelangen diese Stoffe ins Blut.

Blutkreislauf und Atmung

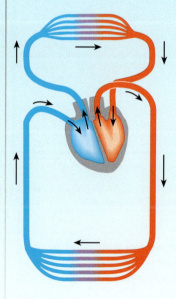

Das Herz pumpt das Blut in Adern durch den Körper. Arterien transportieren das Blut vom Herzen weg, Venen das Blut zum Herzen hin. Das Blut fließt in einem Körperkreislauf und in einem Lungenkreislauf.
Das Blut enthält rote Blutkörperchen, die Sauerstoff und Kohlenstoffdioxid transportieren. Weiße Blutkörperchen schützen vor Krankheitserregern. Das Blutplasma transportiert vor allem Nähr- und Abfallstoffe. Blutplättchen sorgen für einen Wundverschluss.
Die Atemluft gelangt durch Nase, Rachen, Kehlkopf und Bronchien in die Lunge. Zwerchfell und Zwischenrippenmuskeln vergrößern und verkleinern Brustraum und Lunge und bewirken so das Ein- und Ausatmen.
Der Sauerstoff gelangt über die Lungenbläschen ins Blut und von dort in die Körperzellen. Hier bildet sich Kohlenstoffdioxid, das vom Blut in die Lunge transportiert und von dort ausgeatmet wird.

Gesundheitliche Gefahren durch Rauchen

Nikotin und weitere Schadstoffe im Tabakrauch führen zu gesundheitlichen Schäden. Wenn Menschen dauernd rauchen, werden sie süchtig. Sie sind dann körperlich und psychisch davon abhängig.

Gesundheitsbewusstes Leben

1. Benenne die unterschiedlich gefärbten Bereiche des Skeletts.

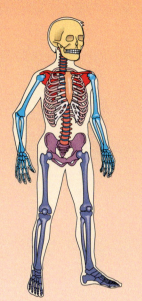

2. a) Die Wirbelsäule hat eine bestimmte Form. Benenne diese.
b) Nenne die Abschnitte der Wirbelsäule und die Anzahl der dort befindlichen Wirbel. Was befindet sich an den blau gekennzeichneten Stellen?

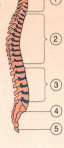

3. Die Abbildung zeigt Knochen und Muskeln.
a) Benenne die Knochen ① bis ④ und die Gelenke G_1 und G_2.
b) Wie heißen die Muskeln bei M_1 und M_2?
c) Welche Aufgaben haben jeweils die Muskeln M_1 und M_2?

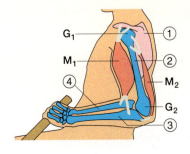

4. Benenne die nummerierten Teile des Gelenks.

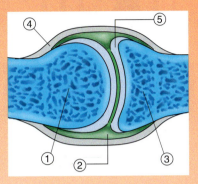

5. Benenne die abgebildete Zahnart und die nummerierten Teile. Wie heißen die durch Buchstaben gekennzeichneten Zahnbereiche?

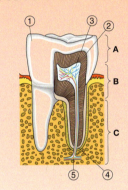

6. a) Wie heißt die häufigste Zahnerkrankung und welche Zahnschicht wird dabei zerstört?
b) Mache zwei Vorschläge, wie der Zerstörung vorgebeugt wird.

7. a) Nenne die drei lebenswichtigen Nährstoffe unserer Nahrung.
b) Welche vier Bestandteile benötigt unser Körper noch?

8. Gib jeweils ein Beispiel für ein gesundes und ein ungesundes Mittagessen an und begründe deine Entscheidung.

9. Nenne die einzelnen „Stationen", die die Nahrung in unserem Körper durchläuft, in der richtigen Reihenfolge.

10. Benenne die nummerierten Teile der Atmungsorgane.

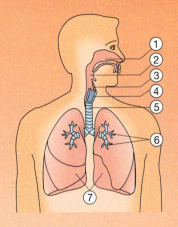

11. Beschreibe die Vorgänge in den Lungenbläschen bei der Atmung.

12. Ordne den jeweiligen Blutbestandteilen rote Blutkörperchen, weiße Blutkörperchen, Blutplättchen und Blutplasma ihre entsprechenden Aufgaben zu.

13. Folgende Abbildung zeigt schematisch den doppelten Blutkreis zusammen mit einigen inneren Organen.
a) Nenne die beiden Kreisläufe.

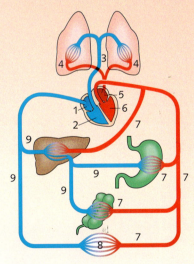

b) Ordne den Ziffern in der Abbildung die zutreffenden Begriffe zu.

Zeig, was du kannst

Pflanzen und Tiere im Jahreslauf

Warum haben Pflanzen grüne Blätter?

Weshalb verlieren Laubbäume im Herbst ihre Blätter?

Warum ziehen einige Vogelarten im Herbst in den Süden?

Wie schützen sich Pinguine in der Antarktis vor der enormen Kälte?

Wie können Pflanzen im Wüstenklima überleben?

Wovon ernähren sich Tiere im Winter?

Pflanzen bilden die Grundlage des Lebens

Die Bedeutung der Pflanzen

Überall auf der Erde leben Pflanzen. Es gibt sie von mikroskopisch kleinen Algen in Gewässern bis hin zu Baumriesen auf dem Land. Alle Pflanzen haben die Fähigkeit, mithilfe des Sonnenlichts Sauerstoff und Nährstoffe zu produzieren. Diesen Vorgang bezeichnet man als ▶ Fotosynthese. Grüne Pflanzen sind die Nahrungsgrundlage für fast alle anderen Lebewesen.

Auch Menschen brauchen Pflanzen

Weizen, Mais, Hirse, Reis und Kartoffeln sind für uns Menschen wichtige Grundnahrungsmittel. Futterpflanzen von Weiden, Wiesen und Feldern werden an Nutztiere verfüttert und dann in Form von Eiern, Fleisch und Milcherzeugnissen von uns konsumiert.

Ernteausfälle durch Dürre oder Überschwemmungen haben vor allem in Entwicklungsländern regelmäßig Hungerkatastrophen zur Folge. Nach Angaben der Weltgesundheitsorganisation (WHO) sterben jährlich etwa 20 Millionen Menschen an Unterernährung und Hunger.

Pflanzen dienen aber nicht nur der Ernährung. Baumwolle und Hanf werden zur Herstellung von Kleidung genutzt. Fast die Hälfte der Weltbevölkerung ist vom Rohstoff Holz als Energielieferant abhängig. Zudem wird es zur Papierherstellung und zum Bau von Häusern benötigt.

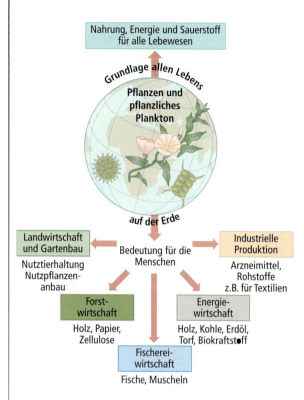

📖 **1.** Pflanzen sind die Grundlage des Lebens. Erläutert diese Aussage mithilfe der obenstehenden Abbildung.

📝 **2.** Pflanzen gibt es in allen Regionen der Erde.
a) Wodurch unterscheiden sich Pflanzen, die im tropischen Regenwald wachsen, von Pflanzen, die in trockenen Gebieten vorkommen? Nenne einige Unterschiede.
b) Welche Fähigkeiten müssen Pflanzen zeigen, die in trockenen Wüsten wachsen? Stellt eure Ergebnisse auf einem Plakat vor.

📝 **3.** Informiert euch über Pflanzen, die in verschiedenen Regionen der Erde für die Ernährung der Menschen eine Rolle spielen. Arbeitet nach der Methode ▶ Lernen im Team.

1 Pflanzen sichern die Ernährung des Menschen

Basiskonzept System → S. 54

Pflanzen und Tiere im Jahreslauf

Tropischer Regenwald

Die größte Pflanzenvielfalt gibt es in tropischen Regenwäldern. Aufgrund des tropischen Klimas wachsen auf einem Quadratkilometer rund 100 verschiedene Baumarten. In unseren Wäldern sind es nur 10 – 12 Arten. Auf den Ästen der oft mehr als 40 Meter hohen Bäume wachsen Pflanzen wie Lianen, Farne, Moose und Orchideen. Sie siedeln sich dort an, um an das Sonnenlicht zu gelangen. Viele von ihnen haben Einrichtungen, mit denen sie Wasser speichern können. Von diesen Pflanzen leben zahlreiche Tierarten, insbesondere Insekten. Die meisten Tiere fressen die Früchte oder Blätter der Pflanzen. Diese Tiere bilden wiederum die Lebensgrundlage für Beutegreifer wie etwa den Jaguar in Mittel- und Südamerika.

2 Südamerikanischer Regenwald mit Jaguar

Wüsten

Auch in extremen Lebensräumen gibt es Pflanzen. Sie leben sogar in den trockenen Wüsten Nord- und Südamerikas, Afrikas und Asiens, in denen es oft jahrelang nicht regnet. Diese Pflanzen müssen während der Trockenperioden sehr sparsam mit Wasser umgehen, um überleben zu können. Kakteen und andere Trockenpflanzen können viel Wasser speichern und geben auch bei großer Hitze nur wenig davon ab. Von den Blüten und Früchten dieser Pflanzen ernähren sich viele Insekten. Diese werden von Kriechtieren gefressen. In den Wüsten Nordafrikas und Arabiens lebt der Fennek, ein nachtaktiver Wüstenfuchs. Er ernährt sich von Reptilien, Wüstenmäusen und Vögeln.

3 Lebensraum Wüste mit Welwitschia und Fennek

Polarzonen

Selbst im dicken Eis des Nord- und Südpols wachsen Pflanzen. In den wärmeren Monaten siedeln sich dort auf der Eisoberfläche grüne Algen an, die bei erneutem Frost im Eis eingeschlossen werden. Sobald das Eis wieder schmilzt, gelangen die Algen mit dem Schmelzwasser ins Meer. Dort werden sie zum Beispiel von kleinen Krebsen gefressen. Diese bilden die Nahrungsgrundlage für Fische, die von Pinguinen gefressen werden. Und Pinguine zählen schließlich zur Hauptnahrung von Seeleoparden. Eine solche Abfolge aus voneinander abhängigen Organismen bezeichnet man als ▶ Nahrungskette.

4 Eisfläche mit Algenbewuchs und Seeleopard im Polargebiet

207

Pflanzen verhungern ohne Sonnenlicht

📖 **1.** Erläutere die Aussage: „Alle Lebewesen auf der Erde würden verhungern ohne das Sonnenlicht."

📖 **2.** Erkläre den Vorgang der Fotosynthese mithilfe der Abbildungen und des Informationstextes.

🔍 **3.** Bringt einen beblätterten Fliederzweig in ein Gefäß mit Wasser. Stellt das Gewicht zu Beginn des Versuches und nach zwei Stunden fest. Entfernt nun vom Zweig die Hälfte der Blätter und wiederholt den Versuch. Was stellt ihr fest? Erläutert das Versuchsergebnis.

🔍 **4.** Wenn ihr überprüfen wollt, ob in einer von euch gewählten Pflanze bei Sonnenlicht in den Blättern Stärke gebildet wird, könnt ihr folgendes Experiment durchführen:
Umwickelt ein Blatt der Pflanze an einer Stelle mit Alufolie. Stellt die Pflanze über Nacht dunkel. Belichtet das Blatt am nächsten Morgen mehrere Stunden lang. Geht dann weiter wie im folgenden Schema vor:

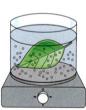
Das Blatt wird in siedendes Wasser getaucht. Die Zellen des Blattes werden dabei so weit aufgebrochen ...

Brennspiritus

... dass dem Blatt durch heißen Spiritus das Chlorophyll entzogen wird.

Das entfärbte Blatt wird unter Wasser abgespült und ...

... mit Iod-Kaliumiodid-Lösung betropft: Das Blatt färbt sich blauviolett.

Iod-Kaliumiodid-Lösung

Beschreibt das Blatt am Ende des Versuchs und erklärt das Versuchsergebnis.

Transport von Wasser und Mineralstoffen

Transport von Nährstoffen

Aufnahme von Wasser und Mineralstoffen aus dem Boden

Basiskonzept System → S. 54

Pflanzen und Tiere im Jahreslauf

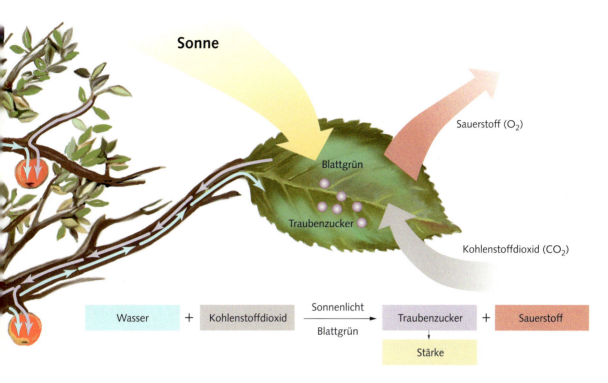

Pflanzen sind die einzigen Lebewesen, die ihre Nahrung selbst produzieren. Das geschieht vor allem in den grünen Laubblättern.

Was im Blatt passiert
In den **Chloroplasten**, den „Blattgrünkörnern" der Blätter befindet sich ein grüner Farbstoff, der **Chlorophyll** genannt wird. Mithilfe des Chlorophylls nutzen die Blätter das Sonnenlicht zur Herstellung von Traubenzucker.
Im Traubenzucker ist also ein Teil der Sonnenenergie gespeichert. Als Ausgangsstoffe für die Herstellung von Traubenzucker benötigt die Pflanze Wasser (H_2O) und Kohlenstoffdioxid (CO_2). Wasser wird über die Wurzeln aufgenommen und gelangt über Leitungsbahnen in Stamm, Ästen, Zweigen und Blattadern ins Blattinnere. Kohlenstoffdioxid nimmt das Blatt über ▶ Spaltöffnungen aus der Luft auf.

Dieser Aufbauvorgang, bei dem aus Wasser und Kohlenstoffdioxid Traubenzucker entsteht, ist eine **Synthese.** Weil die Pflanze dabei das Sonnenlicht (griechisch: photos = Licht) nutzt, spricht man von Fotosynthese. Neben Traubenzucker entsteht bei der **Fotosynthese** auch noch Sauerstoff. Den Sauerstoff gibt das Blatt über die Spaltöffnungen direkt an die Luft ab. Er dient Pflanzen, Tieren und Menschen zur Atmung. Aus dem Traubenzucker und den Mineralstoffen, die die Pflanzen mit dem Wasser aus dem Boden aufnehmen, können die Pflanzen alle Nährstoffe aufbauen, die sie selbst zum Leben und Wachsen brauchen. Dazu gehören Eiweiße und Fette sowie Zellulose, die der Hauptbestandteil der Zellwände von Pflanzenzellen ist.

Nährstoffe werden gespeichert
Pflanzen speichern die gebildeten Nährstoffe in den Wurzeln, in Früchten oder Knollen. In Früchten wie Äpfeln befindet sich vor allem ▶ Traubenzucker. Deshalb schmecken sie süß. In Zwiebeln und Möhren ist ebenfalls Traubenzucker gespeichert. In ▶ Kartoffeln oder ▶ Getreide wird der gebildete Zucker in Form von ▶ Stärke gespeichert. Stärke setzt sich aus vielen einzelnen Zuckerbausteinen zusammen.
Bohnen oder Linsen enthalten viel Eiweiß und manche Samen wie beispielsweise Nüsse enthalten Fett als Speicherstoff.
Außerdem liefern uns Pflanzen Vitamine und andere Stoffe, die unser Körper nicht selbst herstellen kann.

Pflanzen sind also als Erzeuger von ▶ Nährstoffen und Sauerstoff für das Leben von Tieren und Menschen unverzichtbar. Sie selbst könnten ohne die Energie der Sonne nicht leben. Über Nahrungsketten wird die Energie der Sonne an andere Lebewesen, die Verbraucher, weitergegeben.

Das Laubblatt – ein Organ

1. Laubblätter sind wichtige Organe der Blütenpflanzen. Sie bestehen aus unterschiedlichen Schichten.
a) Nenne die Schichten von oben nach unten in der richtigen Reihenfolge.
b) Nenne die Aufgaben der einzelnen Schichten.
c) Stelle die Schichten und die jeweiligen Aufgaben in einer Tabelle übersichtlich dar.

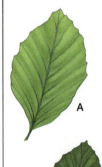

2. a) Die linke Abbildung zeigt ein Schattenblatt und ein Sonnenblatt einer Rotbuche. Welches ist das Schattenblatt? Begründe deine Aussage.
b) Nenne die Stellen an einer Baumkrone, wo die beiden Arten von Blättern jeweils wachsen.
c) Beschreibe, wofür die beiden Arten von Blättern jeweils besonders geeignet sind.
d) Die rechte Abbildung zeigt einen Blattquerschnitt. Entscheide, ob es sich um ein Licht- oder ein Schattenblatt handelt und begründe deine Aussage.

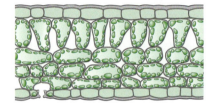

Aufgaben eines Laubblatts

Pflanzen wachsen an ganz unterschiedlichen Standorten. Je nach Lebensraum gibt es unterschiedlich viel Licht und Wasser. Deshalb haben die Pflanzen im Lauf von vielen Millionen Jahren unterschiedliche Wuchs- und Blattformen entwickelt. Doch all diese unterschiedlichen Blätter haben immer die gleichen Aufgaben: Sie nehmen die Energie des Sonnenlichts auf und betreiben damit ▶ Fotosynthese.
Außerdem wird über die Blätter Wasser verdunstet. Man nennt diesen Vorgang **Transpiration.** Die Verdunstung bewirkt, dass von der Wurzel durch ein feines Röhrensystem im Stamm oder Stängel ständig weiteres Wasser zu den Blättern transportiert wird.

Blattgewebe

Entsprechend ihren Aufgaben haben alle Laubblätter einen ähnlichen Aufbau. Beide Seiten eines Blattes werden durch eine Zellschicht, die **Epidermis,** abgeschlossen. Die ▶ Zellen der Epidermis sind so fest miteinander verbunden, dass man sie als feines Häutchen abziehen kann. Diese Zellschichten schützen das Blatt vor Verletzungen. Sie sind zusätzlich von einer wachsähnlichen Schicht überzogen. Diese ist wasserundurchlässig und schützt das Blatt zusätzlich vor Austrocknung, Beschädigung und Krankheitserregern.

Da für die Fotosynthese und die Transpiration jedoch ein Austausch mit der Umgebung notwendig ist, ist die Epidermis der Blattunterseite von kleinen Öffnungen durchbrochen, den **Spaltöffnungen.** Sie bestehen jeweils aus zwei bananenförmigen Schließzellen mit einem dazwischenliegenden Spalt. Jede Spaltöffnung kann mithilfe der Schließzellen geöffnet und geschlossen werden. Über die Spaltöffnungen erfolgen der Ein- und Austritt von Sauerstoff und Kohlenstoffdioxid und die Transpiration.

Zwischen den beiden Abschlussschichten liegen die Zellschichten, die Chloroplasten mit ▶ Chlorophyll enthalten. Die direkt unter der Blattoberfläche liegende Schicht nennt man **Palisadengewebe,** weil

Basiskonzept Struktur und Funktion → S. 260

die Zellen senkrecht zur Blattoberfläche angeordnet sind und dicht nebeneinander stehen. Diese Schicht enthält den größten Teil der Chloroplasten und nimmt das meiste Sonnenlicht auf.
Zwischen dem Palisadengewebe und der unteren Epidermis liegen die locker und mit großen Zwischenräumen angeordneten Zellen des **Schwammgewebes.** In diesen Zwischenräumen befinden sich die an der Fotosynthese beteiligten Gase Kohlenstoffdioxid und Sauerstoff sowie Wasserdampf.

In den Blattadern verlaufen Bündel von Röhrchen, die Wasser von der Wurzel in die Blätter transportieren. Andere Röhrchen im Bündel transportieren Stoffe aus den Blättern in andere Teile der Pflanze.

Blattarten und Blattformen

Bäume, wie beispielsweise die Rotbuche, haben je nach ihrer Ausrichtung zur Sonne unterschiedliche Arten von Blätter. **Sonnenblätter** wachsen ganz oben und außen in der Baumkrone. Sie sind derb, haben oben eine dicke Epidermis mit Wachsschicht und zeigen eine kleinere Blattfläche. Das Palisadengewebe, der Hauptort der Fotosynthese, besteht aus zwei Schichten. Bei voller Sonnenstrahlung können beide Schichten des Palisadengewebes Fotosynthese betreiben. Sonnenblätter sind durch ihren Bau gut gegen Verbrennungen und Wasserverlust durch Verdunstung geschützt und erreichen eine hohe Fotosyntheseleistung.

Weiter unten und innen in der Baumkrone wachsen die **Schattenblätter.** Sie sind größer, dünner und zarter als Sonnenblätter. Sie können durch ihren Bau auch bei wenig Sonnenlicht noch Fotosynthese betreiben.

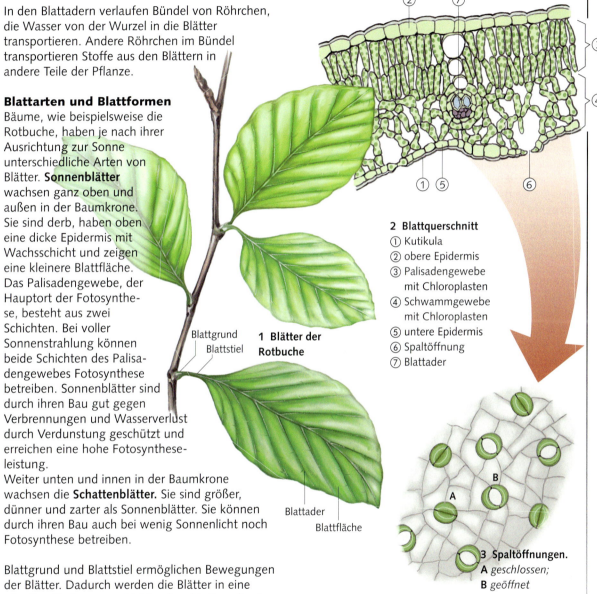

1 Blätter der Rotbuche
Blattgrund
Blattstiel
Blattader
Blattfläche

2 Blattquerschnitt
① Kutikula
② obere Epidermis
③ Palisadengewebe mit Chloroplasten
④ Schwammgewebe mit Chloroplasten
⑤ untere Epidermis
⑥ Spaltöffnung
⑦ Blattader

3 Spaltöffnungen.
A *geschlossen;*
B *geöffnet*

Blattgrund und Blattstiel ermöglichen Bewegungen der Blätter. Dadurch werden die Blätter in eine günstige Stellung zum Licht gebracht. So gelingt es auch, die Blätter zueinander so zu stellen, dass kaum Lücken dazischen entstehen und das Licht optimal ausgenutzt wird.

Es gibt unterschiedliche ▶ **Blattformen.** Einfache Laubblätter wie die Blätter der Rotbuche bestehen aus einer Fläche. Zusammengesetzte Blätter dagegen sind in kleine Blättchen gegliedert wie die Blätter der Eberesche. Die Blattflächen weisen ebenfalls unterschiedliche Formen auf. Sie können herzförmig wie bei der Linde oder nadelförmig wie bei der Waldkiefer sein. Die Blattadern können parallel oder netzartig verlaufen.

Die Blattformen kann man beispielsweise beim ▶ **Bestimmen** von Baumarten verwenden, da alle Arten besondere Blattmerkmale aufweisen.

Methode

Arbeiten mit dem Mikroskop

Durch das **Okular** blickst du in das Mikroskop. Es enthält Linsen, die wie eine Lupe das Bild vergrößern, z. B. 10-mal.

Durch Drehen am **Objektivrevolver** schaltest du Objektive mit verschiedenen Vergrößerungen ein.

Am **Stativ** kannst du das Mikroskop sicher tragen.

Jedes **Objektiv** enthält Linsen, die das Bild vergrößern. Das längste Objektiv vergrößert am stärksten, z. B. 40-mal.

Mit dem **Grobtrieb** und dem **Feintrieb** stellst du das Bild scharf. Die Triebräder verändern den Abstand zwischen dem Objekttisch und dem Objektiv.

Auf den **Objekttisch** legst du den Objektträger mit dem Objekt.

Mit der **Blende** regelst du den Kontrast und die Helligkeit des Bildes.

Der **Fuß** sorgt für einen sicheren Stand.

Zur **Beleuchtung** dient eine Lampe oder ein drehbarer Spiegel.

1 Lichtmikroskop

Sicherer Umgang
Ein Mikroskop ist ein wertvolles Gerät, mit dem man sorgfältig umgehen muss. Mache dich darum mit ihm vertraut, bevor du anfängst zu mikroskopieren. Beachte diese Sicherheitshinweise:

2 Sicherer Transport

– Trage das Mikroskop aufrecht und sicher mit einer Hand am Stativ und der anderen Hand am Fuß des Mikroskops.

– Fasse nie an die Linsen des Okulars oder der Objektive. Für die Reinigung ist nur die Lehrkraft zuständig.

– Das Objektiv darf nie auf das Objekt stoßen. Vor allem bei der größten Vergrößerung musst du aufpassen.

Die Vergrößerung
Auf dem Objektiv kann man ablesen, wie viel mal das Objektiv das Bild des Objekts vergrößert, z. B. x40. Dieses Bild wird dann durch das Okular noch einmal vergrößert. Wenn man auf dem Okular x10 abliest, so wird das Bild noch zehnfach vergrößert.
Die Gesamtvergrößerung des Mikroskops erhältst du durch Multiplizieren der beiden Vergrößerungen von Objektiv und Okular. In unserem Beispiel:

$$40 \times 10 = 400$$

Bei dieser Einstellung vergrößert das Mikroskop also 400-fach.
Gute Lichtmikroskope vergrößern bis zu etwa 1000-fach.

Pflanzen und Tiere im Jahreslauf

Erste Untersuchungen

Mikroskopiere zuerst ein Trockenpräparat, das du einfach auf den Objektträger legst. Untersuche zum Beispiel ein Haar mit Haarwurzel, eine Feder, eine Fischschuppe oder einen Insektenflügel.
Auch Salzkristalle, Sandkörner oder ein abgezupfter Fetzen Papier sind interessante Objekte.

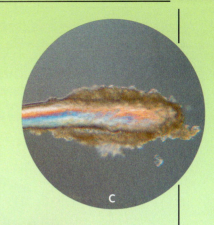

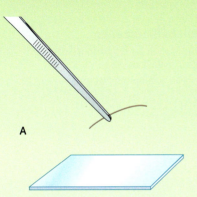

Für Nasspräparate zum Beispiel von Pflanzenteilen setzt du mit dem Finger oder einer Pipette einen Tropfen Wasser in die Mitte des Objektträgers, gibst das Objekt hinein und deckst es mit einem Deckgläschen ab.

3 Anfertigung eines Trockenpräparates. A *Trockenpräparat;* B *auf dem Objekttisch;* C *Haar mit Haarwurzel*

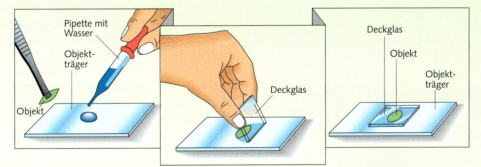

4 Anfertigung eines Nasspräparates

Regeln zum richtigen Mikroskopieren

1. Schalte die Beleuchtung ein.
2. Stelle mit dem Objektivrevolver die kleinste Vergrößerung, also das kürzeste Objektiv, ein.
3. Lege den Objektträger so auf den Objekttisch, dass das Präparat direkt über der beleuchteten Öffnung liegt.
4. Schaue durch das Okular und drehe am Grobtrieb, bis das Bild scharf zu sehen ist. Mit dem Feintrieb kannst du nachregulieren.
5. Regle mit der Blende die Helligkeit und den Bildkontrast.
6. Suche durch Verschieben des Objektträgers auf dem Objekttisch einen geeigneten Bildausschnitt.
7. Erst wenn das Bild scharf ist, darfst du mit dem Objektivrevolver die nächste Vergrößerung einstellen. Dann brauchst du die Bildschärfe nur noch mit dem Feintrieb nachzuregulieren.

5 Beim Mikroskopieren

Methode

Präparieren und Färben

Hier siehst du, wie man ein Objekt zum Mikroskopieren vorbereitet, also wie ein mikroskopisches **Präparat** hergestellt wird.
Bei manchen sehr durchscheinenden Objekten treten die Strukturen im mikroskopischen Bild erst nach dem **Färben** deutlich hervor.

Präparation von Zwiebelhautzellen

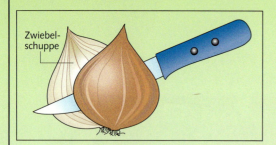

1. Schneide eine Zwiebel zweimal längs durch, sodass du vier Teile erhältst. Entnimm eine Zwiebelschuppe.

2. Schneide an der Innenseite mit der Rasierklinge ein Raster in das Gewebe ein. Die kleinen Vierecke, die dabei entstehen, sollten eine Kantenlänge von etwa 4 mm besitzen.

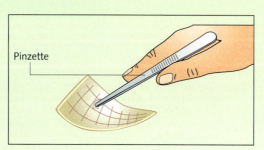

3. Entnimm aus diesem Viereck mit der Pinzette das oberste feine Häutchen und lege es ohne Falten auf den Objektträger in einen Wassertropfen. Decke das Präparat mit einem Deckgläschen ab. Tupfe überschüssiges Wasser mit einem Stück Filterpapier ab.

Färben des Präparates

Ein häufig benutzter Farbstoff ist Methylenblau. Er färbt besonders die Zellkerne und auch das Zellplasma hellblau. Der Farbstoff kann mittels Pipette vorsichtig auf das Präparat getropft werden, bevor es mit dem Deckgläschen luftblasenfrei abgedeckt wird.

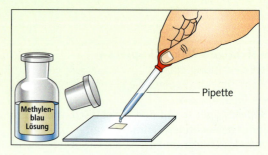

Alternativ kannst du das Präparat auch direkt in einen Tropfen Farblösung legen und anschließend mit dem Deckgläschen abdecken.

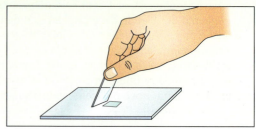

Eine mikroskopische Zeichnung anfertigen

Wenn du ein gutes Präparat unter dem Mikroskop hast, lohnt es sich, eine Zeichnung anzufertigen, die das zeigt, was du gesehen hast.

Zeichne das Objekt möglichst genau. Achte zum Beispiel bei Zellen auf ihre Form und auf die Lage der Zellbestandteile.
Bei deiner Zeichnung kannst du zudem manches deutlicher hervorheben, als es vielleicht zu sehen ist: Zum Beispiel grenzt du die Vakuole durch eine durchgehende Linie ab, auch wenn dies nicht überall scharf im Bild zu sehen ist.

1 Foto von Zwiebelhautzellen unter dem Lichtmikroskop

Lege deine Zeichnung **möglichst groß** an, mindestens auf einer halben Seite.

Notiere den Namen des **Objektes**, das **Datum** und deinen **eigenen Namen**.
Halte bei mikroskopischen Zeichnungen die eingestellte Vergrößerung fest.

Zeichne mit **Bleistift** auf **weißem Papier.** Verwende zum farbigen Markieren Buntstifte.

Zeichne deutlich mit **durchgehenden Linien**, strichele nicht.

Beschrifte die gezeichneten Bestandteile des Objektes mit den entsprechenden **Fachbegriffen**.

1. Überprüfe: Welche der Zeichenregeln gelten auch dann, wenn du von einem anderen biologischen Objekt wie einer Pflanze, einer Blüte oder einem Insektenflügel eine nichtmikroskopische Zeichnung anfertigen möchtest?

2. Fertige von demselben mikroskopischen Objekt ein Mikrofoto und eine Zeichnung an. Welche Vorteile hat das Foto, welche die Zeichnung?

Die Zelle – Grundbaustein aller Lebewesen

🔍 **1.** Mikroskopiere Blättchen der Wasserpest. Diese Wasserpflanze bekommst du in Aquariengeschäften oder du findest sie in Teichen.
Zupfe mit der Pinzette ein Blättchen ab und lege es in einen Tropfen Wasser auf den Objektträger. Decke das Blättchen mit einem Deckgläschen ab. Mikroskopiere und zeichne die Zellen der Wasserpest. Beachte dabei die Methodenseiten zum richtigen Arbeiten mit dem ▶ Mikroskop und zum Anfertigen einer ▶ mikroskopischen Zeichnung.

🔍 **2. a)** Untersuche Zellen aus deinem eigenen Mund unter dem Mikroskop.
Schabe dazu mit einem abgeschnittenen Trinkhalm am Inneren deiner Wange entlang und streiche das Abgeschabte auf die Mitte eines Objektträgers. Gib darauf einen Tropfen des Farbstoffs Methylenblau und decke mit einem Deckgläschen ab.
b) Mikroskopiere und zeichne die Zellen der Mundschleimhaut. Beachte dabei die Methodenseiten zum Arbeiten mit dem ▶ Mikroskop, ▶ Präparieren, Färben und Anfertigen einer ▶ mikroskopischen Zeichnung.

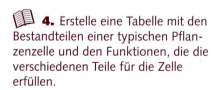

🔍 **3.** Erforsche die Zellgröße. Kopiere dazu Millimeterpapier auf eine durchsichtige Folie. Schneide ein Folienstück von etwa einem Quadratzentimeter aus und lege es auf den Objektträger.
Fertige darauf wie gewohnt das Zellpräparat an, zum Beispiel von der Wasserpest, von der ▶ Zwiebelhaut oder der Mundschleimhaut. Mikroskopiere und schätze ab, den wievielten Teil eines Millimeters eine Zelle etwa lang ist.

📖 **4.** Erstelle eine Tabelle mit den Bestandteilen einer typischen Pflanzenzelle und den Funktionen, die die verschiedenen Teile für die Zelle erfüllen.

📖 **5.** Vergleiche pflanzliche und tierische Zellen. Nenne Gemeinsamkeiten und Unterschiede.

Basiskonzept Struktur und Funktion → S. 260

Pflanzen und Tiere im Jahreslauf

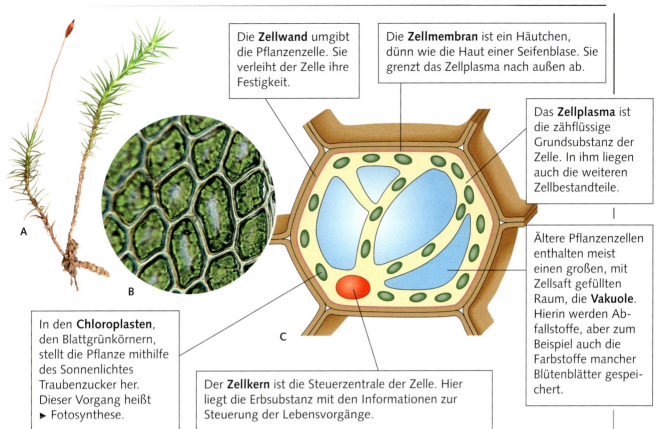

Die **Zellwand** umgibt die Pflanzenzelle. Sie verleiht der Zelle ihre Festigkeit.

Die **Zellmembran** ist ein Häutchen, dünn wie die Haut einer Seifenblase. Sie grenzt das Zellplasma nach außen ab.

Das **Zellplasma** ist die zähflüssige Grundsubstanz der Zelle. In ihm liegen auch die weiteren Zellbestandteile.

Ältere Pflanzenzellen enthalten meist einen großen, mit Zellsaft gefüllten Raum, die **Vakuole**. Hierin werden Abfallstoffe, aber zum Beispiel auch die Farbstoffe mancher Blütenblätter gespeichert.

In den **Chloroplasten**, den Blattgrünkörnern, stellt die Pflanze mithilfe des Sonnenlichtes Traubenzucker her. Dieser Vorgang heißt ▶ Fotosynthese.

Der **Zellkern** ist die Steuerzentrale der Zelle. Hier liegt die Erbsubstanz mit den Informationen zur Steuerung der Lebensvorgänge.

1 Bau einer Pflanzenzelle. A *Moospflanze mit Blättchen;* **B** *Moosblattzellen 100-fach vergrößert;* **C** *Schema*

Untersucht man Pflanzen und Tiere genauer und bringt ihre Organe oder dünne Schnitte davon unter das Mikroskop, so stellt man fest, dass alle Pflanzen, Tiere und auch Menschen aus **Zellen** bestehen. Häufig liegen gleichartige Zellen dicht nebeneinander und bilden ein **Gewebe**. Im Blatt der Wasserpest oder in der Zwiebelhaut erkennst du die Zellen als mauerartiges Muster bereits mit der schwächsten Vergrößerung. Bei stärkerer Vergrößerung zeigt sich, dass die Zellen immer aus den gleichen Bestandteilen aufgebaut sind. In Abbildung 1 findest du die Teile einer typischen **Pflanzenzelle** und deren Aufgaben, die sie für die Zelle erfüllen.

Tierische Zellen haben keine Zellwand, die ihnen eine feste Form gibt. Auch große Vakuolen und Chloroplasten fehlen. Ansonsten verfügen sie über die gleichen Bestandteile mit denselben Funktionen wie bei den Pflanzenzellen.

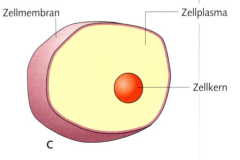

2 Bau einer Tierzelle.
A *Leber (Ausschnitt);*
B *Leberzellen (100-fach vergrößert);*
C *Schema*

Die ersten Blüten im Frühling

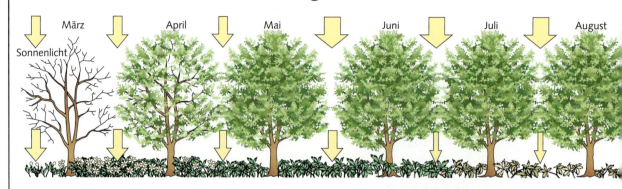

📖 **1.** Buschwindröschen findet man häufig im Laubwald. Sie blühen und wachsen bereits sehr zeitig im Frühjahr. Damit sind sie den Lichtverhältnissen im Laubwald angepasst. Erläutert diese Aussage. Die Abbildung hilft euch dabei.

🔍 **2. a)** Schneide die Zwiebel einer ▶ Tulpe der Länge nach durch. Zeichne, was du siehst und beschrifte.
b) Schneide die Sprossknolle eines Krokus ebenfalls der Länge nach durch und vergleiche sie mit der Zwiebel der Tulpe. Benenne die Unterschiede.
c) Untersucht Speicherorgane von Frühblühern auf die darin gespeicherten Nährstoffe. Schlagt dazu bei der ▶ Fotosynthese nach.

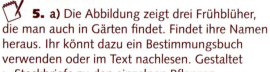

🔍 **3. a)** Pflanzt im Herbst Blumenzwiebeln im Umfeld eurer Schule ein. Haltet euch genau an die Pflanzanweisungen.
b) Erstellt eine Liste mit den gepflanzten Arten und beobachtet im Frühjahr, wann welche Pflanzen austreiben. Führt ein Naturtagebuch.
c) Fotografiert die Pflanzen und gestaltet eine ▶ Ausstellung.

✏️ **4.** Sucht wild wachsende Frühblüher im Umfeld eurer Schule. Erstellt eine Liste mit den Arten und schreibt auf, wann sie blühen. Fotografiert die einzelnen Arten und gestaltet ein ▶ Plakat.

✏️ **5. a)** Die Abbildung zeigt drei Frühblüher, die man auch in Gärten findet. Findet ihre Namen heraus. Ihr könnt dazu ein Bestimmungsbuch verwenden oder im Text nachlesen. Gestaltet ▶ Steckbriefe zu den einzelnen Pflanzen.
b) Erklärt, warum Frühblüher so früh im Jahr blühen können.

📖 **6.** Erklärt, warum sich die im Text genannten Frühblüher auch ohne Samen verbreiten können. Schlagt auch unter dem Stichwort ▶ Vermehrung ungeschlechtliche nach.

Pflanzen und Tiere im Jahreslauf

Zwiebeln

Wenn Ende Januar die Sonnenstrahlen den Schnee zum Schmelzen bringen, durchbrechen die Sprossspitzen der Schneeglöckchen den Boden. Sie haben den letzten Sommer und Winter als ▶ Zwiebeln im Boden überdauert. Auch Tulpen und Narzissen entwickeln sich aus Zwiebeln.

Die Zwiebel ist ein **Speicherorgan** aus umgebildeten Blättern. Die in der Zwiebel gespeicherten Nährstoffe ermöglichen es dem Schneeglöckchen, zeitig im Frühling auszutreiben. Dabei schieben sich aus einem Hüllblatt die beiden Laubblätter, der Blütenstängel und die Knospe hervor. Beim Austreiben werden die gespeicherten Nährstoffe verbraucht. Die neu gebildeten grünen Blätter bilden mit Hilfe des Sonnenlichts wieder Nährstoffe, die in Ersatzzwiebeln für das nächste Jahr gespeichert werden.

Sprossknollen und Wurzelknollen

Beim Krokus ist der unterirdische Stängel zu einem Speicherorgan umgebildet. Er ist zu einer dicken, rundlichen Sprossknolle angeschwollen, die Nährstoffe gespeichert hat. Wenn nach der Blütezeit die grünen Blätter folgen, bilden sie Nährstoffe, die in Tochterknollen gespeichert werden. Von der Mutterknolle bleibt nur noch ein weicher faseriger Rest übrig.

Das Scharbockskraut ist in feuchten Wäldern weit verbreitet. Es hat seine Nährstoffe in Wurzelknollen gespeichert. Wurzelknollen sind keulenförmig verdickte Wurzeln. Solange die Waldbäume noch nicht vollständig ausgetrieben haben und viel Sonnenlicht den Boden erreicht, bildet die Pflanze mithilfe ihrer grünen Blätter Nährstoffe, die in neuen Wurzelknollen für das nächste Frühjahr gespeichert werden.

Erdsprosse

Buschwindröschen kommen in Laubwäldern häufig vor. Sie blühen schon im März und leben zunächst von ihrem Nahrungsvorrat, den die Pflanzen im Vorjahr in einem unterirdischen Stängel, dem Erdspross, gespeichert haben. Er ist etwa bleistiftdick und wächst waagerecht unter der Erdoberfläche weiter. Während der Wachstumszeit bis zum Sommer bilden die Buschwindröschen neue Nährstoffe und speichern sie im Erdspross. Auch Schlüsselblumen entwickeln sich aus einem Erdspross.

Im Sommer scheinen die Buschwindröschen verschwunden zu sein. Wenn Bäume und Sträucher ab April ein dichtes Blätterdach ausbilden, werden die oberirdischen Teile der Frühblüher welk und verwelken schließlich. Das Buschwindröschen überdauert den Rest des Jahres als unterirdischer Erdspross.

1 Schneeglöckchen

2 Krokus

3 Scharbockskraut

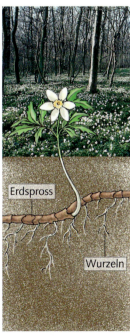

4 Buschwindröschen

Ein Laubwald im Jahresverlauf

📖 **1.** Erkläre, weshalb Frühblüher deutlich vor anderen Pflanzen austreiben können.

📝 **2.** Suche nach Fotos von Schattenpflanzen. Stelle sie auf einer Pinnwand vor.

📝 **3. a)** Laubwälder sind unterschiedlich. Informiert euch, welche Laubwaldtypen es gibt. Welche Merkmale weisen sie auf? Stellt sie auf einem Plakat vor.
b) Erstellt eine Bestimmungshilfe für typische Bäume in Laubwäldern. Sucht nach Fotos von Blättern, Früchten und der Rinde. Sie können bei der Bestimmung der Bäume hilfreich sein.

📝 **4.** Neben der Rotbuche wächst auch die Hainbuche in unseren Laubwäldern. Stellt die Merkmale der beiden Bäume in einer Tabelle gegenüber.

📝 **5.** Informiere dich, weshalb sich die Blätter der Laubbäume im Herbst rot, rotbraun oder gelb färben.

1 Laubwald im Frühjahr

Frühling – das Leben erwacht
Anfang März, wenn die Tage länger werden und die Bäume noch keine Blätter tragen, fällt das Licht fast ungehindert auf den Waldboden und erwärmt ihn. Jetzt treiben Frühblüher wie Buschwindröschen, Scharbockskraut und Schlüsselblumen aus. Sie haben im Jahr davor Nährstoffe in ihren unterirdischen Speicherorganen angesammelt. Dadurch können sie früher als andere Pflanzen austreiben. Doch schon bald, wenn die Wurzeln den Baum wieder mit Wasser versorgen, steigt dieses über Leitungsbahnen im Stamm und in den Ästen bis zu den Blattknospen auf, die sich nun öffnen.

Sommer – Die Blätter fangen das Sonnenlicht auf
An den Bäumen haben sich weibliche und männliche Blütenstände entwickelt. Die Bestäubung erfolgt durch den Wind. Nach der Befruchtung entwickeln sich die Früchte mit den Samen. Bei den Rotbuchen nennt man sie Bucheckern. Das dichte Blätterdach der Baumkronen lässt nur noch wenig Sonnenlicht durch. Die Äste und Zweige wachsen so, dass ihre Blätter möglichst viel davon auffangen

2 Laubwald im Sommer

Basiskonzept System → S. 54

Pflanzen und Tiere im Jahreslauf

3 Laubwald im Herbst

können. Lichtblätter sind am günstigsten zur Sonne ausgerichtet. Schattenblätter haben eine größere Blattfläche, damit sie viel Restlicht auffangen können. Jetzt wachsen am Waldboden nur Kräuter und Sträucher, die viel Schatten vertragen. Waldziest, Schattenblume und Aronstab sind solche **Schattenpflanzen**. Dies zeigt, dass Licht eine entscheidende Voraussetzung für das Wachstum der grünen Pflanzen und die Zusammensetzung des Laubwaldes ist.

Herbst – die Laubfärbung setzt ein
Ab September, wenn die Laubfärbung einsetzt, fallen die ersten Bucheckern von den Bäumen. Durch den ▶ Laubfall gelangt wieder mehr Sonnenlicht auf den Waldboden. Die Sommerkräuter fruchten jetzt und werfen ihre Samen ab. Ihre oberirdischen Sprossteile beginnen zu verwelken.

Eine der wenigen Pflanzen, die erst im Herbst blühen, ist der Efeu. Er gehört wie die Stechpalme und die Haselwurz zu den Immergrünen Gewächsen. Ihre derben, lederartigen Blätter überdauern mehrere Jahre. Sie können auch während des Winters mithilfe der ▶ Fotosynthese Nährstoffe bilden. Die zunehmend dicke Laubschicht am Waldboden bedeckt die unterirdischen Pflanzenteile, Früchte und Samen und schützt sie so vor der Kälte.

Winter – eine lebensfeindliche Jahreszeit
Der Winter bringt für alle Organismen des Waldes erschwerte Umweltbedingungen mit sich. In den längeren Kälteperioden, in denen der Boden oft gefroren ist, können die Pflanzen kein Wasser mehr aufnehmen. Deshalb befindet sich der Wald jetzt im Zustand der **Trockenruhe**.

Die Laubschicht am Boden dient jetzt auch als Kälteschutz für viele Bodenlebewesen. Regenwürmer, Tausenfüßer und andere Laubbewohner fressen die Blätter nach und nach auf. Pilze und Bakterien zersetzen die Reste. Aus den Laubblättern entsteht so in einem mehrjährigen Prozess mineralstoffreicher Waldboden.

4 Laubwald im Winter

Bäume im Herbst und im Winter

🔍 **1.** Sucht euch einen Baum im Umfeld eurer Schule. Besonders gut geeignet sind Rosskastanien. Beobachtet euren Baum im Herbst. Erstellt ein Naturtagebuch.

📖 **2.** Warum ist es für Laubbäume wichtig, dass im Herbst alle Blätter abfallen? Überlegt euch in diesem Zusammenhang, was mit Wasser bei Minusgraden passiert und welche Auswirkungen dieser Vorgang haben kann. Sammelt eure Vermutungen und tragt sie in der Klasse vor.

📖 **3.** Starke Schneefälle im November können für Bäume und Sträucher ein besonderes Risiko darstellen. Begründet diese Aussage. Lest dazu den Text auf der nächsten Seite.

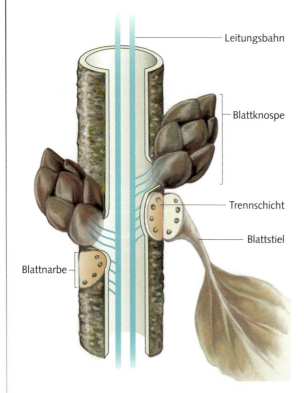

Leitungsbahn
Blattknospe
Trennschicht
Blattstiel
Blattnarbe

📖 **4.** Im Spätherbst genügt schon ein Windstoß, um Blätter von den Bäumen zu lösen. Wie ist das möglich? Die Abbildung und der Text auf der nächsten Seite geben euch Hinweise.

📖 **5.** An einem kahlen Baum im Winter befindet sich ein abgeknickter Ast, an dem noch viele trockene Blätter hängen. Formuliert eine Erklärung für diese Erscheinung.

Basiskonzept System → S. 54

Pflanzen und Tiere im Jahreslauf

Warum Blätter im Herbst abfallen

Im Sommer bilden die grünen Blätter bei der ▶ Fotosynthese mithilfe von Licht aus Wasser und Kohlenstoffdioxid Nährstoffe. Die Nährstoffe werden in der Pflanze verteilt und zum Beispiel in den Früchten gespeichert. Zudem verdunstet ein Baum über die Blätter täglich viele hundert Liter Wasser, das er mit seinen Wurzeln der Erde entnimmt. Im Winter aber können Blätter für einen Baum lebensgefährlich werden: der Boden ist oft gefroren, so dass die Bäume kein Wasser mehr aufnehmen können. Sie müssten „verdursten", wenn weiterhin Wasser aus den Blättern verdunsten würde. Außerdem würde das Wasser in den Blättern ebenfalls gefrieren und die feinen Leitungsbahnen zerstören. Ohne Blätter ist der Baum auch bei Schneefall gut geschützt. Der Schnee würde auf den Blättern liegen bleiben. Dies könnte dazu führen, dass der Baum unter dem schweren Gewicht zusammenbricht.

Dort, wo sich die Blätter vom Zweig lösen werden, wächst zunächst eine Trennschicht aus Korkzellen, die später das Eindringen von Wasser verhindert. Wenn die Blätter vom Blattrand her zu trocknen beginnen, hängen sie nur noch lose an dieser „Sollbruchstelle". Jetzt genügt ein Windstoß und die Blätter fallen ab. Sie hinterlassen gut sichtbare Blattnarben.
Zur Ausbildung der Trennschicht werden Energie und Baustoffe benötigt, die über Leitungsbahnen transportiert werden. Knicken blatttragende Äste der Zweige ab, wird der Transport unterbrochen, die Trennschicht kann sich nicht vollständig ausbilden und die Blätter fallen nicht ab.

Warum Laubbäume bunt werden

Bevor die Blätter abfallen, baut der Baum den grünen Farbstoff in den Blättern ab. Die Abbauprodukte transportiert er in den Stamm und die Wurzeln. Dort stehen sie für den erneuten Blattaustrieb im nächsten Frühjahr zur Verfügung. Zurück bleiben gelbe und rote Farbstoffe, die sich auch im Sommer schon in den Blättern befinden, aber von Blattgrün überdeckt werden.

Was in den Knospen steckt

Nach dem Laubfall beginnt die Winterruhe. In den Knospen sind aber bereits wieder Blätter und Blüten angelegt. Im Winter umhüllen harte, ledrige Knospenschuppen die zarten Sprossteile und schützen sie vor dem Austrocknen sowie vor Nässe und Krankheitserregern.
Im Inneren der Knospen befinden sich haarige Fasern. Sie schützen die Sprossteile vor Kälte.

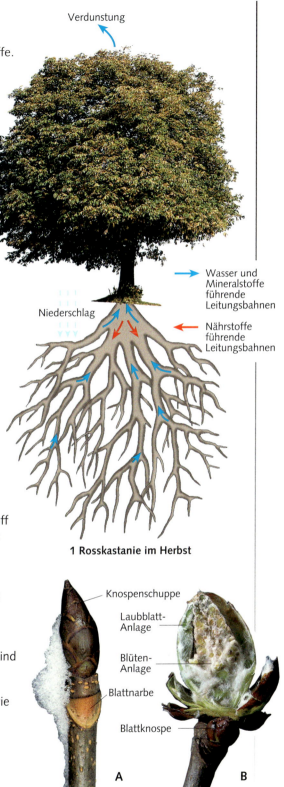

1 Rosskastanie im Herbst

2 Kastanienknospen im Winter
A *Zweigende mit Knospen;*
B *Blütenknospe (Längsschnitt)*

Herbst – die Tage werden kürzer und kälter

1. Beschreibt, woran ihr erkennt, dass der Herbst kommt. Ihr könnt dazu Plakate mit Zeichnungen und Fotos gestalten.

2. a) Messt ab dem Ende der Sommerferien regelmäßig, z. B. in der großen Pause die Lufttemperatur an einer schattigen Stelle auf dem Schulhof. Erstellt ein ▶ Diagramm zur Entwicklung der Tagestemperaturen bis Weihnachten.
b) Ihr könnt euer Diagramm mit Aussagen zum Wetter an den einzelnen Tagen ergänzen.

3. a) Viele Vogelarten fliegen im Herbst in den Süden. Welche kennt ihr? Warum tun sie das? Informationen findet ihr im Text auf der nächsten Seite.
b) Informiert euch über die Zugziele einiger Arten und schätzt die Länge der Zugwege.

Zugwege von Staren

4. a) Stare und Störche sind in Mitteleuropa heimisch. Informiert euch über ihre Lebensweise. Informationen findet ihr z. B. unter http://www.natur-lexikon.com. Haltet einen kurzen ▶ Vortrag.
b) Betrachtet die Karten und macht Aussagen zu den Zugwegen von Staren und Störchen.

5. Tiere, die Nahrungsvorräte für den Winter anlegen, tragen zur Verbreitung von Pflanzen bei. Erläutert diese Aussage.

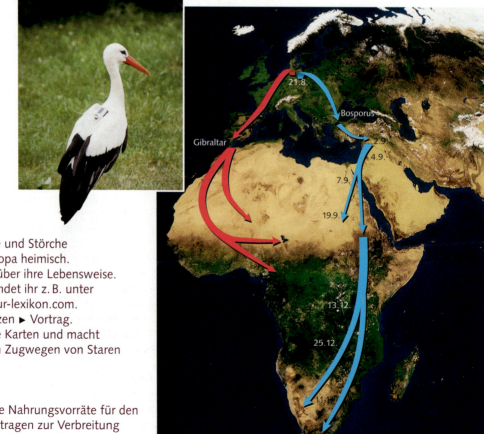

Pflanzen und Tiere im Jahreslauf

Vorbereitungen auf den Winter

Ab August werden die Tage wieder kürzer und die Anzahl der Sonnenstunden nimmt ab. Am 23. September beginnt der Herbst nach dem Kalender. Er endet am 21. Dezember, wenn der Winter anfängt. Pflanzen und Tiere bereiten sich in dieser Jahreszeit auf den Winter vor.

Im Herbst verändern viele Pflanzen ihr Aussehen sehr deutlich. Die grünen Blätter färben sich gelb, rot und braun, bevor sie schließlich abfallen (▶ Laubfall). Bei anderen Pflanzen sterben die oberirdischen Teile ganz ab. Zuvor haben die Pflanzen im Sommer **Vorratsspeicher** wie ▶ Zwiebeln oder ▶ Knollen in der Erde gebildet, aus denen sie im Frühjahr neu austreiben können.

Tiere haben ganz unterschiedliche Strategien, wie sie den Winter überstehen können. Viele fressen sich dicke **Fettpolster** an, andere Tierarten legen sich im Herbst **Nahrungsvorräte** für den Winter an und suchen geeignete Plätze, an denen sie vor der größten Kälte geschützt sind ▶ (Winterschlaf, Winterruhe, Winterstarre, aktive Überwinterung).

Tiere wie das Eichhörnchen oder der Eichelhäher sammeln Vorräte für den Winter. Der Eichelhäher kann bis zu 10 Eicheln in seinem Kehlsack transportieren und trägt dazu nicht selten noch eine im Schnabel. Die ▶ Früchte versteckt er als Wintervorrat im Boden, Rindenspalten oder Ritzen. Da er aber nicht alle Verstecke wiederfindet, können viele der Eicheln auskeimen und zu neuen Bäumen heranwachsen. Der Vogel trägt damit zur Verbreitung der Eiche bei.

1 Eichelhäher

Zugvögel verlassen ihre Brutgebiete

Schon Ende August kann man beobachten, wie sich Rauch- oder Mehlschwalben auf Leitungsdrähten sammeln. Sie verlassen ihre Brutgebiete bei uns, weil sie im Winter nicht mehr genügend Insekten als Nahrung finden würden. Auch andere Vögel wie Störche oder Stare ziehen im Herbst in wärmere Gebiete, um der Kälte und dem Nahrungsmangel im Winter zu entgehen. Viele dieser Zugvögel suchen die Mittelmeerländer oder Nordafrika auf. Einige Arten wie die Störche fliegen bis Südafrika, viele Stare überwintern in England.

Der **Vogelzug** wird durch die abnehmende Tageslänge, die zurückgehenden Temperaturen und den Nahrungsmangel gegen Ende des Sommers ausgelöst. Außerdem besitzen Zugvögel eine „innere Uhr", die den ungefähren Zeitpunkt des Abflugs angibt. Während des Flug orientieren sich die Vögel am Stand der Sonne oder nachts am Sternenhimmel. Auch das Magnetfeld der Erde können sie wahrnehmen und zur Orientierung nutzen.

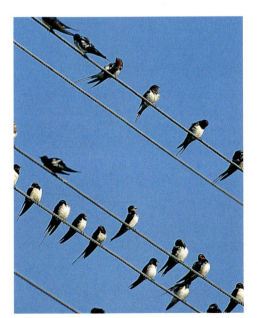

2 Rauchschwalben

Aktiv durch den Winter

📖 **1.** Auf dieser Seite sind zwei Tierarten abgebildet, die im Winter nicht aktiv sind. Finde heraus, um welche es sich handelt und begründe deine Entscheidung.

📖 **2.** Beschreibe die Unterschiede zwischen Sommerfell (A) und Winterfell (B) des Hermelins.

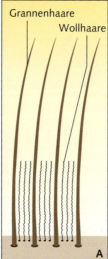

A

B

📖 **3.** „Tatsächlich sollten sich Vogelfreunde darüber im klaren sein, dass Winterfütterung und Naturschutz zwei Paar Schuhe sind", erklärt der NABU-Vogelexperte.
a) Recherchiere im Internet und suche genau dieses Zitat. Finde heraus, wie der Experte das meint. Erkläre.
b) Fertige eine Tabelle mit Gründen für und gegen eine Fütterung von Vögeln im Winter an.
c) Nimm Stellung: Würdest du im Winter Vögel füttern oder nicht? Begründe deine Meinung.

📖 **4.** Ein Zitronenfalter hängt bei Frost an einem Ast. Erkläre, warum er nicht erfriert.

📝 **5.** Manche Tiere sind im Winter besonders gefährdet. Nenne Maßnahmen, mit denen wir den Tieren im Winter helfen können.

Basiskonzept System → S. 54

Pflanzen und Tiere im Jahreslauf

Nicht alle einheimischen Tiere haben wie die ▶ Zugvögel die Möglichkeit, in den warmen Süden zu fliegen, um dort den Winter zu verbringen. Deshalb sind sie an die lebensfeindliche Winterzeit auf unterschiedliche Weisen angepasst.

Winteraktive Tiere

Rehe, Wildschweine und Füchse sind den Winter über aktiv. Sie brauchen auch während der Wintermonate Nahrung. Damit sie Energie sparen, bewegen sie sich aber möglichst wenig. Viele Säugetiere haben sich im Herbst, wenn es zahlreiche Früchte gibt, ein Winterpolster angefressen. Das hilft ihnen, ungünstige Bedingungen wie beispielsweise hohen Schnee oder Dauerfrost zu überstehen.

Während wir uns mit Mänteln oder Schals vor Kälte schützen, bekommen diese Arten ein besonders dichtes Winterfell. Das Haarkleid der Tiere wird im Herbst nach und nach ausgetauscht und durch einen dichteren Pelz mit zusätzlichen langen Wollhaaren ersetzt. Zwischen den Haaren wird Luft festgehalten. Sie ist ein schlechter Wärmeleiter und dient dadurch als Isolierschicht. Wir kennen diesen Felltausch von Hunden und Hauskatzen. Aber auch Wildtiere wie Wölfe und Hasen schützen sich so. Im Frühjahr wird dann ein neues Sommerfell gebildet. Beim Hermelin unterscheidet sich das Winterfell auch in der Farbe vom Sommerpelz. Im Winter ist der Pelz weiß wie der Schnee und dient so gleichzeitig der Tarnung.

Während Zugvögel den Winter über in wärmere Regionen ziehen, bleiben **Standvögel** bei uns. Auch sie gehören zu den winteraktiven Tierarten. Wir können sie häufig auf ihrer Nahrungssuche beobachten. Amseln, Rotkehlchen und Stieglitz sind solche Standvögel. Aber auch Greifvögel wie der Mäusebussard verbringen den Winter hier. Bei hohen Minustemperaturen plustern Standvögel ihr Gefieder auf und speichern Luft zwischen den ▶ Federn. Unsere Daunenjacken funktionieren nach dem gleichen Prinzip.

1 Fuchs

2 Aufgeplustertes Rotkehlchen

Frostschutzmittel im Tierreich

Würde die Körperflüssigkeit im Tierkörper gefrieren, könnten sich feine Eiskristalle bilden und die Körperzellen zerstören. Um das Gefrieren zu verhindern, produzieren einige Tiere eine Art „Frostschutzmittel". Diesen „Trick" benutzen einige Frösche und Insektenarten. Blattläuse können so Temperaturen von –14°C überleben. Der Zitronenfalter übersteht kurzfristig sogar Temperaturen von –20°C.

Tierschutz im Winter

Gerade im Winter sollten Störungen vermieden werden, die den Wildtieren zusätzlichen Stress bereiten. Die Energievorräte könnten dann durch Aufwecken oder Fluchtreaktionen zu früh aufgebraucht werden. Da viele Tiere im Winter geschützte Plätze in Laubhaufen, Höhlen oder Baumstämmen aufsuchen, können wir ihnen helfen, indem wir unsere Gärten möglichst naturnah gestalten und Überwinterungsmöglichkeiten schaffen.

Viele Naturfreunde bieten den Tieren im Winter zusätzliche Nahrungsquellen an. So werden Vögel mit Vogelfutter versorgt. An Futterstellen lassen sich die Tiere leicht beobachten. Allerdings sollte nur bei starkem Frost und geschlossener Schneedecke regelmäßig gefüttert werden.

3 Meisen am Futternetz

Überleben auf Sparflamme

📖 **1.** Obwohl viele Tiere nicht in wärmere Länder ziehen können, kann man sie im Winter nicht sehen. Nenne Beispiele für solche Tierarten. Wo halten sie sich im Winter auf?

📖 **2.** Beschreibe die Unterschiede zwischen Winterruhe, Winterstarre und Winterschlaf. Erstelle eine Tabelle.

✏️ **3.** Tiere wie Zauneidechse, Siebenschläfer und Eichhörnchen haben unterschiedliche Methoden entwickelt, um im Winter den Energieverbrauch zu senken. Haltet kurze ▶ Vorträge über die drei Tierarten und ihre Energiesparmaßnahmen im Winter.

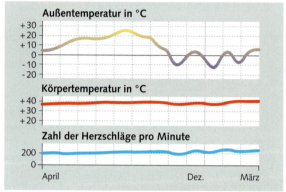

📖 **4. a)** Vergleiche die drei Diagramme, in denen die Außentemperatur und einzelne Körperfunktionen von drei verschiedenen Tierarten jeweils im Jahresverlauf dargestellt sind. Ordne sie den Begriffen Winterruhe, Winterstarre und Winterschlaf zu. Begründe.
b) Handelt es sich um gleich- oder wechselwarme Tiere? Begründe und nutze dazu auch den Begriff „Regulation".

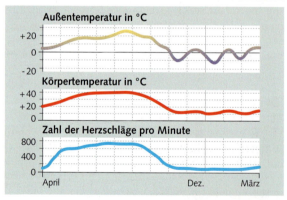

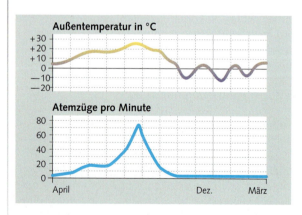

📖 **5.** Der Igel ist ein Winterschläfer. Fällt die Außentemperatur jedoch unter –6 °C, so kann er erfrieren. Eine besondere Form der Körpertemperatur-Regulation schützt ihn davor. Beschreibe sie anhand der nebenstehenden Abbildung.

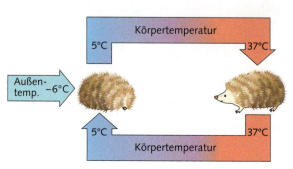

Basiskonzept System → S. 54

Pflanzen und Tiere im Jahreslauf

Im Winter ist das Nahrungsangebot für Tiere stark eingeschränkt. Sie können deshalb auch nur wenig ▶ Energie über die Nahrung zu sich nehmen. Es gibt verschiedene Möglichkeiten, wie Tiere Energie sparen.

Winterschlaf

Kleinere Säugetiere wie Igel, ▶ Fledermäuse, Siebenschläfer oder Feldhamster verschlafen die kalte Jahreszeit in frostsicheren Verstecken. Sie verbringen dort den ganzen Winter, bis im Frühjahr wärmere Temperaturen einsetzen. Pulsschlag und Atmung werden stark verringert. Die Körpertemperatur wird bis auf 5 °C heruntergeregelt. Die meisten Winterschläfer leben dann von Fettreserven. Dazu haben sie sogar unterschiedliche Fettgewebe im Körper. „Normales" Fettgewebe sieht weiß aus und speichert Energie für alle Lebensvorgänge. Spezielles braunes Fettgewebe kann dagegen Wärme erzeugen. Dazu wird das gespeicherte Fett direkt im Gewebe „chemisch verbrannt". Auch für das schnelle Aufheizen des Körpers nach dem Winterschlaf ist das braune Fettgewebe verantwortlich.

1 Feldhamster

2 Dachs

Winterruhe

Das Eichhörnchen sieht man im Winter nur selten. Es verschläft einen Großteil der kalten Jahreszeit in einem kugelförmigen Nest, dem Kobel. Er ist mit Laub und anderen Materialien ausgepolstert. In den Schlafphasen nehmen Körpertemperatur und die Zahl der Herzschläge kaum ab. Von Zeit zu Zeit erwacht das Eichhörnchen aus seiner Winterruhe und frisst Nüsse, Eicheln und Bucheckern, die es im Herbst gesammelt und versteckt oder vergraben hat.

Auch Dachse und Bären halten in geschützten Unterkünften Winterruhe. Sie legen sich jedoch keine Vorräte an, sondern fressen sich im Sommer eine dicke Speckschicht an. Während des Winters dient diese Fettreserve als Energiequelle. Wenn die Tiere vorübergehend erwachen, gehen sie zusätzlich auf die Suche nach Fressbarem.

Winterstarre

Bei wechselwarmen Tieren wie ▶ Kriechtieren, ▶ Lurchen oder ▶ Fischen ist die Körpertemperatur von der Umgebungstemperatur abhängig. Den Tieren fehlt ein schützendes Fell oder Federkleid. Um nicht zu erfrieren, graben sich beispielsweise Kröten ins frostsichere Erdreich ein. Fische suchen den wärmeren Gewässergrund auf. Dort fallen sie in Winter- oder Kältestarre und alle Lebensaktivitäten, die Energie benötigen, werden nahezu eingestellt. Auf das Anlegen von Energiereserven im Herbst sind diese Tiere also nicht angewiesen. Wenn jedoch bei extrem kalten Temperaturen die Ruheplätze gefrieren, können sich die Tiere nicht bewegen, um sich tiefer einzugraben. Sie sterben dann den Erfrierungstod.

3 Karpfen

Spezialisten im Eis

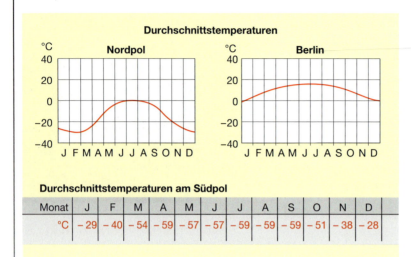

Durchschnittstemperaturen am Südpol

Monat	J	F	M	A	M	J	J	A	S	O	N	D
°C	−29	−40	−54	−59	−57	−57	−59	−59	−59	−51	−38	−28

1. a) Die Klimadiagramme zeigen Durchschnittstemperaturen am Nordpol und in Berlin. Beschreibt die Temperaturen im Jahresverlauf in einem kurzen Text.
b) Fertigt mithilfe der Angaben in der Tabelle ein ▶ Diagramm für den Südpol an.
c) Wie unterscheiden sich Sommer und Winter in den Polargebieten? Welche Unterschiede bestehen zwischen Nord- und Südpol? Notiert eure Ergebnisse.

2. a) Plant einen einfachen ▶ Versuch, durch den ihr herausfinden könnt, ob Fell, Federn und Fett vor Kälte schützen. Führt den Versuch durch.
b) Schreibt ein ausführliches ▶ Versuchsprotokoll.
c) Wenn ihr herausfinden wollt, warum Pinguine bei extremer Kälte dicht beieinander stehen, könnt ihr einen Modellversuch mit mehreren zusammengebundenen Reagenzgläsern durchführen. Ein Reagenzglas mit warmem Wasser steht für einen Pinguin.
Tipp: Die abgebildeten Gegenstände sind nützlich bei der Versuchsdurchführung.

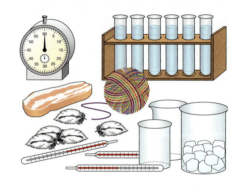

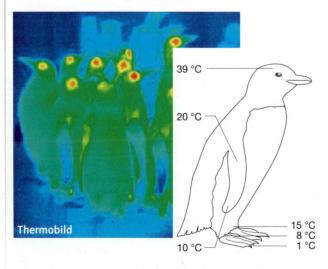

Thermobild

3. Stellt Anpassungsmerkmale von Eisbär und Pinguin zusammen. Bildet einen Eisbären und einen Pinguin jeweils auf einem DIN-A3-Blatt ab. Kennzeichnet körperliche Besonderheiten durch Pfeile und kurze Texte.

4. Informiert euch über Eisbären und Pinguine (z. B. Nahrung, Überwinterung, Zusammenleben mit Artgenossen, Aufzucht der Jungen, Gefahren). Gestaltet Plakate und präsentiert sie in der Klasse.

5. Es gibt 17 verschiedene Pinguinarten, die alle sehr ähnlich aussehen, dabei aber sehr unterschiedliche Größen haben. Finde mehr darüber heraus: Wo bekommen die großen, wo die kleinen Piguinarten vor? Wie kann man das erklären?

6. Warum friert der Pinguin auf dem Eis nicht fest? Das Thermobild der Pinguine gibt euch Hinweise.

Basiskonzept Entwicklung → S. 98 und Struktur und Funktion → S. 260

Pflanzen und Tiere im Jahreslauf

Überleben in den Polargebieten

Große Flächen der Polargebiete sind von Eis bedeckt. Die **Arktis,** das Nordpolargebiet, ist ein eisbedecktes Meer.
Von Oktober bis März herrschen Dunkelheit, strenger Frost und eisige Schneestürme.
Viele **Eisbären** (▶ Säugetiere) überwintern in selbst gegrabenen Schneehöhlen. Dort bringen die Bärinnen auch ihre Jungen zur Welt. Während der Wintermonate zehren die Eisbären von ihrer bis zu 4 cm dicken und 100 kg schweren Fettschicht unter der Haut. Ein dichtes Fell schützt sie vor Kälte. Im Frühjahr sind die Eisbärenmütter abgemagert. Sie begeben sich auf die Jagd. Robben, aber hin und wieder auch Walrosse, sind ihre Hauptnahrung.

Eisbären sind für das Leben in der Arktis gut ausgerüstet. Ihr Körper ist mit dichtem Fell bedeckt, nur Nasenspitze und Fußballen sind unbehaart. Das Fell wirkt weiß, weil die äußeren Haare hohl sind. Dadurch wird die Wärmeisolation erhöht. Die dunkle Haut nimmt Wärme von außen auf. Eisbären bewegen sich geschickt auf Schnee und Eis. Die breiten, krallenbewehrten Tatzen und Schwimmhäute zwischen den Zehen wirken wie Schneeschuhe. Mühelos klettern Eisbären auf Eisschollen oder Eisberge. Von dort aus nehmen sie Beute selbst aus größter Entfernung wahr.
Auch im Wasser können sie sich sehr gut fortbewegen. Die Stromlinienform ihres Körpers trägt dazu bei, dass sie ausdauernd und schnell schwim-

2 Eisbären

men können. Sie wurden schon bis zu 100 km vom Land oder von Eisfeldern entfernt angetroffen.

In der **Antarktis,** dem Kontinent am Südpol, ist der Boden ständig gefroren. Im Sommer wird es selten über –10 °C warm. Im Winter, der im Mai beginnt, sinken die Temperaturen bis auf –50° C. Die **Kaiserpinguine** (▶ Vögel) suchen jetzt ihre Brutplätze auf dem Eis auf.
Viele Tiere stehen dicht beieinander und bilden eine Kolonie. So wärmen sie sich gegenseitig.
Obwohl Pinguine ständig auf der Eisfläche stehen, wenn sie nicht im Wasser sind, frieren ihre Füße auf der Oberfläche nicht fest. Mit einer Wärmebildkamera kann man untersuchen, an welcher Stelle ein Tier Wärme an die Umgebung abgibt. Das Wärmebild von Pinguinen zeigt, dass die Temperatur in Flossen, Beinen und Füßen wesentlich niedriger ist als im Körperkern und im Kopf. Über die Füße wird kaum Wärme an die Umgebung abgegeben, sodass das Eis unter den Füßen der Pinguine nicht schmilzt. Diese Anpassungserscheinung sorgt auch dafür, dass der Wärmeverlust der Tiere sehr gering ist.
Ein weiteres Anpassungsmerkmal sind die Pinguinfedern. Sie liegen schuppenartig übereinander. Durch diese Anordnung entsteht eine wasserundurchlässige Schicht. Darunter liegende Daunen schützen den Körper auch vor Unterkühlung. Ebenso wie bei den Eisbären sorgt eine dicke Fettschicht für Schutz vor Kälte und dient als Energiereserve.

1 Kaiserpinguine

Wie leben Pflanzen und Tiere in der Wüste?

1. Wüsten gibt es nicht nur in Afrika, sondern auch in anderen Erdteilen. Zeichnet in die Kopie einer Weltkarte die großen Wüsten der Erde und ihre Namen ein. Nehmt einen Atlas zu Hilfe.

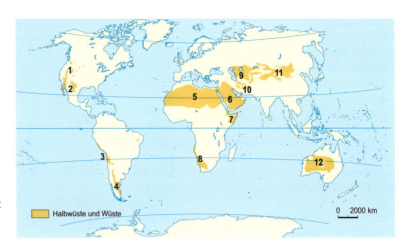

2. Sicherlich habt ihr schon etwas über Wüsten gehört, gelesen oder Berichte im Fernsehen darüber gesehen. Berichtet, was ihr über Wüsten wisst. Erstellt eine ▶ Mindmap zum Thema.

3. Wüsten sind extreme Lebensräume. Mit welchen Umweltbedingungen müssen Pflanzen, Tiere und Menschen in der Wüste zurechtkommen? Stellt euer Wissen auf einem ▶ Plakat übersichtlich dar.

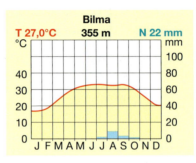
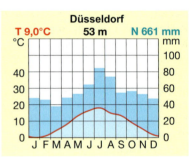

4. Bilma ist eine Stadt in Niger. Sie liegt in der Sahelzone. Düsseldorf ist eine Stadt in Nordrhein-Westfalen. Welche Informationen liefern euch die beiden Diagramme? Vergleicht Jahrestemperaturen und Niederschläge von Bilma mit denen von Düsseldorf.

5. Sucht in Lexika, Erdkundebüchern, Fachbüchern oder im ▶ Internet nach Pflanzen und Tieren, die in Wüsten leben. Ihr könnt euch auch in Gartenbaufachgeschäften und in Zoos oder Botanischen Gärten erkundigen. Erstellt ▶ Steckbriefe ausgewählter Pflanzen und Tiere. Stellt besonders heraus, wie sie an die extremen Bedingungen des Wüstenlebens angepasst sind.

6. Die Abbildung zeigt Abschnitte vom Saguarokaktus. Erkläre das unterschiedliche Aussehen.

A *nach längerer Trockenheit*   B *nach Regen*

7. Die Hauswurz ist eine Pflanze, die in unseren Breiten wächst. Sie hat dicke, fleischige Blätter und kurze Wurzeln. Die Hauswurz braucht nur wenig Wasser. Damit ähnelt sie den Wüstenpflanzen.

a) Vergleiche die Hauswurz mit den „Lebenden Steinen" auf der nebenstehenden Seite. Suche nach Gemeinsamkeiten.
b) An welchen Standorten kommt die ▶ Hauswurz bei uns vor? Begründe deine Meinung.

Basiskonzept Entwicklung → S. 98 und Struktur und Funktion → S. 260

Pflanzen und Tiere im Jahreslauf

1 Dromedar, angepasst an extreme Hitze und Dürre.
A *Fell;*
B *lange Wimpern;*
C *verschließbare Nüstern;*
D *Hornschwielen an den Gelenken;*
E *breitflächiger Fuß*

Dromedare – ein Leben in der Hitzewüste

Dromedare sind in mehrfacher Weise an den extremen Lebensraum Wüste angepasst. Ein dichtes Fell schützt sie nachts vor Kälte und tagsüber vor Hitze. Außerdem können sie ihre Körpertemperatur bis auf 42 °C ansteigen lassen. Erst dann beginnen sie zu schwitzen. Die Ohren sind durch dichte Behaarung, die Augen durch lange Wimpern vor Flugsand geschützt. Die Nasenlöcher sind verschließbar.
Breitflächige Füße verhindern ein Einsinken in den Sand. Hornschwielen an Füßen, Beingelenken und Brust schützen vor der Hitze des Bodens.

Ein Dromedar kommt bis zu einer Woche ohne Wasser aus. An Wasserstellen kann es in wenigen Minuten bis zu 100 Liter Wasser aufnehmen. Von diesem Wasser zehrt das Dromedar dann auf dem Weitermarsch. Das im Höcker gespeicherte Fett kann als „Reserve" genutzt werden.

Der Wüstenfuchs – kleiner ist besser

Der Wüstenfuchs ist deutlich kleiner als unsere einheimischen Füchse. So kann er sich tagsüber in seinen Bau zurückziehen, wo es nicht so heiß wird. Größere Höhlen wären schwerer zu finden oder zu bauen. Nachts geht er auf die Jagd. Sein Fell schützt sowohl vor Kälte als auch vor Hitze. Er hat keine Schweißdrüsen, schwitzt also nie. Das spart Wasser. So reicht ihm in der Regel das in seinen Beutetieren enthaltene Wasser zum Überleben.

Wüstenpflanzen

Auch Pflanzen sind an die extremen Umweltbedingungen angepasst. Sie wenden unterschiedliche Überlebenstricks an. Manche haben dicht unter der Erdoberfläche ein riesiges Wurzelsystem, mit dem sie jeden Regen- oder Tautropfen aufsaugen. Bäume wie die Akazien dringen hingegen mit ihren Wurzeln bis zu 35 m tief direkt bis zum Grundwasser vor. Kakteen sind ausgezeichnete Wasserspeicher. Der Saguarokaktus zum Beispiel sammelt in seinem „Stamm" einige tausend Liter Wasser, sodass er bis zu zwei Jahre Trockenheit überleben kann. Mit bis zu 15 m Höhe und einem Gewicht von zehn Tonnen ist er der Riese unter den Kakteen. „Lebende Steine" zeigen eine besondere Überlebensstrategie. Da sie in ihren dickfleischigen Blättern viel Wasser sammeln, werden sie gern von durstigen Tieren gefressen. Weil sie aber durch ihr steinähnliches Aussehen hervorragend an die Umgebung angepasst sind, werden sie von den Tieren oft übersehen.

2 Wüstenfuchs (Fennek)

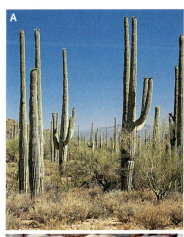

3 Wüstenpflanzen.
A *Saguaro;* B *„Lebende Steine"*

Methode

Lernen im Team

Selbstständiges Lernen in Gruppen macht viel Spaß. Auf dieser Seite findet ihr Tipps, die euch helfen, wie man Lernen im Team planen und durchführen kann.

Themen vereinbaren
Vereinbart in der Klasse ein gemeinsames Thema. Ihr könnt zum Beispiel das Leben in extremen Lebensräumen darstellen.

Thema in Arbeitsaufträge aufteilen
Besprecht euer Thema zunächst gemeinsam. Zerlegt es in einzelne Arbeitsaufträge. Beschriftet dazu Karten mit Fragen oder Inhalten, die euch interessieren.
Tipp: Erstellt eine ▶ Mindmap zum Thema. Sie verschafft euch Übersicht und gibt Anregungen für einzelne Arbeitsaufträge.

Gruppen bilden
Bildet Gruppen, in denen Schülerinnen und Schüler zusammenarbeiten, die sich für die gleichen Arbeitsaufträge interessieren.

Teamarbeit hat viele Vorteile:
- Die Aufgaben werden auf alle Teammitglieder verteilt.
- Jeder bringt seine besonderen Fähigkeiten in die gemeinsame Arbeit ein.
- Für den Erfolg der Arbeit sind alle verantwortlich.

Informationen beschaffen
Recherchiert in Büchern, Zeitschriften, im Internet und anderen Medien. Ihr könnt auch Fachleute befragen. Euer Auftrag ist häufig mit Untersuchungen, Versuchen und dem Bau von Modellen verbunden.
Stellt anschließend einen Arbeits- und Zeitplan auf. Überlegt auch, wie ihr eure Arbeit präsentieren wollt.

Durchführung von Versuchen
Vor der Durchführung eines Versuchs muss dieser schriftlich geplant und von eurer Lehrerin oder eurem Lehrer kontrolliert werden.
Die einzelnen Schritte sind dabei immer gleich: Problemstellung, Vermutungen, Versuchsplanung, Versuchsdurchführung und Versuchsauswertung.
Das ▶ Versuchsprotokoll sollte durch Fotos oder Skizzen ergänzt werden.
Denkt an die Beschreibung und Einhaltung wichtiger Sicherheitsmaßnahmen.

Erstellen einer Präsentation
Jedes Team stellt seine Ergebnisse vor. Dazu könnt ihr beispielsweise eine ▶ Sachmappe erstellen. Denkt an eine Gliederung mit entsprechenden Seitenzahlen. Formuliert eure Texte selbst. Wichtig sind Versuchsprotokolle und Dokumentationen von Befragungen. Sie erklären, wie ihr zu euren Ergebnissen gekommen seid.
Nachdem alle Gruppenergebnisse vorgestellt wurden, könnt ihr diese in einer Ausstellung mit erklärenden Zeichnungen und Fotos der Öffentlichkeit präsentieren.

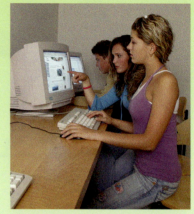
3 Informationen am PC beschaffen

4 Versuche durchführen

5 Deckblatt einer Sachmappe

2 Ein Team probiert die Kartentechnik aus

Ideen zur Präsentation
- Sachmappe, Ausstellung, Fotoreportage, Videofilm
- Wandzeitung, Plakat, Folien
- Demonstration mit Modellen oder Experimenten
- Rollenspiel
- Powerpointpräsentation

Pflanzen und Tiere im Jahreslauf

Die Tiefsee – ein extremer Lebensraum

📖 **1.** Nenne Lebensbedingungen, die in der Tiefsee herrschen.

✏️ **2.** Informiere dich über die **Schwarzen Raucher** in mehreren tausend Metern Tiefe und die dort herrschenden Lebensbedingungen. Berichte.

Leben in großer Tiefe

Forscher erkunden mit speziellen Tauchbooten, welche Lebewesen in großer Tiefe der Meere vorkommen. Ab 900 m herrschen tiefe Dunkelheit und ein hoher Wasserdruck. Das Wasser hat eine Temperatur um 0 °C. Kann es unter diesen Bedingungen überhaupt ein Leben geben?

Beim Tauchen erscheinen Leuchtpunkte, die von Tiefseefischen stammen. Es sind verschiedenartige Anglerfische mit Leuchtorganen. Diese dienen dazu, die Beute anzulocken. Beim Laternenangler sitzt das Organ an der Spitze einer „Angel", die hin und her bewegt wird. Tiefseeangler dagegen locken bei aufgesperrtem Maul und leuchtendem Rachen ihre Beute an. Der Pelikanaal stülpt sein Maul über sein Opfer. Dieses gelangt in den elastischen Beutel seines Mauls. Der Kreuzzahnbarsch kann sogar Fische fangen, die größer sind als er selbst. Hierfür hat er eine dehnbare Haut und einen dehnbaren Magen.

Tiefseefische bewegen sich meist sehr langsam, verbrauchen daher weniger Energie und benötigen somit nicht so viel Nahrung. Der enorme Wasserdruck schadet ihnen nicht, da der Druck im Körperinneren dem Außendruck entspricht.

Schwarze Raucher

Inzwischen sind Forscher bis auf Tiefen von etwa 5000 m vorgestoßen. Selbst dort gibt es Leben. Dort, wo es am Meeresboden Spalten von 200 bis mehreren 1000 Metern Tiefe gibt, dringt kaltes Wasser ein. Es erhitzt sich in der Tiefe der Spalten bis auf 400 °C und schießt – angereichert durch Mineralien – unter hohem Druck als schwarze „Brühe" wieder zurück auf den Meeresboden und vermischt sich mit dem kalten Wasser. Im 10 °C bis 20 °C warmen Wasser hat sich eine besondere Lebensgemeinschaft aus Bakterien, Würmern, Muscheln, verschiedenen Arten von Krebsen und sogar Fischen gebildet.

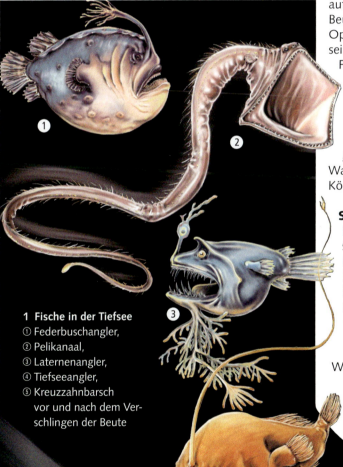

1 Fische in der Tiefsee
① Federbuschangler,
② Pelikanaal,
③ Laternenangler,
④ Tiefseeangler,
⑤ Kreuzzahnbarsch vor und nach dem Verschlingen der Beute

Auf einen Blick

Sonne, Pflanzen, Fotosynthese
Wasser und Kohlenstoffdioxid enthalten nur wenig Energie. Pflanzen können aber das Licht der Sonne nutzen, um daraus energiereichen Traubenzucker und Sauerstoff herzustellen. Der Traubenzucker wird in der Pflanze genutzt, um weitere energiereiche Stoffe wie Stärke herzustellen. Diese Stoffe bilden die Nahrungsgrundlage für alle Tiere. Überall auf der Welt ist das Leben daher letztlich von der Sonne und von den Pflanzen abhängig.

Wasser + Kohlenstoffdioxid →(Licht, Blattgrün) Traubenzucker + Sauerstoff

Das Mikroskop
Mit Lichtmikroskopen kann man bis etwa 1000-fach vergrößern. Damit lassen sich pflanzliche und tierische Zellen sichtbar machen und Einzeller lebend beobachten. Bakterienzellen kann man gerade noch erkennen.

Lebewesen bestehen aus Zellen
Alle Lebewesen bestehen aus Zellen. Die Zellen liegen in Geweben zusammen und sind in verschiedenen Organen auf bestimmte Funktionen spezialisiert. Alle Organe zusammen bilden einen Organismus, ein selbstständiges Lebewesen.

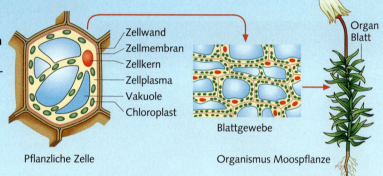

Pflanzliche Zelle — Zellwand, Zellmembran, Zellkern, Zellplasma, Vakuole, Chloroplast

Blattgewebe

Organismus Moospflanze — Organ Blatt

Jahreszeiten
In vielen Regionen der Erde schwankt die Menge des eingestrahlten Sonnenlichtes erheblich. Damit sind auch die Temperaturen und die Menge der für Tiere bereit stehenden Nahrung im Laufe eines Jahres unterschiedlich. Pflanzen und Tiere nutzen verschiedene Angepasstheiten an die Jahreszeiten, um mit diesem Wechsel zurecht zu kommen.

Mittl. Tagestemp. im Jahresverlauf (in Deutschland)

Pflanzen in den Jahreszeiten
Pflanzen stimmen ihre Wachstums-, Blüte- und Ruhezeiten auf die Jahreszeiten ab. Frühblüher nutzen spezielle Organe wie Zwiebeln oder Knollen zur Energiespeicherung. So können sie im zeitigen Frühjahr vor anderen Pflanzen austreiben, wachsen und blühen.
Bäume wachsen später und langsam, werden dafür aber sehr hoch und können durch ihre vielen Blätter das Sonnenlicht im Sommer gut nutzen. Viele Bäume werfen ihr Laub im Herbst ab und überstehen den Winter in Trockenruhe.

Tiere in den Jahreszeiten
Viele Tiere müssen im Winter mit wenig oder sogar ganz ohne Nahrung auskommen. Manche legen sich daher vorher Vorräte an, indem sie etwa Früchte oder Beeren vergraben. Dadurch leisten sie einen wertvollen Beitrag zur Verbreitung von Pflanzen. Andere fressen sich Fettreserven an. Davon zehren sie, während sie den Winter in Winterruhe oder Winterschlaf überdauern.
Wechselwarme Tiere fallen bei niedrigen Temperaturen in eine Winterstarre, in der sie so wenig Energie verbrauchen, dass sie ohne große Reserven auskommen.
Zugvögel verlassen im Herbst ihre Brutreviere und verbringen den bei uns kalten Winter in wärmeren Regionen der Erde.
Auch die Fortpflanzung ist bei Tieren meist an die Jahreszeiten angepasst. Paarung, Eiablage und die Entwicklung der Jungtiere finden jeweils zu Zeiten statt, die möglichst günstige Bedingungen für das Überleben der Nachkommenschaft bieten.

Pflanzen und Tiere im Jahreslauf

1. Stelle die in der nebenstehenden Skizze mit den Buchstaben A–I bezeichneten Bauteile eines Mikroskops und Ihre Aufgaben in einer Tabelle zusammen.

Buchstabe	Name	Aufgabe
A	…	…

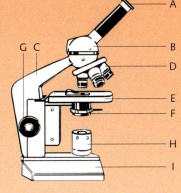

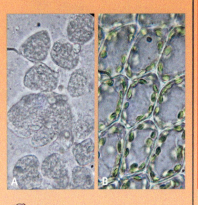

2. Beschreibe, wie du vorgehst, wenn du bei einem Mikroskop mit der größten Vergrößerung arbeiten möchtest.

3. Bei einem Mikroskop mit einem 12er Okular ist das 40er Objektiv eingestellt. Berechne die Gesamtvergößerung.

3. Welches der beiden obigen Fotos zeigt Tier- und welches Pflanzenzellen? Begründe mit mehreren Argumenten.

Zeig, was du kannst

5. Welche der folgenden Aussagen sind richtig? Begründe jeweils kurz. Die Fotosynthese…
… ist die Atmung der grünen Pflanzen.
… ist der Aufbau von Stärke aus Kohlenstoffdioxid und Licht.
… ist abhängig vom Licht.

6. Erläutere, welche Vorteile es für einen Laubbaum hat, seine Blätter im Herbst abzuwerfen.

7. In vielen öffentlichen Gebäuden wie Behörden, Schulen oder auch Arztpraxen stehen echte Pflanzen in dunklen Ecken oder Fluren.
a) Erkläre, warum sie dort nur überleben können, wenn direkt über ihnen den ganzen Tag eine Lampe leuchtet.
b) Recherchiere, was das Besondere an den so genannten „Pflanzenleuchten" oder „Tageslichtlampen" ist, die man für diese Zwecke einsetzen muss.

8. Nenne jeweils drei Tierarten, die Winterschlaf oder Winterruhe halten oder in Winterstarre verfallen.

9. „Prinzesschen" war der Name einer Storchendame, die man im Jahre 1994 mit einem Sender ausstatte. Bis zu ihrem Tod im Dezember 2006 wurden damit die Flugrouten der Störchin verfolgt, aufgezeichnet und live im Internet veröffentlicht. Bis heute sind sie dort z. B. als Animation abrufbar.
Stellt das Projekt vor. Gestaltet dazu eine Ausstellung oder eine Broschüre. Ihr könnt nach der der Methode „Lernen im Team" vorgehen und z. B. folgende Teilfragen beantworten:
– Wann und wie weit ziehen die einzelnen Störche?
– Welche Gemeinsamkeiten und welche Unterschiede haben die einzelnen Routen?
– Wie funktioniert die Verfolgung der Störche? Welche Technik steckt dahinter?
– Welche Hintergrundinformationen, z. B. über das Leben der Störche, sind interessant und passen zu dem Projekt?

Sinne und Wahrnehmung

Ob Skaten, Inliner- oder Fahrradfahren – das schafft Bewegungsfreiheit und macht Spaß.
Wie orientieren wir uns? Wie vermeiden wir Unfälle?

Kann ich die Nudel neben der heißen Herdplatte gefahrlos greifen?
Wie arbeiten Wahrnehmung und Reaktion zusammen?

Was können Tiere sehen, hören, riechen oder „fühlen", wovon wir kaum eine Ahnung haben?

Was ist das Weiße, das Blaue und das Schwarze in diesen Augen? Wie funktionieren die Augen und die Ohren?

Zu hell? Zu laut?
Können Licht und Lärm wirklich schaden?
Wie kann man Augen und Ohren schützen?

Welche Hilfen im Straßenverkehr gibt es für sehbehinderte Menschen?

Sinne erschließen die Welt

📖 **1. a)** Mountainbikefahren erfordert viel Geschicklichkeit und Aufmerksamkeit. Beschreibe, was der Fahrer wahrnehmen muss und welche Sinnesorgane er dafür einsetzt.
b) Auf welches Sinnesorgan vertrauen wir bei der Orientierung im Straßenverkehr ganz besonders? Erkläre auch die Bedeutung der abgebildeten Zeichen, Formen und Farben.

🔍 **2.** Führt Orientierungsversuche mit „Blinden" durch. Verbindet dazu Versuchspersonen die Augen und gebt ihnen Begleiter zur Seite, die sie vor Unfällen schützen.
a) Die „Blinden" sollen nun im Schulgebäude oder auf dem Schulhof den Weg zu einem Ziel wie einer Tür oder einem Baum finden.
b) Beobachtet und beschreibt, wie sich die Versuchspersonen orientieren.
c) Die Versuchspersonen berichten anschließend, wie sie sich gefühlt haben und an welche Sinneseindrücke sie sich erinnern.

📖 **3. a)** Beschreibe, was du tun kannst, um als Fußgänger oder Fahrradfahrer in der Dämmerung oder Dunkelheit besser gesehen zu werden.
b) Stelle entsprechende Hilfsmittel vor.

📖 **4.** Die Straßenverkehrsordnung schreibt vor, dass Fahrradfahrer ihre Sicht und ihr Gehör nicht durch Geräte beeinträchtigen dürfen. Erkläre den Sinn dieser Regelung

🔍 **6.** Steckt in einen großen Karton Gegenstände aus verschiedenen Materialien. Nehmt zum Beispiel Leder, Alufolie, Holz, Kork, Moos, Fell, Sandstein, Marmor, Styropor, Watte, Knete, Stroh, Wolle oder Ähnliches. Testpersonen sollen nun Gegenstände in dem Karton ertasten. Welche Materialien kann die Testperson richtig benennen, bevor sie die Dinge aus dem Karton holt und zeigt?

📖 **5.** Liste alle im Informationstext genannten Sinnesorgane auf und gib je ein Beispiel, was über das Sinnesorgan im Verkehr wahrgenommen werden kann. Welches Sinnesorgan spielt im Verkehr keine große Rolle?

Basiskonzept System → S. 54

Sinne und Wahrnehmung

Beim Fahrradfahren, im Verkehr oder in anderen Situationen brauchen wir die Sinnesorgane, um uns zu orientieren, um Gefahren zu erkennen und Informationen aus unserer Umwelt aufzunehmen.

Wir sehen den Verlauf der Straße, hören ein herannahendes Auto und riechen vielleicht Autoabgase. Wir fühlen die warme Sommerluft oder kalte Wasserspritzer, wenn wir durch eine Pfütze fahren. Gleichzeitig nehmen wir jede Unebenheit der Straße wahr, die uns aus dem Gleichgewicht bringen könnte.

Zusammenspiel der Sinne

Die Orientierung in der Umwelt und alle Erlebnisse sind nur durch das Zusammenspiel unserer Sinne möglich. Jedes **Sinnesorgan** kann jedoch nur bestimmte **Reize** wie Licht, Schall, Wärme oder Kälte, Druck, Geruchs- oder Geschmacksstoffe aufnehmen. Die Informationen aus der Umwelt werden von Sinneszellen in **elektrische Impulse** umgewandelt und durch die **Nerven** an das **Gehirn** weitergeleitet. Dort werden die Informationen verarbeitet und führen zu einer **Wahrnehmung**.

Das Auge

Mit unseren ▶ Augen nehmen wir Lichtreize auf. Nervenzellen leiten die Informationen in Form elektrischer Impulse an das Gehirn.
Hier werden sie zu Bildern verarbeitet. Es werden Farben und Formen, Entfernungen und Bewegungen erkannt.

Das Ohr

In Form von Luftschwingungen empfangen unsere ▶ Ohren ▶ Schall. Die Schwingungen reizen die Sinneszellen, die dann ebenfalls Nervenimpulse verursachen, die zum Gehirn geleitet und dort

1 Orientierung mit allen Sinnen

verarbeitet werden. So können wir uns im Straßenverkehr zurechtfinden, Gespräche verstehen und Musik hören.
Im Ohr befindet sich außerdem der ▶ Gleichgewichtssinn, der auf die Schwerkraft reagiert. Wir brauchen ihn, um uns geordnet im Raum bewegen zu können. Fahrradfahren oder Gehen wäre ohne ihn unmöglich.

Die Haut

Sie ist ein besonders vielfältiges Sinnesorgan. Über sie nehmen wir Tast-, Druck-, Wärme-, Kälte- und Schmerzreize auf. Das Gehirn sorgt dafür, dass die entsprechenden Nervenimpulse verarbeitet und als Empfindungen wahrgenommen werden.

Nase und Zunge

Sie sind für die Aufnahme von Geruchs- und Geschmacksreizen zuständig. Im Gehirn werden die Eindrücke zu einer umfassenden Geruchs- und Geschmacksempfindung verarbeitet.

Vom Reiz zur Reaktion

Alle Sinneseindrücke werden gleichzeitig vom Gehirn verarbeitet und führen zu einer **Wahrnehmung** und Beurteilung der Gesamtsituation. Oft erfolgt dann eine nützliche **Reaktion:** Treten in die Pedale, Ausweichen vor einem parkenden Auto, Klingeln, um einen Fußgänger aufmerksam zu machen – oder Abzubremsen und vom Rad zu steigen.

Sinnesorgane schützen und schonen

Wir müssen unsere Sinnesorgane schützen, damit wir auch weiterhin unsere Umwelt möglichst gut erfassen können und angemessen reagieren. Auch sollten wir uns nicht selbst behindern, zum Beispiel durch zu laute Musik über Kopfhörer.

Wie wir sehen

🔍 **1. a)** Welche Teile des Auges kannst du im Taschenspiegel erkennen? Fertige eine beschriftete Skizze an. Nenne die Aufgaben der Teile, insbesondere ihre Schutzfunktion.
b) Beobachte im Spiegel auch, in welche Richtungen sich das Auge bewegen lässt.

Augenbraue
Augenlid
Wimpern
Hornhaut
Iris
Pupille

📖 **2. a)** Beim Weinen „läuft" einem auch die Nase. Erkläre.
b) Wenn Sandkörnchen oder Wimpern ins Auge gelangen, beginnt das Auge heftig zu tränen. Was wird dadurch erreicht?

🔍 **3.** Dein Versuchspartner bläst mit Gummischlauch und Blasebalg unerwartet Luft seitlich in eine Schutzbrille. Wie reagiert das Auge? Was sagt die Reaktion aus über die Schutzfunktion der Lider in Alltagssituationen?

A

B

🔍 **4. a)** Eine Versuchsperson schließt 30 Sekunden lang beide Augen und deckt sie zusätzlich mit den Händen ab. Anschließend blickt sie zu einem hellen Fenster oder zu einer Lampe. Der Partner beobachtet dabei die Pupillen. Wie verändert sich deren Größe?
b) Erklärt die Bedeutung der Pupillenreaktion.

📖 **5.** Beschreibe und erkläre das unterschiedliche Aussehen desselben Auges bei verschiedenen Bedingungen.

🔍 **6. a)** Halte das Biologiebuch in Armlänge vor deine Augen. Schließe das linke Auge und fixiere mit dem rechten unentwegt die abgebildete Katze. Bewege das Buch nun langsam an dich heran. Was geschieht mit der Maus? Deute das Versuchsergebnis.
b) Was siehst du, wenn du das Buch noch näher heranführst?
c) Recherchiere, was es mit dem „blinden Fleck" auf sich hat. Vergleiche auch mit Abbildung 1.

Basiskonzept Struktur und Funktion → S. 260

Sinne und Wahrnehmung

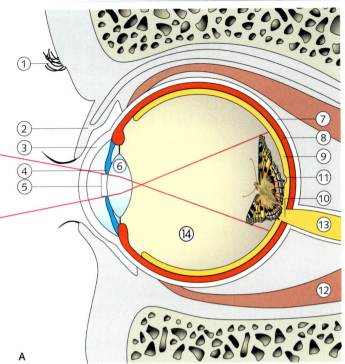
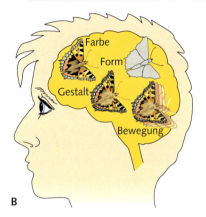

① Augenbraue ⑧ Aderhaut
② Augenlid mit Wimpern ⑨ Netzhaut
③ Hornhaut ⑩ blinder Fleck
④ Iris ⑪ gelber Fleck
⑤ Pupille ⑫ Augenmuskel
⑥ Linse ⑬ Sehnerv
⑦ Lederhaut ⑭ Glaskörper

1 Auge und Sehvorgang. **A** *Bau des Auges;* **B** *Vom Auge zum Gehirn*

Guter Schutz für empfindliche Augen

Das Auge ist ein wichtiges, aber auch ein empfindliches Sinnesorgan. Von außen erkennen wir bereits verschiedene Schutzeinrichtungen.
Die **Augenbrauen** leiten Regen- oder Schweißtropfen zu den Seiten ab. Die **Wimpern** schützen vor Staub. Nähern sich Fremdkörper wie etwa eine Fliege dem Auge, so schließen sich blitzschnell die **Augenlider.** Dieser Schutzreflex bewahrt das Auge vor Verletzungen. Auch bei zu grellem Licht und starkem Wind verhindern die Lider, dass das Auge geblendet wird oder austrocknet.

Die salzig schmeckende **Tränenflüssigkeit** wird in der Tränendrüse produziert und durch den Lidschlag gleichmäßig auf dem Auge verteilt. Auf diese Weise wird die empfindliche **Hornhaut** ständig feucht gehalten. Würde sie austrocknen, wäre sie bald trüb. Außerdem spült die Tränenflüssigkeit Schmutz und Krankheitserreger aus dem Auge. Danach fließt sie durch die Tränenkanäle in die Nasenhöhle. Beim Weinen muss man sich deshalb oft die Nase putzen.

Als Weißes im Auge sehen wir den vorderen Teil der stabilen **Lederhaut,** die den Augapfel vor Verletzungen schützt und ihm die Form gibt. Vorne geht die Lederhaut in die durchsichtige Hornhaut über. Der Augapfel ist außerdem in die mit Fett ausgepolsterte, knöcherne **Augenhöhle** eingebettet.

Immer die richtige Helligkeit

Wenn wir von braunen, blauen oder grünen Augen sprechen, meinen wir die Farbe der **Regenbogenhaut** oder **Iris.** Die Iris umschließt die **Pupille,** die dunkle Öffnung, durch die das Licht ins Auge fällt. Bei dem „automatischen" Pupillenreflex regelt die Iris die **Hell-Dunkel-Anpassung** (Adaptation). Sie zieht sich bei hellem Licht zusammen, die Pupille wird kleiner und der Lichteinfall ins Auge verringert sich. Umgekehrt wird die Pupille bei wenig Licht größer. Auf diese Weise können wir auch bei geringer Helligkeit und in der Dämmerung noch sehen.

Wie wir sehen

Durch die Pupille fällt das Licht ins Auge. Es durchläuft die Linse und den Glaskörper, der als durchsichtige, gallertartige Substanz das Innere des Augapfels ausfüllt. Die **Linse** beeinflusst die Lichtstrahlen so, dass auf dem Hintergrund des Auges ein scharfes, umgekehrtes Bild entsteht. Dort trifft das Licht auf die **Netzhaut** mit den **lichtempfindlichen Sinneszellen.** Diese erzeugen bei Lichteinfall elektrische Impulse, die vom **Sehnerv** ins **Gehirn** geleitet werden. Im Gehirn werden die Informationen zur Sehwahrnehmung verarbeitet.
Am dichtesten liegen die Sinneszellen im Bereich des **gelben Flecks,** dem Bereich des schärfsten Sehens. Im **blinden Fleck** dagegen fehlen die Sinneszellen, weil hier der Sehnerv das Auge verlässt.

Wie ein Bild entsteht

Wer aus 35 cm Entfernung

diesen Text nicht bis zum Ende

lesen kann, der sollte einmal seine

Augen von einem Augenarzt untersuchen lassen!

Dieser kann feststellen, ob die Augen gesund sind

oder ob man eine Brille braucht.

🔍 **1. a)** Welche Funktion hat die Augenlinse für das Sehen? Schreibe dazu zuerst deine Vermutungen auf.
b) Führe zur Klärung der Frage nun folgende Versuche durch: Besorge dir eine Lupe oder Sammellinse aus der Physiksammlung. Schaue durch die Linse aus dem Fenster nach draußen und beschreibe, was du siehst.
c) Fange nun das Bild des hellen Fensters hinter der Linse auf einem weißen Blatt Papier auf. Was passiert, wenn du das Blatt näher an die Linse oder weiter von ihr weg hältst?
d) Probiere auch andere Linsen oder Lupen aus. Was verändert sich, wenn du eine dickere oder dünnere Linse verwendest?
e) Beantworte nun die unter a) gestellte Frage nochmals und nutze dabei die Versuchsergebnisse.

📖 **2. a)** Überprüfe die Sehleistung deiner Augen mit der Tafel oben.
b) Warum müssen sich Führerscheinkandidaten einem Sehtest unterziehen? Wie können Sehfehler ausgeglichen werden?
c) Überprüfe dein Farbsehvermögen. Wenn du in der Abbildung links eine Zahl erkennst, ist dies ein Hinweis auf eine Farbsehschwäche.

📝 **4.** Erstelle eine Collage mit Abbildungen modischer Brillen.
Du kannst dich auch selbst als Brillen-Designer betätigen.

📝 **3.** Recherchiere im Internet weitere Farbsehtests. Nützliche Stichworte: Rot-Grün-Blindheit; Farbsehtest, Farbenblindheit.

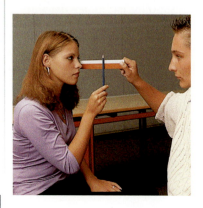

🔍 **5.** Wie nah kannst du einen Gegenstand wie beispielsweise einen Bleistift ans Auge heranführen und ihn gerade noch scharf sehen? Diese untere Grenze der Nahanpassungsfähigkeit des Auges nennt man den Nahpunkt.
a) Miss in dieser Position den Abstand zwischen dem Bleistift und deinem Auge mit dem Lineal aus.
b) Vergleicht die Nahpunkte verschiedener Schülerinnen und Schüler. Welche individuellen Unterschiede zeigen sich?

Sinne und Wahrnehmung

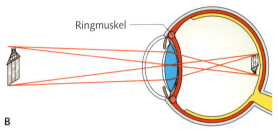

1 Bildentstehung durch eine Sammellinse.
A *Im Versuchsaufbau;* B *im Auge*

Aufrechte und scharfe Bilder sehen

Schauen wir aus dem Fenster, sehen wir vielleicht ein Haus, blauen Himmel und grüne Bäume. Selbstverständlich ist das Dach des Hauses oben und die Eingangstür unten.
Das Bild, das durch eine Sammellinse erzeugt wird, steht aber auf dem Kopf. Genauso ist es auch im Auge: Das Licht wird durch die ▶ Augenlinse gebrochen, das heißt in seiner Richtung verändert. Lichtstrahlen, die von einem Punkt des Gegenstandes ausgegangen sind, treffen sich auf der Netzhaut in einem scharfen Bildpunkt. In der Netzhaut reagieren lichtempfindliche ▶ Sinneszellen auf das Licht und erzeugen Nervenimpulse. Diese werden über den ▶ Sehnerv ins Gehirn geleitet. Das **Gehirn** verrechnet alle Informationen und lässt uns ein aufrechtes Bild wahrnehmen und Dinge und Personen erkennen.

Sehfehler und Sehhilfen

Bei manchen Menschen entsteht das scharfe Bild nicht genau auf der Netzhaut. Brillen oder Kontaktlinsen können diese **Sehfehler** ausgleichen. So lassen sich Probleme in der Schule oder im Alltag vermeiden, und der Straßenverkehr wird sicherer.
Kurzsichtige Menschen sehen in der Ferne unscharf und benötigen Brillen mit Zerstreuungslinsen, die in der Mitte dünner sind als an den Rändern. Weitsichtige haben beim Lesen und Nahsehen Schwierigkeiten und benötigen eine zusätzliche bauchige Sammellinse.

Entfernungsanpassung

Je nachdem, wie weit die Dinge entfernt sind, müssen wir unsere Augen an die Entfernung anpassen. Dazu wird die Augenlinse kugeliger oder flacher gezogen. Gleichzeitig können wir nahe und ferne Gegenstände nicht scharf sehen.
Bei älteren Menschen ist die Linse weniger elastisch. Sie werden altersweitsichtig und können die Augen nicht mehr auf Nahsicht einstellen.

2 Entfernungsanpassung. A *Nahsicht;* B *Fernsicht*

Farben sehen

In der Netzhaut befinden sich verschiedene ▶ Lichtsinneszellen für verschiedene Aufgaben. **Hell-Dunkel-Unterschiede** nehmen wir mit den so genannten Stäbchen auf. Sie sind sehr lichtempfindlich und ermöglichen das Sehen auch noch in der Dämmerung, allerdings nicht farbig.
Für das **Farbensehen** sind die **Zapfen** zuständig, die mehr Licht benötigen. Es gibt drei Typen von Zapfen. Jeder ist für eine der drei Farben Rot, Grün und Blau empfindlich. Aus den Informationen dieser drei Zapfentypen kann das Gehirn alle Farben berechnen, ähnlich wie man durch unterschiedliche Überlagerung von Licht der drei Grundfarben Rot, Grün und Blau alle möglichen Farben erzeugen kann.
Bei manchen Menschen ist ein bestimmter Zapfentyp defekt. Sie leiden an einer **Rot-Grün-Sehschwäche** und können rote und grüne Färbungen nicht so gut unterscheiden.

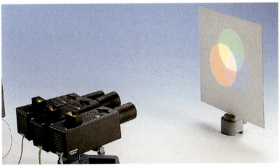

3 Farben addieren sich

245

Das Gehirn sieht mit

1. a) Zeichne auf die Vorderseite einer Pappscheibe oder eines Bierdeckels einen Vogel, auf die Rückseite einen auf dem Kopf stehenden Käfig. Befestige seitlich zwei Schnüre, verdrille sie und ziehe sie anschließend auseinander. Was beobachtest du?
b) Wiederhole den Versuch mit unterschiedlichen Drehgeschwindigkeiten. Erkläre deine Beobachtung. Vergleiche mit der Filmtechnik.

2. Halte dein Biologiebuch in etwa 40 cm Entfernung vor die Augen. Betrachte es zunächst mit dem rechten, dann mit dem linken Auge. Was stellst du fest? Deute deine Beobachtung.

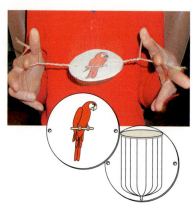

Wir haben bereits erfahren, dass das Gehirn beim Sehen des aufrechten Bildes beteiligt ist. Das Sehzentrum im Hinterkopf leistet aber noch mehr.

Bewegte Bilder
Bei jedem einzelnen Bild werden die Sinneszellen der Netzhaut erregt. Diese Erregung klingt aber erst nach einer 18tel Sekunde wieder ab. Die Sinneszellen sind also ein bisschen „träge". Folgt das nächste Bild schnell genug, also bereits während der noch abklingenden Erregung, entsteht im Gehirn der Eindruck einer fortlaufenden **Bewegung**. Deshalb scheint der Vogel im Versuch oben im Käfig zu sitzen, wenn die Scheibe schnell genug rotiert. In Film und Fernsehen wird die Trägheit der Sinneszellen ausgenutzt: Hier werden sogar 25 Bilder pro Sekunde gezeigt, sodass wir glauben, Bewegungen zu sehen.

Räumliches Sehen
Da unsere Augen einige Zentimeter auseinanderliegen, liefern sie leicht unterschiedliche Bilder des betrachteten Gegenstandes. Dennoch sehen wir ein einziges, räumliches Bild. Dieses **räumliche Sehen** ermöglicht uns abzuschätzen, wie weit ein Gegenstand entfernt ist. Sind die Entfernungen jedoch etwas

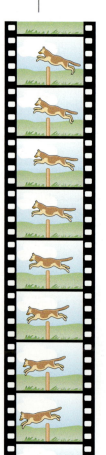

1 Filmstreifen

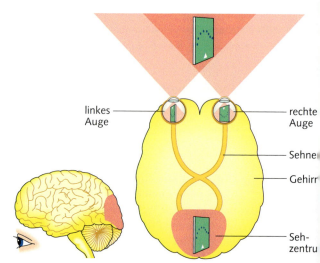

2 Räumliches Sehen (Schema)

größer, verrechnet das Gehirn die Erfahrung, dass weiter entfernte Dinge kleiner erscheinen. Auch die Geschwindigkeiten zum Beispiel herannahender Autos werden so abgeschätzt. Hierbei können Fehler passieren und zu Unfällen führen, wenn die Geschwindigkeiten unvermutet hoch sind.

Optische Täuschungen
Das Gehirn speichert Seheindrücke als Muster. Personen und Gegenstände werden erkannt, indem das Gehirn das aktuelle Bild mit den gespeicherten Mustern vergleicht. Widersprechen die neuen Bilder den bisherigen Erfahrungen, kommt es zu optischen **Täuschungen.** Beispiele zeigt die Pinnwand auf der folgenden Seite.

Basiskonzept System → S. 54

Sinne und Wahrnehmung

Optische Täuschungen

Pinnwand

Welche Giraffe ist am größten? Prüfe mit dem Lineal.

Warum nennt man dies eine *verflixte* Kiste?

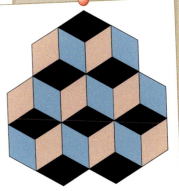

Erkennst du 6 oder 7 Würfel? Die schwarzen Flächen sind entweder oben oder unten.

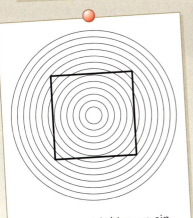

Handelt es sich hier um ein Quadrat? Überprüfe mit dem Lineal.

Welcher blaue Kreis ist größer?

Siehst du einen Kerzenständer oder zwei Gesichter?

Wie optische Täuschungen entstehen

A) **Umspringbild:** Zwei sich widersprechende Bilder können nicht gleichzeitig gesehen werden. Das Gehirn muss sich für das eine oder das andere „entscheiden".

B) **Täuschung durch Perspektive:** Im Hintergrund zusammenlaufende Linien deutet das Gehirn als zunehmende Entfernung.

C) **„Unmögliche" Bilder:** Das Gehirn versucht etwas räumlich Sinnvolles zu erkennen, was es so in der Wirklichkeit gar nicht gibt.

D) **Täuschung durch Größenvergleich:** Gleich große Figuren wirken unterschiedlich groß, je nachdem, ob direkt benachbarte Figuren größer oder kleiner sind.

E) **Täuschung durch die Umgebung:** Kreuzen sich gerade und gewölbte Linien, so erscheinen Geraden krumm.

📖 **1.** Betrachte die Abbildungen aufmerksam. Beschreibe deine Wahrnehmungen.

📖 **2.** Erkläre die gezeigten optischen Täuschungen mithilfe der Erläuterungen links.

Wie wir hören

1. a) Wie könnt ihr Reiskörner in einem Luftballon zum Tanzen zu bringen, ohne den Ballon zu berühren?
Probiert eure Vorschläge aus.
b) Erkläre, welche Lösungsmöglichkeit etwas über den Schall und die Schallausbreitung verrät?

1.

2.

→ Gesamtbewegung der Magneten
⇨ Bewegung einzelner Magneten

2. Das Bild links zeigt Magneten, die sich abstoßen und auf einer Bahn rollen können.
a) Was kann man beobachten, wenn man einen Magneten anschubst?
b) Vergleiche die Bewegungen bei diesem Modell mit der Schallausbreitung.

3. Durch Hilferufe können sich verschüttete Bergleute nicht bemerkbar machen, aber manchmal durch Klopfzeichen am Gestein. Erkläre dies.

4. Was leitet den Schall besser, ein fester Tisch oder die Luft? Stellt zunächst eine Vermutung auf. Testet jetzt eure Vermutung im Versuch.
Bildet dazu Dreiergruppen. Eine Person gibt an einem Ende eines Tisches leise Kratzsignale mit dem Fingernagel auf dem Tisch, zum Beispiel den Notruf SOS (3-mal kurz, 3-mal lang, 3-mal kurz kratzen) oder ein unklares Kratzen. Am anderen Ende des Tisches versuchen zwei Testpersonen die Kratzgeräusche zu verstehen: eine hält ihr Ohr auf die Tischplatte, die andere sitzt in gleicher Entfernung ganz normal am Tisch.
Beschreibt und erklärt die Ergebnisse.

5. Erstelle eine Tabelle mit drei Spalten.
a) Stelle in die ersten beiden Spalten die Teile des Ohres und ihre Funktionen zusammen.
b) Abbildung 1 zeigt das Ohr in Originalgröße. Miss darin die Länge des Gehörgangs, den Durchmesser des Trommelfells und die Größe einiger anderer Teile und trage die Werte in die dritte Tabellenspalte ein.

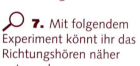

6. Wozu brauchen wir zwei Ohren?
a) Klärt diese Frage im ▶ Versuch, indem ihr eine Testperson mit verbundenen Augen einen klingelnden Wecker finden lasst. Einmal soll sie ein Ohr mit einem Ohrstöpsel verschlossen haben und einmal sollen beide Ohren geöffnet sein. Messt jeweils die Zeit bis zum Berühren des Weckers.
b) Stellt im ▶ Versuchsprotokoll auch eine Erklärung für euer Ergebnis dar.

7. Mit folgendem Experiment könnt ihr das Richtungshören näher untersuchen:
a) Markiert einen etwa einen Meter langen Schlauch in der Mitte. Die Versuchsperson hält sich die beiden Schlauchenden an die Ohren. Eine Mitschülerin oder ein Mitschüler befindet sich dahinter und klopft mit einem Lineal in verschiedenen Abständen links oder rechts von der Markierung auf den Schlauch. Die Versuchsperson gibt jeweils an, von welcher Seite sie das Geräusch hört.
Ermittelt die beiden der Mitte am nächsten liegenden Punkte auf dem Schlauch, an denen die Versuchsperson gerade noch sicher angeben kann, woher das Geräusch kommt.
b) Beschreibt, wie das Richtungshören funktioniert, und erläutert in diesem Zusammenhang das Versuchsergebnis.

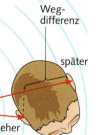

Wegdifferenz
später
Schallquelle
eher

Basiskonzept Struktur und Funktion → S. 260

Sinne und Wahrnehmung

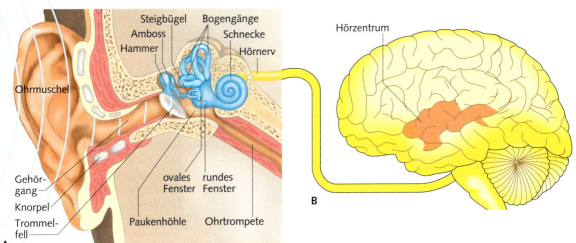

1 Das Ohr. A *Aufbau des Ohres;* B *Hörwahrnehmung im Gehirn*

Schall

Unser Hörsinn reagiert auf **Schall**. Schall entsteht, wenn etwas schnell schwingt, beispielsweise die Saite einer Gitarre oder die Membran einer Trommel. Dadurch werden Luftteilchen angestoßen die sich dann wiederum gegenseitig anstoßen. So entstehen Luftverdichtungen und Luftverdünnungen, die sich als **Schallwellen** ausbreiten.

Die **Schallgeschwindigkeit** beträgt in der Luft etwa 340 Meter pro Sekunde. In Flüssigkeiten und in festen Stoffen wie Holz oder Gestein sind die Teilchen dichter zusammen und leiten die Stöße besser weiter. Dadurch breitet sich Schall hier viel schneller aus und auch die Lautstärke nimmt weniger ab.

2 Schallwellen

Je stärker die Schwingungen sind, desto größer ist die **Lautstärke**. Die **Tonhöhe** hängt davon ab, wie schnell die Schwingungen aufeinander folgen. Man bezeichnet die Zahl der Schwingungen pro Sekunde als die **Frequenz** einer Schwingung. Sie wird in Hertz (Hz) gemessen. Sehr hohe Töne mit Frequenzen über 20 000 Hz können wir Menschen nicht mehr hören. Man bezeichnet solche Töne daher als ▶ **Ultraschall**.

Das Außenohr

Die Ohrmuschel fängt die Schallwellen auf und leitet sie in den Gehörgang. Am Ende des Gehörgangs befindet sich das **Trommelfell** ein kleines, nur etwa einen Zehntel Millimeter dickes Häutchen. Es trennt das Außenohr vom Mittelohr. Die Schallwellen bringen das Trommelfell zum Schwingen.

Im Mittelohr

Das Trommelfell überträgt die Schwingungen auf die drei **Gehörknöchelchen**. Mit dem Trommelfell verwachsen ist der Hammer. Von ihm geht die Schwingung auf den Amboss und schließlich auf den Steigbügel über. Dieser kleinste Knochen des Menschen überträgt die Schwingungen über das Häutchen des ovalen Fensters auf die Flüssigkeit im Innenohr.

Das Mittelohr ist mit Luft gefüllt. Es hat über die Ohrtrompete eine Verbindung zum Mundraum. Sie ist so eng, dass sie sich oft nur bei Bewegungen des Unterkiefers kurzzeitig öffnet und für einen Druckausgleich sorgen kann.

Im Innenohr

Im Innenohr befindet sich die Hörschnecke. Das ist ein kleines, schneckenhausförmiges Gebilde, das mit einer Flüssigkeit gefüllt ist.

Die Flüssigkeit wird über das ovale Fenster in Schwingungen versetzt und bringt in der Schnecke längs verlaufende Häutchen zum Schwingen. Auf den Häutchen sitzen etwa 16 000 **Hörsinneszellen** mit feinen Härchen. Wenn die Härchen gebogen werden, sendet die zugehörige Sinneszelle elektrische Signale aus, die der **Hörnerv** zum **Gehirn** weiterleitet.

Hörwahrnehmung im Gehirn

Im Gehirn findet die eigentliche Hörwahrnehmung statt. Wir erkennen Stimmen wieder oder hören einen Lastwagen als mögliche Gefahr im Verkehr. Doch aus welcher Richtung naht der Laster? Ähnlich wie das Gehirn beim räumlichen „3D"-Sehen die etwas unterschiedlichen Bilder von beiden Augen vergleicht, vergleicht es für das **Richtungshören** die leicht unterschiedlichen Informationen, die von den beiden Ohren gemeldet werden. Denn die Geräusche kommen dort zeitlich leicht versetzt und mit etwas anderer Lautstärke an.

So können wir uns räumlich orientieren und auch Stereomusik genießen.

Das Ohr hört nicht nur

1. Mit diesem Versuch könnt ihr Besonderheiten des Drehsinnes erkunden. Eine Versuchsperson sitzt mit verbundenen Augen auf einem Drehstuhl. Sie hat die Aufgabe, mit der Hand immer in eine Richtung zu zeigen, zum Beispiel zur Tür. Ein Helfer dreht nun den Drehstuhl gleichmäßig eine Zeit lang. Danach wird der Stuhl rasch gestoppt. Beobachtet die Zeigebewegungen der Versuchsperson zu den verschiedenen Phasen des Versuchs genau. Erstellt ein Versuchsprotokoll. Nutzt diese Doppelseite, um Erklärungen für eure Beobachtungen zu finden.

2. Baue ein Modell des Drehsinnesorgans und untersuche seine Funktionsweise. Klebe zwei Folienstreifen in eine Glasschale, fülle Wasser in die Schale und gib einige Korkstückchen auf das Wasser. Drehe das Glas nun eine Weile auf einem Drehstuhl oder einem Drehteller. Beobachte die Biegung der Folienstreifen zu Beginn, im Verlauf und nach Abstoppen der Drehung. Verfolge über die Korkstücke auch die Bewegung des Wassers. Beschreibe und erkläre deine Beobachtungen.

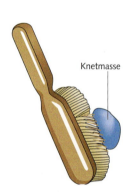

Knetmasse

3. Der Handfeger links und die Schale aus Versuch 2 können als Modelle für die beiden Teile des Gleichgewichtsorgans dienen. Vergleicht in einer tabellarischen Übersicht diese Modelle mit den unten abgebildeten Verhältnissen im Innenohr.

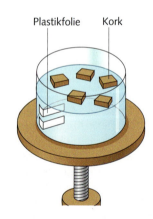

Modell	Wirklichkeit
Handfeger	...............-organ
Borsten	....
Knetmasse	

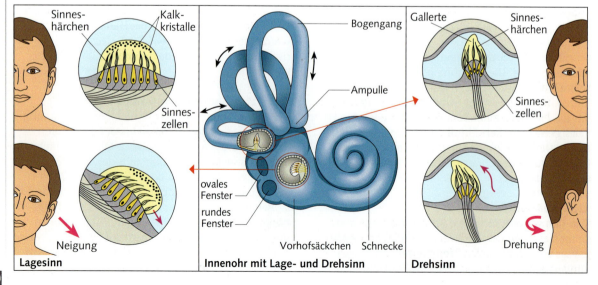

Lagesinn — Innenohr mit Lage- und Drehsinn — Drehsinn

Sinne und Wahrnehmung

1 Herausforderung für den Gleichgewichtssinn

Das Gleichgewichtsorgan
Nicht nur beim Skaten, sondern bei jedem normalen Schritt und jeder Bewegung ist unser **Gleichgewichtsorgan** gefordert. Es befindet sich im Innenohr direkt neben und oberhalb der Hörschnecke. Es besteht aus dem **Lagesinnesorgan,** das dem Gehirn ständig die Lage des Kopfes im Raum meldet, und dem **Drehsinnesorgan,** das auf Drehungen des Kopfes reagiert. Nur mithilfe dieser Informationen kann das Gehirn alle weiteren Körperbewegungen sinnvoll koordinieren.

Das Lagesinnesorgan
Das Lagesinnesorgan liegt in zwei mit Flüssigkeit gefüllten Bereichen, den Vorhofsäckchen, neben der Schnecke. Ähnlich wie Hörsinneszellen in der Schnecke haben auch die Sinneszellen des Gleichgewichtsorgans kleine Härchen. Auf den Härchen liegen in einer wackelpuddingartigen Masse, der Gallerte, kleine Kalkkristalle, die die Sinneshärchen nach unten biegen. Je nach Haltung des Kopfes ändert sich die Biegung der Härchen. Die Sinneszellen werden dadurch gereizt und erzeugen elektrische Impulse, die zum Gehirn geleitet und dort ausgewertet werden.

Das Drehsinnesorgan
In den drei Bogengängen über der Schnecke liegt das Drehsinnesorgan. Jeder Bogengang ist mit Flüssigkeit gefüllt und besitzt eine Erweiterung, die so genannte Ampulle. Dort sitzt wiederum eine Gruppe von Sinneszellen, deren Sinneshärchen in einer Gallerte stecken. Wird nun der Bogengang bei einer Kopfbewegung gedreht, dann dreht sich die Flüssigkeit aufgrund ihrer Trägheit nicht sofort mit. Dadurch werden die Sinneshärchen gebogen und die Sinneszellen gereizt. Weil die drei Bogengänge jeweils senkrecht zueinander stehen, können Drehungen in allen Richtungen des Raumes registriert werden. Warum aber scheint sich nach einer Karussellfahrt oder nach dem Drehstuhlversuch um uns herum alles zu drehen? Haben wir uns eine Weile in die gleiche Richtung gedreht, dreht sich die Flüssigkeit in den Bogengängen mit. Die Sinneshärchen werden dann nicht mehr gebogen. Halten wir dann an, dreht sich die Flüssigkeit noch etwas weiter und die Sinneshärchen melden eine Rückwärtsdrehung. Das widerspricht aber dem, was die Augen sehen. Aus einem solchen Widerspruch kann ein Schwindelgefühl und Übelkeit entstehen.

Wenn das Gleichgewicht gestört wird
Infektionen des Innenohres, zum Beispiel bei einer Mittelohrentzündung, können neben plötzlicher Schwerhörigkeit auch zu Schwindelanfällen und Gleichgewichtsproblemen führen.
Gefahren bestehen auch beim Baden und Tauchen. Gelangt kaltes Wasser zum Beispiel durch ein verletztes Trommelfell ins Mittelohr, kann der Temperaturunterschied eine Strömung in den Bogengängen verursachen. Schwindel und gestörte Orientierung können einen Taucher so in Lebensgefahr bringen.

2 Tauchen – nur mit gesunden Ohren

Lärm stört und schadet

📖 **1. a)** Auf welches Problem wird in dem Zeitungsartikel hingewiesen und welche Ursachen werden dafür angeführt?
b) Beurteile mögliche Gesundheitsschäden durch Musikhören. Nutze dazu die Informationen aus der Tabelle unten.

🔍 **2.** Mit einem Schallpegelmessgerät könnt ihr selbst Lautstärken messen.

📖 **3.** Schallpegelmessungen lieferten folgende Ergebnisse:
– 69 dB(A) Straßenlärm bei geöffnetem Fenster
– 53 dB(A) Straßenlärm bei geschlossenem Fenster
– 85 dB(A) in einer Sporthalle
– 60 dB(A) in einem Klassenraum
– 90 dB(A) an Ohrhörern
– 112 dB(A) in einer Disko

Vergleiche diese Lautstärken mit denen aus der Tabelle und beurteile mögliche Gefahren durch Lärm.

> **Braunschweig** Krankenkassen schlagen Alarm: jeder vierte Versicherte zwischen 15 und 20 Jahren hört schon wie ein Senior. Bei einigen könnten die Hörschäden bis zur Berufsunfähigkeit führen. Längere und häufigere Besuche in Diskotheken mit Lärmpegeln bis zu 120 dB(A) hinterlassen dauerhafte Hörschäden.
> Hinzu kommt das tägliche, oft stundenlange Musikhören mit Einsteckkopfhörern.

Lärm

Laute Musik bringt auf der Party gute Stimmung. Alle haben Spaß – nur die Nachbarn beschweren sich über „Lärm". Was wir als angenehm oder störend als **Lärm** empfinden, hängt von der Situation ab. Lärm kann eine echte Umweltbelastung sein und zu verschiedenen Gesundheitsproblemen führen. Dabei spielt einerseits die Lautstärke eine Rolle, zum anderen die Dauer der Lärmbelastung.

Hörschäden durch große Lautstärke

Die Lautstärke kann man mit Schallpegelmessgeräten messen. Sie wird in der Einheit Dezibel (dB oder dB(A)) angegeben. Große Lautstärken verursachen im Innenohr bleibende Schäden. Wenn die feinen Härchen der Sinneszellen in der ▶ Hörschnecke bei zu starken Schwingungen brechen, können sie nicht wieder nachwachsen. Bleibende Hörschäden sind die Folge.

Stress durch Dauerlärm

Auch niedrigere Lärmpegel können belastend wirken, wenn wir ihnen über lange Zeit ausgesetzt sind. So führen Verkehrslärm, Baulärm oder Lärm am Arbeitsplatz zu Konzentrationsstörungen, Schlafproblemen und Stress. Dieser kann über die Jahre sogar Bluthochdruck und Herz-Kreislauf-Probleme verursachen.

Lärmschutz

Sehr vielfältig sind die Lärmschutzmaßnahmen. Regelungen wie Arbeitsschutzgesetze oder Nachtflugverbote schaffen rechtliche Grundlagen. Bauliche Maßnahmen verbessern den Lärmschutz an verkehrsreichen Straßen oder den Schallschutz in Gebäuden.
In anderen Fällen muss jeder selbst für Schutz sorgen und die Lautstärke absenken oder Gehörschützer tragen.

Schallquelle	Lautstärke (Schallpegel in dB(A))	Lärmwirkungen
Düsenflugzeug	130	schmerzhaft
lautes Motorrad	120	schmerzhaft
Kreissäge	110	unerträglich
Autohupe	100	unerträglich
Lastwagen	90	Schlafstörungen / Kommunikationsstörungen / Hörschäden bei Dauerbelastung / Hörschäden bei Kurzzeitbelastung
Rasenmäher	80	
Auto bei Tempo 50	70	
Radio auf Zimmerlautstärke	60	laut
normale Sprache	50	
leise Sprache	40	
Flüstern	30	
tickender Wecker	20	leise
Atmen	10	ruhig
Hörschwelle	0	

Sinne und Wahrnehmung

Augen und Ohren schützen

Pinnwand

In Diskos oder bei Live-Konzerten werden oft Lautstärken erreicht, die zu Hörschäden führen. Manche DJs haben gelernt, Stimmung auch ohne zu viel Lärm zu schaffen. In anderen Fällen muss man sich von den Boxen fernhalten oder Ohrstöpsel benutzen.

Am Arbeitsplatz muss ab 90 dB(A) Lärmbelastung ein Gehörschutz getragen werden, ab 85 dB(A) muss er verfügbar sein.
Schutzbrillen oder Visiere müssen getragen werden, wenn Funken oder Späne fliegen oder grelles Licht oder Chemikalien die Augen gefährden.
Beim Heimwerken oder in der Freizeit ist jeder selbst für seinen Schutz verantwortlich.

1. Liste Arbeiten auf, bei denen a) ein Gehörschutz oder b) ein Augenschutz nötig ist.

2. a) Benenne mindestens drei Situationen, in denen das Tragen von Gehörschutzstöpseln hilfreich sein kann.
b) Von manchen wird das Tragen von Ohrstöpseln als „uncool", „albern" oder „altmodisch" bezeichnet. Nimm dazu Stellung.

3. Sammelt Beispiele für Sportarten, bei denen ein Augenschutz nötig ist. Erstellt ein ▶ Informationsplakat mit Abbildungen entsprechender Schutzbrillen oder Visiere.

4. Als praktischer „Zeigestock" ist der Laserpointer heute weit verbreitet. Welche Vorsichtsmaßnahmen sind beim Umgang mit Laserpointern zu beachten? Informiere dich und berichte.

Lärmschutzwände an Schnellstraßen, Schallschutzfenster und die Entwicklung leiserer Reifen und neuer Fahrbahnbeläge vermindern die Dauerbelastung durch Verkehrslärm.

Beim Kauf von Sonnenbrillen ist auf Prüfzeichen wie das CE-Siegel, das GS-Zeichen oder die Hinweise „100 % UV-Schutz oder „UV 400" zu achten. Denn wenn dunkle Gläser das gefährliche UV-Licht der Sonne nicht abhalten, kann es zu dauerhaften Schäden der Hornhaut oder auch der Netzhaut kommen. benutzen.

Im Chemielabor verhindern Schutzbrillen Augenverletzungen durch ätzende Chemikalien oder Spritzer heißer Flüssigkeiten.

Die Haut – mehr als ein Sinnesorgan

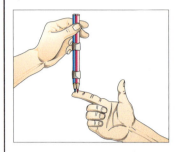

1. Testet die Tastempfindlichkeit verschiedener Hautstellen wie Fingerkuppen, Handrücken, Unterarm, Oberarm und Rücken. Ihr benötigt dazu drei Bleistifte oder Farbstifte, von denen ihr zwei wie abgebildet zusammenklebt. Verbindet nun einer Versuchsperson die Augen und tippt vorsichtig entweder mit der Spitze von einem Bleistift oder mit den beiden Spitzen auf die verschiedenen Körperstellen. Notiert, wo die Versuchsperson nur eine Spitze fühlt und wo sie zwei spüren kann. Erklärt das Versuchsergebnis.

2. Ob uns der Sand am Strand zu heiß ist oder das Meerwasser zu kalt, meldet uns die Haut. Wie genau ist aber unser Temperatursinn?
Tauche für etwa eine Minute die linke Hand in kaltes und die rechte Hand in warmes Wasser. Tauche nun beide Hände in lauwarmes Wasser. Beschreibe deine Empfindungen. Welche Schlussfolgerungen ziehst du daraus?

4. Stecke deine Hand in eine Plastiktüte und verschließe die Tüte für einige Minuten. Beschreibe und erkläre die Veränderungen in der Plastiktüte und auch an der Haut.

3. a) Der Sonnenschutzfaktor einer Sonnencreme zeigt an, um wie viel Mal länger man in der Sonne bleiben kann als ohne Schutz, ohne sich zu verbrennen. Rechne aus, wie lange du mit den abgebildeten Sonnenschutzmitteln in der Sonne bleiben könntest, wenn du ohne Creme zehn Minuten bleiben könntest.
b) Nenne weitere Möglichkeiten, um sich vor der Sonne zu schützen.

5. Erstelle eine zweispaltige Tabelle, in der du die Funktionen der Haut und die dazugehörigen Schichten und Bauteile auflistest.

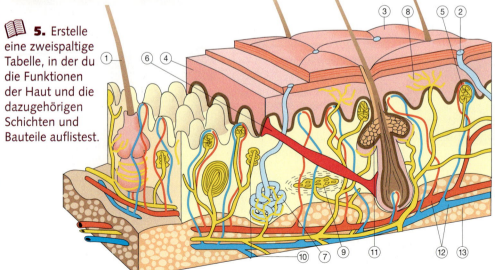

Oberhaut
1. Haar
2. Schweißpore
3. Hornschicht
4. Keimschicht

Lederhaut
5. Tastkörperchen
6. Haarmuskel
7. Schweißdrüse
8. freie Nervenenden
9. Wärmekörperchen
10. Kältekörperchen
11. Talgdrüse

Unterhaut
12. Blutgefäße
13. Fetteinlagerungen

Basiskonzept Struktur und Funktion → S. 260

Sinne und Wahrnehmung

Zur Regulation der Körpertemperatur dienen auch die Schweißdrüsen. Sie produzieren täglich $\frac{1}{2}$ bis 1 Liter Schweiß. Bei Wärme wird mehr Schweiß gebildet und bei seiner Verdunstung der Körper gekühlt. Talgdrüsen an den Haarwurzeln produzieren Fett, welches Haut und Haare geschmeidig hält. In der **Unterhaut** ist Fett eingelagert. Es schützt gegen Stöße und vor Kälte und bildet eine Energiereserve für den Körper.

Die Haut – Grenze und Kontaktfläche

Die Haut bildet die Außengrenze unseres Körpers. Sie schützt uns vor Verletzungen, Witterungseinflüssen und Eindringen von Krankheitserregern.

An dieser Körpergrenze nehmen wir zugleich Kontakt zur Umwelt auf. Wir ertasten Dinge und „begreifen" sie. Wir spüren Berührungen, Wärme, Kälte, Druck und Schmerz.

Bau und Funktionen der Haut

Die Haut besteht aus mehreren Schichten. Die äußerste Schicht, die **Hornhaut,** ist dicht und fest. Sie schützt vor Verletzungen und vor dem Eindringen von Schmutz oder Krankheitserregern. Sie besteht aus abgestorbenen Hautzellen, die sich nach und nach als Hautschuppen ablösen.

Die unter der Hornhaut liegende Keimschicht bildet neue Hautzellen. In ihr liegen außerdem Zellen, die bei Sonneneinstrahlung vermehrt einen braunen Farbstoff bilden. Dieses **Pigment** schützt die darunter liegenden Hautschichten vor der gefährlichen UV-Strahlung des Sonnenlichtes.

Hornhaut und Keimschicht bilden zusammen die **Oberhaut.**

Darunter liegt die stabile, elastische **Lederhaut.** In ihr liegen die meisten Sinneskörperchen. Es sind spezielle **Sinnesorgane,** um die verschiedenen Reize wie Berührung, Druck, Wärme, Kälte und Schmerz aufnehmen zu können. Besonders dicht liegen sie in der Haut der Fingerkuppen und der Lippen. Hier sind wir am tastempfindlichsten.

Viele Blutgefäße versorgen die Haut mit Sauerstoff und Nährstoffen und führen Körperwärme an die Oberfläche. Bewegen wir uns, sieht die Haut rot aus. Die Blutgefäße sind geweitet, um Wärme abzugeben. Ist uns kalt, ziehen sich die Blutgefäße zusammen, und wir wirken blass.

Die Haut schützen

Haut und Haare müssen geschützt, gereinigt und gepflegt werden, um sie gesund und auch schön zu erhalten. Bei mangelnder **Körperhygiene** bilden Schweiß, Talg und Hautschuppen einen idealen Nährboden für Bakterien. Die Haut sollte daher täglich mit warmem Wasser und einer milden Seife gereinigt und dann gut abgetrocknet werden. Feuchtigkeit und Fett einer Hautcreme machen die Haut geschmeidig.

1 Leistungen der Haut. A *Tasten;* **B** *Schwitzen;* **C** *Schmerz spüren;* **D** *Kälte spüren*

Die Kleidung soll den Witterungsverhältnissen angepasst sein. Sie soll durchlässig für Luft und Schweiß sein und darf nicht zu Allergien führen. Sie muss regelmäßig gewechselt und gewaschen werden.

Günstig wirken sich auf die Haut auch eine gesunde Ernährung, Bewegung und ausreichend Schlaf aus.

Eine besondere Gefahr stellt eine zu starke Sonneneinstrahlung dar. Dann reicht der natürliche UV-Schutz durch die Hautfarbstoffe nicht aus und es kann zu **Sonnenbrand** oder gar zu **Hautkrebs** kommen.

2 Am Strand

Besondere Sinnesleistungen bei Tieren

2. a) Betrachte den Kopf der Fledermaus. Welches Sinnesorgan fällt besonders auf? Was kannst du daraus schließen?
b) Erläutere folgende Aussage: Fledermäuse „hören" die Beschaffenheit ihrer Umgebung.
c) Die meisten Fledermausarten stoßen ihre Laute durch den geöffneten Mund aus. Die Hufeisennasen dagegen benutzen ihre Nase als Schall aussendendes Organ. Welchen Vorteil haben diese dadurch gegenüber anderen Fledermausarten?

3. Ultraschall wird auch in der Technik verwendet. Nenne Beispiele und gib an, wozu diese dienen. Nutze auch das Internet.

1. a) Erläutere anhand der Grafiken, welche Baumerkmale die höhere Riechleistung des Hundes (B) gegenüber der eines Menschen (A) verständlich machen.

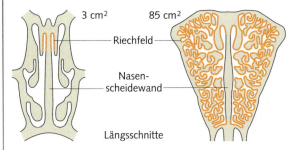

4. Die starren Augen der Schleiereule begrenzen ihr Sehfeld. Wie gleicht sie diesen Nachteil aus? Berichte.

b) Nenne Beispiele, wo der Mensch die Riechleistung eines Hundes einsetzt.

Wie die Menschen nehmen auch Tiere über ▶**Sinnesorgane** Informationen aus ihrer Umwelt auf. Oft sind diese aber aufgrund ihres Lebensraumes und ihrer Lebensweise besonders stark ausgeprägt oder funktionieren ganz anders. Manche Tierarten verfügen sogar über Sinne, die wir Menschen nicht besitzen.

Mit den Ohren „sehen"?
Fledermäuse sind in der Dämmerung und nachts aktiv. Sie jagen dann Mücken, Fliegen, Käfer und Nachtfalter. Wie aber können sie sich in der Dunkelheit orientieren und Insekten erbeuten? Ihre kleinen Augen sind dafür nicht geeignet.
Fledermäuse stoßen ständig kurze, sehr hohe Töne aus, die wir nicht hören können. Es sind **Ultraschalllaute.** Treffen die Schalllaute auf ein Hindernis, so wird der Schall als Echo zurückgeworfen und mit den großen Ohren aufgefangen. Aus dem Zeitunterschied vom Aussenden des Signals bis zum Eintreffen des Echos kann die Fledermaus die Entfernung zum Hindernis erfassen, umfliegen oder als Beute ergreifen.

Mit dem Unterkiefer „sehen"?
Auch **Delfine** nutzen Ultraschalllaute zur Orientierung im Wasser und zur Ortung ihrer Beute. So können sie diese bei völliger Dunkelheit oder im trüben Wasser aufspüren. Sie erzeugen dabei bis zu 1000 Klick- und Pfeiftöne in der Sekunde. Dazu tauchen sie von Zeit zu Zeit auf und lassen Luft durch ihr Atemloch einströmen. Unter Wasser pressen sie die Luft durch ein Röhrensystem unterhalb Atemloches, wodurch Töne entstehen. Diese werden in einem runden, höckerartigen Wulst auf dem Kopf gebündelt und über den Oberkiefer als Schallwellen ausgesendet. Der zum Beispiel von einem Fischschwarm reflektierte Schall wird über den Unterkiefer als Echo aufgefangen und über das Mittelohr zum Innenohr weitergeleitet.

1 Delfin

Basiskonzept Entwicklung → S. 98 und Struktur und Funktion → S. 260

Sinne und Wahrnehmung

Akustische Ortung der Beute

Die **Schleiereule** hat ausgezeichnete, nach vorn gerichtete Augen, mit denen sie sich auch bei schwachem Mondlicht gut orientieren kann. Die Unbeweglichkeit der Augen kann sie aber durch eine enorme Drehbewegung des Kopfes bis zu 270° ausgleichen. In der Dunkelheit jedoch nutzen der Eule die Augen nicht. Hier hilft ihr das feine Gehör bei der Ortung der Beute. Schon das geringste Geräusch von Mäusen nimmt sie wahr. Der herzförmige Schleier im Gesicht lenkt die Geräusche zu den Ohröffnungen, die von Federn bedeckt sind. Sie kann die Federn aufrichten. Dadurch entsteht eine Art Federtrichter. Dieser wirkt wie ein Hörrohr und verstärkt die Geräusche für das Hörorgan. Hat die Eule die Beute geortet, gleitet sie lautlos zur Erde und schlägt die spitzen Krallen in das Beutetier.

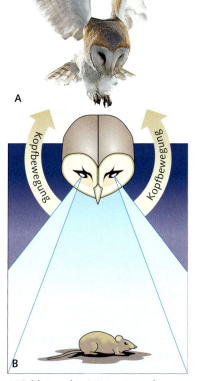

2 **Schleiereule.** A *Beim Beutefang;* B *Blickfeld*

Die Sehwelt von Vögeln

Besonders Greifvögel wie der Mäusebussard besitzen ein ausgezeichnetes Sehvermögen. Dieser erblickt sogar hoch aus der Luft selbst eine kleine Maus und lässt sich im Sturzflug auf sie herabfallen. Seine Augenlinse kann sich blitzschnell scharf stellen. Die ▶ Netzhaut der Augen hat mehr Sinneszellen als die aller anderen Lebewesen. Auch kann der Vogel bis zu 150 Bilder pro Sekunde getrennt wahrnehmen, der Mensch jedoch nur 10 pro Sekunde. Dadurch kann der Mäusebussard selbst im Sturzflug kleinste Bewegungen der Maus zeitlupenartig erkennen.

Die Riechwelt von Hunden

Es fällt auf, dass Hunde oft am Boden schnüffeln. Als „Nasentiere" orientieren sie sich auf diese Weise in ihrer Umwelt. Ein Hund kann mit seiner hochempfindlichen Nase sehr viel besser Duftstoffe aufnehmen als wir. Seine Riechleistung ist mehr als eine Million mal höher als die eines Menschen. Woran liegt das?

Die knöchernen Verästelungen der Hundenase sind von Riechschleimhaut überzogen, beim Menschen findet sich diese nur im oberen Nasenraum. Beim Hund ist die Riechschleimhautfläche mit ca. 150 cm² sehr groß, beim Menschen sind es nur etwa 5 cm². Somit ist bei einem Hund auch die Anzahl der Riechsinneszellen mit etwa 230 Millionen deutlich größer als beim Menschen, der bis zu etwa 30 Millionen verfügt.

Sehen mit „Wärmeaugen"

Ein Meister der Temperaturmessung ist die **Klapperschlange**. Sie besitzt zwischen Augen- und Nasenöffnungen auf jeder Seite jeweils ein so genanntes **Grubenorgan**. In den nur wenige Millimeter breiten und tiefen Gruben drängen sich einige tausend temperaturempfindliche Sinneszellen. Mit diesen „Wärmeaugen" kann die Giftschlange Temperaturunterschiede von 0,005 °C unterscheiden und damit vor allem warmblütige Beutetiere selbst bei völliger Dunkelheit orten.

3 Mäusebussard beim Beutefang

4 Zollhund

5 Klapperschlange

Vom Reiz zur Reaktion

1. Rechts sind verschiedene Reizquellen abgebildet.
Übertrage die folgende Tabelle in dein Heft und ergänze für die abgebildeten Reizquellen die dazugehörigen Reize, Sinnesorgane und auch mögliche Reaktionen. Manche Reizquellen senden auch verschiedene Reize aus und sprechen mehrere Sinnesorgane an.

Reizquelle	Reiz	Sinnesorgan	mögliche Reaktion
Rückstrahler	Licht	Auge	bremsen

2. Teste deine Reaktionszeit mit einem einfachen Versuch. Eine Mitschülerin oder ein Mitschüler hält ein Lineal zwischen Daumen und Zeigefinger deiner halb geöffneten Hand. Du sollst das Lineal auffangen, sobald es – ohne vorherige Ankündigung – fallen gelassen wird. Je kürzer der Fallweg, desto besser ist deine Reaktionszeit.

3. Im Internet findet ihr weitere Reaktionstests. Probiert sie aus und berichtet.

Fallweg in cm	Reaktionszeit in s
5	0,10
10	0,14
15	0,17
20	0,20
25	0,22
30	0,24

4. a) Gib zu jeder Ziffer in der Abbildung links an, was zu einem verkehrssicheren Fahrrad gehört. Nimm auch den Informationstext zu Hilfe.
b) Liste zu jedem Sicherheitselement auch auf, welches Sinnesorgan bei den anderen Verkehrsteilnehmern angesprochen wird oder ob die Reaktion des Radfahrers gefordert ist.

5. Über Reaktionstests kannst du erkunden, ob Tiere bestimmte Reize wahrnehmen. Einfache Tests dieser Art kannst du mit wirbellosen Tieren wie Regenwürmern, Schnecken, ▶ Käfern oder – wie rechts abgebildet – mit Asseln durchführen. Denke daran, die Tiere nicht zu quälen oder zu verletzen und sie nach den Versuchen wieder an den Ort zurückzusetzen, an dem du sie gefangen hast.
Führe selbst geplante ▶ Versuche durch, die zeigen können, ob und wie Asseln auf Berührung, auf Licht, auf Wärme oder auf bestimmte Gerüche reagieren. Protokolliere die Reize und die beobachteten Reaktionen.

Sinne und Wahrnehmung

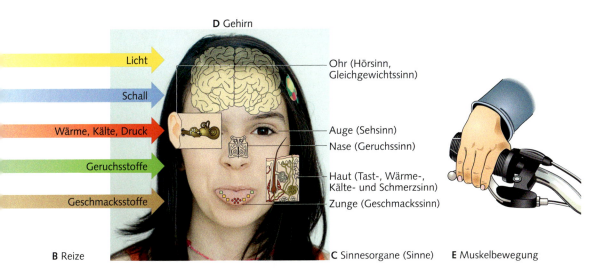

1 Wahrnehmung. **A** *Reizquellen;* **B** *Reize;* **C** *Reizaufnahme;* **D** *Wahrnehmung im Gehirn;* **E** *Reaktion*

Reize wahrnehmen und reagieren

Sieht ein Autofahrer die Bremslichter des vor ihm fahrenden Fahrzeugs aufleuchten, muss er je nach Situation schnell reagieren, zum Beispiel abbremsen oder ausweichen.

Was geschieht dabei im Einzelnen? Die Bremslichter geben als **Reizquelle** einen ▶**Reiz** ab, hier das Licht. Die Lichtreize werden vom **Sinnesorgan** ▶**Auge** aufgenommen und verursachen dort in den ▶**Sinneszellen** elektrische Impulse.

Diese werden durch die **Empfindungsnerven** zum ▶**Gehirn** weitergeleitet, wo die eigentliche ▶**Wahrnehmung** stattfindet. Einerseits wird z. B. die Farbe des Lichtes erkannt und dass es sich um zwei Lichter handelt, zum anderen wird dies aufgrund der Erfahrungen ausgewertet: der Fahrer kennt die Bedeutung von roten Bremslichtern und außerdem hat er gelernt, Entfernungen und Geschwindigkeiten abzuschätzen.

Die Verarbeitung führt zur Entscheidung, ob keine weitere **Reaktion** nötig ist oder ob schnell gehandelt werden muss. In diesem Fall schickt das Gehirn Befehle über **Bewegungsnerven** an die entsprechenden **Muskeln,** die dann zur hoffentlich schnellen und richtigen Bewegung führen, z. B. das Bremspedal zu treten.

2 **Auffahrunfall**

Reaktionszeit plus, plus, plus ...

Diese Vorgänge brauchen – obwohl sie unglaublich schnell ablaufen – Zeit. Die **Reaktionszeit** zwischen Reizaufnahme und Reaktion liegt bei 0,1 bis 0,4 Sekunden, je nachdem, ob der Reiz erwartet ist oder ob man sich der Reizquelle erst zuwenden muss. Die Reaktionszeit verlängert sich deutlich zum Beispiel bei Müdigkeit oder unter Alkoholeinfluss. Aber die Reaktionszeit ist nicht alles. Je nach Geschwindigkeit, Fahrzeug und Wegverhältnissen ist der Bremsweg zu beachten. Hinzu kommt, dass unter schwierigen Verhältnissen wie bei Nebel, Regen oder Dunkelheit die Sicht so erschwert ist, dass Gefahren oder andere Verkehrsteilnehmer erst spät erkannt werden.

Verkehrssicher unterwegs

All dies ist zu berücksichtigen, wenn man selber als Verkehrsteilnehmer unterwegs ist. Als Fußgänger oder Fahrradfahrer muss man selber sehen und hören können und gut sichtbar und hörbar sein.

Zum verkehrssicheren Fahrrad gehören daher neben funktionierendem Scheinwerfer und Rücklicht auch Reflektoren vorne (weiß), hinten (rot) und an den Rädern und den Pedalen (gelb), eine Klingel sowie zwei unabhängige Bremsen, um selber reagieren zu können.

Basiskonzept Struktur und Funktion

Wie schafft es ein kleiner Frosch, so weit zu springen? Wie gelingt es einem Torwart, den Ball zu fangen? Zur Klärung solcher und ähnlicher Fragen untersucht man die **Struktur** – den Bau – und die **Funktion** – die Aufgabe – der betreffenden Organe genauer. Man erfährt dabei immer, dass Organe bestimmte Baumerkmale aufweisen und damit besonders auf ihre jeweilige Aufgabe eingerichtet sind.

Menschen

Die Strukturen des Menschen ermöglichen ihm viele verschiedene Fähigkeiten. Er kann z. B. laufen, schwimmen und sehr geschickt greifen. Herausragend sind aber seine Denkleistungen, die ihm sein kompliziert aufgebautes Gehirn ermöglicht.

Die beiden ersten Halswirbel sind durch ein Drehgelenk mit einander verbunden. Der erste Wirbel hat die Form eines Ringes, der sich um den Zapfen des zweiten Ringes dreht. Dadurch kann sich der Kopf nach rechts und links drehen.

Beim Fangen eines Fußballs spielen gleich mehrere Organe eine Rolle. ▶ Augen müssen die Ballrichtung erfassen. Das Gehirn gibt Informationen an verschiedene Körperorgane, so dass der Torwart den Ball fangen kann.

Oberflächenvergrößerung

Der Dünndarm ist durch viele ▶ Darmzotten aufgefaltet, so dass für die Aufnahme von Nährstoffen etwa 200 m² zur Verfügung stehen. Diese Fläche kann erheblich mehr Nährstoffe aufnehmen als ein einfacher Schlauch.

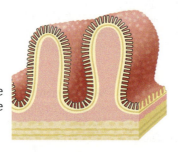

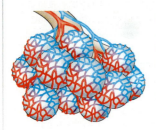

Bei der Lunge liegen sind die Verhältnisse ähnlich. Millionen von Lungenbläschen bilden eine Fläche von rund 90 m². In beiden Fällen findet man also stark vergrößerte Oberflächen. Diese Strukturen ermöglichen die Funktion der Organe.

📖 **1.** Gib in einer Tabelle sechs Beispiele aus dem Bereich des ▶ menschlichen Skeletts an, die den Zusammenhang von Struktur und Funktion zeigen. Erläutere jeweils kurz.

📖 **2.** Beschreibe kurz den Zusammenhang von Struktur und Funktion eines ▶ Sinnesorgans
a) beim Menschen,
b) bei einem Tier.

Sinne und Wahrnehmung

Der Bau der Hinterbeine der Honigbiene ermöglicht das Sammeln und Transportieren von Pollen. Mit dem Kamm werden die Pollen gegenseitig aus der Bürste gekämmt und in einer Vertiefung gesammelt.

Das Daunengefieder der Pinguine ergibt zusammen mit dem Fettgewebe unter der Haut eine gute Wärmeisolierung. Das schuppenartige Deckgefieder setzt darüber hinaus den Widerstand beim Schwimmen herab und ermöglicht so hohe Geschwindigkeiten.

Tiere
Tiere weisen oft spezialisierte Strukturen auf, die ihren Besitzern extreme Leistungen auf bestimmten Gebieten ermöglichen. Beispiele sind der Vogelflügel, die Flossen der Fische oder das Ultraschallsystem der Fledermäuse.

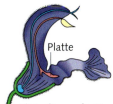

Blütenlängsschnitt

„Bepudern" der Hummel

Pflanzen
Die Strukturen der Pflanzen müssen bei ihnen ganz andere Funktionen erfüllen als diejenigen der Tiere. Eine feste Verankerung in der Erde, viel Fläche für die Fotosynthese und Einrichtungen zur Verbreitung der Samen gehören dazu.

Die Struktur der Blüten ist ihrer Funktion angepasst. Beim Salbei z. B. drücken Hummeln auf eine Platte, wodurch Pollen auf den Rücken des Insekts gelangt. Beim Besuch der nächsten Blüte wird der Pollen auf die speziell dafür geformten weiblichen Geschlechtsorgane abgeladen.

Mit Hilfe spezieller Zellen können Pflanzen den Druck in bestimmten Gelenkbereichen verändern und auf Sonnenlicht oder Dunkelheit mit Öffnen oder Schließen von ▶ Kronblättern reagieren.

Lebensräume
Auch Lebensräume weisen eine Struktur auf, die bestimmte Funktionen ermöglicht. Ein Beispiel dafür ist der Stockwerkaufbau vieler Wälder, der ein gemeinsames Leben vieler verschiedener Pflanzenarten ermöglicht.

3. Erläutere kurz, wie die Struktur des ▶ Vogelflügels dessen Funktion ermöglicht.

4. Die Struktur eines ▶ Hühnereies ermöglicht die Funktion, dass sich ein Küken entwickeln kann. Begründe.

5. Beschreibe, wie die Mundwerkzeuge von Insekten dem Blütenbesuch von ▶ Taubnessel und ▶ Roter Lichtnelke angepasst sind.

261

Auf einen Blick

Orientierung mit allen Sinnen
Mit den Sinnesorganen nehmen wir physikalische oder chemische Reize auf. Licht nimmt das Auge auf, Schall unser Ohr. Geruchsstoffe reizen unsere Nase. Die Haut reagiert auf Berührung, Druck, Schmerz, Wärme und Kälte. Die Zunge meldet den Kontakt mit einigen Geschmacksstoffen.

Vom Reiz zur Reaktion
Sinneszellen in den Sinnesorganen wandeln Reize wie Schall oder Licht in elektrische Impulse um. Nerven leiten diese zum Gehirn. Im Gehirn findet die eigentliche Wahrnehmung statt. Das Gehirn vergleicht, bewertet und speichert Informationen. Falls nötig, gehen Befehle an Muskeln, um Reaktionen auf die Reize auszulösen.

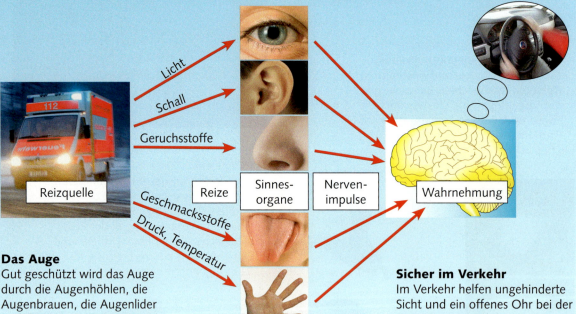

Das Auge
Gut geschützt wird das Auge durch die Augenhöhlen, die Augenbrauen, die Augenlider und die Wimpern. Die Regenbogenhaut reguliert die einfallende Lichtmenge. Im Auge erfolgt die Lichtbrechung durch die Hornhaut, die Augenlinse und den Glaskörper. Das scharfe Bild entsteht auf der Netzhaut. Hier liegen die Lichtsinneszellen. Stäbchen sind für das Hell-Dunkel-Sehen, Zapfen für das Farbensehen zuständig.

Das Ohr
Das Außenohr mit Ohrmuschel und Gehörgang fängt den Schall auf. Über das Trommelfell und die drei Gehörknöchelchen Hammer, Amboss und Steigbügel wird der Schall durch das Mittelohr geleitet. In der Schnecke des Innenohres befinden sich die Hörsinneszellen. In den Bogengängen des Innenohrs liegt das Gleichgewichtsorgan.

Augen- und Gehörschutz
Die Augen müssen bei Gefahr geschützt werden. Geeignete Sonnenbrillen schützen vor der gefährlichen UV-Strahlung. Lärm ab etwa 85 dB(A) kann zu dauerhaften Hörschäden führen. Lärmschutz ist möglich durch
– Verringerung der Lärmproduktion beispielsweise durch leisere Motoren oder geringere Lautstärke in der Disko,
– bauliche Maßnahmen wie Lärmschutzwände,
– individuellen Gehörschutz wie Ohrenschützer.

Sehfehler
Manche Sehfehler lassen sich durch Brillen oder Kontaktlinsen ausgleichen.

Sicher im Verkehr
Im Verkehr helfen ungehinderte Sicht und ein offenes Ohr bei der Orientierung und der Vermeidung von Unfällen. Außerdem muss man dafür sorgen, dass man selber gut gesehen wird, zum Beispiel durch angemessene Kleidung und Beleuchtung. Akustisch kann man sich durch Klingeln oder Hupen bemerkbar machen.

Sinne und Wahrnehmung

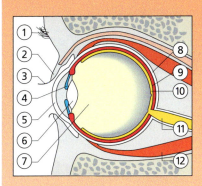

1. Liste die mit Ziffern bezeichneten Teile des Auges auf und gib jeweils ihre Funktion an.

2. Erstelle ein Merkblatt, das Hinweise gibt, worauf beim Kauf einer Sonnenbrille zu achten ist.

3. Überlegt euch einen Versuch, mit dem ihr zeigen könnt, dass man farbig erst ab einer gewissen Helligkeit sieht. Plant den Versuch, besorgt oder erstellt die benötigten Materialien, führt den Versuch in der Klasse vor und schreibt ein ▶ Versuchsprotokoll.

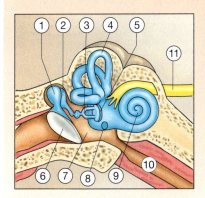

4. Liste die mit Ziffern bezeichneten Teile des Ohres auf und gib jeweils ihre Funktion an.

5. Informiere dich über Möglichkeiten des Druckausgleichs beim Tauchen und berichte.

6. Wenn du im Auto oder mit einer Seilbahn im Gebirge schnell in Bereiche mit verändertem Luftdruck kommst, spürst du manchmal einen Druck auf den Ohren.
Beschreibe, wie du einen Druckausgleich durchführen kannst, und erkläre, was dabei passiert.

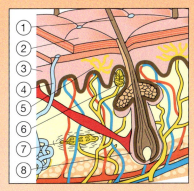

7. a) Benenne die bezeichneten Teile der Haut und gib ihre jeweilige Funktion an.
b) Ordne die Teile den Schichten Oberhaut, Lederhaut und Unterhaut zu.

8. Erzeuge mit einer Sammellinse, einer brennenden Kerze und einem Blatt Papier das Bild der Kerzenflamme. Erkläre mithilfe dieses Modells die Funktion der Augenlinse.

9. a) Notiere Situationen, in denen die Augen oder das Gehör besonders geschützt werden müssen. Gib dazu passende Schutzmöglichkeiten an.
b) Erstelle eine Mindmap zum Thema „Schutz für Augen und Ohren".

10. a) Benenne mindestens drei Reize, für die wir kein Sinnesorgan haben.
b) Beschreibe die Sinnesleistungen von zwei Tieren, die etwas wahrnehmen können, wofür wir kein Sinnesorgan haben.

11. a) Recherchiere Informationen zu besonderen Sinnesleistungen von weiteren Tieren. Stelle ein Tier deiner Wahl vor.
b) Mit welchen Geräten können wir Menschen über diese Reize wie Ultraschall, Wärmestrahlung oder Magnetfelder auch etwas erfahren?

12. Die oben gezeigte Situation ist gefährlich. Erkläre, worin die Gefahr besteht, und mache Vorschläge zur Verbesserung.

Zeig, was du kannst

Woran denkt ihr, wenn ihr den Begriff PUBERTÄT hört?

> Oh je! Hoffentlich werde ich nicht gleich gefragt! Darüber spricht man nicht, haben meine Eltern gesagt. Und schon gar nicht mit Kindern. Außerdem: Wenn ich was dazu sage, kichern sowieso alle nur.

> Ich möchte mich gerne schminken und so lange auf Partys gehen, wie ich will, aber meine Eltern verbieten mir ja alles!

> Das ist wieder so eine typische Lehrerfrage ... Pubertät bedeutet Sex – das weiß doch jeder! Na ja, immerhin machen wir jetzt endlich mal was zu dem Thema – da kenn' ich mich ja schon ziemlich gut aus. Man muss ja nur mal etwas später den Fernseher einschalten.

Wir entwickeln uns

📖 **1.** Schau dir die Bildreihe genauer an und schätze das Alter der dargestellten Personen. Wie gehst du dabei vor? Worauf achtest du, wenn du das Alter eines Menschen schätzen sollst? Fertige eine Liste an und erkläre. Welche Veränderungen bringt das Altern eines Menschen mit sich, die man auf Fotos nicht sehen kann?

📝 **2.** Mit Worten ist oft schwer zu beschreiben, wie sehr sich das Leben mit der Zeit verändert. Du kannst aber eine Collage anfertigen. Hier kannst du mit Bildern zeigen, wie dein Leben vor einigen Jahren aussah, was heute typisch für dich ist und wie du es dir in Zukunft vorstellst. Du kannst auch einfach Bilder von Sachen und Leuten aufkleben, die du früher toll fandest und die du heute toll findest.

📝 **3.** Viele Jugendliche haben regelmäßig Streit mit den Eltern. Findet mehr darüber heraus. Entwerft einen Fragebogen, um zu klären, ob eure Klassenkameradinnen und -kameraden heute mehr mit den Eltern streiten als vor der Pubertät. Worum geht es bei solchen Streitereien und wie gehen diese meistens aus?
Was ist denn anders als bei kleineren Kindern, wenn man sich nun mehr streitet als früher? Gibt es hierbei Unterschiede zwischen Mädchen und Jungen?

📖 **4.** Worüber könnten die Jugendlichen auf dem Bild gerade sprechen? Schreibt ein typisches Gespräch auf. Würden sie anders reden, wenn es nur Mädchen oder nur Jungen wären? Beschreibe und erkläre.

📝 **5.** Beim Lesen von Jugendzeitschriften trifft man meist früher oder später auf eine Seite, auf der die Leser einem Team von Experten alle möglichen Fragen zur Pubertät stellen. Sammelt solche Fragen aus Zeitschriften oder anonym in der Klasse. Stellt besonders häufige oder wichtige Fragen zusammen und findet mehr über mögliche Antworten heraus.

Basiskonzept Entwicklung → S. 98

Erwachsen werden

Die Pubertät – Achterbahnfahrt durchs Leben

Die Pubertät ist eine aufregende, turbulente, aber auch anstrengende Zeit. Sie wird häufig mit einer Achterbahnfahrt verglichen: „Mal fühlst du dich bombig, gleich darauf bist du wieder ganz unten." Aber anders als bei einer Achterbahn endet die Pubertät nicht da, wo sie losgegangen ist. Am Ende steht man als Erwachsener da, hat einen veränderten Körper und auch die Gefühle und Ansichten haben sich teilweise grundlegend verändert.

1 Mal ganz oben – mal ganz unten

Immer wieder anders

Die Pubertät verläuft bei jedem anders. Daher ist es schwer zu sagen, wie oder was die Pubertät genau ist, wie sie sich anfühlt und wie man am besten damit umgeht. Wichtig ist, mit guten Freunden oder Freundinnen über die Dinge zu reden, die einen beschäftigen. Sie verstehen meist am besten, wie man sich gerade fühlt. Außerdem sollte man andere und ihre Meinungen und Gefühle respektieren. Der Grund für die Veränderungen in der Pubertät ist die vermehrte Bildung von Geschlechtshormonen im Körper. Bei Mädchen werden diese teilweise schon vor dem 10. Lebensjahr produziert. Die ersten Veränderungen sind zwischen dem 10. und 14. Lebensjahr zu beobachten. Bei Jungen beginnen die Veränderungen meistens etwas später. In dieser Zeit bilden sich oft reine Mädchen- und reine Jungencliquen, da viele Jugendliche auf diese Weise besser über Probleme, Musik, Kleidung und das andere Geschlecht diskutieren können. Der Entwicklungsunterschied zwischen Jungen und Mädchen gleicht sich nach einigen Jahren wieder aus.

2 Cliquen auf dem Schulhof

Frisch verliebt

Auch die erste große Liebe kann jetzt kommen. Manche schwärmen für ein Idol, einen Sportler, einen Popstar oder einen Fernsehstar. Andere verlieben sich in ein Mädchen oder einen Jungen, z. B. aus der Schule, dem Sportverein oder aus der Nachbarschaft. Manchmal ist der erste Partner älter, hat schon mehr Erfahrung als man selber und ist vielleicht auch etwas ungeduldig. Man sollte aber immer nur so viel Nähe zulassen, wie man selber möchte. Eine gute Beziehung hält es aus, wenn einer der beiden noch nicht so weit ist. Auf keinen Fall sollte man seinen Partner drängen, überreden oder gar zu Dingen zwingen, die er oder sie unangenehm findet.

3 Mein großer Schwarm

Jungen werden zu Männern

1. Bei Babys fällt es noch schwer, das Geschlecht zu erkennen. Woran liegt das? Welches ist der beste Weg, es sicher herauszufinden?

2. Zwar sind lange Haare bei uns eher für Frauen typisch, aber selbst langhaarige Männer erkennen wir als Männer. Wie hat sich der Körper des Mannes verändert, dass wir ihn jetzt so leicht als Mann erkennen? Schreibe eine Liste mit Stichpunkten und berichte.

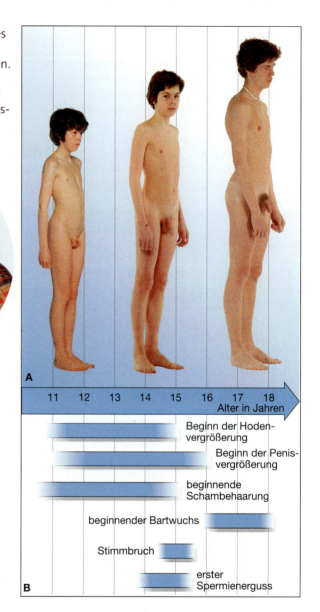

A

B

3. Nutze für die folgenden Aufgaben die Abbildungen A und B. Gehe dabei in folgenden Schritten vor:
a) Beschreibe zunächst, was in den Abbildungen A und B jeweils zu sehen ist.
b) Erkläre die Aussage der Abbildungen A und B. Beachte dabei auch den Pfeil in der Mitte.
c) Vielleicht ist dir aufgefallen, dass die Balken in Abbildung B links und rechts langsam heller werden und keine klaren Enden haben. Was könnte das zu bedeuten haben? Stelle eine Vermutung auf und begründe sie kurz.

Hinweis
Die Aufgaben 4 und 5 betreffen Jungen und Mädchen gleichermaßen.

4. Nenne mögliche Ansprechpartner: An wen könnte man sich wenden, wenn man dringende Fragen zum Thema Sexualität hat? Und mit wem kann man „einfach mal so" über Sexualität reden?

5. Vielleicht kennst du das Spiel „Tabu". Dabei muss man gesuchte Begriffe umschreiben, ohne dabei bestimmte „Tabu"-Begriffe oder gar den gesuchten Begriff selbst zu benutzen. Wenn man über Sexualität spricht, sollten alle umgangssprachlichen Begriffe tabu sein. Umschreibe drei Begriffe von den Folgeseiten, ohne dabei Umgangssprache zu verwenden.

Basiskonzept Struktur und Funktion → S. 260

Erwachsen werden

Primäre Geschlechtsmerkmale
Der Körperbau kleiner Kinder unterscheidet sich bei Mädchen und Jungen kaum. Man erkennt ihr Geschlecht daher meist nur an der Kleidung und an der Frisur. Nur die von außen sichtbaren Geschlechtsorgane, beim Jungen also **Penis** und **Hodensack**, ermöglichen eine wirklich sichere Unterscheidung. Da diese Merkmale von Geburt an vorhanden sind, nennt man sie auch **primäre Geschlechtsmerkmale**.

Geschlechtsorgane des Mannes
Zwar sind alle Geschlechtsorgane des Mannes von Geburt an vorhanden, aber sie entwickeln sich in der Pubertät entscheidend weiter. Jungen bemerken, dass ihr Penis länger und der Hodensack größer wird. Im Hodensack befinden sich die beiden **Hoden**. Während der Pubertät wachsen auch sie und beginnen damit täglich mehrere Millionen **Spermien** zu produzieren. Diese werden in den Nebenhoden gespeichert, bis es zum Spermienerguss kommt. Dabei werden sie zusammen mit verschiedenen Flüssigkeiten aus der Vorsteher- und der Bläschendrüse in die Spermienleiter und durch den Harn-Spermien-Leiter nach außen abgegeben. Der erste Spermienerguss ist ein Zeichen dafür, dass ein Junge geschlechtsreif wird.

Sekundäre Geschlechtsmerkmale
Der Körper eines Jungen verändert sich in der Pubertät deutlich: Ihm wächst ein Bart, er bekommt Brusthaare und auch die Achsel- und Schambehaarung erscheint. Darüber hinaus vergrößert sich sein Kehlkopf, sodass er in den Stimmbruch kommt und schließlich eine tiefere Stimme hat. Die Muskulatur wird kräftiger und zeichnet sich unter der Haut deutlich ab. Die Knochen im Schulterbereich wachsen, während das Becken schmal bleibt. Männer bekommen so eine eher kantige Körperform mit Schultern, die breiter als das Becken sind. Diese Merkmale prägen das männliche Erscheinungsbild. Anders als die primären Geschlechtsmerkmale entwickeln sie sich aber erst in der Pubertät. Man nennt sie daher **sekundäre Geschlechtsmerkmale**.

Erektion
Meistens ist der Penis schlaff und weich. Durch sexuelle Reize kann es aber zur Versteifung des Penis kommen. Dann füllen sich die **Schwellkörper** im Inneren des Penis mit Blut. Der Penis wird dadurch dicker und länger und er richtet sich auf. Eine solche Gliedversteifung nennt man Erektion. Sie tritt oft auch dann auf, wenn der Junge es gar nicht will – zum Beispiel im Schlaf. Die Erektion kann dann auch mit einem Samenerguss verbunden sein. Dies sind natürliche Vorgänge, für die man sich nicht zu schämen braucht.

Körperpflegetipps für Jungen
– Dusche oder wasche dich täglich.
– Benutze für Achselhöhlen und Füße eine milde Seife.
– Ziehe beim Waschen die Vorhaut vorsichtig über die Eichel zurück, um die talgähnlichen Absonderungen zu entfernen und damit Entzündungen zu verhindern.

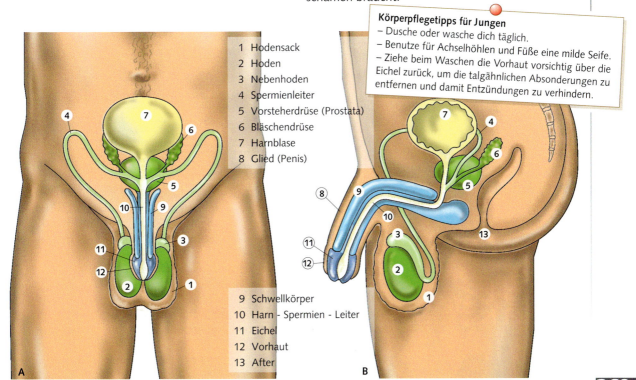

1 Hodensack
2 Hoden
3 Nebenhoden
4 Spermienleiter
5 Vorsteherdrüse (Prostata)
6 Bläschendrüse
7 Harnblase
8 Glied (Penis)
9 Schwellkörper
10 Harn - Spermien - Leiter
11 Eichel
12 Vorhaut
13 After

1 Geschlechtsorgane des Mannes. A *Aufsicht;* B *Längsschnitt*

Mädchen werden zu Frauen

📖 **1.** Beschreibe die Entwicklungsunterschiede, die du bei den Mädchen in der Abbildung oben erkennen kannst.

✏️ **2.** Viele Romane und Sachbücher befassen sich mit Problemen pubertierender Jugendlicher. Berichte in deiner Klasse über so ein Buch: Fasse kurz den Inhalt zusammen. Welche Rolle spielt die Pubertät dabei? Wie gefällt dir das Buch und warum? Am besten verwendest du ein Buch, welches du schon gelesen hast. Falls du noch kein entsprechendes Buch gelesen hast, gehe in einen Buchladen oder eine Bibliothek und lasse dich dort beraten. Berichte auch in diesem Fall deiner Klasse und gib an, ob du das empfohlene Buch nun lesen möchtest.

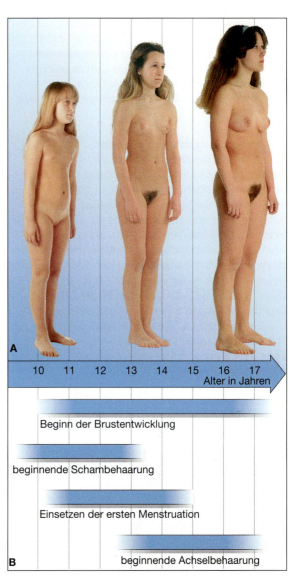

A

10 11 12 13 14 15 16 17
Alter in Jahren

Beginn der Brustentwicklung

beginnende Schambehaarung

Einsetzen der ersten Menstruation

beginnende Achselbehaarung

B

📖 **3.** Beschreibe und erkläre die Abbildung oben. Gehe dabei so vor, wie bei der Aufgabe 3 auf der vorherigen Aufgabenseite beschrieben.

📖 **4.** Bei Werbefotos werden die sekundären Geschlechtsmerkmale der Models oft besonders hervorgehoben.
a) Welche Geschlechtsmerkmale werden im nebenstehenden Beispiel hervorgehoben? Erläutere kurz.
b) Was hältst du davon? Begründe deine Meinung.

Basiskonzept Struktur und Funktion → S. 260

Erwachsen werden

Primäre Geschlechtsmerkmale
Mädchen verfügen schon bei der Geburt über alle Geschlechtsorgane. Nach außen sichtbar sind allerdings nur die **großen Schamlippen** und die Öffnung der **Scheide**. Alle anderen Geschlechtsorgane liegen bei Mädchen unsichtbar im Inneren des Körpers. So laufen auch viele Veränderungen während der Pubertät im Inneren des Körpers und zunächst eher unauffällig ab.

Sekundäre Geschlechtsmerkmale
Die Veränderung der Körperform ist recht auffällig: Die Brüste beginnen zu wachsen, das Becken und die Hüften werden breiter, die Oberschenkel rundlicher. Überall unter der Haut werden vermehrt Fette eingelagert, sodass sich eine insgesamt eher weiche, abgerundete Körperform entwickelt. Auch das Wachstum der Scham- und Achselbehaarung setzt während der Pubertät ein.

Geschlechtsorgane der Frau
Unter den großen Schamlippen liegen die **kleinen Schamlippen.** Sie umschließen den Kitzler, den man auch die **Klitoris** nennt. Auch die Harnröhre endet zwischen den kleinen Schamlippen. Etwas dahinter befindet sich die Scheide, eine etwa 10 cm lange Röhre, die zur muskulösen **Gebärmutter** führt. Während der ▶ Schwangerschaft entwickelt sich hier das Kind. Damit eine Frau überhaupt schwanger werden kann, muss aber erst eine **Eizelle** heranreifen und mit einem Spermium verschmelzen (▶ Befruchtung).

In den beiden etwa walnussgroßen **Eierstöcken** liegen rund 200 000 unreife Eizellen in einer Art „Warteposition". Erst in der Pubertät werden Vorgänge in Gang gesetzt, die zur regelmäßigen Reifung einzelner Eizellen führen. Sobald diese begonnen hat, ist eine Frau geschlechtsreif. Sie bekommt dann ihre Monatsblutung, die ▶ Menstruation.

Schwierige Zeit – nicht nur für Mädchen
Nicht alle Mädchen sind glücklich, wenn sie merken, wie sich ihr Körper entwickelt. Sie fühlen sich zu klein, zu groß, zu dick, zu dünn, zu rundlich oder zu wenig „fraulich". Dies ist ein ganz normales Gefühl während der Pubertät. Mädchen müssen sich an ihren „neuen" Körper, sein Aussehen und seine Funktionen erst gewöhnen.

Viele Jugendliche, Jungen und Mädchen, wünschen sich daher einen ungestörten Bereich, in den sie sich bei Bedarf zurückziehen können. Eltern, Geschwister, Freundinnen und Freunde sollten dies respektieren. Wichtig ist aber auch der Kontakt zu Menschen, mit denen man über seine Sorgen und Probleme sprechen kann. Auch dies sollten Eltern und Freunde bei Bedarf ermöglichen.

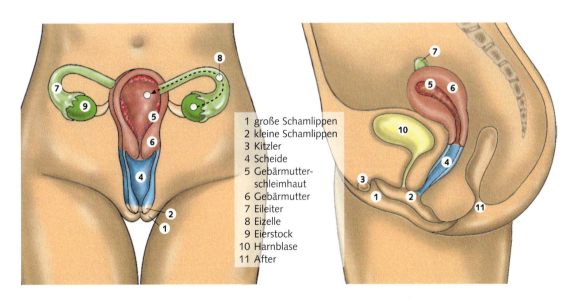

1 große Schamlippen
2 kleine Schamlippen
3 Kitzler
4 Scheide
5 Gebärmutterschleimhaut
6 Gebärmutter
7 Eileiter
8 Eizelle
9 Eierstock
10 Harnblase
11 After

1 Geschlechtsorgane der Frau. **A** *Aufsicht;* **B** *Längsschnitt*

Tag X – die erste Periode

📖 **1.** Stelle dir vor, dein kleiner Bruder fragt dich, was die „Menstruation" ist und wie sie zustande kommt. Schreibe eine kurze Erklärung für ihn und benutze dabei die wichtigen Begriffe von den folgenden Seiten.

📖 **2.** Auf der Einstiegsseite fragt sich eine Schülerin, warum ihre Schwester ihren Tampon nicht herausnehmen muss, um auf die Toilette zu gehen. Erkläre ihr warum. Beachte dabei auch die Informationen zum Bau der weiblichen ▶ Geschlechtsorgane.

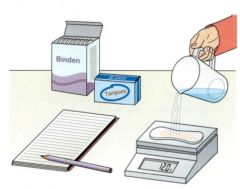

🔍 **3.** Untersuche einen Tampon und eine Binde näher. Wie sind sie aufgebaut und aus welchen Materialien bestehen sie? Fertige einen kurzen Bericht und je eine Zeichnung an.

🔍 **4.** Überlege dir, wie man herausfinden könnte, wie viel Flüssigkeit verschiedene Tampons und Binden jeweils aufnehmen können. Vergleiche verschiedene Produkte im Experiment und berichte.

Die Regelblutung

Für viele junge Frauen markiert die erste Regelblutung, auch **Menstruation** oder **Periode** genannt, einen besonderen Tag. Sie ist das nach außen sichtbare Zeichen dafür, dass die Frau nun geschlechtsreif wird. Wie aber kommt es dazu, dass die erwachsene Frau in regelmäßigen Abständen von etwa 28 Tagen jeweils eine kleine Menge Blut durch die Scheide verliert?

Jeden Monat reift in einem der beiden Eierstöcke eine Eizelle heran. Zunächst befindet sie sich noch in einem Eibläschen, aber schließlich platzt dieses auf und entlässt die Eizelle in die trichterförmige Öffnung des Eileiters. Man nennt dies den **Eisprung**. Im Laufe der folgenden Tage gelangt die reife Eizelle durch den Eileiter in die Gebärmutter.

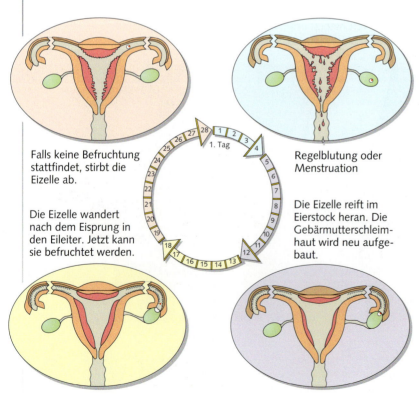

1 Ablauf von Eisprung und Regelblutung

Erwachsen werden

Im Inneren der Gebärmutter hat sich zuvor eine dicke Schleimhautschicht gebildet. Sie ist schwammig und gut durchblutet. Hier könnte sich eine befruchtete Eizelle einnisten und sich zu einem Kind entwickeln. In der ersten Zeit der Schwangerschaft würde sie dabei über die Gebärmutterschleimhaut ernährt.

Ist die Eizelle jedoch unbefruchtet, stirbt sie ab und die schwammige Gebärmutterschleimhaut wird nicht mehr benötigt. Etwa zwei Wochen nach dem Eisprung beginnt sie sich von der Gebärmutter abzulösen. Dabei werden Blut und Schleimhautreste durch die Scheide abgegeben. Diesen Vorgang, der vier bis fünf Tage dauert, nennt man Regelblutung, Periode oder Menstruation.

Da direkt im Anschluss daran eine neue Eizelle heranreift, beginnt der ganze Kreislauf von Neuem. Man spricht deshalb vom **Menstruationszyklus**. Bei jungen Frauen kann er zunächst unregelmäßig sein – dies ist kein Grund zur Sorge, sondern völlig normal.

Krank oder nicht?
Die Regelblutung ist keine Krankheit und für viele Frauen unterscheiden sich die Tage der Menstruation kaum von allen anderen Tagen. Andere Frauen haben Bauchschmerzen, fühlen sich schlapp oder sind einfach nur schlecht gelaunt. Wenn du dich während deiner Periode unwohl fühlst, kannst du dich ruhig ein wenig zurückziehen und dich zum Beispiel mit einer Wärmflasche ins Bett legen. Aber wenn du Lust hast, etwas zu unternehmen, solltest du dir von deiner Menstruation den Spaß nicht verderben lassen.

Körperpflege
Während ihrer Regelblutung verliert die Frau etwa zwei Eierbecher voll Blut. Dieses kann mit einer Binde außerhalb oder mit einem Tampon innerhalb des Körpers aufgefangen werden. Jede junge Frau muss für sich selbst herausfinden, ob sie besser mit Tampons oder mit Binden zurechtkommt.
Viele Ärzte, Apotheken und Drogerien halten Informationsmaterial zur Menstruationshygiene bereit. Häufig kannst du sogar Produktproben zum Ausprobieren bekommen.

Unabhängig von der Menstruation benötigt der Körper viel Pflege: Ab der Pubertät arbeiten Schweiß- und Talgdrüsen stärker als vorher. So kann es leicht zu Geruchsbildung kommen. Dies gilt besonders für den Schambereich und die Achselhöhlen. Man sollte sich regelmäßig mit milder Seife waschen und zum Beispiel ein hautfreundliches Deo verwenden, um die Geruchsbildung zu verhindern. Dies gilt auch für Jungen.

2 Wie die „Tage" aussehen, bestimmst du.

3 Gut sortiertes Badezimmerregal

Schwangerschaft und Geburt

1. Etwa ab der zweiten Hälfte der Schwangerschaft sind Schwangere gut an ihrem dicken Bauch zu erkennen: Nicht nur das Baby, auch das Fruchtwasser und der Mutterkuchen brauchen Platz und bedeuten zusätzliches Gewicht. Etwa 10 kg nimmt eine Frau während der Schwangerschaft zu.
a) Packe 10 Liter Getränke, etwa Saftkartons, in einen Rucksack. Trage diesen dann vor dem Bauch und versuche, damit verschiedene Tätigkeiten zu erledigen.
b) Berichte von deinen Erfahrungen.
c) Erkläre den Sinn dieses Versuches. Was zeigt er? Welche Grenzen hat er?

2. Befrage Eltern, wie sich das Leben während der Schwangerschaft verändert. Berichte kurz in der Klasse.

3. Erstelle mithilfe der folgenden Seiten ein „Schwangerschaftsquiz": Formuliere mögliche Fragen und bereite die richtigen Antworten vor. Suche dir einen Quizkandidaten, stelle ihm die Fragen vor und kontrolliere seine Antworten.

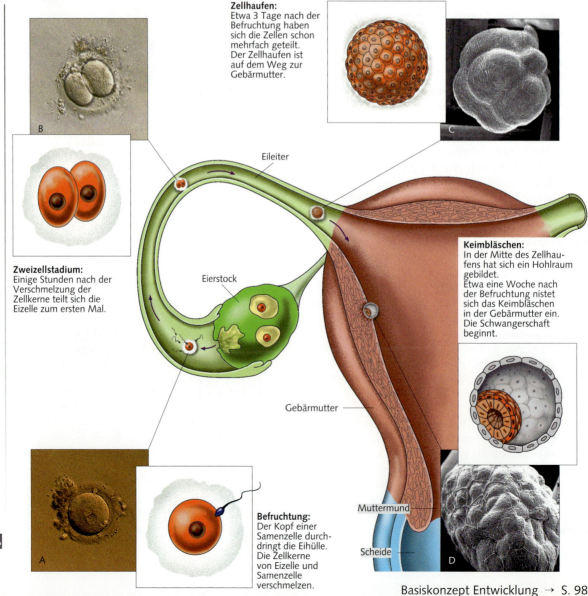

Zellhaufen: Etwa 3 Tage nach der Befruchtung haben sich die Zellen schon mehrfach geteilt. Der Zellhaufen ist auf dem Weg zur Gebärmutter.

Zweizellstadium: Einige Stunden nach der Verschmelzung der Zellkerne teilt sich die Eizelle zum ersten Mal.

Keimbläschen: In der Mitte des Zellhaufens hat sich ein Hohlraum gebildet. Etwa eine Woche nach der Befruchtung nistet sich das Keimbläschen in der Gebärmutter ein. Die Schwangerschaft beginnt.

Befruchtung: Der Kopf einer Samenzelle durchdringt die Eihülle. Die Zellkerne von Eizelle und Samenzelle verschmelzen.

Eileiter, Eierstock, Gebärmutter, Muttermund, Scheide

Basiskonzept Entwicklung → S. 98

Erwachsen werden

Ein Kind entsteht

Wenn sich eine Frau und ein Mann lieben, entsteht meist der Wunsch, „miteinander zu schlafen". So umschreibt man häufig den **Geschlechtsverkehr**. Wird das steife Glied des Mannes in die Scheide der Frau eingeführt, kann es zu einem Spermienerguss kommen. Die dabei in die Scheide abgegebenen Spermien bewegen sich durch die Gebärmutter und gelangen schließlich in die beiden Eileiter. Treffen sie dort mit einer reifen Eizelle zusammen, kann eines von ihnen in die Eizelle eindringen. Das Erbgut des Spermiums verschmilzt mit dem der Eizelle. Dies ist der Moment der **Befruchtung**.

Die befruchtete Eizelle beginnt sofort, sich zu teilen. Dabei wird sie durch die Eileiter in Richtung Gebärmutter befördert, wo sie sich etwa eine Woche später einnistet. Dann besteht der **Embryo** bereits aus vielen Zellen. Die **Schwangerschaft** beginnt. Schon acht Wochen später sind alle inneren Organe angelegt und der Embryo sieht einem Baby schon erstaunlich ähnlich.

Vom dritten Schwangerschaftsmonat an wird der Embryo **Fetus** genannt. In der Gebärmutter hat sich nun die Fruchtblase gebildet. Sie ist mit einer Flüssigkeit, dem Fruchtwasser gefüllt. Der Fetus schwimmt im Fruchtwasser, wird dadurch geschützt und kann sich gleichzeitig noch bewegen. Etwa ab dem fünften Monat spürt die Mutter Bewegungen des Kindes.

Über die Nabelschnur ist das Kind mit dem Mutterkuchen verbunden. Er hat sich an der Wand der Gebärmutter gebildet und überträgt Sauerstoff und Nährstoffe von der Mutter zum Kind und Kohlenstoffdioxid und andere Abfallstoffe vom Kind zur Mutter. Dies ist notwendig, weil das Kind im Inneren der Fruchtblase weder essen noch atmen kann.

Der Mutterkuchen regelt den Stoffaustausch zwischen dem Blut der Mutter und dem des Kindes. Er ist eine natürliche Barriere für viele schädliche Stoffe und Krankheitserreger. Nikotin, Alkohol und einige Erreger, z. B. Rötelerreger, können diese Barriere jedoch passieren und das ungeborene Kind schädigen. Eine Rötelnschutzimpfung gehört daher zu den empfohlenen Impfungen.

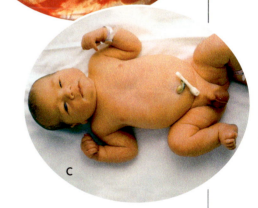

1 Entwicklung des Kindes.
A *Embryo, etwa 9 Wochen alt;*
B *Fetus, 25. Woche;*
C *Neugeborenes mit abgeklemmter Nabelschnur*

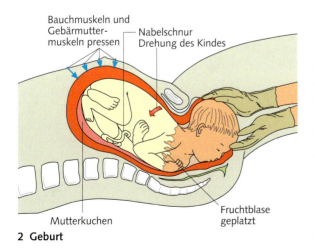

2 Geburt

Die Schwangerschaft dauert normalerweise etwa neun Monate. Das Kind ist nun so weit entwickelt, dass es außerhalb des Körpers der Mutter überleben kann. Die **Geburt** kündigt sich durch Wehen an. Dies sind Schmerzen, die entstehen, wenn sich die kräftigen Muskeln der Gebärmutter immer wieder zusammenziehen. Durch den Druck platzt schließlich die Fruchtblase. Das Fruchtwasser fließt aus der Scheide. Schließlich wird das Kind von stärkeren Presswehen aus der Scheide herausgedrückt.

Sofort beginnt das Kind selbstständig zu atmen. Die bisher lebenswichtige Nabelschnur kann durchschnitten werden. Dies nennt man Abnabelung. Aus dem Fetus ist ein **Säugling** geworden.

Gesundheit für Mutter und Kind

Ernährung

Mutter und Kind benötigen eine gesunde, vitamin- und mineralstoffreiche Ernährung, z. B. mit frischem Obst, Salaten, Gemüse, Milch- und Vollkornprodukten.
Schwangere sollten nur wenig Koffein, das beispielsweise in Kaffee und Cola enthalten ist, zu sich nehmen. Es erhöht das Risiko für Fehlgeburten. Bei Genuss von rohem Fleisch oder Rohmilchkäsesorten besteht die Gefahr einer bakteriellen Infektion, die dem Kind massiv schaden kann.

Alkohol

Der Embryo kann Alkohol kaum abbauen. Deshalb sollten Schwangere auf Alkohol verzichten. Er kann, besonders in den ersten drei Schwangerschaftsmonaten, zu schweren körperlichen und geistigen Entwicklungsschäden beim Kind führen.

📖 **1.** Eine Frau hat eine Flugreise nach Südamerika geplant, als sie feststellt, dass sie schwanger ist. Stelle die Probleme dar, die bei einer solchen Tour entstehen könnten.

📖 **2.** Wie kann der Vater zu einer gesunden Entwicklung des ungeborenen Kindes beitragen?

Reisen

Lange Reisen, besonders exotische Fernziele, können eine Schwangere aufgrund der langen Anreise, der Temperaturunterschiede und der ungewohnten Speisen sehr belasten. Es ist in jedem Fall wichtig, auf einen ausreichenden Impfschutz und hygienische Verhältnisse zu achten.

Stress

Stress kann im Extremfall zu einer Minderversorgung mit Sauerstoff oder Nährstoffen führen und das Risiko einer Früh- oder Fehlgeburt erhöhen. Es ist also wichtig, auf genügend Erholungszeiten und Entspannungsphasen zu achten.

Medikamente

Medikamente sollten nur in Notfällen und nach Absprache mit dem Arzt eingenommen werden. Dies gilt auch für frei verkäufliche Medikamente wie Kopfschmerz-, Schlaf- oder Abführtabletten.

Sport

Spazierengehen, Fahrrad fahren oder Wassergymnastik sind für die Schwangere gute Möglichkeiten, sich in Bewegung zu halten und das Kind reichlich mit Sauerstoff zu versorgen. Sportarten wie Reiten oder Handballspielen, die mit Stößen und Erschütterungen verbunden sind, sind gefährlich. Auch Leistungssport oder Tauchen können den Embryo schädigen.

Rauchen

Nikotin ist ein Nervengift und verengt die Blutgefäße der Schwangeren. Der Embryo wird dadurch schlechter mit Sauerstoff versorgt. Kinder von Raucherinnen haben häufig ein geringeres Geburtsgewicht und neigen zu Entwicklungsstörungen.

Erwachsen werden

Opa war auch mal ein Baby

Lebensabschnitte
Wir entwickeln uns ein Leben lang und können so vom Baby zum Greis werden. Dabei gibt es verschiedene Lebensabschnitte. Jeder ist durch seine typischen Entwicklungsschritte gekennzeichnet.

Kleinkinder
Zunächst muss man die grundlegenden Dinge des Lebens lernen: Sitzen, krabbeln, laufen, essen - all das und vieles mehr kann ein Neugeborenes zunächst nicht. Man lernt es als Kleinkind. Dazu müssen sich sowohl der Körper als auch das Gehirn weiterentwickeln. Ein Kleinkind wächst schnell und lernt jeden Tag etwas Neues.

Schulkinder
Auch dieser Lebensabschnitt ist vom Lernen bestimmt. Allerdings geht es jetzt theoretischer zu. Man lernt zum Beispiel rechnen, lesen und schreiben. Die Entwicklung des Körpers verläuft jetzt viel langsamer. Dies betrifft vor allem das Wachstum: Schulkinder wachsen weniger schnell als Kleinkinder.

1. Frage deine Eltern oder Großeltern, wie sie die einzelnen Lebensabschnitte beschreiben würden. Mache dir Notizen und berichte.

Jugendliche
Man wächst wieder schneller und wird leistungsfähiger. Auch das Gehirn und die Art zu denken ändern sich. Nach der Pubertät steht man als Erwachsener da, kann eine Familie gründen und Verantwortung übernehmen.

Erwachsene
Das Wachstum ist abgeschlossen und auch das Aussehen verändert sich langsamer. Zu Beginn des Erwachsenenalters ist der Körper am leistungsfähigsten. Aber man wird nach wie vor älter. Erste Wehwehchen zeigen, dass man nicht mehr jung ist. Dafür kann man seine Unabhängigkeit genießen, hat vielleicht Kinder, einen interessanten Beruf und kann Entscheidungen eigenständig treffen.

Senioren
Der Körper kann sich nicht mehr so erholen wie früher. Viele ältere Menschen haben daher oft Schmerzen oder Krankheiten, die sie nicht richtig loswerden. Aber sie können aus einem reichen Erfahrungsschatz schöpfen. Ihr Wissen und ihre Erfahrung kann jüngeren Menschen helfen, ihren eigenen Weg zu finden.

Typisch Junge – typisch Mädchen?

Klischee
(vom französischem cliché = Abklatsch)

Ein Klischee ist eine eingefahrene Vorstellung davon, wie etwas oder jemand ist oder sein sollte. Ähnlich wie bei einem Vorurteil nehmen viele Menschen solche eingefahrenen Vorstellungen als wahr hin, ohne sie genauer überprüft zu haben.
Manche Menschen entsprechen dem Klischee aber nicht. Sie müssen dann oft mit dem Vorwurf leben, nicht „normal" zu sein. Könnte es aber nicht sein, dass das Klischee falsch ist?

1. Schreibe für jedes Bild dieser Seite einen kurzen Kommentar. Was ist dargestellt? Ist das wirklich „typisch"?

2. Versuche mit eigenen Worten zu erklären, was ein Klischee ist. Welche der Bilder entsprechen einem Klischee, welche nicht?

3. Mit welchen Problemen muss man rechnen, wenn man sich entgegen einem gängigen Klischee verhält? Wie würde es in deiner Klasse zum Beispiel einem Jungen gehen, der lieber zum Ballett als zum Fußball geht?

4. Sicher kennst du auch Leute mit Eigenschaften, die den gängigen Klischees nicht entsprechen. Beschreibe kurz einige Fälle, ohne Namen zu nennen.

Erwachsen werden

Verhütungsmittel

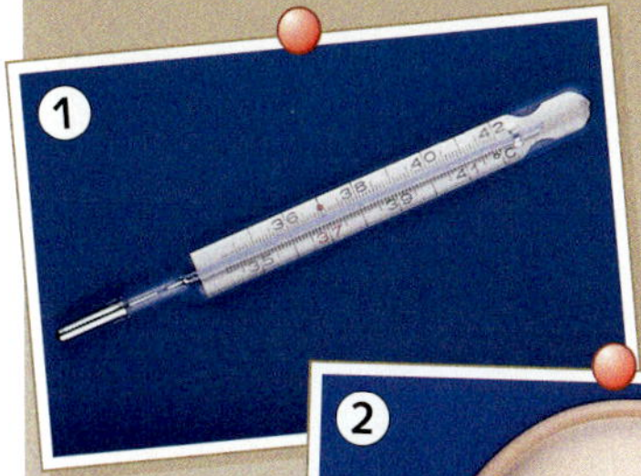

Pinnwand

D Kondom
dünne Haut aus Naturkautschuk, einer gummiartigen Substanz – wird vor dem Geschlechtsverkehr über das steife Glied gezogen – verhindert, dass Sperma in die Scheide gelangt – mit etwas Übung sehr sicher anzuwenden – schützt als einziges Verhütungsmittel auch vor Geschlechtskrankheiten und AIDS

A Chemische Mittel
Gels, Cremes, Zäpfchen oder Sprays – werden kurz vor dem Geschlechtsverkehr verwendet – enthalten Substanzen, die Spermien abtöten oder an der Fortbewegung hindern sollen – unsicher

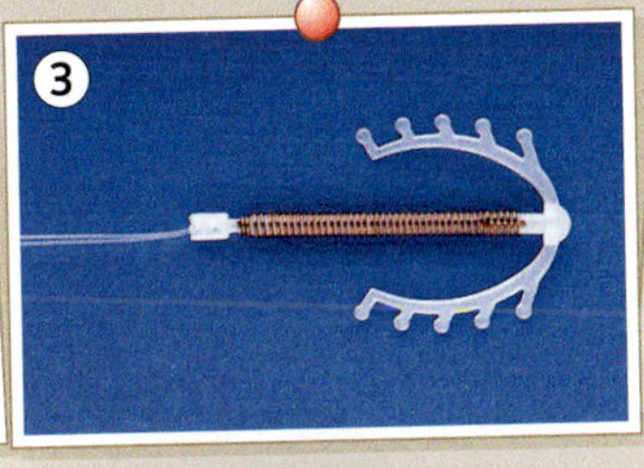

E Temperaturmessmethode
jeden Morgen, kurz nach dem Aufwachen misst die Frau ihre Körpertemperatur – da durch den Eisprung die Körpertemperatur der Frau leicht ansteigt, kann man anhand der Messwerte den Zeitpunkt abschätzen und dann auf Geschlechtsverkehr verzichten – unsicher

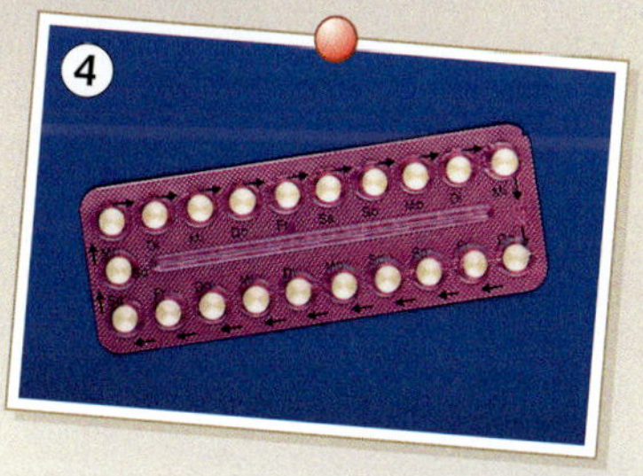

B Muttermundkappe
auch Pessar oder Diaphragma genannt – weiche Kappe aus Gummi – liegt vor dem Muttermund – verhindert das Eindringen von Spermien in die Gebärmutter – Beratung beim Arzt erforderlich – nur in Verbindung mit spermientötenden Gels – halbwegs sicher

F Spirale
Kleines Plastikteil, umwickelt mit Kupferdraht – wird vom Arzt in die Gebärmutter eingesetzt – verhindert die Einnistung der befruchteten Eizelle – Blutungen und Entzündungen sind möglich – sicher

C Anti-Baby-Pille
Tablette für die Frau, die täglich eingenommen werden muss – enthält Hormone, die den Eisprung verhindern – Nebenwirkungen sind möglich, Beratung beim Frauenarzt erforderlich – sicherste Verhütungsmethode

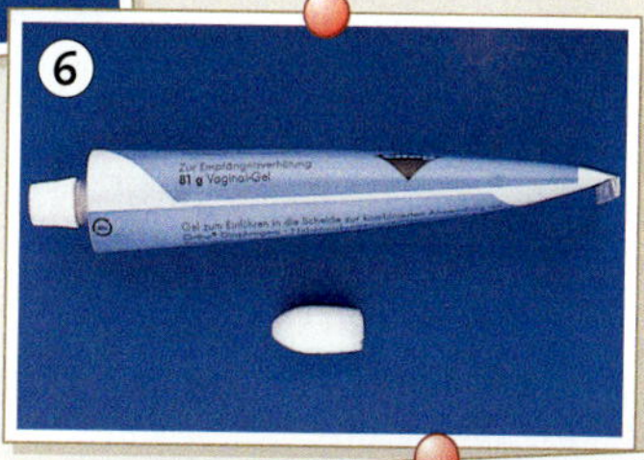

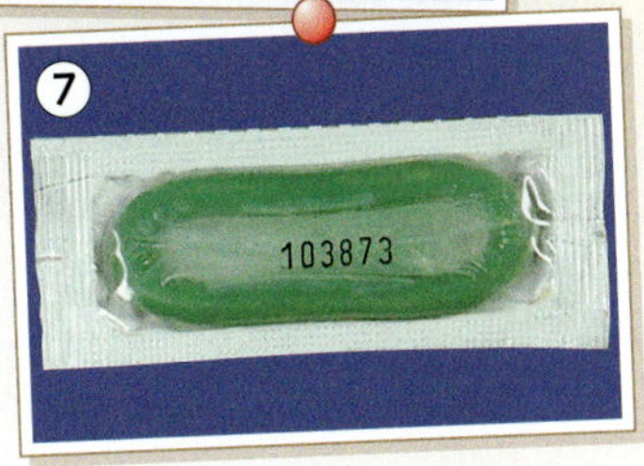

📖 **1.** Ordne die Informationszettel (A-F) den Abbildungen (1-7) zu. Welches Verhütungsmittel taucht doppelt auf?

📖 **2.** An wen könnte man sich wenden, wenn man zu einzelnen Verhütungsmitteln Fragen hat?

Dein Körper gehört dir!

1. Was ist mit der Aufschrift auf dem T-Shirt des Mädchens gemeint? Würdest du so ein Shirt anziehen? Begründe.

2. Sagt ein Kind deutlich „NEIN!", so kann dadurch eine Belästigung vermieden werden. „NEIN!"-sagen kann man üben. Übt zu zweit, wie man nachdrücklich „Nein!" sagen kann, etwa in einer kleinen Spielszene mit verteilten Rollen. Berichtet anschließend von euren Erfahrungen.

- Meine Sportlehrerin gibt mir Hilfestellung.
- Jemand äußert sich abfällig über mich und benutzt dazu sexuelle Ausdrücke.
- Ich soll in ein fremdes Auto einsteigen.
- Ein Arzt berührt mich während der Untersuchung.
- Jemand bietet mir Geld dafür an, mich berühren zu dürfen, wenn ich die ganze Geschichte für mich behalte.
- Meine Mutter will wissen, wie weit ich mit meinem Freund gehe.
- Unser Trainer konntrolliert, ob wir nach dem Training duschen.
- Ein Bekannter meiner Eltern benimmt sich merkwürdig sobald wir alleine sind.

3. a) Beschreibe die Aussage der nebenstehenden Abbildung.
b) Warum sind für die verschiedenen Aussagen wohl verschiedene Farben gewählt?
c) Was könnte im Zentrum stehen?
d) Was meinst du zu der Abbildung?

4. a) Beschreibe kurz mit deinen eigenen Worten, welcher Vorfall im nebenstehenden Zeitungsartikel geschildert wird.
b) Handelt es sich dabei um eine Art von Gewalt? Begründe deine Meinung.
c) Hast du schon von ähnlichen Fällen gehört? Wenn ja, berichte kurz.
d) Bildet Gruppen und erstellt gemeinsam einen Aktionsplan: Wie sollte man sich verhalten, wenn man Zeuge ähnlicher Vorfälle wird. Erstellt eine Liste und stellt eure Ideen der Klasse vor.

Skandal hat Folgen

Handy-Verbot an der Realschule

Der so genannte Handy-skandal an der örtlichen Realschule zieht weitere Kreise. Nachdem ein Schüler während einer Klassenfahrt heimlich beim Umziehen gefilmt und das Video per MMS an andere Schüler verschickt wurde, sah sich der betroffene Schüler immer wieder mit sexistischen Äußerungen konfrontiert.

„Wir sind schockiert, dass sowas an unserer Schule passieren konnte!", sagte die Schulleiterin über das Video, welches den Schüler zwischenzeitlich nackt zeigt, worüber sich seine Kameraden deutlich hörbar belustigen. „Aber die Verbreitung des Videos können wir wohl nicht mehr stoppen." Das bestätigt auch eine Stichprobe unserer Zeitung: Auch mehrere Schüler der benachbarten Schulen kennen das Video oder haben es auf ihren Geräten gespeichert.

Die Eltern des betroffenen Schülers haben Anzeige erstattet und erwägen nun einen Schulwechsel ihres Kindes.

Die Schulleitung reagierte mit einem Verbot jeglicher Handys an der Schule, was nicht von allen Eltern begrüßt wurde: „Man kann sich auch künstlich aufregen …", meinte ein Vater zu dem Vorfall. Er versteht nicht, warum

Erwachsen werden

Sexualität – die andere Seite

Sexualität hat schöne und liebevolle Seiten. Aber es gibt auch eine andere Seite. Sie zeigt sich immer dann, wenn jemand mit Gewalt gezwungen wird, Dinge zu tun oder zu dulden, die er oder sie nicht will.

Die Täter sind fast immer Männer und nur selten Frauen, aber keineswegs immer „kranke Typen". Oft sind es Bekannte, Freunde oder Angehörige.

Die ganz persönliche Grenze

Was als „sexuelle Belästigung" empfunden wird, ist sehr unterschiedlich. Was für den einen völlig okay ist, mag für andere schlimm sein. Jeder hat seine persönliche Grenze und ein Recht darauf, dass diese von allen anderen Menschen respektiert wird.

Auch das Benutzen bestimmter Wörter, das Ansehen bestimmter Bilder oder das Reden über bestimmte Dinge kann eine Grenze überschreiten. Eine sexuelle Belästigung muss also nicht immer etwas mit „Anfassen" oder „Sex haben" zu tun haben.

Manchmal versuchen jedoch Erwachsene, Kinder so unter Druck zu setzen, dass sie sexuelle Handlungen mitmachen oder zulassen. Niemand hat das Recht, so etwas zu verlangen. Jeder Erwachsene weiß das, doch manche versuchen, Kinder zu erpressen oder unter Druck zu setzen. Sie sagen Dinge wie: „Stell dich mal nicht so an!" – „Das machst du doch gerne für mich!" oder „Du willst doch, dass ich dich lieb hab!". Auch das ist eine Form von Gewalt.

Du bist nicht schuld!

Oft reden die Täter dem Kind ein, es sei doch toll, sowas mitmachen zu dürfen. Oder sie drehen es so hin, als hätte auch das Kind Spaß daran. Sie tun so, als wolle das Kind eigentlich mitmachen oder als habe es sogar darum gebeten. Aber: Es ist immer der Erwachsene, der etwas falsch macht. Und weil er das weiß, verlangt er Geheimhaltung. Ein Weg, sich auch zu wehren, ist andere Menschen ins Vertrauen zu ziehen.

2 Ganz alleine?

„Nein!"-sagen – Ein Anfang

Es ist nicht leicht, sich gegen sexuelle Belästigungen zu schützen – aber auch nicht hoffnungslos. Ein Anfang ist, sehr deutlich „Nein!" zu sagen, wenn jemand in dieser Hinsicht etwas verlangt oder zu erzwingen versucht, was du nicht möchtest.

Neue Technik – neue Chancen – neue Gefahren

Im Internet kann man sich informieren und Hilfe holen. Unter **www.zartbitter.de** bekommt man Kontakt zu Beraterinnen, die Opfern sexueller Gewalt helfen können. Aber auch Täter sind im Netz. Sie sprechen zum Beispiel in Chatrooms gezielt Kinder an, um sie „kennen zu lernen" und zu persönlichen Treffen zu bewegen. **Daher darf man im Chat nie seinen richtigen Namen, seine Telefonnummer oder andere persönliche Dinge preisgeben.**

Auch ein ganz normales Handy kann man benutzen, um sich Hilfe zu holen, aber auch um Gewalt auszuüben: Wenn jemand zum Beispiel einen anderen heimlich auf der Toilette filmt und das Video an seine Freunde schickt, die sich darüber lustig machen, dann ist dies kein harmloser Streich mehr: Wer so etwas tut, verletzt die unantastbaren Persönlichkeitsrechte des Opfers und macht sich strafbar.

1 Internet – Mit Vorsicht zu genießen

Gesprächsrunde

Methode

Bei schwierigen Themen gehen die Meinungen schnell auseinander. Will man dennoch darüber sprechen, ohne sich zu streiten, sollte man dabei bestimmte Regeln einhalten. Mit ihrer Hilfe kommt man auch bei Gesprächsrunden mit vielen Teilnehmern – z. B. in der Klasse – zu guten Ergebnissen. Aber die Regeln helfen auch, Probleme im kleinen Kreis – z. B. in der Familie – zu diskutieren und aus der Welt zu schaffen. Wichtig ist, dass man sich vor dem Beginn des Gespräches auf die Regeln einigt. Nur wer den Regeln zustimmt und bereit ist, sie einzuhalten, darf sich an dem Gespräch beteiligen.

Insbesondere bei größeren Gesprächsrunden sollte man vorher bestimmen, wer das Gespräch leitet und auf die Einhaltung der Regeln achtet. Diese Gesprächsleitung sollte aber möglichst neutral erfolgen. Am Ende sollte man ein Ergebnis festhalten: Worauf konnte man sich einigen, was bleibt zu klären?

Vorschlag für Gesprächsregeln
1 Wir hören einander zu und lassen uns gegenseitig ausreden.
2 Wir melden uns ruhig zu Wort (z. B. Hand heben) oder warten eine Pause ab.
3 Wir bleiben beim Thema.
4 Wir reden im freundlichen Ton miteinander, benutzen keine Schimpfworte und machen den anderen nie lächerlich.
5 Wir respektieren andere Meinungen und lachen niemanden aus.

Die Klasse 6a plant ein Klassenfest. Aber es gibt Streit über das Programm: Die Jungen wollen fast alle nur Fußball spielen, während die meisten Mädchen eine Disco organisieren wollen. Da es an der Schule keinen Fußballplatz und am Sportgelände keine Räumlichkeiten für eine Disco gibt, scheint ein Kompromiss kaum möglich.

1. Diskutiert in einem Gesprächskreis, wie die Klasse den Streit beilegen kann. Formuliert einen gemeinsamen Lösungsvorschlag.

Erwachsen werden

Primäre und sekundäre Geschlechtsmerkmale

Bereits von Geburt an lassen sich Mädchen und Jungen anhand ihrer primären Geschlechtsmerkmale unterscheiden. Dies sind vor allem die weiblichen oder männlichen Geschlechtsorgane.
Im Laufe der Pubertät entwickeln sich weitere Unterschiede zwischen Mädchen und Jungen, die sekundären Geschlechtsmerkmale.

Der Menstruationszyklus

Bei geschlechtsreifen Frauen reift etwa alle 28 Tage eine Eizelle heran.
Beim Eisprung gibt ein Eierstock eine reife Eizelle in einen Eileiter ab. Innerhalb einiger Tage gelangt sie durch den Eileiter in die Gebärmutter.
Bleibt die Eizelle unbefruchtet, wird sie während der Menstruation zusammen mit etwas Blut und der dicken Gebärmutterschleimhaut und durch die Scheide abgegeben.

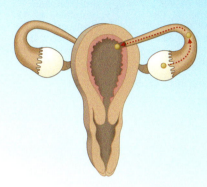

Die Menstruation wiederholt sich regelmäßig, man spricht daher auch von der Regelblutung oder dem Menstruationszyklus.

Schwangerschaft

Trifft die reife Eizelle auf ein Spermium, können beide verschmelzen. Die Eizelle wird befruchtet. Direkt nach der Befruchtung beginnt die Eizelle, sich zu teilen. Mit der Einnistung der befruchteten Eizelle in die Gebärmutterschleimhaut beginnt die Schwangerschaft. Sie dauert 9 Monate. Während dieser Zeit muss die werdende Mutter besonders auf ihre und die Gesundheit ihres Kindes achten.

Sexuelle Gewalt

Sexualität hat auch dunkle Seiten, die sehr verschieden sein können. Allen gemeinsam ist, dass jemand etwas erdulden muss, was er oder sie nicht möchte.

Auf einen Blick

---

1. Finde für die beiden Abbildungen jeweils eine passende Überschrift. Ordne den Zahlen die korrekten Begriffe zu und schreibe alles in dein Heft.

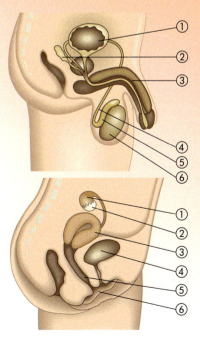

2. a) Schreibe die nebenstehenden Begriffe einzeln auf kleine Zettel oder Kärtchen.
b) Sortiere die Zettelchen dann zu einer sinnvollen Struktur (z. B. wie eine ▶ Mindmap oder eine Tabelle). Klebe sie in dieser Struktur auf und erkläre, warum du so sortiert hast.
c) Ergänze das Ganze um sinnvolle weitere Begriffe.

3. Nenne die körperlichen Veränderungen während der Pubertät bei Jungen und bei Mädchen.

4. Stelle die Ereignisse, die zur regelmäßigen Monatsblutung einer Frau führen, grafisch dar. Arbeite mit Pfeilen und Kästchen, in denen kurze Texte die Vorgänge erklären.

Geschlechtsorgane, Geschlechtsmerkmale, Penis, Eierstöcke, Hoden, Scheide, Stimmbruch, Achselhaare, Brust, Schamhaare, kantige Körperform, Gebärmutter, Hodensack, Eileiter, runde Körperform.

5. Fertige eine ▶ Mindmap „Verhütung" an. Stelle darin verschiedene Verhütungsmethoden, deren Anwendung sowie Vor- und Nachteile zusammen. Erläutere deine Mindmap.

6. Stelle eine Liste mit Personen oder Organisationen zusammen, die einem helfen können, falls man Opfer sexueller Gewalt wird. Berichte auch darüber, wie du an die Informationen gekommen bist.

Zeig, was du kannst

Register

Fette Seitenzahlen weisen auf ausführliche Behandlung im Text oder auf Abbildungen hin.
f. = die folgende Seite
ff. = die folgenden Seiten

A

Abschlussgewebe **55**
Abstammung
– Hund **125**
– Rind **141**
Adaptation **243**
Adern **180** f.
Ähriges Tausendblatt **86**
Aktionsradius (Tiere) **21**
Algen **84**
Allesfressergebiss **140**
Ameise **43**
Ameisennest **59**
Amphibien, siehe Linse
Amsel **45**
Angepasstheit **100**
Antarktis **230** f.
Aorta **181**
Apfelbaum **31**
Arbeiterin **26** ff.
Arbeitsbiene, Lebenslauf **29**
Arktis **230** f.
Armskelett, Mensch **165**
Artenschutz **115** f.
Artenschutzübereinkommen, Washingtoner **115**
Arterien **181**
Artgerechte Haltung **146** f.
Asseln **15**, 17, 25
Atmung,
– Fische **96**
– Lurche **89**
– Mensch **173** ff., 202
Atmungsorgane **174** f.
Auftrieb **52**
Aufwärmtraining 171
Auge **241** ff., 262
Augenschutz **253**, 262
Ausläufer **41**, 83, 149
Auslese, Getreide **153**
Ausleszüchtung **159**
Außenkiemen **90**
Außenohr **249**
Außenskelett **25**
Ausstellung **145**

B

Bach **13**, 107
Bachforelle **19**, **97**
Ballaststoffe **187**
Bandscheibe **166**
Bänderschnecke **25**
Basiskonzepte
– System **54** f.
– Struktur und Funktion **260** f.
– Entwicklung **98** f.
Bau der Haut **254** f.
Bauchatmung **174**
Bauchspeicheldrüse **194** f.
Bauernhof **134**
Baumbrüter **45**
Bäume **30**, **62** f., **66** f.
Baumläufer **63**, 68
Baummarder **63**, 68
Baumrallye **67**
Baumschichten **61**
Baustoffe **186**
Beckengürtel **165**
Beere **36**
Befruchtung **36** f., 47, 56, 247 f.
Beinskelett
– Mensch **165**
– Pferd **136**
Berg-Ahorn **66**
Bergmolch **91** f.
Bestäubung **36** f., 56
Bestimmungsschlüssel
– Blätter **65**
– Lurche **92**
– Wirbellose **19**
Betriebsstoffe **186**
Beuger **171**
Beutefang, Frosch **89**
Beutejagd, Katze **132** f.
Bewegung **202**
Bewegungsnerven **259**
Biber **106**, 110
Bienenkönigin **26**, **28** f.
Bienenstock **28** f.
Bienentanz **28**
Bienenwaben **28** f.
Bildentstehung **245**
Bitterling **81**
Bizeps **171**
Bläschendrüse **269**
Blattarten **211**
Blattaufbau **30**, **210** f.
Blattbestimmung **65**
Blattfall **222** f.
Blattformen **211**, 64 f., 79
Blattgestalt **64** f.
Blattgewebe **210** f.
Blattquerschnitt **211**
Blattränder **64** f.
Blattsteckling **41**
Blaumeise **44**, 50, 63, 69
Blinder Fleck **243**
Blindschleiche **77**
Blut **178**, 195
Blüte **30**, **32** ff.
Blüte und Insekt **35**
Blütenbau **33**
Blütengrundriss **32**
Blütenlegebild **32**
Blütenpflanze **30**
Blutgefäße **175**, **178** f.
Blutgerinnung **178**
Blutkapillaren **181**, 195
Blutkörperchen, rote **178**
Blutkörperchen, weiße **178**
Blutkreislauf **180** f., 195 202
Blutplasma **178**
Blutplättchen **178**
Bodenbrüter **45**
Bodentiere **70** f.
Bogengänge **250** f.
Brauner Bär **63**
Bronchien **174** f.
Brustatmung **174**
Brustkorb **165**
Brutpflege **45**, 127
Buntspecht **45**, 68
Buschbrüter **45**
Buschwindröschen **219**

C

Chitin **25**
Chlorophyll **209**, 210
Chloroplasten **209**, 210, 217
CO_2 **209**
CO_2-Nachweis **173**

D

Dachs **229**
Darmzotten **195**
Dauergebiss **193**
Delfin **256**
Diagramme **176** f., 228, 230, 232
Dickdarm **195**
Dosenlupe **15**, 18
Dotter **46** f.
Drehgelenk **169**, 260
Drehsinn **250** f.
Drohne **26**, 28
Dromedar **233**
Dünndarm **194** f.

E

Eberesche **42**, 65, **67**
Eiche
– Lebensraum **63**
– Nahrungsquelle **63**
Eichel (Mann) **269**
Eichelhäher **62**, 225
Eichengallen **62**
Eichengallwespe **62**
Eichenwickler **69**
Eichhörnchen **79**
Eidechse **74** f.
Eierstock,
– Frau **271**, 274
– Vogel **47**
Eiklar **46** f.
Eileiter **271**
Einhäusige Pflanzen **34**
einkeimblättrig **38**
Einzelgänger **131**
Eisbären **230** f.
Eischnüre **46** f.
Eisprung **272** f.
Eiweiße **186**
Eizelle
– Frau **271**
– Vogel **47**
– Pflanze **33**, 37
Embryo
– Fisch **97**
– Kaulquappe **90**
– Mensch **275**
– Pflanze **38**
– Vogel **46** f.
Empfindungsnerven **259**
Endkonsumenten **85**
Energie **69**
Energieaufwand **189**
Energiebedarf **183**, **188** f.
Energiegehalte **183**
Energieumwandlung **183**
Entwicklung **36** f., **38** f., 97, **98** f.
Entwicklung,
– Laubwald **220** f.
– Apfel **39**
– Eidechse **74** f.
– Fisch **97**
– Frosch **90**
– Insekt **56**
– Mensch **266** ff., 275, 277
– Teichmolch **101**
– Vogel **46** f.
Entwicklung, vom Urrind zum Zuchtrind **141**
Epidermis **210** f.
Erdbeere **41**
Erdkröte **21**, 87, 91
Erdläufer **15**
Erdsprosse **219**
Erektion **269**
Ernährung **188** ff., 202, 206
Ernährungspyramide **189**
Erwachsen werden **264** ff.
Erzeuger **85**

F

Facettenauge **27**
Familienverband **138**
Fangvorrichtung, Bodentiere **70**
Fangzaun **112**
Färben **214**
Farbenblindheit **244**
Farbsehen **245**
Federbuschangler **235**
Federkleid **48** f.
Federn **53**
Feldhamster **229**
Feldrand **13**
Fennek **207**, 233
Fertigprodukte **190**
Fette **186**
Fettgehalt, Bestimmung, Wassergehalt **185**
Fettpolster **225**
Fetus **275**
Feuchtigkeitsmesser **17**
Feuchtlufttier **89**
Feuerbohne **38**
Feuersalamander **91**
Fibrin **178**
Fichte **66**
Fische **94** ff., 100
Fischotter **106**, **110**
Fitness **196**
Fledermaus **72** f., 256

Register

Fleischfresser **85**
Flossen **95**
Flügelskelette **49, 73**
Flugfrüchte **42 f.**
Flugtechnik, Vögel **50 f.**
Flugverhalten,
　Mäusebussard **50 f.**
Fortbewegung
– Eidechse **74 f.**
– Fische **94 f.**
– Schlange **74, 76**
Fortpflanzung
– Eidechse **75**
– Fische **97**
– Hund **126 f.**
– Libelle **83**
– Mensch **274 f.**
– Vögel **46 f., 49**
Fotosynthese 21, 30, 38,
　183, 206, **208 f., 236**
Freilandhaltung **146 f.**
Frequenz **249**
Froschlurche **92**
Früchte **36 f., 42 f., 67**
Fruchtknoten **33**
Frühlingsaspekt Laubwald
　220
Funktion der Haut **254.**
Futtergemisch, Vögel **44**

G

Gallenblase **194 f.**
Gartenbohne **40**
Gasaustausch **96, 175**
Gebärmutter **271**
Gebärmutterschleimhaut
　271, 273
Gebiss
– Mensch **193**
– Hund 125
– Katze 130
– Schwein 140
– Rind 140
Geburt **127, 274 f.**
Gefahren für Lurche **93**
Geflecktes Knabenkraut
　111
Gegenspieler **171**
Gehirn **243**, 246, 249
Gehörschutz **162**
Gelber Fleck **243**
Gelbrandkäfer **87**
Gelenke **168 f.**
Geschlechtsmerkmale
– primäre **269, 271**
– sekundäre **269, 271**
Geschlechtsorgane,
– Frau **270 f.**
– Mann **268 f.**
Geschlechtsverkehr **275**
Geschützte Pflanzen **111,
　116**
Geschützte Tiere **110**
Gesprächsrunde **282**
Gestaltwandel **90**
Gesundheit **162 ff., 276**
Getreide **152 f**
Getreidearten **153, 161**
Gewalt, sexuelle **280 f.**
Gewebe **217**
Giftschlange **76**
Giftzähne **76**

Glattnatter **77**
Gleichgewichtsorgan **250 f.**
Gleitflug **51**
Gnu **239**
Goldammer **21**
Goldhamster **120**
Grabhand **23**
Grasfrosch 19, **91**
Graureiher **81**, 84
Grenzen setzen **280 f.**
Grubenorgan **257**
Grundbauplan Pflanze **30**
Grundlagen des Lebens
　206 f.
Grünspecht **62**

H

Hai **97**
Harnblase **269, 271**
Haselnuss **42**
Haselstrauch **31, 36, 66**
Hauskatze **130 ff.**
Hausschwein **144**
Haustiere **120 ff., 160**
Hauswurz **232**
Haut 241, **254**
Hautatmung **89**
Hautkrebs **255**
Hautschutz **255**
Hautsinnesorgane **255**
Häutung **75**
Hecken **11, 20 f., 55, 56**
Heckenbewohner **21**
Hell-Dunkel-Anpassung
　243
Herbarium 60, **65**
Herbstaspekt, Laubwald
　221
Herdentiere **138 f., 160**
Hermelin **21**, 226
Herz **181**
Herzkammer **181**
Herzscheidewand **181**
Hetzjäger **125**
Hitzewüste **233**
Hochzeitsflug **29**
Höckerschwan **50 f.**
Hoden **269**
Hodensack **269**
Höhlenbrüter **45**
Holunder, Schwarzer **31,
　67**
Honigbiene **26 ff., 56**
Honigmagen **27**
Hornhaut, Auge **243**
Hörschäden **252**
Hörwahrnehmung **249**
Hörwelt, Schleiereule **257**
Hörzentrum **249**
Hühnerei **46 f.**
Hummel **35**, 113
Hummel-Nistkasten **113**
Hund **124 ff., 160**
Hunderassen **128**

I

Igel **21**
Informationsplakat, siehe
　Plakat
Innenohr **249 ff.**
Innenskelett **25**

Insekt **24 f., 56**, 113
Insektenfressergebiss **22 f.**
Insektenschutz **113**, 116
Insektenstaat **26 ff., 56**
Internet **129, 278**
Iris **243**

J

Jagdverhalten
– Hund **125**
– Katze **133**
Jaguar **207**
Jahreszeiten
– Pflanzen **220 f., 236**
– Tiere **236**
– Wald **330 f.**
Jungenaufzucht,
　Hund **127**

K

Kaiserpinguine **231**
Kakteen **233**
Kaltblüter **137**
Karies **192 f.**
Karpfen **229**
Kartoffel **148 f.**
Kartoffel, Inhaltsstoffe **149**
Kartoffelpflanze **149**
Kartoffelprodukte **148 f.**
Katzenpfote **130**
Kaulquappe **90**
Keimbläschen **274**
Keimblätter **38**
Keimscheibe **46 f.**
Keimstängel **38**
Keimung **40**
Keimwurzel **38**
Kelchblatt **32 f.**
Kellerassel **15**
Kernfrucht **36**
Kiemen **96**
Kiemenatmung 25, **96**
Kilojoule (kJ) **183**
Kirschblüte **32 f.**
Kirsche **37**
Kitzler **271**
Kiwi **34**
Klappzunge **89**
Klatschmohn **30**
Kleiber 19, **65**
Kleiner Fuchs **21**
Klette **42**
Kletterpflanzen **16**
Knospen **67, 222 f.**
Köcherfliege **13**
Kohlenhydrate **186**
Kohlenstoffmonooxid **200**
Kokospalme **155**
Kolibri **51**
Konkurrenz **63**
Konsumenten 21, **85**
Kopfskelett
– Hund **125**
– Katze **130**
– Kreuzotter **76**
– Rind **140**
– Schwein **140**
– Mensch **165**
Kornrade **111**
Körperhaltung **202**
Körperhygiene **255**, 269

Körperkreislauf **181**
Körpersprache **136, 138**
Krautschicht **61**
Krebstiere **25**
Kreuzbein **166**
Kreuzotter **76**
Kreuzspinne **14**
Kreuzzahnbarsch **235**
Kriechtiere **74 ff., 78**
Krokus **219**
Kronblatt **32 f.**
Kröten 103, **112**
Krötenwanderung 103, **112**
Kugelgelenk **169**
Küken **47**

L

Lagesinn **250 f.**
Laich **90**, 97
Laichplätze, Lurche **93**
Landwirtschaft,
– Großbetriebe **134**
– ökologische **134**
Lärche **66**
Lärm **252**
Lärmschutz **252 f.**
Larve
– Biene **29**
– Fisch **97**
– Stechmücke **87**
– Libelle **84**
Laternenangler **235**
Laubabbau **71**
Laubblatt **210 f.**
Laubfall **222 f.**
Laubfärbung **221 ff.**
Laubfrosch **91**
Laufkäfer **21**
Lautstärke **249**
Lebende Steine **233**
Lebendgebärend,
– Fische **97**
– Kreuzotter **76**
Lebensabschnitte **277**
Lebensgemeinschaft **61**
Lebensmittel **184 ff.**
Lebensräume **10 ff., 16 f.,
　54 f., 56**
– Baum **62 f., 78**
– Teich **80 ff., 100**
– Tiefsee **235**
– Wald **58 ff., 78**
Lebensräume
– gefährdete **93, 108**
– Zerstörung 93, 107, 109
Leberzelle **217**
Lederhaut **254 f.**
Lederhaut, Auge **243**
Lernen im Team:
– Fliegen **52 f.**
– Rauchen **198 f.**
– Wir schützen Insekten in
　unserer Umgebung **113**
– Wir schützen Lurche **112**
Lerngang **135**
Leselupe **18**
Libellen **83**
Lichtmessgerät **17**
Lichtsinneszellen **245**
Linse **243**
Löwenzahn **42 f.**
Luchs **106**

...e 49
...e 174 f.
Lungenatmung 89
Lungenbläschen 175
Lungenkreislauf 181
Lupen 70 f.
Lurche 88 ff., 92, 100
Lurche, Schutz 112, 116

M

Magen 194 f.
Maikäfer 63
Mais 154
Maniok 155
Margerite 31
Mastbetriebe 146 f.
Mauereidechse 77
Mauerpflanzen 16 f.
Maulwurf 10, 19, 22 f.
Mäusebussard 11, 68, 257
Meerschweinchen 120
Menstruation 272 f.
Menstruationszyklus 272 f.
Menüs 191
Messgeräte 17
Metamorphose 90
Methode
– Tiere beobachten und bestimmen wie die Profis 18 f.
– Arbeiten mit dem Mikroskop: 212 f.
– Arbeiten mit Modellen 167
– Ein Informationsplakat entsteht 39
– Eine Ausstellung gestalten 145
– Eine mikroskopische Zeichnung anfertigen 215
– Eine Mindmap erstellen 157
– Eine Sachmappe erstellen 156
– Eine Sachzeichnung anfertigen 40
– Eine Umfrage planen, durchführen und auswerten 201
– Einen kurzen Vortrag halten 151
– Einen Lerngang planen 135
– Einen Sachtext lesen und verstehen 145
– Einen Steckbrief erstellen 123
– Gesprächsrunde 282
– Im Internet nach Informationen suchen 129
– Lernen im Team 234
– Mit Tabellen und Diagrammen arbeiten 176 f.
– Präparieren und Färben 214
– Tiere bestimmen 92
– Versuche planen, durchführen und protokollieren 150
– Wie Baumdetektive vorgehen 64 f.
Mikrometer 71
Mikroskop 212 f.
Milchgebiss 193
Milchleistung 161
Milchprodukte 142 f.
Milchverarbeitung 142
Mineralstoffe 187
Mineralstofftransport 208 f., 223
Mischlinge 128
Mischwald 61
Mittelohr 249
Modelle 167, 168, 170, 250
Moosblattzellen 217
Moosschicht 61
Moschusochsen 139
Muskel, Feinbau 171
Muskelkater 171
Muskeln 170 f.
Muskeltraining 172

N

Nachhaltigkeit 105
Nachweisreaktionen, Nährstoffe 184
Nährstoffbedarf 187 ff.
Nährstoffe 69, 209
Nährstofftransport 208 f., 223
Nährstoffzerlegung 195
Nahrungsbeziehungen 20, 68 f., 78, 84 f., 100
Nahrungskette 20 f., 55, 68 f., 78, 84 f.
Nahrungsnetz 69, 85
Nahrungsvorräte 225
Nährwerttabelle 191
Nanometer 71
Narbe 33
Nase 241
Nashorn 115
Nasspräparat 213
Nationalpark 109, 114
Naturschutz 102 ff., 114
Naturschutz
– im Urlaub 116
– Zuhause 116
Naturschutzgebiet 109
Naturschutzgesetz 109
Nektar 27, 33
Nerven 259
Nestbau 45
Nesthocker 45
Netzauge 27
Netzhaut 243
Neuntöter 21
Nikotin 200
Nistkasten 44
Nistorte 45
Nutzpflanzen 148 ff., 206
Nutztiere 118 ff., 136 ff., 142 f.

O

O_2 209
Oberflächenvergrößerung 54, 173, 175, 195, 260
Oberhaut, Mensch 254 f.
Ohr 241, 248 ff., 262
Ohrwurm 15
Optische Täuschungen 246 f.
Organ 54, 98
Organismus 54 f., 98
Organsystem 54
Organ, Laubblatt 210 f.
Orientierung 73, 241, 262
Ortung, akustische 257

P

Paarung 47, 83, 90
Paarungsrad 83
Palisadengewebe 55, 210 f.
Park 13
Passivrauchen 200
Pelikanaal 235
Penis 268 f.
Periode 272 f.
Pferd 136 ff., 160
Pferd, Gangarten 136
Pferderassen 1337
Pflanzen
– einkeimblättrige 38
– zweikeimblättrige 38
Pflanzenfresser 85
Pflanzenfressergebiss 140 f.
Pflanzenrückgang, Ursachen 111
Pflanzensprache 35
Pflanzenzelle 217, 236
Pflanzenzonen 83
Pflanzenzüchtung 158 f.
Pflegetipps
– Jungen 269
– Mädchen 273
Pinguine 230 f.
Plakat 39
Polarzonen 207
Pollen 27, 37
Pollenschlauch 37
Pony 137
Präparieren 214
Produzenten 21, 85
Przwalskipferd 137 f.
Pubertät 267
Pupille 243
Puppenstadium 39

Q

Quellung 38

R

Rangordnung 126, 138 f.
Rankhilfen 15
Raps 154
Rapspflanze 55
Raubtier 125, 131
Raubtiergebiss
– Hund 125
– Katze 130 f.
Rauchen 198 ff.
Raucherbein 200
Rauchschwalben 225
Räumliches Sehen 246
Reaktion 241, 259
Reaktionszeit 259
Regelblutung 272 f.
Regenbogenhaut 243
Regenmesser 14, 17
Regenwald, tropischer 207
Regenwurm 15, 24 f.
Regulation 228 f.
Reis 155
Reiseandenken 114
Reizaufnahme 259
Reize 71, 241 ff.
Reizquelle 259
Reiz-Reaktion 258 f., 260, 262
Renaturierung 107
Rennmaus 120
Reviere 45, 126
Riechleistung
– Hund 256
– Mensch 256
Rind 140 ff., 160
Rinden-Rubbelbilder 67
Ringelnatter 19, 74, 76
Rispenhirse 155
Röhrenknochen 165
Röhrichtzone 83
Rohrkolben 83, 86
Rosskastanie 31, 223
Rotauge 84
Rotbuche 66
Rote Lichtnelke 35
Rote Liste 110, 116
Rötelmaus 31
Rot-Grün-Sehschwäche 244 f.
Rückzüchtung 137
Rudel 125 f., 139
Ruderflug 50 f.
Rüttelflug 51

S

Sachmappe 150
Sachzeichnung 40
Saguarokaktus 232 f.
Samen 37 ff., 56
Samenanlage 33, 57
Samenleiter 269
Sammelbein 27, 261
Sattelgelenk 169
Säugetier 73, 127
Säugling 275
Saugrüssel 27
Schädel
– Hausschwein 140
– Katze 130
– Rind 140
Schädlingsbekämpfung 93
Schall 248 f.
Schallgeschwindigkeit 249
Schamlippen 270
Scharbockskraut 219
Scharniergelenk 169
Schattenblatt 210 f.
Scheide 271
Schilfrohr 83
Schlangen 76
Schlehe 67
Schleichjäger 133
Schleiereule, Blickfeld 257
Schließzellen 210 f.
Schlingnatter 77
Schlingpflanzen 16
Schmetterling 21, 35, 110
Schmetterlingshaus 113
Schneeglöckchen 219

Register

Schnirkelschnecke 21
Schnurfüßer 15
Schönheit 196 f., 271
Schönheitsideale 197
Schulgelände 14 ff.
Schultergürtel 165
Schwalbenschwanz 110
Schwammgewebe 210 f.
Schwangerschaft 274 f.
Schwanzlurche 92
Schwarzdorn 67
Schwarze Raucher 235
Schwellkörper 269
Schwimmblase 95
Schwimmblattzone 83
Schwimmhäute 89
Schwirrflug 51
Seeadler 109
Seeleopard 207
Seerose 10
Segelflug 50 f.
Sehfehler 245, 262
Sehnerv 243
Sehvorgang 243 ff.
Sehwelt,
– Klapperschlange 247
– Vögel 257
Sehzentrum 246
Seitenlinienorgan 95
Selbstklimmer 16
Sexualität 264 ff.
Singdrossel 63
Singvögel 45
Sinne 238 ff.
Sinnesleistungen,
  Tiere 256 f.
Sinnesorgane 240 ff.
Sinnesorgan
– Hund 125
– Katze 133
Skelett
– Eidechse 74
– Fledermaus 72 f.
– Frosch 88, 101
– Hund 125
– Mensch 164 ff.
– Schlange 74
– Vogel 48 f.
Smaragdeidechse 77
Sojabohne 155
Sommeraspekt,
  Laubwald 220 f.
Sommerfell 226
Sonnenblatt 210 f.
Sonnenbrand 255
Sortenvielfalt 159
Spaltöffnungen 30, 209,
  210 f.
Speicheldrüsen 194 f.
Speicherorgane 219
Speiseröhre 194 f.
Sperber 69
Spermien 47, 90, 97, 269
Spermienerguss 269
Sperren 44 f.
Spinnentiere 25
Spross 30
Sprossachse 30
Sprossknolle 41, 149, 219
Spurenelemente 187
Staaten bildende Insekten
  26 ff.
Stäbchenzellen 245

Stärke 209
Stärkenachweis 150
Staubbeutel 33
Staubblatt 32 f.
Steinfliege 13
Steinfrucht 36 f.
Steinläufer 15
Steißbein 166
Stempel 32 f.
Stereolupe 18, 70 f.
Stofftransport 30
Sträucher 30, 66 f.
Strauchschicht 61
Strecker 171
Stromlinienform 95
Sumpfdotterblume 86
Sumpfschildkröte,
  Europäische 77
Synthese 209

T

Tabellen 176 f., 230
Tarnfärbung 86
Tarpan 137
Taubnessel 35
Tauchblattzone 83
Tausendfüßer 25
Teerstoffe 200
Teichhuhn 87
Teichmolch 80
Teichmuschel 25
Teichpflanzen 86
Teichrose, Gelbe 80, 86,
  111
Thermometer 17
Tiefsee 235
Tiefseeangler 235
Tiefseefische 235
Tierbauten 22 f.
Tierhaltung 146 f., 160
Tierhaltung, artgerecht?
  122
Tierschutz, Winter 227
Tierzelle 217
Tourismus, umweltverträg-
  licher 114
Tragzeit 126
Transpiration 210
Traubenzucker 209
Trauerschnäpper 63
Trittpflanzen 16
Trizeps 171
Trockenmauer 16 f.
Trockenpräparat 213
Trockenruhe 221
Tulpe 31, 41
Turmfalke 51
typisch Junge 278
typisch Mädchen 278

U

Überwinterung 225 ff.
Ultraschall 73
Ultraschalllaute 256
Umfrage 201
Umwelt, Gefährdung 108 f.
Umweltfaktoren 12, 14,
  16, 38, 86
Umweltschutz 104 f.
Urrind 141
Usambaraveilchen 123

V

Vakuole 215, 217
Venen 181
Verbreitung, Pflanzen 42 f.
Verdauung 202
Verdauung
– Mensch 194 f.
– Rind 141
Verdauungsenzym 195
Verdauungsorgane 54,
  194 f.
Verhalten
– Gnus 139
– Hunde 126
– Moschusochsen 139
– Pferde 136, 138
– Wölfe 139
Verhütungsmittel 279
Verkehrssicherheit 258,
  262
Verletzungen 169, 179
Vermehrung, unge-
  schlechtliche 41
Versuche 185, 194, 199,
  209, 230
Versuchprotokoll 150
Vitamine 187
Vögel 44 ff., 56
Vögel, Körperbau 48 f.
Vogelbeere 65, 67
Vogelflug 50 f.
Vogelzug 224 f.
Vollblüter 137
Vorhof 181
Vorratsspeicher 225
Vorsteherdrüse 269
Vortrag 151

W

Wabenbau 29
Wachstum
– Pflanze 38
Wahrnehmung 238 ff., 259
Waldboden 78
Waldkauz 63
Waldmaus 63, 68
Waldschichten 61
Warmblüter 137
Wärmeaugen 247
Wasserbedarf 187
Wasserfloh 84
Wasserfrosch 88 f.
Wassergehalt, Bestimmung
  185
Wasser-Knöterich 86
Wasserläufer 87
Wassertransport 208 f.
wechselwarme Tiere 75 ff.,
  89
Weinrebe 154
Weißdorn 67
Weizenpflanze 153
Wellensittiche 120
Welpen 126 f.
Welwitschia 207
Wiederkäuer 141
Wiese 12 f.
Wildhecke 21
Wildkohl 159
Wildpferde 138

Wildschwein 144
Windmessgerät 17
winteraktive Tiere 226 f.
Winteraspekt, Laubwald
  221
Winterfell 226
Winterfütterung, Vögel 44
Winterruhe 228 f.
Winterschlaf 73, 226,
  228 f.
Winterstarre 75, 226,
  228 f.
Wirbel 166
Wirbellose 19, 22, 24 f.,
  70 f.
Wirbelsäule 165 f.
Wirbeltier 19, 48 f., 56,
  125, 131
Wölfe 106, 125, 139
Wurzel 30
Wurzelknollen 219
Wurzelschicht 61
Wüsten 207, 232 f.
Wüstenfuchs 233
Wüstenpflanzen 233

Z

Zahn, Aufbau 193
Zähne 192 f.
Zahnpflege 193
Zapfenzellen 245
Zaunkönig 21
Zehenspitzengänger 136
Zeichnung, mikroskopische
  215
Zelle 216 f.
Zellkern 215, 217
Zellmembran 215, 217
Zellplasma 215, 217
Zellwand 215, 217
Zersetzer 71
Zierfische 122
Zigarettenrauch, Gifte 200,
  202
Zitrusfrüchte 155
Zuchtformen, Kohlsorten
  159
Züchtung 125
Züchtung
– Getreide 153
– Nutzpflanzen 158, 160
Zuckerrohr 155
Zuckerrübe 151
Zugwege 224
Zunge 241
Zweihäusige Pflanzen 34
Zwerchfell 174
Zwerghamster 123
Zwiebel 41, 219
Zwiebelhautzellen 215
Zwitterblüten 33 f.
Zwölffingerdarm 194 f.

Bildquellenverzeichnis

Titel: Milan: strandperle, Hambrug, Kind mit Lupe: corbis, Düsseldorf (Grady Reese), Schild: strandperle, Hamburg, Kirsche: corbis, Düsseldorf (de Leval/photocuisine); 5.1: Picture-Alliance, Frankfurt/M. (dpa-Report/ Ingo Wagner); 6.2, 264/265 Hintergrund. Minkus IMAGES, Isernhagen, 10 /11 Hintergrund. Blickwinkel, Witten (Luftbild Bertram), 10 Löwenzahn: Picture-Alliance, Frankfurt/M. (dpa), 10 Maulwurf. Bildagentur Geduldig, Maulbronn, 10 Seerose. Tierbildarchiv Angermayer, Holzkirchen; 11 Adler: OKAPIA KG, Frankfurt (Danegger); 11 Biene und Blüte: TopicMedia Service, Ottobrunn (Bruckner); 11 Hecken: TopicMedia Service, Ottobrunn (Meyers); 12.1: Minkus IMAGES, Isernhagen; 12.2: Klaes, Holger, Wermelskirchen (Hans Blossey); 12.3: Wellinghorst, Rolf , Quakenbrück; 13.1: mauritiusimages, Mittenwald (Hackenberg); 13.2: OKAPIA KG, Frankfurt (Reinhard); 13.3: Tierbildarchiv Angermayer, Holzkirchen; 14.3: Worm; 14.4: Tierbildarchiv Angermayer, Holzkirchen (Pfletschinger); 14.5-7, 15.1: Kruse, Wankendorf; 16.1: Picture-Alliance, Frankfurt/M. (dpa); 16.2: Lyß, Wolfenbüttel; 18 Mikroskop: Georg-August-Universität Göttingen, (Dr. G. Kriete); 20.1: Möller, Heike , Rödental; 20.2: Kruse, Wankendorf; 20.3: Wildlife Bildagentur GmbH, Hamburg (D.Harms); 20.4: alimdi.net, Deisenhofen (Alfred Schauhuber); 20.5: Bildagentur Huber, Garmisch-Partenkirchen; 20.6: Wildlife Bildagentur GmbH, Hamburg (H. Vollmer); 22.1: Tierbildarchiv Angermayer, Holzkirchen (Pfletschinger); 23.1: Möller, Heike , Rödental; 26.1: Keystone Pressedienst, Hamburg; 26.2: mauritiusimages, Mittenwald (Scheuerecher); 28.1: OKAPIA KG, Frankfurt; 29 Honigbiene: Tierbildarchiv Angermayer, Holzkirchen (Pfletschinger); 31.3: OKAPIA KG, Frankfurt (Jens-Peter Laub); 31.4: Wellinghorst, Rolf , Quakenbrück; 31.6: Getty Images Sportredaktion, Hamburg (Frank Krahmer); 33.1A: TopicMedia Service, Ottobrunn (Lughofer); 34.1: godigitalpro!, Wietze; 34.2 u. 3: Lyß, Wolfenbüttel; 34.4: OKAPIA KG, Frankfurt (Geduldig/ Naturbild); 34.5: Wellinghorst, Rolf , Quakenbrück; 34.6: Dobers, Joachim , Walsrode; 35.1: Tierbildarchiv Angermayer, Holzkirchen; 35.2: OKAPIA KG, Frankfurt (Shay/ OSF); 36.1: TopicMedia Service, Ottobrunn (Nill); 36 Apfel: CMA, Bonn (keine Angaben); 36 Birne, 36 Kirsche: Lyß, Wolfenbüttel; 37.1: TopicMedia Service, Ottobrunn (Bruckner); 37.3: Tönnies, Uwe , Laatzen; 39.1: mauritiusimages, Mittenwald (Rosenfeld); 39 Bestäubung: Jupiterimages/gettyimages, München (Ostgathe); 39 blühender Baum: Arco Images GmbH, Lünen (H. Reinhard); 39 junger Baum: Bilderberg, Hamburg; 39 reife Äpfel: Picture-Alliance, Frankfurt/M. (Gutberlet/dpa); 39 unreife Äpfel: Bildarchiv Sammer, Neuenkirchen (Teruka Sammer); 41.2 u. 3: Bildarchiv Sammer, Neuenkirchen (Sammer); 42.1: OKAPIA KG, Frankfurt (Hans Reinhard); 42.2: Dobers, Joachim , Walsrode; 42.3: Arco Images GmbH, Lünen (C. Hütter); 42.4: Tönnies, Uwe , Laatzen; 42.5: Bildagentur Geduldig, Maulbronn; 43.1: mauritiusimages, Mittenwald (Schmidt); 43.2: Tierbildarchiv Angermayer, Holzkirchen (Pfletschinger); 43.3: Wildlife Bildagentur GmbH, Hamburg (J. Freund); 44.1: Arco Images GmbH, Lünen (NPL); 44.2: TopicMedia Service, Ottobrunn (Berger); 45.1: Lüddecke, Liselotte, Hannover; 45.2A: TopicMedia Service, Ottobrunn (Hecker); 45.2B: Juniors Bildarchiv, Ruhpolding; 47.1: aus: (c-f: Lichtbild-Archiv Dr. Keil, Neckargemünd; g-h: Reinhard-Tierfoto, Heiligkreuzsteinach; i: Roth/Okapia, Frankfurt; j: Parks/Okapia, Frankfurt); 48 Knochen: mauritiusimages, Mittenwald (Photonenstop); 50.1 u. 2: TopicMedia Service, Ottobrunn (Dalton); 50.3: TopicMedia Service, Ottobrunn (Sohns); 51.1: Arco Images GmbH, Lünen (D. Usher); 51.2: OKAPIA KG, Frankfurt (Osolinski/OSF); 51.3: OKAPIA KG, Frankfurt (Groß); 56.1: mauritiusimages, Mittenwald; 56.2, 27.1: OKAPIA KG, Frankfurt (Sohns); 56.3: Arslan, Yavuz, Essen; 56.4: OKAPIA KG, Frankfurt (PaerBraennstroem/ Naturbild AB); 58.1: mauritiusimages, Mittenwald (Klaus-Gerhard Dumrath); 58.2: mauritiusimages, Mittenwald (Berg); 58.3: Wellinghorst, Rolf , Quakenbrück; 58 /59 Hintergrund: mauritiusimages, Mittenwald (Manfred Mehlig); 59: Wildlife Bildagentur GmbH, Hamburg (N. Benvie); 59.2: Niedersächsische Landesforsten , Braunschweig; 59.3: Wellinghorst, Rolf , Quakenbrück; 60.1: transit - Fotografie und -Archiv, Leipzig (Thomas Haertrich); 60.2: OKAPIA KG, Frankfurt; 60.3: TopicMedia Service, Ottobrunn (Walz); 60.4: Tegen, Hans , Hambühren; 60.5: Biosphoto, Berlin (J.-L. Klein & M.-L. Hubert); 60 Baumblatt: Tegen, Hans , Hambühren; 62.1: Reinhard-Tierfoto, Heiligkreuzsteinach; 62.2: Picture-Alliance, Frankfurt/M. (dpa); 62.3: Reinhard-Tierfoto, Heiligkreuzsteinach; 62.4: Picture-Alliance, Frankfurt/M. (dpa); 63.1: Kruse, Wankendorf; 63 Baumläufer: Tierbildarchiv Angermayer, Holzkirchen (Schmidt); 63 Baummarder: Reinhard-Tierfoto, Heiligkreuzsteinach; 63 Blaumeise: varioimages GmbH & Co. KG, Bonn; 63 Brauner Bär: Wildlife Bildagentur GmbH, Hamburg (P. Hartmann); 63 Maikäfer: Tierbildarchiv Angermayer, Holzkirchen (Pfletschinger); 63 Singdrossel: Jupiterimages/gettyimages, München (Maier); 63 Trauerschnäpper: TopicMedia Service, Ottobrunn (Fischer); 63 Waldkauz: Reinhard-Tierfoto, Heiligkreuzsteinach; 63 Waldmaus: Pferdefotoarchiv Lothar Lenz, Dohr; 64.1: OKAPIA KG, Frankfurt (West/OSF); 64.2: Reinhard-Tierfoto, Heiligkreuzsteinach (Reinhard); 66.1: TopicMedia Service, Ottobrunn (Albinger); 67.1: OKAPIA KG, Frankfurt (Reinhard); 67.2: Philipp, E. Dr., Berlin; 67.4 u. 5: Tönnies, Uwe , Laatzen; 67.6: Kruse, Wankendorf; 68.1: TopicMedia Service, Ottobrunn (Pieper); 68.2: Pferdefotoarchiv Lothar Lenz, Dohr; 68.3: OKAPIA KG, Frankfurt (Manfred Danegger); 68.4: TopicMedia Service, Ottobrunn (Wothe); 68.5: OKAPIA KG, Frankfurt; 68.6: OKAPIA KG, Frankfurt (Jens-Peter Laub); 68.7: Lonely Planet Images, Berlin (ROOT-UNEP/Still Pictures); 69.1: Picture-Alliance, Frankfurt/M. (OKAPIA KG); 70.1: Tierbildarchiv Angermayer, Holzkirchen (Reinhard); 70.2: Freundner-Huneke, Imme , Neckargemünd; 70.3: Mathias, Erhard, Reutlingen; 71.1A-C: Behrens, Lehrte - Arpke; 71.1D: Optisches Museum der Ernst-Abbe-Stiftung, Jena; 72.1: mauritiusimages, Mittenwald (imagebroker); 72.2: OKAPIA KG, Frankfurt (Dalton); 72.3: Picture-Alliance, Frankfurt/M. (Picture Press/ Dietmar Nill); 72.4: TopicMedia Service, Ottobrunn (Heblich); 73 Ruhende Fledermaus, 74.2: Tierbildarchiv Angermayer, Holzkirchen (Pfletschinger); 74 Schlange: Reinhard-Tierfoto, Heiligkreuzsteinach; 75.1: Tierbildarchiv Angermayer, Holzkirchen (Pfletschinger); 75.2A: Keil, Manfred Dr. / Lichtbild-Archiv, Neckargemünd; 75.2B: Tierbildarchiv Angermayer, Holzkirchen; 76.1B: Greiner, Alois, Braunschweig (Schrempp); 77.1: mauritiusimages, Mittenwald (Reinhard); 77.2: Tierbildarchiv Angermayer, Holzkirchen (Pfletschinger); 77.3: OKAPIA KG, Frankfurt (Soder); 77.4: OKAPIA KG, Frankfurt (Martinez); 77.5: OKAPIA KG, Frankfurt (Reinhard); 78.1: TopicMedia Service, Ottobrunn (N. Pelka); 78.2: mauritiusimages, Mittenwald; 78.3: Keystone Pressedienst, Hamburg (digitalma, Wiese); 78.4: OKAPIA KG, Frankfurt (DiemarNill); 78.5: Tierbildarchiv Angermayer, Holzkirchen (Pfletschinger); 79.1: mauritiusimages, Mittenwald (Nill); 79.2: TopicMedia Service, Ottobrunn (J. &Ch. Sohns); 80.2: TopicMedia Service, Ottobrunn (Partsch); 80 /81 Hintergrund: mauritiusimages, Mittenwald (Gerhard Zwerger-Schoner); 81.1: Mathias, Erhard, Reutlingen; 81.2: OKAPIA KG, Frankfurt (Gathercole / OSF); 81.3: Wildlife Bildagentur GmbH, Hamburg (F. Adam); 82.1: Minkus IMAGES, Isernhagen; 82.2: mauritiusimages, Mittenwald (Mehlig); 86.1: mauritiusimages, Mittenwald (Eckart Pott); 86.2: TopicMedia Service, Ottobrunn (Naroska); 86.3: TopicMedia Service, Ottobrunn (Kerscher); 86.4: Wellinghorst, Rolf , Quakenbrück; 86.5: naturganznah, Falkenfels; 87.1: Tierbildarchiv Angermayer, Holzkirchen; 87.2: Tierbildarchiv Angermayer, Holzkirchen (Pfletschinger); 87.3: TopicMedia Service, Ottobrunn (Danegger); 87.4: TopicMedia Service, Ottobrunn (Hecker); 87.5: OKAPIA KG, Frankfurt (NAS/ Eisenbeiss); 88: Wellinghorst, Rolf , Quakenbrück; 88.1: TopicMedia Service, Ottobrunn (Wegner); 89.2: Corbis, Düsseldorf; 90.1: aus: (a: Thielscher/TopicMedia Service, Ottobrunn; b-e: Pfletschinger/Tierbildarchiv Angermayer, Holzkirchen); 91: Picture-Alliance, Frankfurt/M. (Okapia KG/ Lothar Lenz); 91.3: Wellinghorst, Rolf , Quakenbrück; 91.4: Tierbildarchiv Angermayer, Holzkirchen (Pfletschinger); 92.1: OKAPIA KG, Frankfurt (Manfred Pfefferle); 93.1: Tierbildarchiv Angermayer, Holzkirchen; 93.2: OKAPIA KG, Frankfurt (Schäfer); 93.3: TopicMedia Service, Ottobrunn (TH Fotowerbung); 93.4: Blickwinkel, Witten (McPHOTO); 95.1: OKAPIA KG, Frankfurt (Reinhard); 95.2: OKAPIA KG, Frankfurt (Schwind); 96.1: TopicMedia Service, Ottobrunn (Koch); 96.2: Picture-Alliance, Frankfurt/M. (Okapia KG/ Hans Hartl); 97.1A: Tierbildarchiv Angermayer, Holzkirchen (Reinhard); 97.1B: OKAPIA KG, Frankfurt (Hartl); 97.1C: TopicMedia Service, Ottobrunn (Heppner); 97.1D: OKAPIA KG, Frankfurt (Hartl); 97.1E: OKAPIA KG, Frankfurt (NAS/ Clutter); 97.2: mauritiusimages, Mittenwald (corbis); 98.1, 91.1: TopicMedia Service, Ottobrunn (H. Pratsch); 98.2: Blickwinkel, Witten (S. Zankl); 98.3: Blickwinkel, Witten (E. Hummel); 98.4: Specialist Stock, (Ingrid Visser); 98.5-8: Dobers, Joachim, Walsrode; 99.1: Blickwinkel, Witten (Sailer/Schnizler); 99.2: bildagentur-online, Burgkunstadt; 100.1: mauritiusimages, Mittenwald (Birke); 100.2, 80.1: Wildlife Bildagentur GmbH, Hamburg; 100.3: OKAPIA KG, Frankfurt (Synatzschke); 100.4: OKAPIA KG, Frankfurt (Barrett &MacKay); 101.1: TopicMedia Service, Ottobrunn (Martinez); 101.2: Tierbildarchiv Angermayer, Holzkirchen (Pfletschinger); 101.3: OKAPIA KG, Frankfurt (Nill); 101.4: Keil, Manfred Dr. / Lichtbild-Archiv, Neckargemünd (Dr. Keil); 101.5: OKAPIA KG, Frankfurt (Hartl); 101.6: OKAPIA KG, Frankfurt (Krahmer); 101.7: Keil, Manfred Dr. / Lichtbild-Archiv, Neckargemünd; 102.1: OKAPIA KG, Frankfurt (Rainer Schaefer); 102.1: Blickwinkel, Witten (P. Schutz); 102.2: Picture-Alliance, Frankfurt/M. (dpa-Bildfunk/ Wulf Pfeiffer); 103.1: mediacolors Bildagentur & -Produktion , Zürich (Glaeser); 103.2: OKAPIA KG, Frankfurt (H. Reinhard); 103.3: Picture-Alliance, Frankfurt/M. (ZB-Fotoreport/ Jens Trenkler); 103.4: Picture-Alliance, Frankfurt/M. (dpa-Bildfunk/ Armin Weigel); 104.1: mediacolors Bildagentur & -Produktion , Zürich (Glaeser); 104.2: Corbis, Düsseldorf (Michael S. Yamashita); 104.3: mauritiusimages, Mittenwald (Alamy); 104.4: fotolia.com , New York (thingamajiggs); 105.2: Design Pics, Berlin; 105.2: Bildagentur Schapowalow GmbH, Hamburg (Robert Harding); 105.2: JOKER Fotojournalismus, Bonn (Walter G. Allgoewer); 106.1: Reinhard-Tierfoto, Heiligkreuzsteinach; 106.2: Blickwinkel, Witten (H. Pieper); 106.3: TopicMedia Service, Ottobrunn (Wothe); 106.4: Tierbildarchiv Angermayer, Holzkirchen (Ziesler); 107.1: TopicMedia Service, Ottobrunn (K. H. Eckardt); 107.2: OKAPIA KG, Frankfurt (H. Reinhard); 108.1: alimdi.net, Deisenhofen (Birgit Koch); 108.2: Wellinghorst, Rolf , Quakenbrück; 108.3 u.4: Ringler; 109.2A: OKAPIA KG, Frankfurt (Willi Rolfes); 109.2B: Niedersächsisches Landesamt für Ökologie, Hildesheim; 109.3: Picture-Alliance, Frankfurt/M. (ZB-Fotoreport/ Peter Förster); 110.1: TopicMedia Service, Ottobrunn (Pelka); 110.2: Tierbildarchiv Angermayer, Holzkirchen (Reinhard); 110.3: Tierbildarchiv Angermayer, Holzkirchen; 111.1: mauritiusimages, Mittenwald (Keyphotos); 111.2: OKAPIA KG, Frankfurt (Geduldig); 111.3: OKAPIA KG, Frankfurt (Rainer Förster); 112.1: Tierbildarchiv Angermayer, Holzkirchen (Pfletschinger); 112.2: Picture-Alliance, Frankfurt/M. (dpa-Bildfung/ Matthias Bein); 112.3: OKAPIA KG, Frankfurt (Dr. E. Pott); 113.1: OKAPIA KG, Frankfurt (JefMeul); 113.2: OKAPIA KG, Frankfurt (Hans Reinhard); 114.1: Nationalparkverwaltung Niedersächsisches Wattenmeer, Wilhelmshaven; 115.1: Wildlife Bildagentur GmbH, Hamburg (M. Harvey); 115.2: StockFood GmbH , München (Jörg Lehmann); 116.1: Visum Foto GmbH, Hamburg (Wolfgang Steche); 116.2: Pferdefotoarchiv Lothar Lenz, Dohr; 116.3: Blickwinkel, Witten (H. Schmidbauer); 117.1: Blickwinkel, Witten (Luftbild Bertram); 117.2: Picture-Alliance, Frankfurt/M. (dpa-Bildarchiv/ Barbara Scheer); 117.3: OKAPIA KG, Frankfurt (H. Reinhard); 118.2: Keil, Manfred Dr. / Lichtbild-Archiv, Neckargemünd; 118.2, 118/119 Hintergrund: agrar-press, St. Goar ((oben) / Mauritius images, Mittenwald/imagebroker/Franz Waldhäusl (unten)); 118.3: Minkus IMAGES, Isernhagen; 119.1: Picture-Alliance, Frankfurt/M. (Okapia KG/ Hans Reinhard); 119.2: TopicMedia Service, Ottobrunn (Arndt); 120.1: OKAPIA KG, Frankfurt (R. Maier); 120.2: Juniors Bildarchiv, Ruhpolding; 120.3: Wegler, Monika, München; 120.4: OKAPIA KG, Frankfurt (Klein & Hubert); 120.5: Fabian, Michael, Hannover; 121.1: Hangebrauck, Hamm; 121.2A: Vitakraft-Werke, Bremen; 121.2B: Vitakraft-Werke, Bremen; 121.3A: Juniors Bildarchiv, Ruhpolding (Chr. Steimer); 121.3B: Juniors Bildarchiv, Ruhpolding (Chr. Steimer); 122.1: Picture Press , Hamburg (Franz Krahmer); 122.2: OKAPIA KG, Frankfurt (Heinz Schrempp); 122.3: VIER PFOTEN - Stiftung für Tierschutz, Wien; 122.4: mauritiusimages, Mittenwald (age); 122.5: Picture-Alliance, Frankfurt/M. (dpa); 123.1: mauritiusimages, Mittenwald (imagebroker); 124.2: OKAPIA KG, Frankfurt (Klein & Hubert); 124.3: Zollkriminalamt, Köln; 124.4: mauritiusimages, Mittenwald (Mitterer); 124.5: mauritiusimages, Mittenwald (Rosenfeld); 124.6: Keil, Manfred Dr. / Lichtbild-Archiv, Neckargemünd; 124.7: OKAPIA KG, Frankfurt (Hermeline); 124.8: OKAPIA KG, Frankfurt (Klein & Hubert); 125.1: OKAPIA KG, Frankfurt (Dr. Eric Dragesco); 126.1A: Pferdefotoarchiv Lothar Lenz, Dohr; 126.1B: OKAPIA KG, Frankfurt (J. L. Klein/ M. L. Hubert); 126.2A: Reinhard-Tierfoto, Heiligkreuzsteinach; 126.2B: Juniors Bildarchiv, Ruhpolding; 126.3: TopicMedia Service, Ottobrunn (Hoffmann); 127.1 u. 2: Tierbildarchiv Angermayer, Holzkirchen; 128.1: Arslan, Yavuz, Essen; 128.2: TopicMedia Service, Ottobrunn (Wegner); 128.3: mauritiusimages, Mittenwald (Reinhard); 128.4: Juniors Bildarchiv, Ruhpolding; 128.5: Bildagentur Geduldig, Maulbronn; 128.6: Arco Images GmbH, Lünen; 129.1-4: Blinde Kuh e.V.; 130.1: OKAPIA KG, Frankfurt (J.-L. Klein, M.-L. Hubert); 130.2 u. 3: Keil, Manfred Dr. / Lichtbild-Archiv, Neckargemünd; 130.4: Photoshot, Berlin (Gerard Lacz); 131.1: OKAPIA KG, Frankfurt (Klein & Hubert); 131.2: TopicMedia Service, Ottobrunn (Lothar); 131.3: Ploß, Wentorf; 132.1-3: Wegler, Monika, München; 133.1: Photoshot, Berlin (Kim Taylor); 133.2: Jaenicke, Joachim Dr., Rodenberg; 133.3: TopicMedia Service, Ottobrunn (Walz); 135.1 u. 2: Minkus IMAGES, Isernhagen; 137.1A: OKAPIA KG, Frankfurt (Oswald Eckstein); 137.1B: imagostock&people/sportfotodienst GmbH, Berlin (Sven Simon); 137.1C: TopicMedia Service, Ottobrunn (Siegfried Kerscher); 137.2: Tierbildarchiv Angermayer, Holzkirchen; 138.1: mauritiusimages, Mittenwald (Frank Lukasseck); 138.2: Caro Fotoagentur GmbH, Berlin (Frank Sorge); 138.3: F1online digitale Bildagentur GmbH, Frankfurt/Main (Reporters); 139.1: Blickwinkel, Witten (P. Cairns); 139.2: Corbis, Düsseldorf (Wayne Lynch/All Canada Photos); 139.3: varioimages GmbH & Co. KG, Bonn; 140.1: Oster, Karlheinz, Mettmann; 140.2: Corbis, Düsseldorf (Owen Franken); 140.4: Avenue Images GmbH, Hamburg; 141.1: akg-images GmbH, Berlin; 141.2: Arco Images GmbH, Lünen (M. Delpho); 142.1: Minkus IMAGES, Isernhagen; 143.1: OKAPIA KG, Frankfurt (Berg); 143.2: i.m.a - information.medien.agrar e.V., Bonn; 143.3: OKAPIA KG, Frankfurt (Berg); 143.4: Picture-Alliance, Frankfurt/M. (Schilling/ dpa); 144.1: mauritiusimages, Mittenwald (Bernd Schellhammer); 144.2: mauritiusimages, Mittenwald (imagebroker); 145.1: Minkus IMAGES, Isernhagen; 146.1: OKAPIA KG, Frankfurt (Reinhard); 146.2: Keystone Pressedienst, Hamburg (Jochen Zick); 146.3: Verlagsunion Agrar; 146.4: mauritiusimages, Mittenwald (Beck); 147.1: Tierbildarchiv Angermayer, Holzkirchen (Reinhard); 147.2: i.m.a - information.medien.agrar e.V., Bonn; 147.3: Picture-Alliance, Frankfurt/M. (ZB); 148.1: Corbis, Düsseldorf (Adam Woolfit); 148.2: Minkus IMAGES, Isernhagen; 149.1: Lyß, Wolfenbüttel; 150.1: Karnath, Brigitte , Wiesbaden; 151.1: aus: (a: agrar-press, St. Goar; b: Reinhard-Tierfoto, Heiligkreuzsteinach; c: CMA, Bonn; d: Achim Werner, Lehrte); 151.2: Fabian, Michael, Hannover; 151.3: Dobers, Joachim , Walsrode; 153.1: OKAPIA KG, Frankfurt (Hapo); 153.2: mauritiusimages, Mittenwald (Rosenfeld); 153.3: OKAPIA KG, Frankfurt (Dr. Bieri, Naturbild); 154.1 u. 2: Dobers, Joachim , Walsrode; 154.3: Reinhard-Tierfoto, Heiligkreuzsteinach; 154.4: Keystone Pressedienst, Hamburg (Volkmar Schulz); 154.5: Picture-Alliance, Frankfurt/M. (dpa-Report/ Hans Wiedl); 155.1: TopicMedia Service, Ottobrunn; 155.2: Minkus IMAGES, Isernhagen; 155.3: mauritiusimages, Mittenwald (Fischer); 155.4: mauritiusimages, Mittenwald (Fotopix); 155.5: TopicMedia Service, Ottobrunn (Wothe); 155.6: Reinhard-Tierfoto, Heiligkreuzsteinach; 155.7: Weber- Reisen, Birr; 156.2-4: Keller, Langenberg; 158.1: BilderBox Bildagentur GmbH, Thening (Erwin Wodicka); 158.2: CMA, Bonn; 158.3: Keystone Pressedienst, Hamburg (Volkmar Schulz); 159.1: Ernst, Beat, Basel; 159.1A-D: CMA, Bonn; 160.1: Juniors Bildarchiv, Ruhpolding; 160.2: i.m.a - information.medien.agrar e.V., Bonn; 160.3: Tierbildarchiv Angermayer, Holzkirchen; 161.1-4: Anders, Uwe, Cremlingen/Destedt;; 162 /163 Hintergrund: Picture-Alliance, Frankfurt/M. (dpa-Bildarchiv/ Ingo Wagner); 162.1: Helga Lade Fotoagentur GmbH, Frankfurt/Main (Schulz); 162.2: mauritiusimages, Mittenwald (Sporting Pictures); 162.3: mauritiusimages, Mittenwald (Kerscher); 163.1 u. 2: Minkus IMAGES, Isernhagen; 163.3: picturemaxx AG , München (RM/Okapia); 164.1: Kruse, Wankendorf; 164.2: Reinbacher, Lothar Dr. med., Kempten; 166.1 u. 2: Kruse, Wankendorf; 168.1: Minkus IMAGES, Isernhagen; 168.2 u. 3: Kruse, Wankendorf; 168.4 u. 5: Lyß, Wolfenbüttel; 168.6 u. 7, 170.1 u. 2: Kruse, Wankendorf; 172.1-7: Minkus IMAGES, Isernhagen; 173.1: mauritiusimages, Mittenwald (Nonstock); 173.2: Minkus IMAGES, Isernhagen; 174.1: Fabian, Michael, Hannover; 178.1: OKAPIA KG, Frankfurt (Telner); 178.2: Focus Photo- u. Presseagentur, Hamburg (eyeofscience); 179.1: mauritiusimages, Mittenwald (Palmer); 180.1: Lyß, Wolfenbüttel; 180.2: Fabian, Michael, Hannover; 182.1: OKAPIA KG, Frankfurt (Danegger); 182.3: OKAPIA KG, Frankfurt (Reinhard); 182.4: Lyß, Wolfenbüttel; 182.5: mauritiusimages, Mittenwald (Rosenfeld); 182 /183.2: F1online digitale Bildagentur GmbH, Frankfurt/Main; 183.1: OKAPIA KG, Frankfurt (Nigel Cattlin/ Holt Studios); 183.2: OKAPIA KG, Frankfurt; 184.1: Lyß, Wolfenbüttel; 184.2-5: Tegen, Hans , Hambühren; 184.6: Lyß, Wolfenbüttel; 185.1: Minkus IMAGES, Isernhagen; 185.2: Picture-Alliance, Frankfurt/M. (dpa); 185.3, 187.1, 188.1-5: Minkus IMAGES, Isernhagen; 191.1 u. 2: Lyß, Wolfenbüttel; 192.1 u. 2.2: Kruse, Wankendorf; 192.3: Lyß, Wolfenbüttel; 192.4: Picture-Alliance, Frankfurt/M. (ZB); 192.5: mauritiusimages, Mittenwald (Busse); 194.1, 195.1: Kruse, Wankendorf; 196.1: TopicMedia Service, Ottobrunn (S. Kerscher); 196.2: mauritiusimages, Mittenwald (SST); 196.3: plainpicture GmbH & Co. KG, Hamburg (M. Llado); 196.4: mauritiusimages, Mittenwald (SELF); 197.1: mauritiusimages, Mittenwald (Jiri); 197.2: Avenue Images GmbH, Hamburg (life); 198.1: Picture-Alliance, Frankfurt/M. (gms); 198.2: mauritiusimages, Mittenwald (Dr. Jochen Müller); 199.1: mauritiusimages, Mittenwald (Workbookstock); 199.2: Tegen, Hans , Hambühren; 199.3: Focus Photo- u. Presseagentur, Hamburg (SPL/ Saturn Stills); 200.1: Jupiterimages/gettyimages, München (TPC); 200.2: Minkus IMAGES, Isernhagen; 200.3: OKAPIA KG, Frankfurt (NAS/ John Watney); 201.1: Fabian, Michael, Hannover; 202.1: Corbis, Düsseldorf (L. Doss); 202.2: Deutsche Gesellschaft für Ernährung e. V., Bonn; 204.1: OKAPIA KG, Frankfurt (Dr. Pott); 204.2: OKAPIA KG, Frankfurt (Per-Olov Eriksson); 204.3: Wildlife Bildagentur GmbH, Hamburg (C. Gomersall); 204 /205 Hintergrund: A1PIX /YourPhoto Today, Taufkirchen (BRI); 205.1: Visum Foto GmbH, Hamburg (Fritz Poelking); 205.2: Weber, Wilhelm Prof. Dr. , Reutlingen; 205.3: die bildstelle, Hamburg (McPhoto); 206.1: i.m.a - information.medien.agrar e.V., Bonn; 206.3: Arco Images GmbH, Lünen (Reinhard, H.); 206.4: Tegen, Hans , Hambühren; 207.1: Biosphoto, Berlin (BIOS Bios - AuteursDelobelle Jean-Philippe); 207.2: Reinhard-Tierfoto, Heiligkreuzsteinach; 207.3: OKAPIA KG, Frankfurt (Wendler); 207.4: Wildlife Bildagentur GmbH, Hamburg (J. Giustina); 207.5: Corbis, Düsseldorf (Seth Resnick/Science Faction); 207.6: Arco Images GmbH, Lünen (NPL); 210.1: TopicMedia Service, Ottobrunn; 210.2: 2 & 3d design Renate Diener, Wolfgang Gluszak, Düsseldorf; 212.1: Astrofoto , Sörth; 212.2: Kohn, Klaus G., Braunschweig; 213.1: Mathias, Erhard, Reutlingen; 213.2: Minkus IMAGES, Isernhagen; 213.3: Kohn, Klaus G., Braunschweig; 214.1: Kriete, Guido Dr., Göttingen; 216.2: Lyß, Wolfenbüttel; 216.3: Minkus IMAGES, Isernhagen; 217.1B: OKAPIA KG, Frankfurt (Knabben); 217.2B: Focus Photo- u. Presseagentur, Hamburg (CNRI/SPL); 218.1: Picture-Alliance, Frankfurt/M. (Hans Reinhard/ Okapia KG); 218.2: Tönnies, Uwe , Laatzen; 218.4: Tierbildarchiv Angermayer, Holzkirchen; 219.1: Corbis, Düsseldorf (Ruckszio/zefa); 220.1 u. 2: Tönnies, Uwe , Laatzen; 221.1: Philipp, E. Dr., Berlin; 221.2: Georg-August-Universität Göttingen, Göttingen (Dr. Thomas); 222.1: A1PIX /YourPhoto Today, Taufkirchen (RUG); 224.1: Storchenhof, Loburg (Dr. Michael Kaatz); 224.2: TopicMedia Service, Ottobrunn (Danegger); 225.1: Tönnies, Uwe , Laatzen; 225.2: Picture-Alliance, Frankfurt/M. (KPA/ Rupert Büchele); 226.1: OKAPIA KG, Frankfurt (R. Groß); 226.2: Tierbildarchiv Angermayer, Holzkirchen (Reinhard); 226.3: Blickwinkel, Witten (G. Stahlbauer); 226.4: TopicMedia Service, Ottobrunn (Brandl); 226.5: TopicMedia Service, Ottobrunn (Danegger); 227.1: OKAPIA KG, Frankfurt (S. Danegger); 227.2: Reinhard-Tierfoto, Heiligkreuzsteinach; 227.3: mauritiusimages, Mittenwald (Liedtke); 228 Eichhörnchen: Reinhard-Tierfoto, Heiligkreuzsteinach; 228 Eidechsen: Tierbildarchiv Angermayer, Holzkirchen (Pfletschinger); 228 Siebenschläfer: TopicMedia Service, Ottobrunn (Wothe); 229.1: Reinhard-Tierfoto, Heiligkreuzsteinach; 229.2 u. 3: Tierbildarchiv Angermayer, Holzkirchen; 230.1: FLIR Systems GmbH, Frankfurt/Main; 231.1: OKAPIA KG, Frankfurt (Allan/OSF); 231.2: Picture-Alliance, Frankfurt/M. (KPA); 232.1: Picture-Alliance, Frankfurt/M. (ZB); 233.1: Reinhard-Tierfoto, Heiligkreuzsteinach; 233.2: TopicMedia Service, Ottobrunn (Hosking); 233.3A: mauritiusimages, Mittenwald (Lindner); 233.3B: Blickwinkel, Witten (R. Koenig); 234.1: Klüppel, Ulrike, Gechingen; 234.2: Schobel, Ingrid, München; 234.3: Minkus IMAGES, Isernhagen; 234.4: Reinhard-Tierfoto, Heiligkreuzsteinach (Reinhard); 236.3, 45.2c: OKAPIA KG, Frankfurt (Laßwitz/ Naturbild); 237.1: Picture-Alliance, Frankfurt/M. (ZB); 237.4: imagostock&people/sportfotodienst GmbH, Berlin (Redeleit); 238.1: Corbis, Düsseldorf (Ralf Schultheiss); 238.1, 238/239 Hintergrund: Getty Images, München (Jeff Spielman); 238.2: Minkus IMAGES, Isernhagen; 238.3: Wildlife Bildagentur GmbH, Hamburg (M. Harvey); 239.1: STOCK4B GmbH, München (T-Pool); 239.2: Gudrun Bramsiepe, Selm; 239.3: Picture-Alliance, Frankfurt/M. (ZB); 240.1: Picture-Alliance, Frankfurt/M. (Stephan Rumpf); 240.3: Dreamstime.com, Brentwood, TN 37027 (© EefBouman); 240.4: Kohn, Klaus G., Braunschweig; 240.5: Woelk, Rüdiger, Münster; 240.6: allOver - galériephoto, Plourivo (Galerie Photo); 240.7: alimdi.net, Deisenhofen (Ulrich Niehoff); 241.1: Orangi, Farid, Erfurt; 242.1: Minkus IMAGES, Isernhagen; 242.2: Minkus IMAGES, Isernhagen; 242.3: Kruse, Wankendorf; 242.4 u. 5: Fabian, Michael, Hannover; 244.1: Mathias, Erhard, Reutlingen; 244.2: Dingeldein, Andrea - Fotofrafie, Köln; 244.3: Fabian, Michael, Hannover; 244.4: Mathias, Erhard, Reutlingen; 245.1: Tegen, Hans , Hambühren; 245.2: Mathias, Erhard, Reutlingen; 245.3: Phywe Systeme GmbH & Co. KG, Göttingen; 246.1 u. 2: Kruse, Wankendorf; 248.1: Fabian, Michael, Hannover; 248.2: Minkus IMAGES, Isernhagen; 249: Lüddecke, Liselotte, Hannover; 250.1: Minkus IMAGES, Isernhagen; 251.1: varioimages GmbH & Co. KG, Bonn; 251.2: argum, München (Thomas Einberger); 252.1: Lyß, Wolfenbüttel; 252.2: Tegen, Hans , Hambühren; 253.1: Picture-Alliance, Frankfurt/M. (Fotoreport/ Andreas Lander); 253.2: fotolia.com , New York; 253.3: mauritiusimages, Mittenwald (Nikky); 253.4: OKAPIA KG, Frankfurt (Wolfgang Weinhäupl); 253.5: EUROVIA Beton GmbH, Peine; 253.6, 254.1-3: Minkus IMAGES, Isernhagen; 255.1: Tönnies, Uwe , Laatzen; 255.2-4: Minkus IMAGES, Isernhagen; 255.5: plainpicture GmbH & Co. KG, Hamburg (S. Kuttig); 256.1: Premium Stock Photography GmbH, Düsseldorf (Delphoto); 256.2: die bildstelle, Hamburg; 257.1: OKAPIA KG, Frankfurt (Robert Groß); 257.2: Kurt Fuchs Presse Foto Design, Erlangen; 257.3: Arnold, Peter, Berlin (John Cancalosi); 258.1: Freundner-Huneke, Imme , Neckargemünd; 258.2: Freundner-Huneke, Imme , Neckargemünd; 259.2: imagostock&people/sportfotodienst GmbH, Berlin (Ralph Peters); 260.1 u. 2: Behrens, Arpke; 260.3-5: Dobers, Joachim, Walsrode; 261.1: Wissenschaftliche Film- und Bildagentur Karly, München (Prof. Wanner); 261.4: Blickwinkel, Witten (H. Schmidbauer); 261.5: Frank, Thomas, Trier; 262.1: Picture-Alliance, Frankfurt/M. (dpa-Report); 262.2: OKAPIA KG, Frankfurt (G.I. Bernard/OSF); 262.3 u. 4: varioimages GmbH & Co. KG, Bonn (Tetra images); 262.5: A1PIX /YourPhoto Today, Taufkirchen (BIS); 262.6: F1online digitale Bildagentur GmbH, Frankfurt/Main (Johnér RF); 262.7: Auto Bild, Hamburg (Hans-Joachim Mau); 262.8: Verkehrswacht Medien & Service-Center, Bonn; 263.1: varioimages GmbH & Co. KG, Bonn; 263.2: A1PIX /YourPhoto Today, Taufkirchen (BIS); 263.3: Picture Press , Hamburg (Peter Weimann); 263.4: Alabiso, Gustavo , Karlsruhe; 263.5: Westend 61, München; 264 /265 Hintergrund: Minkus IMAGES, Isernhagen; 266.1: OKAPIA KG, Frankfurt (Wolfgang Weinhäupt); 266.2: Minkus IMAGES, Isernhagen; 266.3 u.4: Fabian, Michael, Hannover; 266.5: Minkus IMAGES, Isernhagen; 266.6: Picture-Alliance, Frankfurt/M. (dpa-Report/ Heiko Wolfraum); 267.1: Europapark Freizeit- und Familienpark Mack KG , Rust bei Freiburg ; 267.2: Minkus IMAGES, Isernhagen; 267.3: Picture-Alliance, Frankfurt/M. (dpa-Bildarchiv/ Lehtikuva Marja Airio); 268.1: Picture-Alliance, Frankfurt/M. (dpa/ epaNnp); 268.2: OKAPIA KG, Frankfurt (Ulrich Spountsis); 268.3: Lemke Peters + Partner GmbH, Ratingen/ Lindtorf; 270.1: Minkus IMAGES, Isernhagen; 270.2: Picture-Alliance, Frankfurt/M. (Photoshot); 270.3: Lemke Peters + Partner GmbH, Ratingen/ Lindtorf; 272.1: Lyß, Wolfenbüttel; 273.1: Fabian, Michael, Hannover; 273.2: mauritiusimages, Mittenwald (age); 274.1: Minkus IMAGES, Isernhagen; 275.1A: Focus Photo- u. Presseagentur, Hamburg (Garry Watson/ SPL); 275.1B: Mosaik Verlag, München (Ein Kind entsteht/ Lennart Nilsson); 275.1C: OKAPIA KG, Frankfurt; 277.1: Tönnies, Uwe , Laatzen; 277.2: mauritiusimages, Mittenwald (Photononstop); 277.3: ddpimages GmbH, Hamburg (David Hecker); 277.4: mauritiusimages, Mittenwald (Stephanie Böhlhoff); 277.5: Picture-Alliance, Frankfurt/M. (dpa); 278.1: Picture-Alliance, Frankfurt/M. (ZB); 278.2: mauritiusimages, Mittenwald (PYMCA); 278.3: Picture-Alliance, Frankfurt/M. (KPA/ Grebler); 278.4: mauritiusimages, Mittenwald (Photononstop); 278.5: Corbis, Düsseldorf (Elke van de Velde/ zefa); 279.1-7: Minkus IMAGES, Isernhagen; 280.1: Dunkelziffer e.V., Hamburg; 280.2: picturemaxx AG , München (Photodisc); 280.3: Picture-Alliance, Frankfurt/M. (Sander); 281.1: Zartbitter e.V., Köln; 281.2: Avenue Images GmbH, Hamburg; 282.1: Fabian, Michael, Hannover; 290: Strandperle Medienservices , Hamburg.

Trotz entsprechender Bemühungen ist es nicht in allen Fällen gelungen, den Rechtsinhaber ausfindig zu machen. Gegen Nachweis der Rechte zahlt der Verlag für die Abdruckerlaubnis die gesetzlich geschuldete Vergütung.